D1924695

Macht euch
keine Illusionen
über mich

# Macht euch keine Illusionen über mich

# AI WEIWEI

## Der verbotene Blog

Herausgegeben von Lee Ambrozy

Ins Deutsche übertragen von Wolfram Ströle, Norbert Juraschitz, Stephan Gebauer, Oliver Grasmück und Hans Freundl

Unter Mithilfe von Marcus Hernig und Pei Xu

Verlag Galiani Berlin

Dank an Frauke Jung-Lindemann, Ulrich und Ute Mihr, Wolfram Ströle, Norbert Juraschitz, Stephan Gebauer, Oliver Grasmück und Hans Freundl, die die deutsche Ausgabe dieses Buches überhaupt möglich gemacht haben, und Prof. Dr. Marcus Hernig sowie Pei Xu für die Beratung und den Abgleich mit dem chinesischen Originaltext

FSC
www.fsc.org
MIX
Papier aus verantwortungsvollen Quellen
FSC® C014496

1. Auflage 2011

Verlag Galiani Berlin
Titel der Originalausgabe: *Ai Weiwei's Blog. Writings, Interviews and Digital Rants.*

Verlag Galiani Berlin

Umschlaggestaltung: Manja Hellpap und Lisa Neuhalfen, Berlin
Umschlagmotiv: Manja Hellpap und Lisa Neuhalfen unter Verwendung eines Fotos von Ai Weiwei
Autorenfoto: © Ai Weiwei
Gesetzt aus der Bergamo und der ITC Franklin Gothic
Satz: Buch-Werkstatt GmbH, Bad Aibling
Druck und Bindung: GGP Media GmbH, Pößneck
ISBN 978-3-86971-049-5

Weitere Informationen zu unserem Programm finden Sie unter www.galiani.de

**Für das Gras-Schlamm-Pferd**

# Inhalt

**Texte aus dem Jahr 2008**

**Texte aus dem Jahr 2009**

# Vorwort zur deutschen Ausgabe

Dass man die amerikanische Buchausgabe eines chinesischen Blogs aus den Jahren 2006 bis 2009 im Jahre 2011 ins Deutsche übersetzt, könnte unter normalen Umständen berechtigtes Stirnrunzeln oder verwundertes Nachfragen hervorrufen. Wenn man allerdings weiß, dass es sich um den Blog von Ai Weiwei handelt, und spätestens nachdem man ihn gelesen hat, wird man keine Fragen mehr stellen.

Den Blog selbst gibt es nicht mehr – nach der in diesem Buch nachzuerlebenden Eskalation mit der Staatsmacht wurde der Blog am 28. Mai 2009 von der chinesischen Regierung geschlossen und sein Inhalt gelöscht.

Im Jahre 2008, also lange vor der Schließung und dem Verbot des Blogs, hatte Ai Weiwei allerdings gemeinsam mit der Kunstwissenschaftlerin und Übersetzerin Lee Ambrozy die Arbeit an einer Buchausgabe und der Übersetzung ins amerikanische Englisch begonnen. Als diese Ausgabe dann im Frühjahr 2011 – angereichert mit für den westlichen Leser unschätzbaren Hintergrunderläuterungen, Kommentaren und Lesehilfen von Lee Ambrozys Hand – in Amerika erschien, gab keine Website mehr, auf der man das chinesische Original hätte nachlesen können. Damals war Ai Weiwei noch ein freier Mensch – am 3. April allerdings wurde er auf dem Pekinger Flughafen verhaftet und an einen unbekannten Ort verschleppt, wo er zweieinhalb Monate ohne offizielle Anklage gefangen gehalten wurde, – ohne dass er einen Anwalt kontaktieren durfte oder die Öffentlichkeit etwas über seinen Verbleib erfuhr. Seine Frau durfte ihn ein einziges Mal besuchen.

Ai Weiwei ist kein Einzelfall. In China ergeht es vielen anderen kritischen Geistern genau wie ihm. Am 23.6. ließ die Polizei ihn ziehen – nachdem er angebliche Steuerhinterziehung gestanden hatte. Seither steht er unter Hausarrest und darf Peking nicht verlassen, nicht twittern und sich weder über die Umstände seiner Verschleppung noch über die Zustände in seinem Heimatland äußern. Ihn erwartet ein Prozess, dessen Rechtsstaatlichkeit im Lichte des bisher Vorgefallenen (und auch der im Blog beschriebenen Vorgängerfälle) stark angezweifelt werden darf.

Unmittelbar nach Ai Weiweis Gefangennahme wurde mit der Übersetzung des amerikanischen Buchs ins Deutsche begonnen. Ais Büro war durchsucht und geschlossen worden, seine Mitarbeiter wurden teilweise ebenfalls verhaftet, sind abgetaucht oder nach Hongkong bzw. ins Ausland geflohen. Die chinesischen Originale der meisten von Ai Weiweis Texten waren nicht greifbar. Aber auf keinen Fall sollte Ai Weiwei das Schicksal anderer Regimekritiker teilen, das er selbst schon im Dezember 2008 in seinem Blog »Schwachsinn ist gratis« vorausgesagt hatte:

»Sobald ein Einzelkämpfer festgenommen wird, endet sein Kampf auf den Ehrenlisten diverser ausländischer Menschenrechtsorganisationen, und früher oder später wird man ihn in seinem eigenen Land vollständig vergessen.«

Schnelligkeit war ein Gebot der Stunde, und es wurde beschlossen, aus der amerikanischen Ausgabe ins Deutsche zu übersetzen. Glücklicherweise konnte nach längerer Suche in China doch noch ein Inhaber einer chinesischen Manuskriptversion gefunden werden, die er uns zur Verfügung stellte. Uneindeutige oder missverständliche Stellen (insbesondere die Texte am Anfang des Blogs, die ästhetische und philosophische Positionen beschreiben) konnten so anhand des Chinesischen verifiziert, präzisiert bzw. geändert werden.

Sucht man in Ai Weiweis Blog lediglich eine regierungskritische Kampfschrift, greift man erheblich zu kurz. Der Blog begann als eine Art modernes Notizheft, eine Mischung aus geistigem Tagebuch und Autobiografie, in der einer der spannendsten Künstler der Gegenwart seine künstlerischen, ästhetischen, philosophischen und gesellschaftspolitischen Positionen darstellte und entwickelte. Dabei bediente er sich verschiedenster literarischer Formen.

Spätestens aber seit dem Erdbeben von Wenchuan, am 12. Mai 2008, gewinnen seine Einträge an Direktheit und Schärfe, man trifft dort auf einen immer lauter werdender Zorn auf unhaltbare politische Zustände. Als der Künstler beginnt, die Bevölkerung gegen korrupte Politiker aufzuwiegeln, reagiert der Staat. Ai Weiwei wird überwacht, schikaniert, bedroht. Die Konfrontation mit der Obrigkeit wird immer direkter und die politische Brisanz seines Blogs nimmt zu, – bis dessen Schließung vorerst eine noch weitere Eskalation verhindert. Aber Ai Weiwei gibt nicht auf, jetzt twittert er – bis man ihn schließlich im April 2011 verhaftet. In diesem Buch sieht man gewissermaßen der Revolution beim Wachsen zu.

Wie durch seine Kunstwerke macht sich Ai auch durch dieses Buch unvergesslich, es ist ein Teil seines Gesamtwerkes. Wir hoffen, dass er möglichst bald seine Arbeit unbehelligt fortsetzen kann.

# Vorwort zur englischen Ausgabe

Dieses Buch ist eine Sammlung von Texten, welche die Online-Präsenz des Künstlers / Architekten / Aktivisten Ai Weiwei dokumentieren. Ai wollte nie, dass man ihn als Dissidenten bezeichnet, und deshalb wurde auf diesen Begriff hier verzichtet. Die Texte sind ein Auszug aus seinem Blog (gehostet auf sina.com.cn) aus dem Zeitraum von 2006 bis zum 28. Mai 2009. An diesem Tag wurde der Blog der Zensur unterworfen und der gesamte Inhalt aus dem Cyberspace getilgt. Die letzten fünf hier abgedruckten Texte stammen deshalb von anderen Blogging-Plattformen, und der Beitrag »140 Zeichen« ist eine Sammlung von Microblogs, von Tweets, die im Juli 2009 verfasst wurden, nachdem die Nachrichten über die Unruhen in der Provinz Xinjiang an die Öffentlichkeit gelangten.

Die mehr als einhundert kurzen Essays, die in dieses Buch aufgenommen wurden, sind nur ein kleiner Teil der geposteten Texte. Einige davon wurden bereits früher in Katalogen oder Pressebeiträgen abgedruckt, doch der größte Teil lag bisher weder auf Deutsch noch auf Englisch vor. Ai Weiwei hat vier Jahre lang jeden Tag Texte auf seinem Blog gepostet. Aus der großen Menge von Texten, die sich hier angesammelt hatte, eine Auswahl zu treffen, war ein gewaltiges Unterfangen. Und es war eine ebenso unglaubliche Herausforderung, das Ganze zu übersetzen. Sehr lange waren zahlreiche Hände und Augen im Büro von Ais Firma FAKE Design in Caochangdi mit der mühsamen und zeitraubenden Aufgabe beschäftigt, Hunderte von Dateien – sowohl Texte als auch Bilder – herunterzuladen, zu organisieren, redaktionell zu bearbeiten und zu archivieren.

Wir haben es Philip Tinari und Jeff Kelly, die den Anstoß zu diesem Buch gaben, zu verdanken, dass bereits Ende 2008 mit der Übersetzung ins Englische begonnen wurde, während der Blog noch jeden Tag weiterwuchs. Das Projekt hatte bereits gute Fortschritte gemacht, als ein Verlag vom chinesischen Festland Interesse an einer Buchausgabe auf Chinesisch bekundete. Daraufhin wurden alle ursprünglichen Texte einem Redaktionsprozess in Hinblick auf die chinesische Ausgabe unterzogen. Ein ganzes Redaktionsteam, darunter auch Ai Weiweis Bruder Ai Dan, entfernte Druckfehler und andere Unstimmigkeiten, überarbeitete die Texte sprachlich und fügte an etlichen Stellen längere Passagen hinzu oder strich Passagen, um die Lesbarkeit und Verständlichkeit zu verbessern. Alle der bereits vorliegenden englischen Übersetzungen wurden in Hinblick auf die vorgenommenen Veränderungen noch einmal überarbeitet. Doch diese chinesische Ausgabe sollte leider nicht erscheinen. Ais »politisch unkorrekter« Standpunkt und die heikle Thematik, der er sich annimmt, erwiesen sich schließlich doch als abschreckend und als zu riskant für einen Verlag oder eine sonstige Vertriebsgesellschaft auf dem chinesischen Festland.[1] Mit diesem Buch liegt nun die bislang umfangreichste Dokumentation von Ais Blog vor.

Alle in diesem Buch artikulierten Standpunkte sind die Meinung des Autors. Häufig stellen sie eine direkte Reaktion auf tagesaktuelle Ereignisse dar und enthalten zahlreiche soziokulturelle Anspielungen, die kommentierungsbedürftig sind. Das Internet stellt heute die wichtigste Quelle für diese Anmerkungen dar, und weil dieses Buch in China ediert wurde, war es zur Prüfung von Hintergründen und Fakten notwendig, immer wieder die »Große Firewall zu überschreiten«. Diese virtuelle Mauer wurde in den Jahren 2008 und 2009 in puncto Softwaretechnik und bei den Methoden zur Überwachung des Internets stetig weiterentwickelt. Doch die Verwendung eines Virtual Private Network (VPN) ermöglichte es schließlich, auf die meisten der für einen gewöhnlichen Browser vom chinesischen Festland sonst unerreichbaren Websites zuzugreifen (darunter auch Twitter, YouTube, Facebook, Vimeo und gelegentlich Flickr). Doch hatte man die Firewall einmal

1 Erst im Herbst 2010 erschien eine relativ kleine Auswahl seiner Blog-Texte auf Chinesisch.

überwunden, stand man vor einer noch größeren Herausforderung: Die nicht selten enorm differierenden westlichen und chinesischen Quellen mussten miteinander abgeglichen werden. Diese Diskrepanzen mögen wohl die letzten noch verbleibenden Spuren des Kalten Krieges sein. Hoffentlich wird es unseren beiden Kulturen eines Tages gelingen, ihre jeweiligen »Fakten« miteinander in Übereinstimmung zu bringen. Dazu müssen freilich in Zukunft noch erheblich mehr Übersetzungen wie die vorliegende gemacht werden. Die Tatsache, dass es einem Künstler gelungen ist, so große Aufmerksamkeit auf sich zu ziehen, weckt Begeisterung. Endlich wird nun einem westlichen Publikum die Chance geboten, in Übersetzung zu lesen, was die Chinesen untereinander erörtern, anstatt bloß zu erfahren, was westliche China-»Experten« über sie berichten.

Die Texte des vorliegenden Buchs kommentieren Ereignisse von ebenso heikler wie politischer Natur, und sind damit für viele Fachgebiete relevant. Die in den Anmerkungen enthaltenen Informationen wurden deshalb anhand von zahlreichen Quellen überprüft. Folgenden Online-Medien und unermüdlichen Beobachtern Chinas gebührt besonderer Dank: *Asianews.it, China Elections and Governance* online, *China Digital Times, danwei.com,* dem Blog *EastSouthWestNorth, Global Voices* online, dem *Guardian* online, dem »China Real Time Report« des *Wall Street Journal* ebenso wie der chinesischen und englischen *Wikipedia*. Auch die chinesische Suchmaschine *Baidu* zusammen mit ihrer Enzyklopädie *Baidu Baike* sowie die Seite *Hudong,* Chinas größtes Wiki, waren unschätzbar wichtige chinesische Quellen. Zuletzt müssen – wegen der unbestreitbaren »Korrektheit« ihrer Sichtweise – auch Xinhuanet.com sowie diverse andere Online-Sprachrohre der Kommunistischen Partei Chinas erwähnt werden.

Ai Weiwei möchte an dieser Stelle einen besonderen Dank gegenüber Lu Qing aussprechen, weil sie es erträgt, dass er so viel Zeit am Computer verbringt. Ebenso dankt er den Redakteuren für ihre exzellente Arbeit an den chinesischen Originaltexten: Ai Dan, Luo Li und Xiao Xi. Und auf Wunsch und im

Namen von Ai Weiwei dankt Lee Ambrozy sich selbst. Ai Weiwei dankt auch dem Büro von FAKE, insbesondere Zhang Yiyan für die Hilfe bei der Vorbereitung der chinesischen Texte für die Hinweise zur Zitation; besondere Anerkennung gilt auch Nadine Stenke und Ragna van Doorn für ihre Arbeit in Archiven, Gao Yuan, dem Fotografen Zhao Zhao sowie Xu Ye, dem Meister der Technik, bei allem, was den Blog angeht. Roger Conover hat immer fest daran geglaubt, dass aus diesem Blog ein Buch wird, und hat diesen Prozess geduldig begleitet. Abschließend sei noch den Bürgerinnen und Bürgern gedankt, die beim Sammeln von Informationen in Sichuan mitgeholfen haben. Ihre Beharrlichkeit verdient hohe Anerkennung. Erwähnen müssen wir aber auch die Cyber-Aktivisten und Untergrundkämpfer, die weiter für die Redefreiheit und für die Freiheit der Kommunikation kämpfen. Viele von ihnen sind standhafte Online-Unterstützer von Ai Weiwei. Alle, die den Mut hatten, ihre Stimme zu erheben, und nun hinter Gitter sitzen, werden wir niemals vergessen. Ein allgemeiner Dank gilt auch der schier unerschöpflichen Begeisterung von Ais Lesern, Abonnenten und seinen Twitter-Partnern. *Last, and least,* als Letzten und als Geringsten (jedenfalls was die Größe angeht), möchte Ai Weiwei noch ganz besonders seinen Sohn, Ai Lao, herausheben: Er gibt ihm jeden Tag neuen Mut.

# Einleitung

Für manche Menschen ist das Internet eine Quelle der Zerstreuung, für Ai Weiwei ist es ein leistungsfähiges Medium der gesellschaftlichen Veränderung. In einer Art täglichem Ritual sitzt er stundenlang vor dem Computer, sichtet Nachrichten, formuliert Tweets und sendet seine Gedanken in den Cyberspace. »Ich verbrauche neunzig Prozent meiner Kraft für das Bloggen«, sagte er in einem Interview, kurz bevor sein Blog geschlossen wurde. Mit der Schließung des Blogs durch die Behörden verschwanden über 2700 Einträge, darunter Tausende Fotos und Millionen Leserkommentare. Die Adresse blog.sina.com.cn/aiweiwei, unter der Ai Weiwei beißende Gesellschaftskritik, heftige Vorwürfe an die Politiker Chinas und zuletzt eine Namensliste von bei dem Erdbeben in Wenchuan vermissten oder getöteten Schülern veröffentlicht hatte, wurde auf unbestimmte Zeit gesperrt. Stattdessen war folgende Mitteilung lange zu lesen: »Dieser Blog ist bereits geschlossen. Bei Fragen wählen Sie bitte 95105670. Wenn Sie andere hervorragende Blogs kennenlernen wollen, klicken Sie auf das Symbol ›Auge‹ in der linken Seitenleiste.«

Die ungewöhnliche Tatsache, dass ein chinesischer Blog ins Englische und Deutsche übersetzt und als Buch veröffentlicht wird, verdankt sich der weitgefassten Definition zeitgenössischer Kunst. Walter Benjamin schrieb 1921 im Vorwort seiner Baudelaire-Übersetzung: »Übersetzungen, die mehr als Vermittlungen sind, entstehen, wenn im Fortleben ein Werk das Zeitalter seines Ruhmes erreicht hat.«[2] Ais Blog ist schon heute eine legendäre Fundgrube der Gedanken und Ideen des Künstlers und aufgrund der digitalen Revolution berühmter

2 Walter Benjamin, »Die Aufgabe des Übersetzers« (Einleitung zu einer Baudelaire-Übersetzung, 1921), in: ders., *Gesammelte Schriften* Bd. IV/1, Frankfurt/Main 1972, S. 11.

und häufiger reproduziert, als Benjamin sich das je hätte träumen lassen. Für chinesische Leser war er provozierend und umstritten. Nichtchinesische Leser können die inhaltliche Tiefe dieser Texte bis heute nur teilweise ermessen. Trotzdem nannte Hans Ulrich Obrist den Blog »eine der größten gesellschaftlichen Skulpturen unserer Zeit«.[3]

In Gesprächen über Ai Weiwei fällt immer häufiger der Begriff »Künstleraktivist« und zu seinem Unbehagen auch »Dissident«. Sein Aktivismus ist nicht neu. Ai steht am Rand der politischen Avantgarde Chinas, seit es Ende der Siebzigerjahre möglich wurde, für Redefreiheit und Demokratie einzutreten. Das Internet hat ihn nicht zu einem Aktivisten gemacht, seinem Aktivismus aber eine ins Riesenhafte gesteigerte Plattform gegeben. Er hat Vasen aus der Zeit der Han-Dynastie zerschlagen, prähistorische Steinäxte mit Farbe bemalt, antike Tische und Tempel zerlegt, einen Urinstrahl in feinem Porzellan verewigt und 1001 Menschen aus entlegenen Gegenden Chinas nach Kassel gebracht. Man hat ihn einen Taoisten und einen Anarchisten genannt und könnte seinen Eifer sogar als Erbe des revolutionär-zerstörerischen Geistes der Roten Garden beschreiben. In welchen Zusammenhang man ihn auch stellt, er gefällt sich stets in der Rolle des subversiven, furchtlosen Rebellen gegen kulturelle und politische Autoritäten.

Stark beeinflusst durch das Erbe seines Vaters, liegt der Mut ihm gleichsam im Blut. Die Geschichte seines von den Medien bereits zum Mythos erhobenen Lebens sei hier kurz wiedergegeben. Sein Vater, der Dichter und Intellektuelle Ai Qing, hatte sich kritisch gegenüber dem Regime geäußert. Kurz nach Ai Weiweis Geburt 1957 wurde er im Verlauf der ersten Kampagne gegen Rechtsabweichler als einer der ersten Intellektuellen politisch diskreditiert und als »Volksfeind« verurteilt. Die fünfköpfige Familie mit dem kleinen Weiwei wurde zu Zwangs-

---

3 Im Gespräch mit Mathieu Wellner, »Ai Weiwei«, *Mono.Kultur,* Nr. 22 (Herbst 2009), S. 5.

arbeit und Umerziehung in die Provinz verbannt. Zuerst arbeitete der Vater in einem holzverarbeitenden Betrieb in den eisigen Wäldern von Beidahuang in der Provinz Heilongjiang. Zwei Jahre später musste er mit Eltern und Geschwistern in den Westen der Provinz Xinjiang umziehen, Chinas »Kleinsibirien«, wo sie ihr Dasein ganz buchstäblich in einem Erdloch fristeten. Wie im Maßnahmenkatalog für »Rechtsabweichler« im politischen Exil vorgesehen, wurde Ai Qing mit täglicher politischer Demütigung, körperlicher Arbeit und zwangsweiser Umerziehung bestraft. Wegen seiner Bekanntheit und seines Einflusses wurden ihm besonders erniedrigende Arbeiten zugewiesen. Ai Weiwei war noch zu klein, um zu helfen, er erinnert sich aber lebhaft daran, seinem Vater dabei zugesehen zu haben, wie dieser öffentliche Toiletten putzte, bis diese vor Sauberkeit glänzten.

Seine bereits von Politik gesättigte Kindheit wurde weiter beeinflusst durch die Auswüchse der Kulturrevolution, genauer der, wie sie damals genannt wurde, Großen Proletarischen Kulturrevolution. Statt Chinesisch, Mathematik oder Naturwissenschaften zu studieren, teilten die Schüler ihre Zeit auf zwischen Feldarbeit und der Lektüre von Mao Zedongs »kleinem roten Buch«. Die »Diktatur des Proletariats« mochte ihnen unverständlich bleiben, aber sie empfanden eine tiefe Sympathie für das Volk und für soziale Utopien, wie sie in Ai Weiweis künstlerischer Praxis bis heute spürbar ist. Nach dem Ende der Kulturrevolution und der Verhaftung der in höchsten Parteirängen verantwortlichen »Viererbande« (Jiang Qing, Zhang Chunqiao, Yao Wenyuan und Wang Hongwen) wurde Ai Qing rehabilitiert, und die Familie kehrte 1976 nach Peking zurück. Dort hatte sich inzwischen eine liberalere Stimmung ausgebreitet. Man bezeichnet diese Zeit manchmal als Frühling von Peking. Freunde von Ai Qing brachten Ai Weiwei Grundkenntnisse im Malen und Zeichnen bei, und er erwies sich als gelehriger Schüler. 1978 wurde er von der Filmakademie Peking aufgenommen. Er sagte später dazu, ausschlaggebend sei weniger sein Interesse am Film gewesen als vielmehr die Möglichkeit der »Flucht vor der Gesellschaft«.[4]

Mit der im Dezember 1978 errichteten Mauer der Demokratie in der Xidan Street in Peking, vom neuen Regime anfangs unterstützt als Plattform der Kritik an der Viererbande, nimmt der politische Aktivismus in China seinen Anfang. Bürger und Studenten konnten auf von Hand geschriebenen Wandzeitungen öffentlich ihre Meinung kundtun. Am 5. Dezember veröffentlichte das frühere Mitglied der Roten Garden Wei Jingsheng seinen berühmt gewordenen Aufsatz »Die fünfte Modernisierung«. Darin bezeichnete er die Demokratie als einzige »Modernisierung«, die China wirklich brauche. Seine verdeckte Kritik an Deng Xiaopings »Vier Modernisierungen« (in den Bereichen Landwirtschaft, Industrie, Verteidigung und zusammengefasst zu einem Bereich in Wissenschaft und Technik) und die öffentliche Forderung nach politischer Veränderung stellten für das noch ungefestigte Regime Dengs eine zu große Bedrohung dar. Im Frühjahr 1979 wurde Wei Jingsheng verhaftet und zu fünfzehn Jahren Gefängnis verurteilt. Weitere Anhänger und Aktivisten aus dem Umkreis der Mauer der Demokratie wurden gleichfalls hart bestraft. Ai Weiwei, der ebenfalls mitgemacht hatte, war daraufhin »von der Politik sehr enttäuscht«.[5]

Zur selben Zeit wurde Ai Mitglied der »Sterne«, einer losen Künstlergruppe in Peking. Die »Sterne« forderten nach über zehn Jahren des staatlich verordneten Realismus, der »Kunst für das Volk«, der kollektiven Gemälde und Propagandaposter endlich das Recht auf einen eigenständigen künstlerischen Ausdruck. Am 27. September 1979 hängten die Rebellen in einer ersten Ausstellung Bilder an den Zaun vor dem Nationalen Kunstmuseum. Die Zuschauer strömten in Scharen herbei, um die frischen, neuartigen Kunststile zu bewundern,

4 Zitiert in Karen Smith, *Ai Weiwei,* Contemporary Artist Series (New York 2009), S. 64.

5 Im Gespräch mit der Autorin, 23. Januar 2009.

zwei Tage später wurde die Ausstellung dann geschlossen. Ai Weiwei stellte unter dem Einfluss des damals bei chinesischen Künstlern beliebten Postimpressionismus ein Landschaftsaquarell mit dem Titel *Landscape IV* auf. Ungefähr um dieselbe Zeit, in der es noch kaum Gedrucktes über die Kunst außerhalb Chinas zu lesen gab, bekam Ai von einem Freund der Familie drei Kunstbände geschenkt: einen über den Impressionismus und zwei Monografien über van Gogh und Jasper Johns. Über die Johns-Monografie sagte er: »Ich habe nicht verstanden, was daran Kunst sein sollte.«[6] Das Buch landete auf dem Müll.

Jahre später äußerte Ai sich enttäuscht darüber, dass damals nicht genug Menschen die traumatischen Ereignisse der unmittelbaren Vergangenheit kritisch hinterfragt hätten. Auch die Verurteilung der an der Mauer der Demokratie mitwirkenden Studenten erschütterte ihn tief. Im Jahr 1981, bei der ersten sich bietenden Gelegenheit, verließ er das Land in Richtung Vereinigte Staaten. Er wusste, dass er ein berühmter Künstler werden wollte. Zu Freunden sagte er im Scherz, er werde als neuer Picasso zurückkehren. Er hatte allerdings seiner eigenen Aussage nach gar nicht die Absicht, zurückzukehren.

Mit dreißig Dollar in der Tasche kam er in den Staaten an und ließ sich schließlich dort nieder, wo er, wie er wusste, hingehörte – in New York City. 1982 schrieb er sich an der Parsons School of Design ein, an der er inmitten einer ganz anderen Kunst mit seinen perfekten handwerklichen Fertigkeiten auffiel wie ein bunter Hund. Er lernte die Werke Marcel Duchamps und Andy Warhols kennen, der beiden Künstler, die ihn am meisten beeinflussen sollten. Er machte allerdings keinen Abschluss, sondern schlug sich mit Gelegenheitsarbeiten als Zimmermann und Anstreicher durch. Seine Wohnung im East Village wurde in dieser Zeit zu einem Wallfahrtsort

6 Zitiert in Charles Merewether, *Ai Weiwei: Under Construction,* Sydney 2009, S. 24.

bedeutender Kulturschaffender aus der Volksrepublik, die sich im New Yorker Raum aufhielten. Ai sagt über sich selbst, er habe in der Kunstszene verkehrt, ihr jedoch nicht angehört. Er habe aber in den Achtzigern jede Ausstellung in New York gesehen. Im Stock über ihm wohnte Allen Ginsberg. Beherrscht wurde die Kunstszene damals vom deutschen Expressionismus und von Jeff Koons und Basquiat, doch Ai war besonders vom Dadaismus fasziniert. In seiner ersten Einzelausstellung 1988 mit dem Titel »Old Shoes, Safe Sex« zeigte er seine frühen Objektmanipulationen: einen Kleiderbügel aus Draht, den er zum Profil Duchamps verbogen hatte, einen Regenmantel mit an passender Stelle angeklebtem Kondom und ein an den Fersen zusammengenähtes Paar Schuhe. Ein vorausblickender Kritiker lobte ihn als »respektloses Talent« und »Kraft, mit der in der internationalen Avantgarde noch gerechnet werden muss«.[7]

Doch nicht einmal New York gab Ai so viel Distanz zu seiner Heimat, dass ihn die traumatischen Ereignisse auf dem Tiananmen-Platz am 4. Juni 1989 nicht zutiefst erschüttert hätten. Kurz danach trat er mit einer Gruppe, die sich »Solidarität für China« nannte, in einen achttägigen Hungerstreik. Die *New York Times* zitierte ihn damals mit Gedanken, die vorwegnehmen, was er Jahre später in seinem Blog entwickelte: »Wir wollen Zeugnis ablegen für das, was geschehen ist, und wir wollen, dass die chinesische Regierung weniger brutal vorgeht.«[8] Trotzdem behauptet Ai heute, er habe in New York »seine Zeit verschwendet«. (Er schloss die Designschule nicht ab und hatte weder Haus noch Staatsbürgerschaft noch Frau.) Doch er begann damals mit seiner an Warhol erinnernden Neigung zur Dokumentation. Nachdem er das Zeichnen zugunsten der Fotografie aufgegeben hatte, hielt er sein Leben im selbst gewählten Exil auf Hunderten von Filmrollen fest,

---

7 Sean Simon, »Ai Weiwei's Heart Belongs to Dada«, *Artspeak,* New York, 16. März 1988.

8 Zitiert in Michael Kaufman, »New Yorkers Try to Defend Students Hunted in China«, *New York Times* vom 22. Juni 1989.

die erst in jüngerer Zeit entwickelt und archiviert wurden.[9] Als dann 1993 sein Vater erkrankte, musste Ai eine Entscheidung treffen. Nie ein Freund langen Zögerns, packte er und zog nach Peking zurück. Es war nach zwölf Jahren sein erster Besuch. Er hatte keinen einzigen Brief geschrieben.

Bei seiner Ankunft fand er am Rand der Hauptstadt eine im Entstehen begriffene Kunstszene vor. Experimentelle Künstler versammelten sich an einem Ort, den sie das East Village von Peking nannten. Zusammen mit Feng Boyi, einem unabhängigen Kurator und Kunstkritiker, nahm er die Arbeit an einer Reihe von Untergrundpublikationen auf, den ab 1994 erscheinenden sogenannten »Red Flag Books«. Unter den Titeln *Black Cover Book, Grey Cover Book* und *White Cover Book* hatten sie einen ungeheuren Einfluss auf die Künstler in China. Die in diese Bücher aufgenommenen Künstler hatten die Aufgabe, ihre künstlerische Arbeitsweise zu erklären. Dabei entstand ein für die zeitgenössische chinesische Kunst neuer Ton der kritischen Selbstanalyse. Die Serie stellt auch Verfahren der internationalen Kunst vor, darunter die von Duchamp, Warhol und Koons. Die »Cover Books« erreichten regelrechten Kultstatus und kommen einem Manifest der entstehenden chinesischen Avantgarde vielleicht am nächsten.

In der ansteckenden künstlerischen Atmosphäre des Künstlerviertels von Peking bildete sich Ais experimentelle Konzeptkunst heraus, und einige für ihn bezeichnende Werke entstanden: die Coca-Cola-Urne, die Bilderfolge *Dropping a Han Dynasty Vase* und das Foto von Lu Qing, wie sie vor dem Tiananmen-Platz den Rock lüpft. Bereits 1997 beschäftigte Ai sich damit, Möbel auseinanderzunehmen und neu zusammenzusetzen. 1998 intensivierte er seine avantgardistischen Aktivitäten. Er begründete das China Art Archives and Warehouse (CAAW) mit, Chinas erstes Archiv für zeitgenössische Kunst

---

9 Die Bilder wurden gezeigt in »Ai Weiwei: New York Photographs 1983–1993«, ausgestellt im Three Shadows Photography Art Center in Peking vom 2. Januar bis zum 18. April 2009. Die Ausstellung umfasste mehrere Hundert Bilder, ausgewählt aus über 10 000 noch nie gezeigten Fotografien.

und zugleich Experimentalgalerie. In den Neunzigerjahren und zu Anfang des neuen Jahrtausends führte Ai zahlreiche Projekte als Kurator und Künstler durch. Durch seine vielen Verbindungen und die Bereitschaft, sich an neuen Projekten zu beteiligen, erwarb er sich den Ruf eines Wegbereiters der neuen Kunst.

Den aus seiner künstlerischen Praxis erwachsenen architektonischen Formen verlieh er 1999 mit der Fertigstellung des inzwischen berühmten »Studio House« Ausdruck, seines Wohnateliers in Peking. Angeregt durch Fotos von Haus Wittgenstein in Wien, beschloss er, sich selbst ein Atelierhaus zu bauen. Die Pläne dazu entwarf er an einem einzigen Nachmittag. Der Bau dauerte nur hundert Tage und begründete Ai Weiweis Karriere als Architekt. Sein zweites Architekturprojekt war im Jahr 2000 ein Erweiterungsbau für das CAAW. Begrenzte Budgets und die einfache Bauweise seiner Häuser steigerten die Nachfrage nach den preiswerten und eleganten grauen Ziegelgebäuden, und 2003 gründete er die FAKE Design (die chinesische Aussprache erinnert absichtlich an das englische »fuck«). Vor ihrer drastischen Verkleinerung 2006 verwirklichte FAKE über siebzig Bau- und Landschaftsprojekte in ganz China, darunter ORDOS 100, eine in der Inneren Mongolei in den Wüstensand gesetzte Wohnsiedlung. Ais revolutionärer Beitrag zur chinesischen Architektur besteht in der schlichten Eleganz seiner Häuser, die sachlich-nüchtern mit dem von den Stadtplanern von Peking bevorzugten überladenen chinesischen Barock kontrastieren. Einziger Schmuck der unverputzten Gebäude sind die Materialien. Dadurch entsteht eine geradezu dramatische Kargheit, und der Raum bekommt eine, wie Ai es beschreibt, »Freiheit«, innerhalb der alles Mögliche entstehen kann.

Die inzwischen berühmt-berüchtigte Ausstellung, die Ai gemeinsam mit Feng Boyi veranstaltete, eine Begleitausstellung zur Biennale von Shanghai 2000, wurde zu einem Meilenstein seiner internationalen Karriere. Gezeigt wurden unter dem Titel »Fuck off« (der chinesische Untertitel lautete »Wege der Verweigerung«) Werke von über vierzig Avantgardekünstlern. Die Behörden wurden provoziert, einige Werke enthielten angeblich Giftgas oder zeigten Akte von Kannibalismus. Die Ausstellung wurde vorzeitig geschlossen, allerdings erst, nachdem alle sie gesehen hatten, für die sie gedacht gewesen war, darunter Scharen von Kuratoren aus Übersee, die zur Biennale nach Shanghai gekommen waren. Einige Betrachter sahen in der Ausstellung nur die Gier nach Aufmerksamkeit, und Ai wurde auch sogleich zu einem gefragten Interviewpartner. Doch hatte sie zugleich unbestritten eine herausragende Bedeutung für die zeitgenössische chinesische Kunst, und Ai Weiwei wurde immer mehr zu einem einflussreichen Ansprechpartner in der sich globalisierenden Kunstwelt von Peking. Aus der Freundschaft mit dem Sammler Uli Sigg, dem früheren Schweizer Botschafter in China, ergab sich die Möglichkeit der Mitwirkung an »Mahjong«, einer wichtigen Ausstellung, die Europa mit der zeitgenössischen Kunst Chinas bekannt machte, und 2003 stand Ai Weiwei Jacques Herzog und Pierre de Meuron als künstlerischer Berater beim Bau des neuen Nationalstadions von Peking (dem sogenannten »Vogelnest«) zur Seite. Er war insgesamt auf umfassende und prägende Weise an der Entwicklung der zeitgenössischen Kunst Chinas beteiligt. Als er 2005 das unspektakulär klingende Angebot bekam, an Sina.com mitzuwirken, konnte trotzdem niemand ahnen, dass seine bereits erfolgreiche Karriere kurz davor stand, in die Blogosphäre abzuheben.

Sina.com hatte zu Werbezwecken für den Start seiner neuen Blog-Plattform verschiedene »Prominenten-Blogger« zur Teilnahme eingeladen, darunter Ai Weiwei. Auf deren Blogs sollte auf der Homepage verwiesen werden. Ai war vor seinem ersten Blog-Eintrag im Oktober 2005 noch kaum mit dem Internet in Berührung gekommen. Er hatte sogar im Scherz gesagt, er könne nicht einmal richtig tippen. Doch reizte ihn daran von Anfang an die Möglichkeit, sein literarisches Talent zu erproben, auf das er wegen des Erfolgs seines Vaters als Dichter immer neugierig gewesen war. Er begann, täglich Stunden mit

Bloggen zu verbringen, und entdeckte in der digitalen Plattform auch die Bühne, auf der er sein Leben durch Fotos darstellte. Mit seiner Ricoh R8 dokumentierte er es mit Hunderten von Fotos, von denen er jeden Tag eine Auswahl in seinem Blog postete.

Die über 70 000 Fotos seines Archivs zeigen unter anderem den Fortgang seiner Projekte, Besuche in Jingdezhen und auf Märkten oder in Fabriken für Werkstoffe und Rohmaterialien, Besuche von Sammlern und Reisegruppen, die aufgeschlagenen Notizbücher von Kuratoren und Interviewern, gemeinsame Essen in seinem inzwischen geschlossenen Restaurant »Go Where?«, Reisen nach Europa und nackte Selbstporträts in Hotelbadezimmern. Auch Fotoserien sind darunter: etwa von Frisuren, die er seinen Assistenten geschnitten hatte, oder von den Vorbereitungen für *Fairytale*. Viele am frühen Morgen aufgenommene Serien zeigen seine ständigen Begleiter und Türhüter im Wohnatelier, das runde Dutzend dort lebende Katzen. Sie sonnen sich im Garten, sitzen auf Bauplänen und Büchern, in Urnen und auf Tempelfragmenten, oder sie zerstören gerade Architekturmodelle – Katzen sind in seinem Atelier zweifellos die kreativen Musen.

Ai beschäftigte sich ausgiebig mit den kommunikativen Möglichkeiten des Internets und experimentierte damit, welche Mengen an digitaler Information er in Umlauf bringen und welche Entfernungen er überbrücken konnte. Er erkannte, wie nahe er in kürzester Zeit Tausenden von anonymen Lesern kommen konnte. Diese Fähigkeit zum Knüpfen von Verbindungen sollte er bald auch für künstlerische Zwecke nützen. Sie regte *Fairytale* an, ein Kunstwerk von epischen Dimensionen, das durch das Internet erst möglich wurde. Über seinen Blog lud Ai zur Teilnahme an einer »Massen«-Performance ein, die 1001 Chinesen aus allen Gesellschaftsschichten zur documenta 12 nach Kassel bringen sollte. *Fairytale* sollte die größte je veranstaltete Performance sein, ein gedankliches Labyrinth sozialer und kultureller Wechselbeziehungen, die sich in ihrer Wirkung exponentiell vervielfachten und die ganze Gesellschaft erfassten. Ai Weiwei ließ darin alle herkömmlichen Rahmenbedingungen lokaler und internationaler Kunsthierarchie hinter sich und machte sich sozusagen direkt die Kraft der »Massen« *(qunzhong)* zunutze, ein Wort, das nach der Kulturrevolution außer Mode gekommen war. Sein Konzept war so einfach, dass es die Menschen über alle geografischen, sprachlichen und soziokulturellen Grenzen hinweg ansprach. Es war in gewisser Hinsicht eine Manifestation der Macht des Internets.

Im Jahr 2008 bereitete sich die chinesische Hauptstadt auf die 29. Olympischen Sommerspiele vor. Ai gehörte zu den ersten chinesischen Bürgern, welche die Spiele öffentlich boykottierten – obwohl sein Name mit dem neuen Nationalstadion, einem einprägsamen Symbol des olympischen Peking, verbunden war. Genauso gut hätte er sich für seinen Designbeitrag als Nationalheld feiern lassen können, zumal sein Vater inzwischen rehabilitiert war und das dichterische Werk des Vaters als wichtiges Kulturerbe galt. Doch die in seinem Boykott impliziten Widersprüche scheinen Ai nicht im Geringsten anzufechten. Zum Ärger vieler Beobachter der chinesischen Blogosphäre erging er sich im Internet in Schmähungen, bedachte die feierlichen Zeremonien mit äußerster Verachtung und beschimpfte das Regime.

Für Peking schien mit der ehrenvollen Rolle als Gastgeber der Olympischen Spiele der kollektive chinesische Traum der Gleichberechtigung mit dem Rest der Welt in Erfüllung zu gehen. Doch während der Nationalstolz auf einem Höhepunkt angekommen war, drohten soziale Unruhen und Naturkatastophen die Stimmung zu kippen. Die riesige Uhr auf dem Tiananmen-Platz zählte die Tage, Stunden und Sekunden bis zur Eröffnung der Spiele, doch das Jahr des Triumphs begann damit, dass Hunderttausende von Urlaubern auf dem Heimweg zum Frühlingsfest (dem chinesischen Neujahr) auf Bahnhöfen eingeschneit wurden. Die ethnischen Unruhen in Lhasa, das Erdbeben von Wenchuan und der »Amoklauf« Yang Jias in einem Shanghaier Polizeirevier schockierten das ganze Land. Ais kritische Reaktionen auf diese Ereignisse unterschieden sich deutlich von der in Medien und Onlineforen vorherrschenden Mehrheitsmeinung. Er forderte soziale Verantwortung, Rechenschaftspflicht der Behörden und Transparenz. Freilich war er nicht die einzige kritische Stimme im Internet, dafür aber oft die schärfste. »Viele Menschen finden, dass von allen politischen Beiträgen im Internet meine am klarsten formuliert sind«, sagte er. »Und das beeinflusst sie stark.«[10]

Ai Weiwei wurde nach und nach zu einem der gefragtesten Kommentatoren Chinas zu gesellschaftlichen Fragen, und seine Bekanntheit ermöglichte es ihm, sich zunehmend offen und kritisch zu äußern. Er gab oft über ein Dutzend Interviews in der Woche. Seine Gesprächspartner waren internationale und nationale Journalisten, Studenten und Kuratoren, die ihn zu Themen aus Kunst, Kultur, Politik, dem Sammeln von Kunst und allen möglichen anderen Bereichen fragten. Seine Online-Präsenz wurde immer stärker, sein Blog begann sich mit seiner künstlerischen Tätigkeit zu vermischen, und sein länger werdender digitaler Schatten nahm zunehmend konkret aktivistische Züge an. In gleichem Maße wuchs die Bedrohung durch die Zensur.

Am 20. März 2009 rief Ai Weiwei im Internet zu einer gemeinsamen Aktion auf, mit der die Regierung der Provinz Sichuan unter Druck gesetzt werden sollte. Die Regierung sollte die Verantwortung für den Pfusch beim Bau der Schulen übernehmen, die im Erdbeben von Wenchuan eingestürzt waren. Tausende von Schulkindern waren getötet worden. Er nannte das Projekt *Citizen Investigation* und versprach: »Wir werden den Namen jeden einzelnen Kindes, das gestorben ist, herausfinden und in Erinnerung rufen.« An dem Projekt wirkte ein loses Team von rund hundert Freiwilligen mit, die in die Erdbebengebiete reisten, mit Familien, offiziellen Stellen und Arbeitern sprachen und von Ai Weiweis Büro aus telefonierten und von den Behörden die Herausgabe der genauen Zahl der

---

10 Ebenda.

Erdbebenopfer forderten. Sie bekamen zwar immer wieder zu hören, eine solche Zahl und die Namen der Toten seien bereits bekannt, doch niemand wusste, woher die Zahl kam oder wo eine entsprechende Liste veröffentlicht worden war. Die Gesprächsprotokolle wurden im Blog veröffentlicht, vom Betreiber allerdings – höchstwahrscheinlich auf Druck der Behörden – bereits Minuten später wieder gelöscht.

Ergebnis des Projekts war eine Liste von über fünftausend Kindern (im August 2010 waren es 5210) mit Namen, Geburtsdatum, Schule, Klasse und der Kontaktnummer eines Elternteils oder Erziehungsberechtigten. Die Freiwilligen trafen sich mit trauernden Eltern und ließen sich von ihnen erzählen, wie man sie in Haft genommen oder zur Annahme von Geld genötigt hatte, um ihr Schweigen zu erkaufen. Die Befragungen erbrachten eine Fülle heikler Daten und mehrere Stunden Filmmaterial. Daraus entstand später ein Dokumentarfilm, der von Ai Weiweis Büro aus kostenlos und landesweit verteilt wurde. Fast jeder konnte ihn über Twitter anfordern. Infolge des Projekts nahm die Löschung von Blog-Einträgen zu. Die Spannung stieg, als die Polizei Ais Telefon abhörte, Textnachrichten abfing und sein Haus mit zwei auffälligen, auf die Eingangstür gerichteten Kameras und gelegentlich von einem Minivan aus überwachen ließ. In Sichuan nahm die Polizei Freiwillige fest und ließ Ai durch sie Nachrichten zukommen: »Grüßt Ai Weiwei von uns, aber er ist hier nicht willkommen, wir wollen ihn hier nicht sehen.«[11] Am 26. Mai belästigten Polizisten in Zivil seine Mutter in ihrem Haus. Bei Ais Eintreffen wollten sie ihn verhören. Unter Berufung auf seine gesetzlichen Rechte verweigerte Ai die Aussage, solange die Männer sich nicht auswiesen. Als sie das nicht konnten, schleppte er sie auf die Wache und erstattete Anzeige. Es folgten weitere Begegnungen mit der Polizei. Weitere Blog-Einträge wurden gelöscht. Der durch das *Citizen Investigation Project* verursachte

---

11 Vgl. http://china.blogs.time.com/2009/05/13/ai-weiwei-transcript-for-real-this-time/ (abgerufen am 23. Januar 2010).

steigende Druck und der bevorstehende 20. Jahrestag des Tiananmen-Massakers führten am 28. Mai 2009 schließlich zur Schließung von Ai Weiweis Blog.

Während Freiwillige auf ausländischen Plattformen neue Blogs eröffneten, entdeckte Ai ein neues Forum: das Mikroblogging. Er meinte zwar, zu mehr als den 140 Zeichen von Twitter sei er derzeit ohnehin nicht fähig. Doch kann man mit 140 chinesischen Zeichen wesentlich mehr sagen als mit entsprechend vielen lateinischen Buchstaben, und das macht das Mikroblogging im Chinesischen viel interessanter. Überdies meint Ai, Mikroblogging passe besser zu ihm, weil es schneller und spontaner sei. Er meinte auch einmal, die Zitate Maos seien alle kürzer als 140 Zeichen.

Ai Weiweis künstlerische Arbeitsweise wurde vom Internet nachhaltig beeinflusst. Nach *Fairytale,* seiner ersten großen Arbeit in Wechselwirkung mit dem Blog, wurden der Einfluss des *Citizen Investigation Project* und die Auseinandersetzung mit den Folgen des Erdbebens von Wenchuan in seinen Ausstellungen von 2009 sichtbar. In großen Einzelausstellungen im Mori Art Museum von Tokyo und im Münchner Haus der Kunst klang nach, was für Ai das unvergesslichste Bild seines Besuchs im Erdbebengebiet war – zwischen den Trümmern liegende Kinderrucksäcke. Im Mori Art Museum zog sich eine Schlange aus eigens angefertigten schwarzen und weißen Rucksäcken über die Decke. Im Münchner Haus der Kunst waren Rucksäcke in leuchtenden Primärfarben an der Fassade des Museums zu chinesischen Schriftzeichen angeordnet. Zitiert wurde die Mutter eines Erdbebenopfers: »Sieben Jahre lang lebte sie glücklich in dieser Welt.« Die Mutter, deren Tochter der »Tofu-Architektur« der Schulen zum Opfer gefallen war, hatte Ai einen Brief geschrieben, und er hatte ihn in seinem Blog gepostet.[12] Die anonymen Rucksäcke waren wie Namen der auf bloße Zahlen reduzierten Kinder. Mithilfe seiner Liste will Ai diese Zah-

12 Siehe »Brief einer Mutter aus Beichuan« (Eintrag vom 20.März 2009, in vorliegendem Buch abgedruckt).

len durch etwas ersetzen, das den sinnlosen Verlust von Leben symbolisiert und diesen Kindern das Einzige zurückgibt, das ihnen auf dieser Welt gehört hat: ihre Namen.

Das *Citizen Investigation Project* kam nur schleppend voran, weil immer wieder Freiwillige verhaftet wurden. Die meisten wurden nach einem kurzen Verhör (»Arbeiten Sie für Ai Weiwei?«) freigelassen. Der Intellektuelle und Aktivist Tan Zuoren war eine aufsehenerregende Ausnahme. Er hatte kurz nach dem Erdbeben bereits aus eigener Initiative dazu aufgefordert, die Namen von Opfern zu sammeln. Als er verhaftet und subversiver Machenschaften beschuldigt wurde, war klar, dass die gegen ihn erhobenen Vorwürfe Reaktionen auf dieses Engagement waren. Im August 2009 reiste Ai zusammen mit Assistenten und einigen anderen Aktivisten nach Sichuan, um bei Tan Zuorens erstem Prozess auszusagen. Kurz nach der Ankunft im Hotel in Chengdu am 12. August wurde offensichtlich, dass die örtliche Polizei über die Reise informiert war. Wie immer, wenn Ai und sein Tross unterwegs waren, wurde alles auf Video festgehalten. Ai wurde gegen 3.00 Uhr durch Schläge an die Tür seines Hotelzimmers geweckt. Beim Eintreten der Polizisten kam es zu einem Handgemenge, von dem nur eine Tonaufnahme existiert. Ai bekam einen Schlag auf den Kopf und trug Kopfverletzungen davon, die erst im September bei seinem Eintreffen in München zur Vorbereitung seiner Ausstellung im Haus der Kunst richtig diagnostiziert wurden. Am 14. September stellten Ärzte in München eine Hirnblutung fest und leiteten sofort eine lebensrettende Operation ein. Die Blutung gilt als Folge des Schlages, den Ai in Chengdu abbekommen hatte. Nach der Operation ließen die heftigen Kopfschmerzen nach, die ihn seit der Misshandlung gequält hatten, doch unter Konzentrationsstörungen leidet er weiterhin.

Ai Weiweis Ruf eines Weisen in der chinesischen Kunstwelt und später seine Bekanntheit als Blogger machten ihn nahezu unantastbar für die chinesischen Behörden, die ihn sonst womöglich früher gestoppt hätten. Doch ist er nicht über Kritik erhaben. In China selbst ist die Stimmung geteilt zwischen Bewunderung und Kritik. Auf Reaktionen der Blogosphäre erwidert Ai mit teils gelehrten, teils aber auch geharnischten Formulierungen.[13] Als Kritiker ihm vorwarfen, er sei mit seiner Kritik nur deshalb so mutig, weil er einen ausländischen Pass habe, stellte er seinen chinesischen Pass online. Zu den beliebtesten Vorwürfen gehören »Schamlosigkeit«, »mangelnde Vaterlandsliebe« und »Lakai der amerikanischen Imperialisten«. Andere Zeitgenossen halten den Eifer, mit dem er Behörden angreift, und seine auf Konfrontation angelegten Gesprächsgewohnheiten für die Folge eines durch die Kulturelle Revolution verursachten »Stress-Syndroms«. Vielleicht ist seine Persönlichkeit am besten mit seinen eigenen Worten beschrieben: »In mir spiegeln sich alle Fehler meiner Zeit.«[14]

Von den Fehlern seiner Generation abgesehen, übte sein Vater einen enormen Einfluss auf seinen Extremismus aus. Ai Qing hatte eigentlich Malerei studiert, war aber ein bekannter Dichter des vorrevolutionären China, und Dichter waren damals unweigerlich auch politische Revolutionäre. Nach den »Gesprächen auf dem Yan'an-Forum über Literatur und Kunst« von 1942, bei denen die kommunistischen Intellektuellen und Künstler der Direktive der Partei unterstellt wurden, wurden Ai Qings Gedichte zu Instrumenten, welche die Massen »erwecken« und zu Revolutionären und Gefolgsleuten des Kommunismus machen sollten. Die Leistungen seines Vaters als eines anerkannten Dichters ermutigten Weiwei dazu, sich selbst im Schreiben zu versuchen. Vielleicht fühlt er eine gewisse Verpflichtung, sich mit dem Unrecht der politischen Partei zu befassen, die sein Vater einst unterstützt hatte.

Es gibt in China geschätzte fünfzig Millionen Blogs, und angesichts des steigenden Einflusses des Bloggens, Mikrobloggens und verschiedener Mailboxen in der computerkundigen

13 Vgl. »Warum ich ein Heuchler bin« (Blog-Eintrag vom 12. Juli 2006, in vorliegendem Buch abgedruckt).

14 Vgl. »Leinwandflimmern« (Blog-Eintrag vom 5. Februar 2008, in vorliegendem Buch abgedruckt).

Generation der Nachachtziger kann niemand die wachsende Bedeutung des Internets für die öffentliche Meinung und die Herausbildung einer Bürgergesellschaft bestreiten – am allerwenigsten der Staat. Die über Blogs verbreiteten Informationen genießen in China eine einmalig hohe Glaubwürdigkeit, denn im Unterschied zu Ländern, deren öffentliche Berichterstattung auf genauen und freien Nachrichtenquellen beruht, werden die antiquierten Medien der Volksrepublik straff von oben nach unten geführt und sind hochgradig anfällig für Informationssperren. Das bereits weitverbreitete Misstrauen gegenüber den Medien wurde durch Vorfälle wie den SARS-Skandal 2003 zusätzlich verstärkt. Das Internet bedroht zum Ingrimm vieler das Informationsmonopol der staatlich gebilligten Nachrichtenagenturen wie der Xinhua News Agency, der Antwort der Partei auf die Associated Press. Nachrichten von sozialen Unruhen, Arbeiterstreiks oder anderen Skandalen werden zuerst über das Internet verbreitet. Blog und Mailbox sind als unersetzliche Nachrichtenkanäle anerkannt, als einzige Plattform Chinas für kritische oder abweichende Ansichten.

Die enorme Beliebtheit von Blogs hat eine ganz neue Art von Blogger-Prominenz hervorgebracht, darunter den ebenso charmanten wie provokanten Han Han, den gegenwärtig beliebtesten Blogger Chinas und damit meistgelesenen Blogger der Welt, dessen Blog täglich fast 100 000 Mal aufgerufen wird. Han Han hat die Schule abgebrochen, aber im selben Jahr einen renommierten Literaturpreis gewonnen. Anschließend hat er einen Roman geschrieben, der zum größten Bestseller Chinas der letzten zwanzig Jahre wurde, gefolgt von vier weiteren Romanen. Aufgrund der frechen, unabhängigen Ansichten, die er in seinem Blog verbreitet, wurde er »Stimme der Generation der Nachachtziger« genannt. Mit seinen beißenden Kommentaren zur Gesellschaft löst er heftige Debatten aus, und seine Bereitschaft, heikle Themen anzusprechen, bringt ihn gelegentlich auch in Konflikt mit der Zensur. Wie seine Beliebtheit zeigt, ist seine Generation zu mehr imstande als zu egoistischem Konsumdenken und übernimmt gelegentlich auch soziale Verantwortung. Aufgrund seiner »vernünftigen Kommentare« zu politischen und kulturellen Themen hat man in ihm sogar schon den »nächsten Lu Xun« sehen wollen.

Die offene Meinungsäußerung der chinesischen Blogger stellt die chinesische Regierung, die beständig zwischen Beschwichtigung der Bevölkerung und Überwachung und Unterdrückung von »den gesellschaftlichen Frieden gefährdenden« Informationen taktiert, vor eine ernste Herausforderung. Wie Google Inc. sehr gut weiß, sind zensierte Suchergebnisse und gesperrte Webseiten innerhalb der »Great Firewall of China« eine ärgerliche Realität, doch wird es im Zeitalter der globalen Kommunikation angesichts verschiedener »Leitern«, mit denen man »über die Mauer steigen« kann *(fanqiang),* zunehmend schwerer, Fakten zu vertuschen. Außerdem sind die chinesischen Hacker den Zensoren immer einen Schritt voraus. Der unterschiedliche Zugang zu Informationen hat zu einer ganz neuen Ära gespannter internationaler Beziehungen geführt. Verschiedene offizielle Versuche in Ländern wie Iran, Tunesien, Usbekistan und Vietnam, das Surfen im Internet zu verhindern, haben im Januar 2010 die US-Außenministerin Hillary Clinton zu ihrer Rede über die Freiheit im Internet veranlasst.

Zahllose Blogger mussten wie Ai Weiwei erfahren, dass heikle Posts gelöscht wurden. Einige Cyber-Dissidenten wurden sogar verhaftet. Die Behörden arbeiten an einer Zensur, die so feinmaschig ist, dass die Great Firewall überflüssig wäre. Ein auf über 280 000 Mitglieder geschätztes[15] Netz einer »Geheimpolizei« engagiert sich für die Informationskontrolle, durchstöbert ständig das Internet und löscht politisch missliebige Einträge unverzüglich. Zusätzlich manipuliert die »Fünf-Cent-Armee« von staatlich ausgebildeten und bezahlten Kommentatoren die öffentliche Meinung in Chatrooms und Blog-Kommentaren. Sogar unter den Blog-Kommentaren

---

15 David Bandurski, »China's Guerrilla War for the Web«, *Far Eastern Economic Review,* Juli 2008 (abgerufen am 2. Februar 2010).

englischsprachiger Berichterstatter tauchen seit einiger Zeit Beiträge auf, in denen die offizielle Meinung verfochten wird. Nach den Unruhen in Ürümqi im Juli 2009 war das Internet in der gesamten Provinz Xinjiang monatelang gesperrt, und es konnten keine SMS-Nachrichten verschickt werden. Doch der Guerillakrieg um die Freiheit des Internets ist bereits entbrannt, und die immer heftigeren Reaktionen von offizieller Seite machen deutlich, wie nervös man angesichts der Bedrohung des Regimes durch Vernetzung und Datenaustausch ist.[16]

Ai Weiweis Schreiben ist von seinem Engagement als Aktivist geprägt, doch sind die in diesem Buch publizierten Texte nicht ausschließlich politischer Natur. Es handelt sich vielmehr um die besten seiner Posts zwischen 2006 und 2009. Sie zeigen das Profil des Künstlers und seiner unverwechselbaren Weltanschauung, die gleichermaßen durch Erfahrungen in Maos terroristischer Kulturrevolution wie den New Yorker Untergrund geprägt ist. Die Übersetzung macht endlich Ai Weiweis fortschrittliche, humanitäre Ansichten in seiner eigenen Stimme zugänglich. Die Themen reichen von der Evolution bis zu den Rechten der Tiere. Zur Sprache kommen auch Erinnerungen sowie immer wiederkehrende, für seine persönliche Weltanschauung wichtige Ideen und Themen wie etwa das Ideal der Einfachheit, die Verantwortlichkeit der Behörden, die Versöhnung der »Wahrheit« mit den Tatsachen und das Eintreten für wichtige Grundrechte wie die Redefreiheit.

Die chronologische Ordnung des Materials macht den geschickten Dialog des Künstlers mit seinem Publikum spürbar und spiegelt zugleich den gesellschaftspolitischen Zusammenhang und die sich überschlagenden Ereignisse der Zeit. Der größte Teil der hier publizierten Texte wurde 2006 gepostet. Zu ihnen gehören für den Blog verfasste Originalbeiträge so-

---

16 Rebecca MacKinnon, Mitbegründerin von Global Voices Online, äußert sich in ihrem Blog ausführlich zum Thema Internet in China, Zensur und Demokratisierung.

wie ins Internet gestellte frühere Text Ai Weiweis. Im Jahr 2007 war Ai Weiwei vor allem mit *Fairytale* beschäftigt und postete mehr Fotos als Wortbeiträge. Im Jahr 2008, im Laufe der letzten Monate vor der Olympiade, steigt die politische Ironie der Texte dramatisch an. Dasselbe gilt auch noch für 2009, das Jahr des *Citizen Investigation Project,* in dem Ai ein besonderes politisches Bewusstsein und Engagement entwickelt. Viele der letzten Posts vor Schließung des Blogs enthalten Tagebucheinträge und Notizen der in Sichuan arbeitenden Freiwilligen und Namenslisten von Schülern; sie wurden in dieses Buch nicht aufgenommen.

Ai Weiweis eigentümlicher Schreibstil mit seinen programmatischen Erklärungen, fortlaufenden Sätzen und seiner Neigung, vulgäre Flüche mit höchst raffiniert formulierten Beleidigungen zu verschmelzen, ruft oft extreme Reaktionen der Begeisterung oder heftigen Ablehnung hervor. Aufgrund der vielen literarischen Anspielungen und der versteckten Bezüge zur maoistischen Sprache oder zu zeitgenössischen Ereignissen kann die verborgene Bedeutung von Ais Prosa sogar chinesischen Lesern Schwierigkeiten bereiten. Durch die Übersetzung in andere Sprachen wächst der Bedarf von Anmerkungen noch. Die Anmerkungen des Buches sollen die gemeinten kulturellen Anspielungen und Bezüge erklären.

Die Internetliteratur spiegelt die Dynamisierung der Sprache in einem globalen Zeitalter und schafft sich entsprechend neue Regeln. In den vorliegenden Texten wurden einige chinesische Wörter direkt transkribiert in der Hoffnung, dass die deutschen und englischen Leser sich eines Tages an die Pinyin-Umschrift gewöhnen werden. Außerdem enthalten die Texte einige »Weiwei-ismen«. So verwendet Ai den Begriff »C-Nation« *(C guo)* als offensichtliche indirekte Anspielung auf China, die mit *guo* ein zweideutiges Element enthält, da *guo* auf das klassische Schriftzeichen für »Großes Reich« verweist. In »Beste Grüße an eure Mutter« dagegen (siehe die Texte aus dem Jahr 2009) wird die wörtliche Übersetzung von *wenhou ni de muqin,* einem Euphemismus des Internets für eine schlimme

Beleidigung, den meisten Lesern unverständlich bleiben. Bei einigen wenigen Gelegenheiten spielt Ai metaphorisch auf China als ramponiertes altes Schiff an, mitunter nennt er es allerdings auch verächtlich einen »Flecken Land«.

Er verwendet ein klassisches Chinesisch, wenn er die Partei und ihre Politik mit einer herrschenden Dynastie vergleicht und etwa von Anwälten »für den kaiserlichen Gebrauch« oder »Palasteunuchen« spricht. Die Nuance des klassischen Chinesisch geht in der Übersetzung verloren, doch das Gemeinte dürfte auch so klar werden.

Außerdem wurde von der direkten Übersetzung Gebrauch gemacht: »Menschheit« *(renlei)* spiegelt das sächliche Geschlecht des chinesischen Begriffs. Wiederholte Kürzel der Netzsprache wie »P-Bürger« *(pimin)* und SB *(shabi)* werden durch entsprechende Anmerkungen erklärt. Populäre Meme des chinesischen Internets wie »der Katze entkommen« *(duo maomao)* und »Liegestütze machen« *(fuwocheng)* sind soziologische Besonderheiten der chinesischen Internetwelt und werden ausführlich erklärt. Auch Anspielungen auf die Agitprop aus der Zeit der Kulturrevolution oder die Deng-Xiaoping-Theorie werden kommentiert. Bei asiatischen Namen wird wie im Chinesischen gebräuchlich der Nachname vorangestellt. Durchgehend verwendet wurde das Hanyu Pinyin, die phonetische Umschrift des Chinesischen auf der Basis des lateinischen Alphabets.

In einigen Jahren werden Redewendungen wie »Liegestütze machen« altmodisch klingen, aber sie werden an die seltsamen Ereignisse dieser Zeit erinnern, stumme schriftliche Zeugen von Vorfällen, die gewisse Parteien gern aus den Annalen der Geschichte löschen würden. Vor zehn Jahren wäre ihnen das noch gelungen – doch das Internet hat sich in einem Land, das mit Gedächtnisverlust bereits zu viele böse Erfahrungen gemacht hat, als unschätzbares Instrument zur Bewahrung des Gedächtnisses erwiesen. Ai Weiwei weiß das nur zu gut, und er steht in dem im Cyberspace ausgefochtenen Kampf um die Bürgerrechte in China an vorderster Front. Die Grenze zwischen seiner Tätigkeit als Künstler und seinem Engagement als Aktivist verschwimmt dabei.

Das Urteil über Ai Weiweis Aktivismus und das künstlerische Erbe, das er einer ganzen Generation hinterlässt, kann nicht einstimmig ausfallen. Von wenigen abgelehnt, bei anderen umstritten, hat ihm sein unbeirrtes Eintreten für freie Meinungsäußerung gleichwohl weltweite Anerkennung eingebracht. Die Redefreiheit sollte jeder authentischen künstlerischen Betätigung zugrunde liegen, und in seinem Kampf, dieses Grundrecht einer breiteren Bevölkerung zugänglich zu machen, dient Ai Weiweis Kunst wahrhaftig dem Volk.

# Texte aus dem Jahr 2006

## Probleme ausländischer Architekten, die in China bauen

■ GEPOSTET AM 10. JANUAR 2006

China hat sich rasant zur zweitgrößten und am schnellsten wachsenden Volkswirtschaft der Welt entwickelt. Dieser Prozess hat dem chinesischen Markt für Architektur eine so kraftvolle Dynamik gegeben, dass er von der ganzen Welt aufmerksam beobachtet wird. Im Laufe der fast 30 Jahre währenden Konversion in ein kapitalistisches System sind in China bei der Bevölkerung große Hoffnungen und Ansprüche entstanden: Tausende und Abertausende von Dörfern ähneln inzwischen eher Städten; mehr als 100 Millionen Bauern wohnen jetzt in Städten und arbeiten in der Industrie; mehr als 100 Millionen Haushalte müssen umgesiedelt werden. Die Menschen gieren nach schnellem Reichtum, und sie sind überwiegend bereit, sich neu zu orientieren und in neuen Häusern, neuen Wohnvierteln und neuen Städten zu leben.

Eine uralte Zivilisation ist wieder ins Leben zurückgerufen worden, und mit ihr die Möglichkeit einer neuen Revolution in Bezug auf das Leben der Menschen.

In fast 100 Jahren gesellschaftspolitischer Praxis in China sind unzählige ethische und soziale Werte und ästhetische Formen, denen traditionelle Formen zugrunde lagen, verfälscht oder vernichtet worden – nichts ist übrig geblieben. An ihre Stelle sind das marxistische Konzept einer Utopie (die grausame Ideologie des »Klassenkampfes«) und eine unmenschliche gesellschaftliche Realität getreten. Die wirtschaftliche Reform und Öffnung vor fast 30 Jahren war eine unvermeidliche Weichenstellung für dieses geplagte Volk, das in eine historische Sackgasse geraten war. Binnen weniger Jahrzehnte hat diese Weichenstellung bewirkt, dass dieses Land mit 1,4 Milliarden Menschen zu einem wichtigen Faktor der globalen wirtschaftlichen und politischen Systeme wurde. China und die Welt waren beide gleichermaßen erstaunt, als sie sich kennenlernten, und das hat beide Parteien gezwungen, sich neu zu entdecken und die globale Hierarchie ebenso wie die Struktur aller globalen Systeme neu zu gestalten.[1]

In jeder Einflusssphäre tritt diese Nation (deren Bautätigkeit unlängst die Summe der gesamten Bautätigkeit ihrer tausendjährigen Geschichte übertraf) heute mit dem beunruhigenden Charme eines hungrigen Raubtiers auf. China verschlingt allein die Hälfte des weltweit produzierten Betons und ein Drittel des weltweit produzierten Stahls, und es produziert fast die Hälfte aller Textilien auf der Erde. In Anbetracht dieser aktuellen Fakten gerät die ganze Welt ins Staunen und schnappt mit aufgerissenen Augen und offenem Mund nach Luft.

In diesem leidvollen Prozess müssen die Chinesen lernen, mit immer neuen, unangenehmen Realitäten fertigzuwerden. Nach einem hundertjährigen Kampf sind wir zu jenen unvermeidlichen ausländischen Denkmustern von »Wissenschaft und

---

1 Die Wendung »Reform und Öffnung« *(gaige kaifang)* bezieht sich auf eine breite Palette wirtschaftlicher Reformen, die 1978 vorgeschlagen wurden, als Deng Xiaoping an die Macht kam. Nach der Kulturrevolution stand China am Rand eines Zusammenbruchs: Das Land hatte ein gigantisches Haushaltsdefizit, und die Bevölkerung lebte in bitterer Armut, darüber hinaus konnte von technischem Fachwissen keine Rede sein. Die kommunistische Partei war zudem in eine Vertrauenskrise geraten und sah ihre Macht bedroht. Deng Xiaopings Reformpläne sollten den Übergang von einer Planwirtschaft zu einer Marktwirtschaft gestalten, und im Jahr 1978, auf dem dritten Plenum des elften Zentralkomitees, wurde eine Strategie für »innere Reformen und die Öffnung nach außen« verabschiedet. »Sonderwirtschaftszonen« wurden in Shenzhen, Xiamen, Zhuhai u. a. eingeführt, um die Wirtschaft entlang der Küste zu fördern, und diese regten nach und nach die heimische Wirtschaft an. Der Prozess der »Reform und Öffnung« gilt als noch nicht abgeschlossen; derzeit sind damit unzählige politische und gesellschaftliche Reformen verbunden. Auf den Übergangscharakter der Wirtschaftsreformen wird in allen Schriften Ai Weiweis immer wieder angespielt.

Demokratie«[2] zurückgekehrt, und während wir die Früchte der menschlichen Kultur ernten, entdecken wir gleichzeitig, dass wir noch weitere bittere Pillen schlucken müssen.

Die Bautätigkeit in China hat, einmal abgesehen davon, dass sie mit Müh und Not das Grundbedürfnis eines Dachs über dem Kopf zu befriedigen vermag, weder spirituellen Gehalt noch einen Bezug zum kulturellen Vermächtnis des Landes. Angesichts der Geschwindigkeit und des Ausmaßes der gegenwärtigen Entwicklung sind eine aus dem Ausland übernommene, fortschrittliche Kultur und ausgereifte, technologische Systeme die einzigen Möglichkeiten, um den Anforderungen für Chinas Entwicklung zu begegnen. Es ist eine Frage von Leben und Tod, und nicht eine Geschmacksfrage. Gleichwohl treffen diese einleuchtenden Grundsätze in der Praxis auf den Widerstand der alten Mächte und Interessengruppen. Mit nationalistischen Sprüchen wie: »Zum Wohl der Nation« und »im Interesse des Staates« lenken sie von ihrer Kulturlosigkeit und ihrer Inkompetenz in Fragen der Wissenschaft ab.

Ein »China im Wandel« hat weltweites Interesse auf sich gezogen. In den letzten Jahren haben sich viele ausländische Architekten und Bauingenieure an großen und kleinen Projekten in ganz China beteiligt. Unter diesen Firmen finden sich sowohl die Elite der weltweiten Baukunst als auch gigantische Unternehmen, Baumaschinerien mit rein ökonomischen Zielen. Unter ihnen sind ferner idealistische, junge Architekten, die Neues entdecken und ihre Ideen in die Praxis umsetzen wollen, sowie viele Hochschulstudenten. Sie bringen ihr ganzes Wissen und ihre Erfahrung in dieses unbekannte Land und diese unbekannte Zivilisation mit.

---

2 Intellektuelle der Bewegung vom 4. Mai 1919, der ersten sozialistischen Bewegung, allen voran Chen Duxiu, der Chefredakteur der einflussreichen Zeitschrift *New Youth,* drängten China, die Konzepte »Wissenschaft und Demokratie« zu übernehmen, die als geeignete Heilmittel für die traditionelle, konfuzianische Gesellschaft angesehen wurden. »Herr Wissenschaft« (*sai xiansheng*) und »Herr Demokratie« (*de xiansheng*) waren wichtige Konzepte, die dem Fortschritt eine grundsätzliche Richtung vorgaben und dazu beitrugen, in China das Zeitalter der Moderne einzuläuten.

Diese Männer der Praxis haben erstaunlichen Mut. Sie gehen ein echtes Abenteuer ein; meist sprechen sie kein Chinesisch, und sie müssen mit der Konfusion zurechtkommen, die entsteht, wenn verschiedene Sprachen, Konventionen, kulturelle Werte und gesellschaftliche Strukturen zusammenstoßen. Darüber hinaus sind sie mit Projekten von gigantischen Ausmaßen konfrontiert, die in absurder Geschwindigkeit mit geringsten Kosten gebaut werden sollen. Dazu kommen unklare Regeln und Vorschriften und absurde, komplizierte Arbeitsabläufe. Es mangelt an überprüfbaren Konzeptionen und klaren Regeln.

Die rätselhafte Zivilisation, die den Konfuzianismus und den Taoismus hervorbrachte, übernahm den Buddhismus und glaubt wie dieser an ein System zur Verwirklichung sozialistischer Ideale. Diese kulturelle Tradition wird von einem umfassenden und systematischen Ehrenkodex geprägt, und zugleich von einem extremen Materialismus. Diese Gesellschaft ist von politischem Dogmatismus überfrachtet und zugleich von der Laissez-faire-Praxis durchdrungen. Dieses Land strotzt vor Tatendrang, und ist geprägt von Ungerechtigkeit, es birgt Mögliches und Unmögliches, Chancen und Risiken, Überraschendes, Aufregendes, Enttäuschungen und Verzweiflung.

China ist Teil der Menschheitsgeschichte, viele kommen, um es kennenzulernen. Sei es wegen seiner philosophischen Bedeutung oder seiner gesellschaftlichen Entwicklung, China wird zu einem echten, unauslöschlichen Teil der globalen Zivilisation. In dem Maße, wie der Westen China begegnet, akzeptiert das Land allmählich auch die restliche Welt als eine potenzielle Form der Zivilisation und Ausdruck der menschlichen Natur. Dabei erkennt China womöglich auch die Grenzen und Unzulänglichkeiten von Vernunft und Ordnung, und es erfährt das Glück, das man aus dieser Erkenntnis gewinnen kann.

*Geschrieben am 16. Dezember 2004*

## Architektur und Raum

■ GEPOSTET AM 13. JANUAR 2006

Der wichtigste Faktor in der Architektur ist der Raum: die Beziehung zwischen Raum und Subjekt, das Verhältnis von einem Raum zu einem anderen Raum, der Anfang, die Fortsetzung, die Veränderung und das Verschwinden von Raum …

Licht definiert Gegenstände und verleiht Räumen ihre einzigartigen Merkmale. Die Intensität, Richtung und die wechselnde Natur von Licht und Schatten erregen anziehende wie auch abstoßende Emotionen bei Menschen. Emotionen sind das Fundament des Sinns für Ästhetik.

Das Volumen des Lichts, die Proportionen, Struktur und Materialien legen fest, wie wir Raum erleben. Raum kann auch auf psychischer Ebene wirken, er ist imstande, die Fantasie anzuregen.

Unser Verständnis für einen Raum und unsere Beschreibung dieses bestimmten Raums entspringen unserem Verständnis für die Ereignisse, die eines Tages in diesem Raum geschehen werden, die Gründe für die Geschehnisse und die Reaktionen auf die Geschehnisse eingeschlossen.

Den Raum zu erfassen, heißt Mensch zu sein. Wenn man das Potenzial des Raums und der damit zusammenhängenden Ereignisse besser verstehen möchte, dann sollte man einmal eine Katze beim Sprung oder das Hissen einer Flagge beobachten.

Das Gefühl eines Bauherrn für Raum und für die Möglichkeiten, den Raum zu formen, offenbart das Selbstverständnis eines Bauherrn und seine Interpretation dessen, was außerhalb der eigenen Person liegt. Es ist die Akzeptanz der Beschränktheit und der Sinn für das richtige Maß.

Wenn Menschen das Dasein jenseits der menschlichen Natur verstehen wollen, entsteht Verwirrung. Diese Verwirrung und der Versuch, sie zu deuten, sind ein Traum, dem wir nicht

**1.1** Maurer bei der Arbeit an den Red Brick Galleries in der Künstlerkolonie Caochangdi, 19. März 2007.

entrinnen können – die Realität des Daseins ist die Realität der Verwirrung. Sie ist allgegenwärtig, und unsere ewige Suche nach Wahrheit geht auf unsere immerwährende Befangenheit in Verwirrung zurück.

Der Mensch steht sich fortwährend selbst im Weg, und die Unfähigkeit, dieses Sich-im-Weg-Stehen zu überwinden, ist das Schicksal der Menschheit. Niemand kann das Außermenschliche erreichen.

Bauen ist keine natürliche Handlung. Menschen bauen, um ihr Wohlbefinden zu erhöhen. In der zweckmäßigen Funktion drückt sich aus, wie man etwas nutzt, und wie man es nutzt, drückt wiederum aus, wer man ist.

Das Bauen regt Menschen dazu an, Gedanken und Emotionen Form werden zu lassen. Der Charakter und die Neigungen des Bauherrn treten dabei deutlich zutage. Der Geist wird durch das Gebaute erhoben, und das Material überwindet seine materielle Beschränktheit, die Bauten bekommen dadurch eine geistige Ebene.

Gegenstände sind, was sie sind: Gegenstände. Aber die Ge-

**1.2** Bauarbeiter bei der Arbeit an den Red Brick Galleries in der Künstlerkolonie Caochangdi, 19. März 2007.

genstände, die wir sehen, sind niemals die Gegenstände selbst; wir sehen lediglich das, was wir sehen.

Trachte beim Bauen stets nach Klarheit, Einfachheit, Geradlinigkeit und Exaktheit. Neben »ist« und »ist nicht« existieren gleichzeitig »ob oder ob nicht«, »oder«, »anders« und »auch«. Die Baukunst steht derzeit oft vor dem Problem, wirkungsvolle Mittel finden zu müssen. Macht manifestiert sich als die Zerstörung der psychischen Ordnung der Menschen. Unsicherheit entspricht ewiger Verwirrung – ein Zustand, der sich in Worten nicht ausdrücken lässt. Wenn ein gebautes Objekt nicht von der Ehrfurcht des Bauherrn für das Unbekannte durchdrungen ist oder keinen höheren intellektuellen Anspruch in sich trägt, dann ist es lediglich eine Müllhalde für Materialien.

Die Probleme der Baukunst gehen darauf zurück, dass der unerfahrene und der erfahrene Architekt mit ähnlichen Problemen konfrontiert werden: Der Unerfahrene trachtet danach, Erfahrungen zu sammeln, und der Erfahrene trachtet danach, Erfahrung abzulegen. Diese Versuche sind vergebens, wie das Warten auf einen Windstoß, der uns gute Laune bringt, so ein Wind wird niemals kommen.

Gleichsam als spiele man ein Spiel, das auf den ersten Blick einfach scheint, aber dann bleibt es doch unmöglich, die naheliegende Antwort zu finden. Also kommen wir nicht umhin, alle unsere bisherigen Bemühungen zu verwerfen und von vorn zu beginnen. Die Probleme der Baukunst sind in Wirklichkeit philosophischer Natur; Bauen ist ein Spiel, bei dem wir nie aufhören dürfen, zum Anfang zurückzukehren. Jeder Versuch, etwas zu bauen, markiert einen Versuch, eine Frage zu stellen, aber die Antwort ist nicht fassbar, wir jagen vergeblich wie eine schwarze Katze, die ihren eigenen Schatten erbeuten will. Wenn wir neu anfangen, dann bleibt nur ein Durst nach authentischen Objekten und Ideen, zusammen mit der Intention, dem eigentlichen Ziel näher zu kommen. Sobald ein Spiel, das niemals hätte beginnen dürfen, begonnen hat, hört es nie wieder auf.

Künstler sind keine Kosmetiker. Sie sind keine Dienstleister, sind nicht verpflichtet, dekorative Kulissen zu schaffen. Kunst ist eine Art Spiel – entweder man spielt mit oder man setzt aus. Es liegt an einem selbst. Zwischen der Kunst und dem Menschen besteht eine ganz normale Beziehung, in der keine Seite der anderen dient, und der einzige Unterschied zwischen öffentlicher Kunst und gewöhnlicher Kunst liegt darin, dass öffentliche Kunst in einem nicht privaten Raum ausgestellt wird.[3] Gewisse intime Handlungen werden unter-

---

3 Die leninistische Vorstellung, dass »Kunst der Allgemeinheit dienen muss«, wurde von Mao in den zukunftsweisenden »Yan'an Gesprächen über Literatur und Kunst« von 1942 propagiert – einer Reihe von Erörterungen, die das Ziel hatten, Kunst und Literatur unter einer gemeinsamen, anerkannt sozialistischen Ideologie zu vereinen und geeignete Parameter für ihre Entwicklung unter den kommunistischen Künstlern und Intellektuellen festzulegen, die in Yan'an (früher: Yenan) versammelt waren. Die Ablehnung des Konzepts *»l'art pour l'art«* war von höchster Bedeutung: Diese Auffassung galt als feudal und wurde durch die Vorstellung ersetzt, dass Kunst und Literatur als Werkzeuge der Revolution dienen sollten, indem sie die Öffentlichkeit und das Proletariat entsprechend inspirierten. Ungeachtet der dramatischen Ver-

lassen, solange man sich in der Nähe des Kunstwerks aufhält, aber nachts kann man dort unbemerkt seine Notdurft verrichten.

Das Adjektiv »öffentlich« im Zusammenhang mit einem öffentlichen Kunstwerk bezieht sich im Grunde nur auf einen persönlichen Raum. Es beinhaltet kein künstlerisches Werturteil. Das Kunstwerk dient nicht der Öffentlichkeit. Es wurde auch nicht für die Öffentlichkeit geschaffen. Man kann es in der Öffentlichkeit ausstellen, aber das Kunstwerk könnte auch die Existenz einer Allgemeinheit völlig ignorieren. Hier hat sich die Kunst einfach wirkungsvoll eine öffentliche Umgebung zunutze gemacht. Sie ist nicht verpflichtet, etwas zu verschönern oder zu zieren.

Wer an den Geschmack der breiten Masse glauben möchte, muss auch ausreichendes Vertrauen zu den Menschen haben. Wenn die Allgemeinheit über ein Stück Stoff, das mit chemischen Pigmenten rot gefärbt wurde, ins Schwärmen gerät, dann kann sie auch ein Betonfass lieben – oder zumindest verstehen.[4]

Taubheit ist der übliche Zustand der Massen, aber wenn man die Massen stimuliert, dann werden die Menschen ein Gefühl der Freude empfinden. Baue ein Gebäude mit 100 Stockwerken, und schon kommen alle und wollen davon ein Foto machen. Doch wird dasselbe Gebäude zerstört, dann bleiben alle ebenso glücklich, als würden sie im Kollektiv Geburtstag feiern.

Kunst ist das Geschäft des Künstlers. Die Beziehung zwischen Kunstwerk und Zuschauer ist letztlich schwer zu be-

---

änderungen für die schöpferische Landschaft in China im Laufe der letzten 30 Jahre prägen diese Vorstellungen immer noch die Anschauungen zu Kunst und Literatur der Mehrheit der Chinesen.

4 Ai Weiweis erste Skulptur unter freiem Himmel *Concrete* (2000) wurde von dem Gebäudekomplex Soho China in Auftrag gegeben. Das Werk war ein über fünf Meter hohes, zylindrisches »Fass« aus Beton, das auf einer niedrigen Treppe stand, am Ende eines kleinen Rinnsals. Die Wand, die zu dem Wasserlauf wies, hatte einen schmalen Schlitz als Öffnung, der gemeinsam mit dem Wasser den optischen Effekt einer Negativ-Positiv-Abbildung erzielte. Aus der Vogelperspektive hatte das Fass die Form des Buchstaben C.

urteilen und in manchen Fällen völlig losgelöst von der ursprünglichen Intention des Künstlers. Mit dem Verstehen von Kunst ist es wie mit dem Konsum von Drogen: Entweder du hast keine Vorstellung, was es heißt, »high« zu sein, oder du warst schon einmal »high« und brauchst keinen, der es dir erklärt. Du weißt ganz genau, wenn dir jemand etwas vorspielt.

Ich verstehe nicht, was die Aussage, »die Umgebung verschönern«, bedeuten soll. Warum muss die Umgebung verschönert werden? Wer wird sie verschönern, und wie? Meist erhält man genau das Gegenteil von dem, was man haben wollte. Die meisten öffentlichen geförderten Künste produzieren den dekorativen Massengeschmack der Affirmation. Sie befriedigen das Bedürfnis nach Sicherheit und Stabilität, spielen so Herrschenden in die Hände, die sich gern dieser Pseudoästhetik bedienen.

Dieses gesellschaftliche Ideal und alles, was aus ihm folgt – Gesetze, Erziehung, Propaganda und das System der Gängelung –, sind die Basis einer mittelmäßigen Politik und einer sozialistischen Ästhetik. Interessante Kunstwerke reiben sich wirkungsvoll an Tradition, an dieser populären und gesellschaftlichen Ästhetik und Ideologie. Angriffe und subversive Akte gegen dieses mittelmäßige visuelle System, seine Ideale und Anschauungen haben zur Entstehung einer konfliktbeladenen Beziehung zwischen Moderne und echtem Leben geführt. Sie haben zudem die wahre Identität der Moderne offenbart.

Ein Kunstwerk zu schaffen, das kein gewisses Unbehagen bei den Menschen erregt oder schlicht ihre Gefühle verändert, ist der Mühe nicht wert. Das ist der Unterschied zwischen einem Künstler und einem Narren.

## Fotografie

■ GEPOSTET AM 16. JANUAR 2006

Fotografieren ist nicht länger ein Mittel, um die Realität zu dokumentieren, sie ist vielmehr zur Realität selbst geworden. Die Fotografie als Medium enthält alle grundlegenden Charakteristika eines materiellen Gegenstands wie Maße, Dichte, Schein und Sein. Sie fungiert zugleich als Gradmesser für alle potenziellen Realitäten, da sie inzwischen eine erstaunliche Beziehung zwischen unserer Vorstellung von materiellen Bildern und der Fotografie als materiellem Objekt selbst hergestellt hat. Bilder werden zu einem bedeutsamen Bezugspunkt für die Unterscheidung zwischen der Authentizität und dem Potenzial der Objekte, und innerhalb dieser Unterscheidung werden sie einmal mehr zur Wahrheit selbst.

Die Fotografie als Realität verleiht dem Akt des Fotografierens eine weitere Bedeutungsebene. Das ähnelt dem scheinbar zutreffenden – aber in Wirklichkeit irreführenden – Zustand verschiedener Formen des »Wissens«. Ob uns die Information, die uns präsentiert wird, nun überzeugt oder nicht, sie wird unsere Zweifel an der Wahrhaftigkeit der Aufnahme keinesfalls beschwichtigen. Analysiert man Licht, Dichte und Zahlen, hat es zur Folge, dass sich der Verstand und die Wahrnehmung auf emotionaler Ebene (bedingt durch die Fakten und ein gefühltes Befremden) spalten.

Sobald sich die Fotografie von ihrer ursprünglichen Funktion als Technik oder Mittel der Dokumentation gelöst hat, wird ihre Existenz flüchtig. Sie verwandelt sich in eine von vielen denkbaren Formen der Realität. Eben diese Verwandlung macht die Fotografie zu einer Art Bewegung und verleiht ihr eine ganz spezifische Bedeutung: Sie ist lediglich eine von vielen möglichen Existenzformen. Das Leben ist lediglich eine unbestreitbare Tatsache, und die Herstellung einer alternativen Realität ist lediglich eine andere Form der Wahrheit, die keinen echten Bezug zur Realität hat. Beide warten auf

**1.3** Ai Weiwei gibt seine Kamera einem Freund, während er nach New York zu einem Marsch für Bürgerrechte reist, um 1987.

etwas Wundersames: die Neubeurteilung der Realität. In ihrer Funktion als Vermittlerin ist Fotografie ein Medium, das unablässig das Leben und die wahrgenommenen Handlungen auf diesen ungewohnten Konflikt hinweist.

*Geschrieben am 25. Juli 2003*

## Über Architektur

■ **GEPOSTET AM 22. JANUAR 2006**

Die Architektur ist seit Urzeiten eine der elementarsten Tätigkeiten der Menschheit und wird es immer bleiben. Diese Uraktivität hat sich parallel zu den Grundbedürfnissen des Menschen gewandelt und wird sich stets weiterwandeln.

Das Wesen der Architektur liegt im menschlichen Streben,

das Überleben zu sichern und die Lebensbedingungen zu verbessern. Ursache könnte das Bedürfnis nach Sicherheit, Bequemlichkeit, nach der Erfüllung eines Wunsches oder Individualisierung sein. Ebenso das Bedürfnis zu handeln, die eigene Macht zu demonstrieren, den eigenen Willen durchzusetzen, Ehrfurcht vor Gott auszudrücken oder die eigenen Wertvorstellungen zu manifestieren.

Ein Bau nimmt durch seine Gestalt Einfluss darauf, was Menschen in ihm tun. Gleichzeit erzählt er von diesen Individuen, er teilt deren Mitmenschen mit, wer der Betreffende ist, was ihm wichtig ist, in welchem Zustand er sich befindet, welche Ideale er vertritt. Genauso kann Architektur schweigen und mit dem Zeitgeist nichts zu tun haben. Sie ähnelt dann einer Statue aus Stein, die auf dem Grund eines Flussbetts liegt.

In den Bemühungen der Menschen beim Bauen drückt sich ihr Verständnis der menschlichen Position, Ordnung und Möglichkeit in der Natur aus. Der Kern dieser Auffassung spiegelt die Weltanschauung der Menschen wider. Er spiegelt die Philosophie einer Ära wider, ihre politischen Ideale, ihre Ästhetik, allerdings in baugewordener, materieller Form.

Mit ihren Dimensionen, Materialien, Funktionen und Formen beinhaltet Architektur sowohl die Funktion des Zurschaustellens, dient gleichzeitig aber auch der Erkenntnis.

Ganz gleich welche Art von Architektur wir betrachten, wann oder von welchem Ort aus, jede Architektur wird enthüllen, wer der Bauherr war, und wird die Bedeutung hinter dem architektonischen Handeln offenbaren: Was für ein Gebäude sehen wir? Wie interpretierte der Bauherr den Zustand und stellte ihn dar? Welche Chancen sah er und welche Entscheidungen traf er? Wie reagierte er auf unsere Verhaltensweisen und unsere Ideale? Wie räumte er dadurch veraltete Klischees aus. Überdies wird der Bau enthüllen, wie man den Leuten sagte: »Die Dinge können auch so aussehen, das ist besser, interessanter, angenehmer für alle und anders als in der Vergangenheit.«

Menschen leben, Menschen handeln. Und während die

Menschen leben und handeln, interpretieren sie gleichzeitig die Möglichkeiten des Lebens und die Chancen ihres Handelns. Leben und Handeln sind elementare menschliche Aktivitäten. Leben und Handeln gehen seit Urzeiten einher mit Misstrauen, Zögern und Unsicherheit, und daran wird sich auch nichts ändern. Das Streben, sich selbst dem Wesentlichen zu nähern, das Sinnieren über das eigene Schicksal oder die Erklärung der Logik der eigenen Handlungen können allesamt den Bauherrn zum Katastrophenopfer machen, dessen einzige Möglichkeit, überhaupt noch etwas zu sehen, darin besteht, seine Augen in ihm umgebenden Dunkel zu schließen.

Erst wenn ein Gebäude mögliche Handlungen einschließt, erhält es eine Ausrichtung, erst dann erhält es Bedeutung.

Beobachten Sie einmal, wie ein Kind sich freut, das im Sand Burgen baut – sein Glück entsteht daraus, dass es an einer Transformation mitwirkt, die sich vor seinen Augen abspielt. Unter all den Freuden der Architektur ist das ihre eigentliche.

Jede gut ersonnene Architektur oder jeder Stadtplan hat auch etwas davon. Es ist unmöglich, die inhärente Natur eines Menschen zu verbergen: Menschen können boshaft, verrückt, feindselig, engstirnig oder unheilvoll sein. Ganz ähnlich können wir beobachten, wie Menschen ihre gut gemeinten Wünsche äußern und ihre Seelen mit Städten und Architektur befriedigen. Häufiger bekommen wir jedoch zu sehen, wie Menschen sich selbst verstümmeln, wie sie von Feindseligkeit erfüllt sind, wie sie Götzen anbeten.

Deshalb sage ich manchmal, wenn ich in eine Stadt komme, dass die Menschen hier verrückt sein müssen und nicht glücklich werden können: Den Menschen, die dort wohnen müssen, wurde die Chance genommen, die natürliche Ordnung zu verstehen. Sie haben nicht die Chance, die Sonnenstrahlen, die Regentropfen oder den Wind an der Oberfläche eines Gebäudes zu spüren. Sie kennen weder atmosphärisch spannende Lichteinfälle oder rasch wechselnde Schatten, sie haben keine komplexen Räume und Formen, weder die Möglichkeit

**1.4** Das Studio-Haus am frühen Morgen, August 2006.

zu umfassendem Verständnis noch Offenheit in der Haltung oder Wahrnehmung winziger Details. Die Menschen hier sind abgestumpft. Sie sind primitiv, oder sie halten krampfhaft an althergekommenen Moden, Methoden und Ausdrucksformen fest. Architektur hat nichts mit Theorie zu tun, mit Fertigkeiten, Modeerscheinungen, geschweige denn mit jenen Schulen, die an Hochschulen für Architektur gelehrt werden; Architektur ist die geeignete Manifestation der Sitten. Sie ist die ultimative Manifestation. Sie muss sich von dogmatischen Fesseln und Empfindlichkeiten frei machen. Sie muss sie selbst werden.

Gute Architektur muss stets von hohen moralischen Werten ausgehen. Letztlich ist Architektur eine Art Interpretation. Sie ist Ausdruck einer Haltung zur Umwelt; so können wir sie als aufrichtig oder als unaufrichtig bewerten. Gute Architektur kann nur mit einem guten Urteilsvermögen geschaffen werden; eine konfuse und geschmacklose Architektur stammt aus einem konfusen Kopf. Gute Architektur hat auf jeden Fall spirituelle Implikationen, weil die Weise, mit der wir die Welt betrachten, und die Schlussfolgerungen, zu denen wir gelangen, den Ausschlag dafür geben, wer wir sind. Gute Architektur kann nicht beliebig vervielfältigt werden, ihr wohnt unweigerlich eine zwingende inhärente Schönheit inne, sie ist nicht kopierbar. Sie ist einzigartig.

Modernismus ist keine Modeerscheinung, und er ist auch kein Stil oder Trend. Modernismus ist eine Einstellung zum Leben, eine Weltanschauung. Er ist ein System für Menschen, um das Heute und Morgen zu entschlüsseln. Von den unzähligen Arten der kulturellen Denkweisen bringen nur moderne Denkweisen weiter, zudem sind sie in allen Bereichen der Kultur wirksam. Mit Ausnahme der modernen Methoden der Einsicht und Analyse sind alle anderen Grundlagen und Versuche unilateral, zeitlich begrenzt oder provisorisch. Das schließt auch alle schalen Plattitüden ein, mit denen das Banner des Modernismus hochgehalten werden soll. Die Auffassungen des authentischen Modernismus vom Volk und seine Bewertung der Gesellschaft verändern sich unablässig, sind wankelmütig und kaum fassbar; zugleich sind sie relativ. Modernismus mit einer kritischen Sichtweise schließt alle zuvor formulierten Schlussfolgerungen aus, auch den Modernismus selbst.

Jede Liebe ist Eigenliebe. Jede Interpretation ist Eigeninterpretation. Der Wert einer »Interpretation« besteht darin, dass man durch sie die Realität entlarven oder sich selbst erklären kann. Dabei ist Interpretation ebenfalls eine Realität, und ihre Anwendung ist wiederum ein Ereignis. Die Neuinterpretation einer sehr verbreiteten Wahrheit zählt zu den angenehmen Seiten unseres Spieles. Bei der Deutung darf man keine Mühe scheuen, denn wie sehr wir uns auch verändern, so deuten wir doch immer nur eine elementare Wahrheit. Ob wir es wollen oder nicht, eine Wiederholung lässt sich nicht vermeiden.

Von schönen Träumen und großen Idealen zu sprechen ist ungefährlich – man kann endlos palavern. Aber sie durch das eigene Tun zu realisieren, ist gefährlich. Man wird bald über den ersten Stein stolpern, der einem im Weg liegt. Mit Vorstellungskraft allein ist nichts getan. Taten verlangen nach Hand-

**1.5** Das Studio-Haus am frühen Morgen. August 2006.

lungen. Interpretationen oder Auffassungen zum Verhalten sind nicht mehr als Interpretationen und Auffassungen; sie haben keinen tieferen Sinn. »Handeln« und »Nichthandeln« sind dasselbe. In Anbetracht mancher Probleme haben wir kaum Alternativen.

*Geschrieben am 20. Februar 2004*

## Die chinesische zeitgenössische Kunst im Wandel

■ **GEPOSTET AM 4. FEBRUAR 2006**

In China wird die zeitgenössische Kunst erst seit einigen Jahren von der Gesellschaft offen akzeptiert und einer breiten Öffentlichkeit zugänglich gemacht. »Verbesserungen« im kulturellen Klima sind nicht etwa darauf zurückzuführen, dass die zeitgenössische Kunst inzwischen von der kommunistischen

Nation ideologisch akzeptiert würde, sondern auf eine Reform und Öffnung, sowie den Triumph der westlichen, materialistischen Kultur und Lebensweise über diese uralte Kultur Chinas. Das hat auch damit zu tun, dass die Chinesen hoffen, die Achtung der modernen Zivilisationen der Welt zu erlangen, und dass sie allmählich wieder an Selbstvertrauen gewinnen. Doch nach Jahren mit vielen Kunstausstellungen und fachlichen Diskussionen beschränkt sich das Publikum für moderne Kunst immer noch auf die Künstlerkreise selbst und einige kleinere Gruppierungen.

Weil es der zeitgenössischen politischen Kultur und Gesellschaft an unabdingbaren Grundlagen mangelt, wurde die moderne Kunst als »bürgerlicher, geistiger Unrat« bezeichnet und als Produkt der degenerierten westlichen Ideologie verfemt. Chinas Kulturschaffende und Künstler gestalteten ihrerseits die gesellschaftliche Ideologie nicht aktiv mit, und es fehlt ihnen an rationaler Sichtweise oder unabhängigem Denken zu gesellschaftlichen Reformen. Selbst nach so vielen Jahren müssen sie erst aus dem erschreckend engen Käfig der »Selbstzensur« ausbrechen.

Hier wird einfach eine langjährige Scheu nicht überwunden, das eigene Schicksal selbst zu gestalten, man hält an der Idee der »Wahrung der persönlichen Reinheit und Integrität« fest. Dieses Denken prägt immer noch die kulturelle Elite Chinas.[5] Obwohl die Gegenwartskunst Chinas an den beispiellosen, gesellschaftlichen Transformationen der letzten Jahrzehnte kaum unmittelbar Teil hatte, beweist sie doch durch den vielfältigen Ausdruck vernünftiger Gedanken und echter Emotionen sowie durch ihre Reflektionen über die chinesische Geschichte und durch ihre Kritik am modernen Lebens einen sicheren Blick für die Realität. Die meisten künstlerischen Arbeiten

5 Die Maxime *»Du shan qi shen«* wurde erstmals von Mencius ausgegeben mit Blick auf Gelehrte, die danach trachten müssen, ihre Reinheit und Integrität zu bewahren, selbst wenn sie die kaiserlichen Prüfungen nicht bestanden und kein Amt innehaben. Heute wird die Formel häufig zur Charakterisierung eines egozentrischen Menschen verwendet, dem es an Gemeinsinn mangelt.

meiden immer noch politische und gesellschaftliche Themen oder sprechen solche Fragen nur mit zynischen Seitenhieben an, mit Wortschöpfungen oder zweideutigen Anspielungen, ausweichenden Bemerkungen, Selbstironie, Selbstgeißelung, introvertierter Nabelschau oder einer fast schon klösterlichen Reduktion auf das eigene Bewusstsein.

Seit dem Ende der Kulturrevolution und nach der *Sterne*-Ausstellung von 1979, die der erste öffentliche Versuch seit 1949 war, dem künstlerischen Ausdruck des Individuums Freiräume zu verschaffen, hat die zeitgenössische Kunst Chinas im Westen wegen ihrer »gegen das Establishment gerichteten« Ideologie Aufmerksamkeit erregt und Anerkennung gefunden. Selbst heute, nachdem Chinas Regierung längst nicht mehr so verbohrt wie früher ist, wird noch zu dieser grob vereinfachenden, ideologischen Etikettierung gegriffen. Diese Denkstrukturen aus dem Kalten Krieg gehen einerseits auf vereinfachende Urteile zurück, die auf einem verqueren Verständnis von Kultur und ihrer Entwicklung basieren, und andererseits sind sie Reaktionen auf Komplexität, das Chaos und die unzähligen Widersprüche in der Gesellschaft des modernen China, und zwar vor allem in den Bereichen der Politik und Kultur.

Es ist durchaus nicht verwunderlich, dass die derzeitige Kunstszene im Westen, von den Galerien bis hin zu den Museen, Kunstkritikern und kulturellen Veranstaltern, die Kunst aus einem so fernen und rätselhaften Land wie China voller Neugier und Verwirrung betrachtet. Überdies fällt es Westlern wegen der langen Isolation und der Eigenart dieses Reiches immer noch schwer, ein echtes Verständnis für zeitgenössische, chinesische Kunst zu erlangen, selbst auf der elementarsten Verständnisebene der einfachen Fragen, »wo« oder »was« passiert. Meist fallen Einführungen in die moderne Kunst dieses Landes und zu Ausstellungen kurz, fragmentarisch und willkürlich aus, und es gibt sie oft nur deshalb, weil die Werke wie etwas völlig Neuartiges erscheinen. Wer kann sich schon das aufwühlende Unheil, das im tiefsten Ozean geschieht, ausmalen, wenn er nur das Strandgut betrachtet, das an die hellen und sonnigen Küsten gespült wird?

In den meisten Fällen leiden der Kulturaustausch zwischen West und Ost, kleine wie große Ausstellungen, sowie die Mehrheit der Werke ausländischer Künstler, die in China gezeigt werden, unter einem Mangel an klarem Verständnis für die derzeitigen kulturellen Bedingungen oder unter einem banalen Eigeninteresse, welches den größten Teil des Marktes prägt. Diese Kunst spricht auf eine vereinfachende Art und Weise Politik und Ideologie an, trachtet danach, kleine und große Angelegenheiten allesamt gleichzeitig zu thematisieren, und rühmt sich politischer Korrektheit, während solche heuchlerischen und scheinheiligen Aktionen von durch und durch westlichen Standards diktiert werden. Bei der unablässigen Fehlinterpretation, dem Hang zur Fehlinterpretation und der Schwärmerei für diesen »Hang zur Fehlinterpretation« bleibt die Interpretation der zeitgenössischen Kunst Chinas die reinste Farce, weil sich jede Generation als schwächer und unbedeutender entpuppt, ein idealer Spiegel der unzähligen Dilemmata, welche die zeitgenössische Kunst im Zuge des Kulturaustauschs peinigen.

Angesichts des mächtigen Einflusses der westlichen, kulturellen Standards und des kulturellen Diskurses können wir jedoch beobachten, wie die chinesische Gegenwartskunst nach und nach an Selbstvertrauen und Reife gewinnt, trotz der politischen/kulturellen Zersplitterung und Desintegration Chinas. Diese Reife stützt sich auf Wissen über die gegenwärtige Welt und auf Beobachtungen der eigenen, kulturellen Umgebung.

Im Laufe der letzten 100 Jahre hat China schlimmere politische, wirtschaftliche und kulturelle Katastrophen erduldet als alle anderen Länder der Erde. Die tiefen historischen und kulturellen Ursachen all dieser qualvollen Ereignisse und die komplexen, politischen und kulturellen Gegebenheiten und Chancen, die diese Umwälzungen mit sich brachten, sind einzigartig in der Menschheitsgeschichte. Die willkürlichen, chaotischen, unsicheren und veränderlichen Elemente in der chinesischen Zivilisation (die in der Auffassung des chinesischen Volkes von seinem Platz in der Natur begründet sind) bilden eben die Grundlage einer Geisteshaltung, die dem Land immer wieder seine geradezu wundersame Fähigkeit zur Erholung verleiht. Sie ermöglichen es dem Land, aus dem Staub der Niederlage noch einen Sieg zu machen und am Rand des Todes neues Leben zu entdecken.

Im Laufe der letzten tausend Jahre ist China häufig von andersartigen Zivilisationen oder fremden Nationen erobert worden. Nach jeder gewaltigen politischen und kulturellen Umwälzung hat das Land einige Merkmale der eindringenden Nation übernommen, doch es kehrte alsbald zu seiner Normalität zurück und nahm die neuen kulturellen Eigenarten in sich auf.

Kurioserweise verkörperte die Han-Dynastie vor 2000 Jahren (25 v. Chr. – 220 n. Chr.) am vollkommensten die Kultur der zentralen Hochebenen Chinas, die Tang-Dynastie hingegen (618–907 n. Chr.) stand für die totale Dominanz der persischen Kultur über China. Heutzutage erscheint die enorme Begeisterung, welche die ganze chinesische Nation für die alte Tang-Dynastie an den Tag legt, in der Tat rätselhaft. In der Tang-Dynastie wurden sämtliche Aspekte der Kultur – von ästhetischen Grundsätzen bis hin zu alltäglichen Gefühlen, auf der spirituellen ebenso wie auf der materiellen Ebene – ausgehöhlt und neu definiert. Später wurden die künstlerischen Stile und Formen der Tang-Dynastie, die ursprünglich überhaupt nichts mit der traditionellen chinesischen Zivilisation zu tun hatten, gemeinhin als die reinsten Beispiele ihrer Kunst angesehen. Das liegt daran, dass die Maßstäbe des Westens für den Wert einer Zivilisation übernommen wurden, die seiner eigenen glich; und diese Maßstäbe sind gleichsam imaginäre rote Fäden der Zivilisation und des implizierten Konsenses. Unterschiedliche Wertvorstellungen existieren nebeneinander und ergänzen sich gegenseitig, lösen sich dann auf und vereinen sich zu einem gemeinsamen Wertekanon – in einem leidvollen Prozess, der die Entwicklung der Geschichte und Zivilisation Chinas lange Zeit prägte.

In den letzten zwanzig Jahren haben Chinas Künstler gewaltsame politische, kulturelle, wirtschaftliche und ideologische Veränderungen erlebt. Verschiebungen der politischen Macht gingen – ausnahmslos – mit ideologischen Auseinandersetzungen einher. Auf wirtschaftlicher Ebene erfand sich ein System, das dem Zusammenbruch nahegekommen war, als eine materialistische Gesellschaft neu; eine Gesellschaft voller utopischer, kommunistischer Ideale wandelte sich zu einer Gesellschaft, die zugleich eine Fülle von Krisen und Chancen bietet und die ein immer stärker integrierter Bestandteil der Weltordnung wird. Der tiefen Einzigartigkeit, die aus dieser Abfolge von Umwälzungen erwächst, wohnt noch heute eine rätselhafte Kraft inne.

Die Lebensläufe chinesischer Künstler sind von einer bemerkenswerten Mannigfaltigkeit und von Brüchen geprägt, von Wandel und Unordnung, Zweifel und Destruktivität, von einem Verlust des eigenen Ichs und der darauf folgenden Leere, von der Hoffnungslosigkeit und der damit verbundenen Freiheit, von der Schamlosigkeit und den damit einhergehenden Freuden. Heute sind in den Kunstwerken häufig Reflexionen und Studien über Chinas Politik, seine Geschichte und Zivilisation, Reflexionen über das Individuum und das Kollektiv, über Reformen, die Authentizität der eigenen Existenz, Reue, Spiritualität, Sex, den Westen, materiellen Wohlstand, Kunst und Methodik.

Über die Schwammigkeit und Unsicherheit, die diese Arbeiten ausdrücken, die Unfähigkeit, sich zu wandeln, das säkulare Wesen und zugleich das Misstrauen gegen die öffentliche Moral, sowie über das Erkunden der inneren Welt eines Einzelnen loten zeitgenössische chinesische Künstler die Misere der ganzen Nation aus. Metaphern, Zweideutigkeit oder gar Mehrdeutigkeit, Illusion und die Bereitschaft, absichtlich richtig und falsch durcheinanderzubringen, waren immer schon Merkmale der chinesischen Kultur und besonderer Denk-

und Sprachmuster in diesem uralten, östlichen Land. Wenn wir die alte und die neuere chinesische Geschichte nicht verstehen wollen, insbesondere ihre einzigartigen Notlagen und ihre Verbindungen zum Westen, sind wir schlecht dafür gerüstet, den Wert der heutigen chinesischen Kultur zu erfassen. Ohne eine Vorstellung von den wahren Implikationen zeitgenössischer Kunst in China wird der künstlerische Austausch zwischen Werk und Publikum schon nach oberflächlicher Betrachtung zum Erliegen kommen.

Nur eine klare Vorstellung der oben genannten Konzepte wird es uns ermöglichen, einen Orientalismus, einen kulturellen Kolonialismus und die grobe Vereinfachung zu vermeiden, sich an die absoluten, westlichen Kunststandards anzupassen. Nur auf diese Weise sollten wir uns der wahren Misere der Kultur dieser Nation stellen, dem wahren Zustand ihrer Kunst, den wahren psychischen Merkmalen, und die Kultur als echte Alternative begrüßen. Womöglich unterscheidet sich diese Welt überhaupt nicht von der, die uns vertraut ist, oder wir glauben, dass alles, was uns vertraut ist, irgendwann fremd wird und sich gegen uns wendet. Die Stabilität der materiellen Welt ist nicht mehr gewährleistet, aber die Macht der Vorstellungskraft entsteht auf diese Weise.

Das Problem des internationalen Rangs der zeitgenössischen chinesischen Kunst hängt, wie so viele Fragen, die in der chinesischen Kunst Ausdruck finden, mit der Realität und unserer Vorstellung von ihr zusammen, mit bestimmten Merkmalen und den Möglichkeiten, sie auszudrücken, mit dem Existenzrecht und der Legitimität unserer kulturellen Rechte.

Die Suche nach Identität und kulturellen Werten ist in vielen Werken chinesischer Künstler ganz offensichtlich. Diese Suche spiegelt die Formung eines neuen Wertesystems wider, das sich nach Chinas Revolutionen und mitten in den Reformen abzeichnete. Jenseits dieser gewaltigen Suche stellen Künstler auch die Gültigkeit und Rechtmäßigkeit der alten, maßgeblichen Wertesysteme infrage.

Eine verwirrende Welt folgt auf einen Moment der Klarheit.

Mit unserem Wissen und in unserem Streben nach Wissen werden uns all die Mächte, die wir für dieses Streben aufbieten, und die Preise, die wir dafür zahlen, hin zu einer idealen Welt führen. Was wird in so einer harmonischen Welt ohne Wünsche und Sehnsüchte aus der Kunst werden? Werden wir ein Teil von ihr werden?

Uli Sigg war Botschafter der Schweiz in China. Schon bevor er den Posten antrat, hatte er einige Jahre Erfahrungen in China gesammelt und war zugleich ein wichtiger Teilnehmer und unbestechlicher Zeuge des Reform- und Öffnungsprozesses gewesen, der die jüngste Geschichte Chinas prägte. Vor seiner Ernennung zum Botschafter war er Berufssportler und hatte mehrere Jahre als Journalist gearbeitet. Uli Sigg hatte großen Einfluss auf das politische, wirtschaftliche und kulturelle Verständnis, die Kommunikation und Kooperation zwischen Ost und West. Seine Erfahrungen in China zählen zu den einzigartigsten und bedeutendsten seines abwechslungsreichen Lebens.

Im letzten Jahrzehnt hat sich Uli Sigg der Aufgabe gewidmet, seine Sammlung chinesischer moderner Kunst zu vervollständigen. In dieser Zeit hat sich die moderne Kunst in China allmählich gewandelt: von den Aktivitäten einer kleinen Minderheit zu einer öffentlichen Institution im Fokus der Weltöffentlichkeit. Und heute ist sie eine seltene Ausstellung von Material, das kein chinesisches Antlitz hat. Die Energie, die chinesische Kunst ausstrahlt, die merkwürdigen und typischen Ausdrucksformen, und die Aufmerksamkeit und das Lob, das sie errungen hat, bestätigen allesamt die Tatsache, dass Kunst und Künstler aus China inzwischen die kulturelle Bühne der Welt betreten haben. Siggs Sammlung folgt China durch die endlose Abfolge von Reformen – Reformen, die das Schicksal eines Fünftels der Menschheit betreffen – und lässt sich wagemutig auf mehrere ungewisse und unabsehbare Optionen ein.

Zu den über 2000 Objekten in Siggs Sammlung zählen Gemälde, Skulpturen, Installationen, Fotografien, Videoarbeiten, Projekte, Plakate, Scherenschnitte und vieles mehr. Die

Werke sind Einzelstücke oder bestehen aus ganzen Serien, von riesigen Installationen bis zu einzelnen Sandkörnern. Im Gegensatz zu den meisten Kunstsammlungen hat Sigg jedes einzelne Stück persönlich ausgewählt. Die Sammlung umfasst die Arbeiten von 170 Künstlern aus verschiedenen Provinzen und mit unterschiedlichen Lebensläufen. Sigg steht mit jedem einzelnen Künstler auf vertrautem Fuß oder kennt ihn oder sie zumindest persönlich. Er war in den Ateliers oder Häusern der meisten Künstler und hat mit ihnen lange und tiefgründige Gespräche über die Kunst und das Leben geführt. Siggs Sammlung weist eine strenge Ordnung und Methode auf, die gleichzeitig akribisch und doch offen angelegt ist, tief und reich inspiriert, rational und doch leidenschaftlich. Alle diese Faktoren machen seine unersetzliche Sammlung aus Kunstwerken zur weltweit großartigsten Sammlung chinesischer Kunst.

Die zufälligen Ströme der Geschichte haben diesen außergewöhnlichen Mann in die Welt der zeitgenössischen chinesischen Kunst geführt. Welche Rolle hat er mitten in dem mächtigen Sog kultureller und politischer Reformen gespielt? Inwiefern hat er eine ganze Epoche der Geschichte beeinflusst? Solche Fragen wird erst die Zukunft beantworten, heute können wir lediglich sagen, dass die Tiefe und Breite der Sammlung Sigg das Ausmaß und die Entwicklung der zeitgenössischen Kunst in China bereits maßgeblich beeinflusst und eine wichtige Rolle für die chinesische Kunst weltweit gespielt hat.

*Geschrieben im September 2004*[6]

---

6 Eine erste Fassung von »Die chinesische zeitgenössische Kunst im Wandel« erschien erstmals unter dem Titel »Höhen und Tiefen der zeitgenössischen chinesischen Kunst« in Bernhard Fibicher, u. a. (Hg.), *Mahjong: Chinesische Gegenwartskunst aus der Sammlung Sigg,* Ostfildern-Ruit, Hatje Cantz Verlag 2005.

## Über Fotografie

■ GEPOSTET AM 11. FEBRUAR 2006

Wenn man über die Geschichte der Fotografie nachdenkt, wird einem klar, dass sie in China erst seit etwas über zwanzig Jahren als Mittel des künstlerischen Ausdrucks akzeptiert ist. Davor galt sie als rein technisches Instrumentarium zur Dokumentation der Geschichte.

In den letzten Jahren hat die Entwicklung der Fotokunst, der verschiedenen Elemente wie Plot, Farbe, Helldunkel und Komposition, eine parallele Entwicklung wie die Methoden und Merkmale der westlichen Malerei durchlaufen. Die Fotografie hat immer noch das Problem, nicht bloß als eine Art Schiedsrichter anerkannt zu werden, doch dieses historische Missverständnis geht auf sehr alte und philosophische Fragen zurück, Fragen wie: Was ist Realität? Ist es überhaupt möglich, die Realität zu dokumentieren? Welche Beziehung besteht zwischen Wahrheit und Realität?

Wer solche Fragen stellt, tendiert offenbar dazu, die Fotografie lediglich als Illusion zu deuten, als etwas, das die Realität nicht ganz wiedergibt. Die materielle Existenz einer solchen Illusion wird jedoch zu einer weiteren unleugbaren Realität. Es spielt keine Rolle, ob dieses Material nun dynamisch oder statisch, schwarz-weiß oder farbig, groß oder klein ist, oder ob es über eine chemische Emulsion oder einen binären Code entwickelt wird – wann immer Fotografie im Spiel ist, umfasst sie sämtliche Merkmale eines unabhängigen Materials, das beweist, dass Fotos als Objekte selbst identisch mit jedem zuvor existierenden Gegenstand sind. Ungeachtet der Tatsache, dass Aufnahmen offenbar bei der Dokumentation des Objektes, das fotografiert wurde, entstanden sind, hat die reale Dokumentation dieser sogenannten Objektivität eine größere Anziehungskraft und einen dualistischen Charakter. Mit der Realität hat sie freilich weniger zu tun, und sie stellt unsere physiologischen Möglichkeiten und elementaren Ausdrucksmittel infrage.

**1.6** Im Bad von Ais Wohnung in der Dritten Straße der Alphabet City, mit *Hanging Man* (1985), um 1985.

Fotografie ist ein trügerisches und gefährliches Medium; und das Medium ist Methode, es hat Bedeutung, es ist ein allgegenwärtiger Taumel der Hoffnung oder ein absolut unüberwindlicher Graben. Letztlich ist die Fotografie außerstande, die Realität zu dokumentieren oder auszudrücken, sie verwirft die Authentizität der Realität, die sie präsentiert, und rückt diese Realität in noch weitere Ferne. Menschen aus Ostasien neigen zu einer anderen ästhetischen Haltung: Sie betrachten Kunstwerke selten als Vehikel zu einer Einsicht, oder sie interessieren sich nicht für diesen Aspekt; vielmehr werden der Prozess der Suche nach einem Verständnis und die Möglichkeiten, dieses Verständnis auszudrücken, zum eigentlichen Thema. Dies entspricht exakt unserer Idee von der Welt, und was die Realität der äußeren Welt angeht, so gleicht sie noch stärker einer Illusion.

Die Realität des Universums ist begrenzt und gefühllos; die Realität der Menschheit ist im Vergleich dazu auf psychischer und emotionaler Ebene unbestimmt, schwer zu fassen, idealistisch und egozentrisch. Was die Vertrautheit mit dem eigenen

Ich angeht: Ist die Kenntnis der eigenen Gefühle und der eigenen Psyche nicht noch verblüffender und faszinierender?

*Geschrieben am 9. Februar 2006*

## Wer bist du?

■ GEPOSTET AM 16. FEBRUAR 2006

Leute, die in der Designerbranche tätig sind, sprechen die Sprache des Designs, genau wie jene, die Romane, Essays oder Gedichte schreiben, ihre eigenen Sprachsysteme haben.

Selbst schlichte Umgangssprache ist ein bestimmter Stil. Wenn Menschen von Stil reden, versuchen sie in Wirklichkeit, ihren Gebrauch einer bestimmten Sprache zu systematisieren. Alles hat seine eigene Ordnung und Logik: Pflanzen haben ihre Form, und Tiere eine andere; ob lebendig oder nicht lebendig, alles existiert in dem ihm eigentümlichen Zustand. Wir Menschen sind die einzigen Tiere, die sich beständig an sich ändernde Situationen anpassen, denn wir sind die einzigen Lebewesen, die nicht auf ihre äußere Erscheinung angewiesen sind, um sich zu unterscheiden. Wenn zum Beispiel manche Tiere ihre Farbe oder Gestalt verändern, geschieht dies aus existenziellen Gründen. Menschen dagegen entscheiden sich aus emotionalen und subjektiven Gründen für eine Veränderung. Weil sie so ihre persönliche Haltung zur Welt ausdrücken oder schlicht als Mittel der Kommunikation.

Egal, welche Ausdrucksform einem lieber ist, man hat zwei Möglichkeiten: Die erste ist die Suche nach dem eigenen Platz in der natürlichen Welt. Obwohl die eigene Beziehung zur Welt konfliktreich sein kann, müssen wir doch nach genau dieser Art von Harmonie streben. Auch die Harmonie kann konfliktbeladen sein oder Züge einer Krise haben. Die zweite

**1.7** Im Bad des New Yorker Hotels Maritime, 9. März 2008.

Möglichkeit besteht darin, sich selbst der Welt mitzuteilen, und genau aus diesem Grund haben nur Menschen das Bedürfnis, mitzuteilen »wer ich bin«. In bestimmten gesellschaftlichen Situationen können wir sagen: »Ich bin du, du und ich, wir sind gleich.« In anderen Situation sagen wir hingegen: »Ich bin ich selbst, ich bin anders als alle anderen.«

Wir Chinesen haben beide Pole dieser Extreme berührt, und es liegt auf der Hand, dass die Selbstbestimmung einer Person sehr eng mit der Politik, Wirtschaft und Kultur der Gesellschaft zusammenhängt, in der diese Person lebt. Das ist der Unterschied zwischen einer stürmischen und einer windstillen Jahreszeit.

Nur selten strebe ich einen bestimmten Stil an, doch von Zeit zu Zeit haben meine Lebensbedingungen einen besonders starken Einfluss auf mich. Die Dinge, die man erschafft – mitsamt ihren Beschränkungen –, sind allesamt formgewordener eigener Daseinszustand. Ich trachte danach, diese Beschränkungen durch verschiedene Änderungen aufzuheben oder sie deutlicher zutage treten zu lassen; das ist durchaus möglich und zudem eine weitere Ausdrucksform. Weder habe ich einen eindeutigen Stil, noch würde ich mich auf althergebrachte Formen beschränken. Das Leben selbst ist reicher und bedeutsamer als jeder vorstellbare Stil.

Die Früchte des kulturellen Schaffens, ob in Literatur, Kunst oder Mode, sind nicht mit der Natur selbst vergleichbar. Aber die Natur ist etwas, das wir nicht unmittelbar in uns aufnehmen können; die meisten Menschen brauchen eine Art der Zubereitung der rohen Natur; das ist die Kultur – und genau das leistet Kultur.

Die wenigsten haben das Vermögen, sich direkt aus der Natur zu versorgen. Die menschlichen Wünsche und Interessen sind eng und beschränkt, und wenn wir uns nur mit der menschlichen Welt befassen würden, dann würden wir uns auf eine sehr enge Sichtweise reduzieren. Schlage eine Zeitung auf einer beliebigen Seite auf, und du wirst feststellen, dass jeder Artikel mit einer anthropozentrischen Sichtweise geschrieben wurde, ob der Artikel nun den Umweltschutz oder die Ausbeutung der natürlichen Ressourcen behandelt – der Mensch steht immer im Mittelpunkt.

Eine göttliche Kraft liegt jenseits der menschlichen Gesetze, sie ist mit den Kräften der Menschheit nicht vergleichbar. Die menschliche Ordnung gilt auf Erden und in Städten, und die meisten Menschen fahren einfach nur mit diesem Bus auf jener Straße von Punkt A nach Punkt B, oder sie geben ihr in Tausenden von Arbeitsstunden erworbenes Geld aus, um sich dieses oder jenes Auto zu kaufen. Allein schon das macht den Menschen zum Teil der großen Maschine der sogenannten menschlichen Ordnung.

Die meisten Menschen erhalten nur selten die Chance sich neu zu erfinden, weil Intelligenz und Seele dafür nicht bereit sind. Erfahrung am eigenen Leib und Wahrnehmung mit den fünf Sinnen sind die Hauptquellen des Verstehens. Das sind die Ressourcen, die uns vom Leben geschenkt werden. Allein durch das Leben erlangen wir sie. Die Menschen gehen heutzutage davon aus, dass sie aufgrund der größeren Quadratmeterzahl ihrer Wohnungen oder einer Reihe bestimmter

Standards einen gesellschaftlichen Status, Akzeptanz oder gar Freude erlangen können, also durch ein Leben, in dem gleichsam nur leere Felder gefüllt werden. Das Spiel ist zwar einfach, aber nicht alle sind bereit, die Spielregeln zu akzeptieren. Wenn man sie nicht akzeptiert, dann hat das den Einsturz zahlreicher Hierarchien zur Folge, auch wenn die Indoktrination und andere Regulative versuchen, dies zu verhindern. Es ist schwer für einen Einzelnen, sein oder ihr Denken offen zu äußern, oder einen anderen Menschen anzulächeln oder mit ihm/ihr Kontakt aufzunehmen oder einen Gegenstand genau zu betrachten. All dies klingt zwar einfach, es zu machen ist aber schwerer, als man denkt.

Unschuld und wunschloses Glück machen Menschen weise. Sobald man eine Sache unverfälscht, mit einem klaren Kopf und unmittelbar wahrnimmt, wird man entdecken, dass die eigenen Ressourcen unerschöpflich sind. Das liegt daran, dass das Herz eines jeden mit der Ordnung des Universums in Verbindung steht und eine harmonische Beziehung eingeht.

Es liegt auf der Hand: Wenn man die fundamentalen Fragen der Philosophie und die ethischen Werte vergisst, wird Design substanzlos. Dabei berührt Design in jeder Sekunde die Frage: Wie viel werde ich nehmen, und wie viel wirst du geben? Gebe und nehme ich im gleichen Maß?

Die Motivation der meisten Menschen besteht bloß darin, etwas zu bekommen oder zu kommunizieren. Aber mit welchen Mitteln kann man kommunizieren?

Das ist zwiespältig und macht daraus weder einen Freuden- noch einen Schmerzensschrei. Man sieht auf den ersten Blick das Ausmaß der Qual dieses Menschen. Frohe Menschen sind ebenfalls leicht zu erkennen, was uns aber häufig stark irritiert, ist die Gegenbewegung, die auf den Schrei folgt. Sie steht im Widerspruch zum System und zu jeder Logik.

Wenn Menschen ihre Intentionen aufgeben, dann erlangen sie die größte Weisheit, weil man in den Momenten, wo man sich selbst nicht artikuliert, unermesslich groß wird – man wird zu einem Teil der Natur. Wenn man den eigenen Nutzen verfolgt, dann repräsentiert man lediglich sich selbst und ist im Vergleich zur Natur unendlich klein. Diese Logik ist sehr einleuchtend. Aber sobald wir uns selbst vergessen oder aufgeben, werden wir unermesslich groß. Design mag vielgestaltig erscheinen; aber wenig davon ist tatsächlich etwas wert. Echte Qualität in der Form der Dinge, die Menschen auf einer spirituellen Ebene berühren kann, ist überaus selten. Lediglich zu denken, etwas sei eine gute Idee, kann nur unser Verhalten beeinflussen, nicht unsere Köpfe. Eine Variante mag zum Beispiel eine größere Geschwindigkeit oder Bequemlichkeit bieten, aber was werden wir angesichts solcher Vorzüge tun? Und wozu brauchen wir diese Bequemlichkeit oder Geschwindigkeit? Das sind wichtige Fragen, aber nur selten stellen sich Designer Fragen auf dieser Ebene. Sie denken: »Ich muss diese Wand schmücken.« Oder: »Dieser quadratische Hocker muss rund sein.«

Doch was verzieren sie eigentlich?

Unsere Überlegungen hören tendenziell auf einer Ebene auf, die uns ein Gefühl der Sicherheit vermittelt. Wer begibt sich schon freiwillig in einen Zustand der Unsicherheit?

Keine Tasse kann es mit der Erfahrung aufnehmen, Wasser aus den eigenen Händen zu trinken, und es ist lange her, seit wir einen Schluck Wasser nahmen, ohne dass wir zuerst einen Deckel abnehmen mussten – aber war es nicht Weisheit, die diese Rahmenbedingungen hervorbrachte? Inmitten unseres Profitstrebens und unserer Produktion von immer mehr Gütern haben wir uns auf den Pfad der Auslöschung begeben. Eine schlichte Lebensweise ist eine Möglichkeit, die der Menschheit den Weg zum Garten Eden weisen kann, warum wollen wir uns also so rasch entwickeln? Wird man bei einem solchen Tempo mehr gewinnen? Ich halte beide Gedanken für überaus reizvoll und beide führen mich ständig in Versuchung.

*Geschrieben im Dezember 2005*[7]

---

7 Der Text ist einem Dialog mit Yin Zhishang entnommen, in der Zeitschrift *Trends (Shishang Zazhi),* vom Dezember 2006.

## Dieser lange Weg

■ GEPOSTET AM 23. FEBRUAR 2006

In China gibt es noch immer keine wirklich mächtige modernistische Bewegung, denn die Basis einer solchen Bewegung müssten der Sieg der Menschlichkeit und die Verbreitung des humanitären Geistes sein. Demokratie, materieller Wohlstand und allgemeine Schulbildung sind der Nährboden, auf dem der Modernismus gedeihen kann. Das alles liegt für ein Entwicklungsland freilich in weiter Ferne.

Modernismus würde auch das traditionelle humanitäre Denken infrage stellen, die gesamte menschliche Existenz kritisch reflektieren. Jede andere Kunstrichtung, die nicht dieser

**1.8** Ai untersucht die Skulptur *Grapes* (2008) mit einer Kamera im eigenen Studio, 26. Dezember 2007.

modernistischen Kultur angehört, ist dem Wesen nach seicht oder ohne spirituellen Wert. Und alles ohne spirituellen Wert oder Werke, die der Moderne entgegenstehen oder nur scheinbar modern sind, sind billige Hohlformen.

Modernismus kommt auch ohne verschiedene Masken oder Titel aus: Er ist das Urgeschöpf der aufgeklärten Menschen, er ist die ultimative Betrachtung über den Sinn des Daseins und das Elend der Realität, er hat ein wachsames Auge auf Gesellschaft und Macht, er geht keine Kompromisse ein, er kooperiert niemals. Aufklärung wird durch einen Prozess der Selbsterkenntnis erreicht, durch einen unstillbaren Durst und ein Streben nach einer inneren Welt, durch nagende Zweifel und Verwirrung.

Eine ungeschmückte Realität, Panik, Leere und Langeweile, die in modernistischen Werken zur Schau gestellt werden, gehen aus dieser furchtlosen Wahrheit hervor. Es handelt sich hier nicht um eine kulturelle Entscheidung – genau wie das Leben keine Entscheidung ist –, dies ist die Sorge um das eigene Dasein, der Eckstein jeglicher geistigen Aktivität; das ist Erkenntnis, das ultimative Ziel.

Reflexionen über Daseinsformen und geistige Werte sind die Kernthemen der modernen Kunst angesichts elementarer Tatsachen – der Unabwendbarkeit von Leben und Tod. Allerdings befindet man sich nach den ersten Gedanken bald in einem Zustand der Langeweile und Leere.

All dies führt unweigerlich zu folgendem Ergebnis: Man lernt die Erhabenheit und Absurdität des Lebens kennen. Wir können nicht vermeiden, dass wir zur Erkenntnis gelangen, genau wie wir die Realität der eigenen Existenz nicht verhindern können.

Die Begrenztheit des Lebens und der Wunsch, diese Begrenztheit zu durchbrechen, ist ein Lebenstraum. Dieser Wunsch und die Bemühung darum, ihn zu erfüllen, macht die Freude des Lebens aus.

**1.9, 1.10** Ai untersucht die Skulptur *Grapes* (2008) mit einer Kamera im eigenen Studio, 26. Dezember 2007.

Der Mensch ist prädestiniert dazu, ein engstirniger Empiriker zu sein, jemand, der sich vom natürlichen Zustand der Tiere losgesagt hat.

Von allen möglichen Wegen haben Menschen den längsten und verschlungensten Pfad zum eigenen Ich gewählt.

Ein Künstler oder eine Künstlerin gelangen dadurch zur Erkenntnis ihres Ichs, dass er oder sie Entscheidungen trifft. Diese Entscheidungen hängen mit den eigenen spirituellen Voraussetzungen zusammen, betreffen die Rückkehr zum eigenen Ich und das Streben nach spirituellen Werten. Das sind philosophische Entscheidungen.

Eine schmerzliche Wahrheit besteht heute darin, dass wir Chinesen, wenn wir neue Technologien oder Lebensweisen aus anderen Nationen importieren, es nicht schaffen, das entsprechende mentale Bewusstsein oder die Urteilskraft zu importieren. Wir sind außerstande, Seelen zu importieren.

Die neuere chinesische Kultur verhöhnt den Wert des Individuums, sie ist vielmehr eine Geschichte der Unterdrückung der menschlichen Natur und Spiritualität. Intellektuelle sehen sich unablässig Angriffen aus allen Richtungen ausgesetzt, von der einflussreichen aggressiven westlichen Kultur auf der einen Seite, und von verfallenden, noch von Einflüssen des chinesischen Feudalsystems geprägten Strukturen auf der anderen Seite. All dies hat unsere Intellektuellen in eine peinliche Zwangslage gebracht.

In den letzten 100 Jahren haben so gut wie alle Reformanstrengungen mit einer Unterwerfung unter die westliche Kultur begonnen, und alle enden mit einer Kompromittierung der einheimischen Traditionen. Die Gleichzeitigkeit von stupidem Nachahmen und ausbremsendem Blockieren haben sich zu zentralen Merkmalen der kulturellen Entwicklung in der jüngeren Geschichte Chinas entwickelt.

Zweifellos werfen die Wogen der Geschichte dieses archaische Schiff immer näher an die Ufer der Demokratie, weil Kommunikation, Identifikation, Verständnis und Toleranz allmählich Zwang und die Abkapselung verdrängen. Wir haben erkannt, dass kultureller und spiritueller Totalitarismus und Abschottung die Menschen geistig lähmt, willensmäßig geschwächt und kurzsichtig gemacht haben. Die Unterdrückung unbequemer Meinungen und der Versuch, Kritik einfach zu ignorieren, sind letztendlich nur ein die Götter höhnendes Eingeständnis der Ignoranz und Rückständigkeit, sowie der Kniefall vor unkontrollierter Macht und Ungerechtigkeit. Der heutigen Kultur und Kunst mangelt es immer noch an den elementarsten Anliegen: den gesellschaftlichen Funktionen des Künstlers, der gesellschaftlichen Aufklärung und unabhängigen Kritik.

Ihnen hilft nichts, kein Nach-dem-Mund-Reden, kein Nachahmen von Techniken oder Methoden, ja nicht einmal simples Plagiieren können letztlich die Unzulänglichkeiten der Künstler kaschieren, denen es an Selbstbewusstsein, gesellschaftskritischem Potential und der Fähigkeit zu freier Kreativität mangelt. An ihnen zeigen sich unsere verkümmerten spirituellen Werte und der um sich greifende Niedergang unserer ästhetischen Urteilskraft.

Wenn die Aufmerksamkeit, die den »Trends« gewidmet wird, auf persönliche Methoden und Fragen gelenkt wird, wenn Untersuchungen der Form umgewandelt werden in Untersuchungen der Nöte unseres Daseins und unserer spirituellen Werte, dann erst wird Kunst aufgeklärt sein. Wahrlich ein langer Weg.

*Geschrieben im November 1997*[8]

---

8 Der Blog »Die längste Straße« erschien im November 1997 ursprünglich unter dem Titel »Making Choices« im *Gray Cover Book* der Red-Flag-Reihe. (Das *White Cover Book* und das *Black Cover Book* gehören ebenfalls dazu.)

## Ihre Stadt

■ **GEPOSTET AM 12. MÄRZ 2006**

Nach dem Abendessen lehnte ich das Angebot meines Gastgebers, uns zurückzufahren, höflich ab, und ging zu Fuß zum Hotel. Es gab eine Hauptstraße in ihrer Stadt »Yuncheng«[9], wegen eines Stromausfalls war sie jedoch in Finsternis gehüllt. Die blendenden Scheinwerfer der Autos strahlten die Leute an, die auf uns zukamen. Mal waren die Passanten grell beleuchtet, dann versanken sie wieder im Dunkel, sodass sie mal weiter weg und mal näher schienen. Die Frisiersalon-Fräuleins gingen nervös vor ihren Schaufenstern auf und ab, weil sie nichts zu tun hatten; sie waren unfähig, still zu stehen, und wirkten angespannt und gequält.

Eine circa drei Meter breite Fahrradspur verlief parallel zur Hauptstraße, daneben gab es einen sechs Meter breiten Gehweg. Entlang des Gehwegs reihten sich hübsche Salons und Geschäfte für Haushaltswaren, sowie eine bunte Mischung diverser Restaurants, Boutiquen und Elektrogeschäfte – dicht an dicht gedrängt kämpften sie um jeden Quadratmeter Verkaufsfläche. Wir gingen diese Straße entlang, keine einzige Straßenlaterne brannte, und setzten notgedrungen behutsam einen Fuß vor den anderen. Die Straße war uneben und von kleinen Gräben durchzogen; es war uns schleierhaft, wie etwas derart verwahrlosen konnte: Ringsum lagen Betonbrocken, Ziegel, Bretter, Mauerwerk, herausgerissener Straßenbelag und heruntergefallene oder zerbrochene Ziegel herum. Rikschas, Motorräder und Fahrräder waren auf dem Gehweg geparkt.

Merkwürdigerweise gab es an dieser Straße einen Streifen für »Sehbehinderte«, damit Blinde gefahrlos ausgehen können. Diese Pfade sind genormt, und man findet sie auch in anderen Ländern und Städten an: Der Pfad ist ein leuchtend gelber

9 Mit »ihre Stadt« ist die Kohlestadt Yuncheng am südlichen Zipfel der Provinz Shanxi gemeint.

Streifen, der gut 30 cm breit ist und Querrillen hat. Der Pfad war nur ein Bestandteil der Straße, doch sein Asphaltbelag war eindeutig frisch.

Als wir heranwuchsen, gab es keine solchen Straßen, es gab auch keine Autos, und Blinde liefen nicht an den Straßen entlang. Die Blinden hielten, genau wie wir alle, die »Mao-Bibel« in der Hand, und ihr Herz strahlte ebenso hell wie unseres. Außerdem haben wir von den Barfußärzten gehört, die mit traditioneller chinesischer Akupunktur und mit kommunistischen »ideologischen Waffen« viele Taubstumme und Blinde heilten.[10]

Häufig baute die Regierung binnen weniger Tage neue Straßen. In der Regel stellen die Leute vor dem 1. Mai (Tag der Arbeit), dem 1. Oktober (Nationalfeiertag) oder vor den »beiden Kongressen« (dem sogenannten ›Volksvertreterkongress‹ und dem ›Politischen Konsultationskongress‹) fest, dass sich die Straße auf ihrem Nachhauseweg verändert hat. Diese Bürger werden bald entdecken, dass die Platten auf der Straße plötzlich lose oder zerbrochen sind oder ganz fehlen, und das alles erscheint ihnen völlig normal – sie haben zu viele Dinge im Kopf, sie können sich nicht um solche Belanglosigkeiten kümmern. Aber der Weg für die Blinden an dieser Straße ist anders: Ich weiß nicht warum, aber alle Dutzend Schritte liegt ein Strommast mitten auf dem Weg. Doch damit nicht genug, der Mast wird mit Stahlkabeln stabilisiert und Schächte ohne Deckel befinden sich auf dem »Blindenweg«.

Der absonderliche Zustand dieses Blindenwegs bewirkt, dass sich alles, was sich vor den Augen abspielt, plötzlich verändert, diese Stadt, die Straße und die Menschen; durch ihn wirkt alles anders. Die Menschen, die auf dieser Straße gehen, fühlen sich plötzlich unsicher, in etwas verstrickt und hoffnungslos. Der Städteplaner dieser Stadt lebt höchstwahrscheinlich nicht an dieser Straße, und vermutlich gehen er oder sie höchst selten

10 Laut Ai Weiwei hieß es einst, die »ideologische Waffe« des marxistisch-leninistischen und maoistischen Denkens könne bestimmte Krankheiten heilen.

hier entlang. Die Arbeiter, welche die Straße pflastern, kommen alle aus den umliegenden Dörfern; sie begreifen gar nicht, welche besondere Funktion dieser gelbe, gerillte Belag hat, und sie verstehen nicht, dass Betonbrocken oder Stahlkabel auf einem Blindenpfad geradezu absurd sind. Wenn sie sich überhaupt über etwas beschweren, so dürften sie sich wundern, warum es in einer Stadt mit so vielen Strommasten so häufig Stromausfälle gibt, die sie bei ihrer Arbeit erheblich behindern.

In der Stadt gibt es viele Menschen, die erblindet sind, weil sie gefälschte Medikamente bekamen, weil sie gepanschten Alkohol tranken[11], oder weil sie durch einen Arbeitsunfall oder Schlägereien erblindet sind. Vielleicht wurden sie krank und konnten die Rechnungen für die Behandlung nicht bezahlen, oder sie hatten Geld aber gerieten an einen Quacksalber. Außerdem gibt es noch jene Menschen, die niemals Licht und Schatten kennengelernt haben. Diese Leute schert es wenig, ob es Strom gibt oder nicht. Diese Blinden leben still und friedlich auf der Erde. Sie werden niemals erfahren, dass irgendwo jemand besondere Gehwege nur für sie entworfen hat, die sich entlang sämtlicher Boulevards und Alleen der Stadt ziehen und alle Straßen in China miteinander verbinden. Sie werden auch nie von den Hindernissen oder Fallgruben auf und in ihren Pfaden erfahren. Wenn sie wüssten, dass es eigene Wege für Blinde gibt, und versuchsweise auf ihnen gehen würden, dann wären ihre Herzen womöglich von Dankbarkeit erfüllt, und sie könnten einmal mehr den Verdacht hegen, dass jene Legende von einer Welt der Sehenden in Wirklichkeit nur Schaumschlägerei ist.

---

11 Gefälschte Waren sind in China eine ernste Gefahr. Zu den Waren, die offen verkauft werden, zählen gefälschte Medikamente, Zigaretten, Alkohol, sogar Eier. Der verheerendste Fall eines illegalen Alkoholverkaufs ereignete sich im Jahr 1998 in Shouzhou, in der Provinz Shanxi. Damals starben 27 Menschen am Konsum von »Spirituosen«, die man aus minderwertigen Rohstoffen hergestellt, in Flaschen mit eingetragenen Warenzeichen abgefüllt und in den lokalen Geschäften zum Verkauf angeboten hatte. Mehr als 200 Menschen wurden stationär behandelt, und unzählige erblindeten an dem Fusel.

## N-Stadt

■ GEPOSTET AM 19. MÄRZ 2006

In N-Stadt[12] in der Nation C gründete der erste Qin-Kaiser eine Stadt an einer Stelle, wo drei Flüsse zusammenfließen. Einmal kam ich wegen einer ziemlich absurden Aufgabe nach N-Stadt: Ich sollte bei der Vergabe eines Architekturpreises mitwirken. Wie ich so am Straßenrand stand, sah ich sofort, dass N-Stadt nicht anders war als südliche Städte.

Sämtliche Städte der Nation C tragen noch die Narben, die die autoritäre Herrschaftsform hinterließ. Im Gegensatz zu richtigen Ruinen, die durch eine rationale, geordnete Zerstörung entstehen, sind diese Städte Musterbeispiele für eine hektische Bautätigkeit. Ihre Schöpfer und Grundbesitzer sind Opfer ihrer eigenen Idiotie und ihrer Niedertracht, und weil ihnen Gewissen und Anstand fehlen, werden Städte auf diese Weise gedemütigt. Die Alten schämen sich zu sehr, um der jüngsten Generation von der Vergangenheit zu erzählen, und den Jungen bleibt mehr Verzweiflung als Hoffnung. So jemand wird rasch mittelmäßig, schlau und alt. Im Laufe der Jahre haben sich die Menschen so sehr daran gewöhnt, ihre verschlungenen Pfade mitten in der Dunkelheit und dem Leid zu finden, dass sie sogar imstande sind, Stolz auf ihre Schande zu empfinden.

Obwohl die Nation C sich darüber überhaupt nicht im Klaren ist, wurde sie so zur Bühne ihrer Selbstbestrafung. Grausamkeit entsteht nicht aus schrankenlosem Wettbewerb oder einer blutigen Realität, sondern aus der Verachtung für das Leben, aus gleichmacherischen Standards und der Vernebelung der Sinne. Das Leben siecht dahin, Seelen verkümmern und die Vitalität der Träume schwindet.

Nach Jahrzehnten des Missbrauchs, der Rücksichtslosigkeit

---

12 »N-Stadt« ist die Stadt Ningbo in der Provinz Zhejiang, die unzählige Projekte des Architekten Ma Qingyun (geb. 1965) enthält, unter anderen den Stadtplatz Tianyi, die Universitätsbibliothek von Zhejiang, das Stadtmuseum von Ningbo und den Ladenkomplex Ningbo CCD.

und der Willkür gehen die Menschen in diesen Städten stets in einem beschleunigten Tempo und sehen alles nur mit leblosen Augen. Sie können nirgendwohin gehen, sich nirgendwo verstecken. Zuletzt werden die Menschen buchstäblich heimatlos. Sie fühlen sich nicht mit ihren Häusern, Dörfern oder Städten verbunden und werden zu Fremden im ewigen Exil.

Die Nachrichten aus N-Stadt werden pausenlos von einem zentralen Stadtplatz aus verbreitet, den Herr M. entworfen hat. Umgeben von protzigen Einkaufszentren ist der riesige neue Platz der Lieblingsort für die Stadtbewohner, die sich bei einem Bummel entspannen wollen. Unter den sanft wogenden Fahnen ziert ein genial konstruierter Springbrunnen ein mit Marmor ausgelegtes Becken, wo Filme auf eine von Wasser überströmte Wand projiziert werden. Herr M.s Entwurf ist anders als der Rest von N-Stadt, allem Anschein nach ist er auf der Höhe der Zeit. Diese Architektur ist etwas völlig Neues und Einzigartiges, sie zeichnet sich durch eine großzügige Gestaltung aus, die diesem ansonsten altmodischen, degenerierten Platz eine helle Note verleiht. Wie andere, wirtschaftlich entwickelte Regionen wimmelt die Stadt nur so von Konzertsälen, Opernhäusern und Kunstmuseen.

Auch das Kunstmuseum von N-Stadt ist nagelneu. Ich verabredete mich dort mit einem Freund. Das riesige Bauwerk hatte kein einziges Kunstwerk, das es ausstellen könnte; stattdessen wurden rekonstruierte Skelette von gigantischen Tieren aus dem Jura präsentiert. Eine dumpfe Ignoranz ging von den protzig zur Schau gestellten Exponaten aus: die Beleuchtung, Spezialeffekte, Erklärungen und Wandtafeln. All dies stand in einem krassen Kontrast zu dem maßlosen Erstaunen, das die Skelette dieser riesigen Ungeheuer erregten. Das war ein Zeitalter echten Ruhmes – einst rühmte sich die Erde solcher Landschaften, so prachtvoller Himmel und solcher Winde und Regenfälle! Welches Schicksal formte diese Giganten, die einst die Welt beherrschten, und welche Katastrophe löschte sie am Ende aus und verwandelte sie in Fossilien, die in diesem Museum gezeigt werden?

Die Äonen vergingen und brachten zuletzt den schwachen, fragil gebauten und berechnenden Menschen hervor. Sie waren klein, aber enorm eingebildet, ebenso gierig wie treulos. Ich schlenderte zwischen diesen Skeletten herum und hatte dabei ein schwer zu beschreibendes Gefühl.

Eine Halle des Museums hatte eine Gruppe Einheimischer angelockt. Sie enthielt menschliche Organe und Leichen. Mitten in der überfüllten Halle befanden sich Vitrinen mit siamesischen Zwillingen und Mumien, die man in aufrechter Haltung einbalsamiert hatte. Die Exponate waren umgeben von einer Auswahl von Organen und Gehirnen. Im Mittelpunkt der Halle befand sich eine Frauenleiche, die wie ein riesiger Fisch in einer Formaldehydlösung schwebte. Ihre Haut war blassweiß, mit einem Hauch Gelb, und sie trug schwarze Seidenhandschuhe und lange Seidenstrümpfe. Noch faszinierender waren die beiden Objekte in den Flaschen neben ihr, mit dem Etikett: »gerissenes Jungfernhäutchen« und »unversehrtes Jungfernhäutchen«.

Es gibt Orte, die sollte man besser nicht aufsuchen, und Dinge, die sollte man nicht sehen. Die Grundregeln sind ganz einfach: Wissen und Erfahrung erlangt man auf Kosten der Unschuld und Schicklichkeit. Diese monströse Hässlichkeit ist nicht abstoßend, doch die Korrumpierung gesellschaftlicher Moralvorstellungen wird uns jede Hoffnung rauben.

Die Ausstellung war der größte Publikumsmagnet in N-Stadt seit Jahren und lockte tagtäglich Tausende von Besuchern an, von weißhaarigen Alten bis hin zu kleinen Mädchen und Buben. Das Land, in dem N-Stadt liegt, produziert und verkauft weltweit die meisten Leichname.

Die Gebäude des Herrn M. sind hochmodern, auffällig und funkelnd neu, aber wenn man genau hinsieht, dann stimmt etwas mit ihnen nicht. Das Problem ist: Wie kunstvoll auch die neue Außenhaut drapiert wird, man wird doch nie den verwesten Körper ganz vergessen, der sich darunter verbirgt.

Chinas Städte trachten danach, sich herauszuputzen, als wären sie erpicht darauf, an einem rauschenden Maskenball teilzunehmen. Für die Zuschauer ist es zum Alltag geworden, ein Spektakel zu bejubeln oder auszubuhen, und solange ein Schauspiel geboten wird, strotzen alle vor Tatendrang. Alle Teilnehmer hoffen, dass sie nicht erkannt werden, doch selbst wenn es ihnen nur für einen Moment gelingt, sich hinter einer Maske zu verbergen, werden sie ihren Spaß haben. Die Menschen sind nicht bereit, auch nur einen Augenblick im Schmerz und in der Erniedrigung zu verharren, viel lieber streben sie fieberhaft nach einem Glück, mit dem sie ihren Selbsthass und ihre Angst vor dem Tod zu überwinden hoffen.

Verlassen wir N-Stadt, vergessen wir jenen Musik-Brunnen und die Filme, die auf Wasser projiziert werden.

## S-Village in der Stadt P

■ **GEPOSTET AM 30. MÄRZ 2006**

Am Stadtrand von Peking liegt Suojia Village, ein Viertel, in dem viele Künstler wohnen. Sie leben dort bis zu dem Tag, an dem ihre Behausungen zwangsweise abgerissen werden, weil die Bauten »nicht gemäß den Bauvorschriften errichtet« wurden.[13] Peking ist die Hauptstadt der Nation C, ein Ort, an dem man kein großes Aufheben macht, wenn eine Zeile minderwertiger Häuser nach der anderen abgerissen wird.

Um Peking herum liegen viele Dörfer mit unzähligen Bauten, die nicht den Vorschriften entsprechen. Darüber hinaus

---

13 Suojia Village, oder *Suojiacun,* ist eine Künstlerkolonie am Nordostrand der Fünften Ringstraße Pekings, wo eine internationale Gemeinschaft aus etwa hundert Künstlern in Loft-ähnlichen Ateliers aus Ziegeln auf grob geschätzt 3,6 Hektar Land lebt. Ende 2005 kamen Planierraupen und walzten die erste Reihe der Atelierwohnungen platt. Die Künstler protestierten dagegen. Als diese Sammlung zusammengestellt wurde, stand *Suojiacun* zwar noch, aber das weitere Schicksal der Künstlerkolonie ist unklar.

gibt es über 10 000 Städte in der Nation C, von denen jede einzelne unzählige illegale und provisorische Gebäude hat, die gegen Gesetze und Vorschriften verstoßen. Aber Gesetze und Vorschriften können völlig belanglos sein, solange die Gebäude nicht einem Bauprojekt im Weg stehen, das der Höhepunkt einer politischen Laufbahn werden soll, oder solange nicht ein entfernter Verwandter Gefallen an den Grundstücken findet, oder ein Geschäftsmann aus Hongkong oder ein Landsmann aus Taiwan dort investieren und das Gelände erschließen möchte. Aber vielleicht sind sie einfach nur arme Würstchen, die buchstäblich vom Pech verfolgt werden.

Viele Jahre ist die Politik in Nation C in erster Linie auf Zerstörung ausgerichtet gewesen. Überall ertönt das Geräusch einstürzender Dächer oder Wände. Ein weiteres landesweites Merkmal sind allgegenwärtige Kaufangebote, weil man abgesehen vom eigenen Haus und Grundstück auch Ressourcen, Schürfrechte, Fabriken, Banken, Unternehmen und Ausrüstung verkaufen kann. Sie werden alles verkaufen, bis sie sogar den Boden unter ihren Füßen verscherbelt haben. Nichts mehr zu verkaufen? Verkauft doch eure Posten, berufliche Qualifikationen, Diplome … verkauft alles, was sich verkaufen lässt, und noch vieles mehr.[14]

Wenn man diese Geschäfte unter die Lupe nimmt, ist es durchaus möglich, dass jede Transaktion gegen ein Gesetz oder eine Vorschrift verstößt. Das liegt ganz einfach daran, dass die Nation C, ganz gleich, wie sehr sie ruiniert werden mag, nie mit leeren Händen dastehen wird.

Oftmals verstoßen die Menschen, die in solchen für den Abriss freigegebenen Häusern leben, gegen bestehende Gesetze: Sie haben keine Papiere, ziehen in Gruppen umher und sind arbeitslos. Sie strömen vom Land in die Stadt, um jene Arbei-

---

14 Der Kauf von Ämtern, Hochschulabschlüssen, etc. ist ein verbreitetes Phänomen in China und keineswegs neu. Der klassische, chinesische Begriff *juanguan* bezeichnet eigens Regierungsämter, die man für hohe »Steuerspenden« erhielt, eine Praxis, die bereits aus der Qin-Dynastie überliefert ist und die in der Qing-Dynastie ihre Blütezeit hatte.

ten zu übernehmen, die sonst niemand tun will: Häuser abreißen, Straßen reparieren, Waren schleppen, Gemüse verkaufen, Straßen fegen, den Müll einsammeln … Niemand kann behaupten, dass sie keinen Mut hätten: Sie haben Explosionen in Kohlebergwerken erlebt und schicken doch ihre Männer und Kinder in die Schächte hinab; sie haben tote Fische im Fluss gesehen und trinken das Wasser dennoch. Eines Tages werden, wenn man an der Straße geht, alle entgegenkommenden Fußgänger Wanderarbeiter sein, die aus fernen, seltsamen Ländern kommen. Auf ihren Gesichtern ist Panik erkennbar, ihr Verhalten ist seltsam und ihre Sitten sind rau. Instinktiv wird man ihnen aus dem Weg gehen wollen, weil niemand sich unmittelbar der Armut und der Hoffnungslosigkeit stellen will. Armut und Hoffnungslosigkeit kennzeichnen die unzivilisierten »anderen« und sind Produkte von Unrecht und Heuchelei. Dabei sind wir selbst diese »anderen«. Von diesen Kids vom Land werden alle Jungs, die sich einigermaßen gerade halten und ordentlich gehen können, Türsteher oder Sicherheitsleute; alle Mädchen mit symmetrischen Gesichtszügen werden Kosmetikerinnen oder Masseusen; und die Stadtbewohner sind von großer Dankbarkeit erfüllt. Aber ihnen wirklich zu danken, würde das Bild der Einheit stören, und man staune, wie die Städter unaufhörlich Buddha anflehen, Weihrauch darbieten und göttlichen Rat suchen, indem sie Lose ziehen und einen Kotau machen. Jene Dorfbewohner wurden in den Kult der gefälschten Arzneien, der Scharlatane und gefälschten Waren hineingeboren; gehässige Nachbarn und der Handel mit Kindern sind für sie ganz alltäglich.

Die meisten Behausungen in den Randgebieten der Städte der Nation C sind entweder behelfsmäßige Unterkünfte oder sie wurden unter Missachtung der Vorschriften gebaut. Diese minderwertigen Bauten stützen die Entwicklung der Nation C, und sie füllen die Risse aus, welche die Entwicklung der Gesellschaft im Land hinterlässt. Hunderte Millionen von Bauern strömen in die Städte, wo sie sich in diesen elenden Behausungen notdürftig einquartieren. Wo sollten sie sonst wohnen? Das sind die Orte, die so viele Menschen ihr Zuhause nennen, und die Wirtschaft der Nation C wächst durch diese Arbeitskräfte. Aber durch einen Akt der Willkür werden die Behausungen illegal, und damit stellt sich die Frage, wie legitim das geltende Recht ist.

Für wie viele dieser Menschen, die aus armen und abgelegenen Regionen in die Städte streben wie Motten zum Licht, gibt es grundlegende arbeitsrechtliche Bestimmungen oder Standards zur Gestaltung ihres Lebens? Wer sollte die Verantwortung dafür übernehmen? Ziegel um Ziegel schaffen sie Werte; mit jedem Türrahmen und jedem Hausdach kämpfen sie gleichzeitig darum, ihre eigenen Grundbedürfnisse zu befriedigen und die stabile Entwicklung der ganzen Gesellschaft zu fördern.

Wenn das Gesetz lediglich Verbote ausspricht, aber die Schwachen nicht schützt, dann misst es mit zweierlei Maß. Das Gesetz schützt privaten Besitz, und auch notdürftige und minderwertige Bauten sind privater Besitz; beim Eigentum wird nicht nach Vornehmen und Niedrigen unterschieden. Wenn Eigentum alt oder schrottreif, schäbig oder elend ist, dann liegt das daran, dass diese Leute sich nichts Besseres leiten können. Der Zusammenhang zwischen Schmutz, Chaos und Elend und den mehrspurigen Autobahnen und Luxusshoppingzentren ist unübersehbar! Gesetze sollten nicht zum Zerstören erlassen werden, sie sollten persönliche Rechte und privaten Besitz schützen.

Peking ist geprägt von vielen Widersprüchen; zum Beispiel sollten Kunstbezirke nicht mit Zirkusartisten gefüllt werden, und der Schutz alter Bauten sollte nicht lediglich dazu dienen, die Kulisse zu verschönern, ebenso wenig sollte Denkmalschutz der Stadt einen Wettbewerbsvorteil verschaffen. Schutzmaßnahmen sind nötig, weil die Menschen eine lebendige Erinnerung brauchen. Bei alten Städten und alten Bauten können wir nicht einfach über den Wert des kulturellen Merchandisings reden und uns gleichzeitig weigern, uns den relevanten kulturellen Fragen zu stellen. Die Bewohnbarkeit der

Stadt ist keine Frage des äußeren Scheins; wenn eine Stadt irrational, unmenschlich und gefühllos ist und ihren Bewohnern keine Heimat bieten kann, welchen Wert hat dann eine schöne Fassade? Eine Stadt ist für ihre Bewohner da, für eine Vielfalt von Menschen mit verschiedensten Emotionen, die mit vollem Recht die Chance bekommen wollen, die Vorzüge der Stadt zu genießen, miteinander zu kommunizieren und ihren Forderungen Ausdruck zu verleihen.

*Geschrieben im Dezember 2005*

## Zur rechten Zeit, am falschen Ort

■ **GEPOSTET AM 10. APRIL 2006**

Rom ist eine Stadt, die einen mühelos in der Zeit um 2000 Jahre zurückversetzen kann. Ihre Straßen sind mit schwarzen, exakt zugeschnittenen Steinen gepflastert, die unter der sengenden Sonne schmoren. Anders als in Rom sind Mailands Straßen mit marmoriertem Granit gepflastert, jede Platte ist schätzungsweise 30 Zentimeter breit und 40 oder 50 Zentimeter lang, und die Platten haben die Erdfarben Rot, Gelb und Dunkelgrau. Die Breite ist genormt, nur die Länge ist nicht einheitlich, und es dürfte das reinste Vergnügen gewesen sein, sie zu verlegen. Bei der Auswahl des Materials dürfte sich der Ausschuss auch in Grenzen gehalten haben. Autoreifen unterschiedlicher Breite erzeugen ein monotones Geräusch beim Abrollen auf den Granitblöcken.

Ich hatte mich mit Bekannten zum Abendessen verabredet. Kurz nach acht klingelte mein Telefon. Ich sagte: »Ich bin in der Eingangshalle, wo bist du?« Mein Freund sagte, ich solle aus der Eingangshalle treten und könne ihn in der Bar gegenüber treffen. Es dämmerte bereits, von den Straßenlaternen fiel

**1.11** Einlegearbeit aus Stein aus einem unbekannten Gebäude der Qing-Dynastie. Teil einer Fotoserie aus Bodenfragmenten, März 2006.

**1.12** Steinstufen aus einem unbekannten Gebäude der Qing-Dynastie. Teil einer Fotoserie aus Bodenfragmenten, März 2006.

ein schwaches Licht aufs Pflaster, und auf der anderen Straßenseite waren nur ein pechschwarzer Parkweg und eine Kirche. Es gab weit und breit keine Bar gegenüber, nur eine Kirche. Mein Freund hatte ein anderes Hotel gemeint. Er ist Schweizer. Diese Leute sind immer zur rechten Zeit am falschen Ort. Die Dämmerung brach nun herein, und ein ferner Klang von Jazzmusik drang an mein Ohr, die Menge der hastenden Menschen verlief sich allmählich, und Mopeds sausten mit heulenden Motoren durch die Straßen. Das war Mailand an einem Aprilabend. Die Nacht zog herauf, und das abendliche Zwielicht war wunderschön.

Neulich ließ der italienische Ministerpräsident eine Bemerkung über China fallen. Die Dinge, die seiner Meinung nach in China passierten, ließen bei vielen ein ungutes Gefühl aufkommen. Er sagte ferner, dass er darüber in einem Buch gelesen habe, und China erwiderte darauf, Berlusconis Äußerungen würden die Gefühle von mehreren hundert Millionen Menschen verletzen.[15] Es wird immer Menschen auf der Welt geben, die sich nicht um die Gefühle anderer scheren; Menschen, die leicht zu verletzen sind, sind zart, schwach und wollen nicht verletzt werden, doch sie werden ständig von anderen verletzt.

Ich mag den italienischen Ministerpräsidenten nicht, er sieht ganz einfach nicht sympathisch aus, doch es kümmerte mich wenig, dass er die Gefühle des chinesischen Volkes verletzt hatte. Ich gebe nicht viel auf Gefühle, nicht zuletzt, weil ich die bloße Vorstellung bezweifle, dass die Gefühle von über einer Milliarde Menschen verletzt werden könnten. Was geschieht, wenn man sie verletzt? Und wie könnten die Gefühle von einer Milliarde Menschen überhaupt ausgedrückt werden?

---

15 Im März 2006 machte der italienische Ministerpräsident Silvio Berlusconi in Italien mehrere unbedachte Äußerungen. »Man wirft mir vor, ich hätte gesagt, die [chinesischen] Kommunisten hätten früher Kinder gegessen«, sagte er und fügte hinzu: »Lesen Sie das Schwarzbuch des Kommunismus, und Sie werden erfahren, dass man in Maos China Kinder zwar nicht gegessen hat, aber man hat sie gekocht, um die Felder zu düngen.«

Selbst wenn der italienische Ministerpräsident eine Milliarde Menschen dazu bringen würde, ihn zu lieben, oder wenn er die Gefühle einer Milliarde Menschen achten würde, würde ich ihn nicht mögen. Meine unerklärliche Abneigung gegen ihn rührt vielleicht von der Tatsache her, dass mir der Schnitt seines Anzugs nicht gefällt oder seine Art zu lachen. Ich mag ihn einfach nicht, und dafür braucht man keine nachvollziehbare Erklärung. Mein Geschmack ist oberflächlich, er hat keine tiefere Bedeutung. Aber die Tatsache, dass ich ihn nicht mag, hat nichts damit zu tun, dass ich seine Aussagen nicht für wahr halte. Außerdem glaube ich keineswegs, dass die Bedingungen in China besser wären, als er sie geschildert hat.

Wenn man sich auf die Gefühle von über einer Milliarde Menschen beruft, um einer Aussage Gewicht zu verleihen, dann könnte man fast meinen, es existiere ein Apparat, der die Gefühle von über einer Milliarde Menschen messen könnte. Meiner Meinung nach können die Gefühle gar nicht so leicht verletzt werden, und ich glaube auch nicht, dass die universellen Gefühle einer Nation nur zu einer bestimmten Zeit oder an einem bestimmten Ort verletzt werden können. Tatsächlich hat das chinesische Volk schon viele schwere Stürme überstanden, es hat sich trotz verletzter Gefühle als überaus duldsam und widerstandsfähig erwiesen. Wie tief ist die Wunde, wenn eine Kränkung alsbald überwunden werden kann? Warum werden diese Gefühle nur dann gezeigt, wenn eine Verletzung stattgefunden hat?

Je größer die Zahl der Menschen ist, von denen sie reden, desto größere Zweifel sind angesagt.

## Konfuse Gedanken in luftiger Höhe

■ **GEPOSTET AM 12. APRIL 2006**

Der folgende Text wird hoch in der Luft geschrieben. Die Boeing schwebt in einer Höhe von 10 000 Metern über der Erde, und um die Zeit totzuschlagen, versuche ich, auf eine Kotztüte des Flugzeugs zu schreiben. Wenn man sie aufreißt und glatt streicht, erhält man eine geeignete Fläche zur Reinigung des Geistes.

Ich weiß nicht, was für ein Mensch Han Han ist.[16] Ich kenne ihn nur aus der Debatte und Diskussion im Internet. Welchen Status jemand hat, ist belanglos; dieser Mann hat mit großem Geschick bewiesen, dass die Wahrheit sehr wohl die Absurdität zu besiegen vermag. Die Leute, die über Han Han herziehen, sind typische Heuchler, und jetzt können sie nicht mehr den geringsten Schaden anrichten. So wachsen junge Menschen heute nun einmal auf, sie verstehen instinktiv, welche Macht hinter der Heuchelei steht. Das wirksamste Mittel ist in diesem Fall, die ganze Wahrheit ans Licht zu bringen.

Diese Leute nehmen immer die kommunistischen Werke oder ihre Ideale als Schutzschild, auch wenn Unfug dieser Provenienz schon vor langer Zeit über Bord geworfen wurde. Der einzige Grund für ihr jämmerliches Dasein besteht darin, dass andere eine Gelegenheit haben, mit dem Finger auf sie zu zeigen und zu sagen: »Könnt ihr das glauben? Einst schufen sie selbst ein finsteres Zeitalter, und das Ganze ist Teil der Lüge.«

---

16 Han Han (geb. 1982) wurde mit dem Roman *Die dreifache Tür* (2000) schon im Alter von 17 Jahren zu einem chinesischen Bestsellerautor. Obwohl er die Schule abgebrochen hat, wird er derzeit als die Stimme der »Post-1980er-Generation« angepriesen. Neben seinem literarischen Erfolg ist Han Han Chinas populärster Blogger und Rennfahrer; er hat sogar ein eigenes Song-Album veröffentlicht.
Anfang März 2006 führte Han Han eine heftige Diskussion mit dem Literaturkritiker Bai Ye um die Rolle und Bedeutung der »Post-1980er-Generation«, aus der er letztlich als Sieger hervorging.

Sie glauben immer noch, dass hehre und sakrosankte Literatur existiert – ein Hirngespinst, das ihnen hilft, sich selbst edel und sakrosankt fühlen zu können. Überdies gewährt dieses Hirngespinst ihnen in unserem gewissenlosen Zeitalter eine Bühne, um sich darzustellen und anderen zu schmeicheln. Sie sind arglistig und habgierig, und sie predigen ihre billige Moral und abgedroschene Ästhetik und gerieren sich als angesehene Gurus.

Die Tugend des Konfuzianismus – Güte, Aufrichtigkeit, Anstand, Weisheit und Ehrlichkeit – und die Redewendung »Auf dem Weg ein Unrecht bemerken und sofort dem Opfer beistehen« … Wer glaubt daran? Wann werden die Leute endlich erwachsen? In einem Schauspiel könnten sie gute Rollen spielen, aber wie schwach wirken sie im Leben? Gilt der Fluch »Huren haben keine Gefühle, und Schauspieler keine Integrität« wirklich bis in alle Ewigkeit? Was ist Filme machen denn etwas anderes als das Bannen von Schatten auf chemisch behandeltes Zelluloid? Selbst wenn man das Leben oder die Menschheit ins Spiel bringt und man den Tränen freien Lauf lässt, wird sich niemand darum scheren. Filme sind Filme, und alles, was der Film bedeutet, ist der Film an sich. Wenn das Licht angeht und das Publikum den Saal verlässt, sind wir nicht mehr im Spielfilm; man stirbt nicht daran, dass man keinen guten Film gedreht hat. Ein Gummiball wird getreten und geworfen, das ist das Schicksal und die himmlische Aufgabe. Komm nicht auf andere Gedanken, ansonsten, lass einfach Dampf ab.

Gruppen bilden, Bande schließen, entweder alte Freunde oder alte Untergebene; was für Bruderliebe und Blutsbande! Wenn der Streit in der Realität und nicht in diesem gigantischen Mülleimer namens Internet ausgefochten worden wäre, wo hätte der Einzelkämpfer Han Han die Berge gefallenen Fußvolks seiner Feinde hin entsorgen können? Wir leben in einem wahrhaft legendären Zeitalter – sie sollten nicht blindlings ins Verderben rennen und sich lieber warm anziehen, bevor eine neue Katastrophe über sie hereinbricht.

Hört auf mich und versucht gar nicht erst, das herauszufinden – es ist unmöglich. Das heißt nicht, dass eine ganze Story unmöglich ist – richtig und falsch sind nicht zu unterscheiden, man versteht den »Auftrag des Himmels« und muss die Götter achten. Im einen Moment spielt man den Narren, im nächsten tarnt man sich als ahnungsloser und koketter Schnösel. Die Sonne ist aufgegangen, und es hat dich noch niemand nach Hause gebracht? Geh nach Hause und bleib im stillen Kämmerlein.

Diskutieren wir immer noch darüber, was man als Literatur bezeichnen darf? Wenn man lediglich von deinem Drama ausgeht, so könnte man meinen, du wärest wirklich überzeugt, dass du Literatur produzierst. Trete doch in deinen Cliquen und Foren auf! Es ist ja nichts daran auszusetzen, wenn jemand die Literatur mag, den Film aber liebt; das ist auch für Erwachsene kein Problem, nur sollte sich der Betreffende nicht als Guru ausgeben. Alles unter dem Himmel lässt sich mit Diskussionen regeln oder lösen, nur eines wird ewig bestehen bleiben: die Dummheit. Wenn du genau weißt, dass deine Beine schwach sind, warum stehst du dann auf der Rennbahn? Du rackerst dich mit der »Anti-Korruption« ab, aber je mehr »anti« du bist, desto korrupter wirst du, und je korrupter du bist, desto mehr »anti« braucht man wiederum. Ist das nicht genau das, was sie direkte Sicherheitsmaßnahmen nennen?

Muss man Vater-Sohn-Bindungen nicht noch extra beschwören. Da ist ohnehin ein tödlicher Irrtum in den Genen angelegt. Beim Schutz von wilden Tieren, die vom Aussterben bedroht sind, schließt man die Alten mit ein. Aber die Alten sind nicht vom Aussterben bedroht und schwach sind sie ganz gewiss auch nicht

Wenn man weiß, dass der Bruder dumm ist, dann sollte man ihn nicht bloßstellen. Sorge nicht dafür, dass dein Bruder noch einmal verliert. Glaubst du wirklich, dass er sich das leisten kann? Ich habe schon musikalische Genies erlebt, aber ich habe noch nie von einem Justizgenie gehört.

Du wurdest für die Dunkelheit geboren, meide also das Tageslicht. Menschen, die große Reden schwingen und predigen, dass wir Gefühle respektieren müssen, sind Menschen, die in Angst leben. Man spricht unablässig von Freundschaft und moralischer Verantwortung, sonst müsste man wohl daran zweifeln, dass man ein Mensch ist. Da das Leben ein endloses Ringen um den eigenen Anstand ist, muss man wohl oder übel weitermachen.

Wenn jemand mit einem Ledergürtel ins Gesicht geschlagen wird, begeht er angeblich Selbstmord. Das klingt nach Hexerei. Das ist vielleicht absurd. Manche Leute wünschen, sie könnten es auf diese Weise erklären, andere wünschen, es wäre wirklich so. Es ist geradezu lachhaft, mit derart populären Vorstellungen etwas so ganz Persönliches wie einen Selbstmord bagatellisieren zu wollen; etwas zu erklären, das nicht einmal die Lebenden verstehen, ist zumindest respektlos gegenüber den Toten.

Die Würde eines Selbstmords ist darin begründet, dass ein Selbstmord nicht auf äußeres Leiden zurückgeht, sondern eine selbst gewählte Tat ist. Für einen Mord trägt ein anderer die Verantwortung, bei einem Selbstmord trägt man sie selbst. Wenn man den Toten falsch schildert, dann schildert man auch den Lebenden unter den Toten falsch. Nur wenige sind für ihre Überzeugungen gestorben, doch wie viele Menschen leben wirklich für ihren Glauben?

Wenn man den Tod überwinden will, muss man auf seiner Seite stehen, aber das ist unmöglich, weil er die andere Seite schlechthin ist. Unwissenheit ist ein Schatten, der wirklich da ist, aber nicht eingefangen werden kann. Die Wahrheit, nach der sie suchen und die sie schützen, ist ihre eigene Dummheit und Arroganz; vielleicht wird sie zumindest das trösten.

Nachdem die letzten Versuche aufgegeben werden, wird man keine Feinde mehr haben. Jedes Mal, wenn man an den Ort zurückkehrt, werden die gleichen Leute, die einen nicht mögen, einfach den Blick abwenden, in ihren Augen existierst du nicht mehr. Aber diesmal hast du noch ein bisschen Pech;

das, wogegen du ankämpfst, ist überhaupt keine Sache, wie sich herausstellt. Es hat keine echte Form und ist nicht greifbar.

Es hat dich auserwählt, und das ist die verheerendste Tatsache. Es hat dich auserwählt, und das ist Teil des Fehlers, denn du bist nur einer unter vielen, allenfalls der Stachel im Fleisch, den sie voll Verzweiflung herausziehen wollen. Anders, als du es erwartet hättest oder man sagt, werden sie für Fehler nicht bestraft werden. Das heißt nicht, dass es keine Strafe gibt, sondern die Strafe richtet keinen Schaden an – man kann einem Menschen ohne echte Gefühle nicht schaden. Dein Tag des Triumphes wird allenfalls der Tag sein, an dem sie es aufgeben, dich zu belehren.

Du kannst ihre stählerne Kraft brechen, aber du kannst das, was verrottet ist, nicht wiederbeleben. Sie werden immer einen Weg finden, genau das in die Tat umzusetzen, was du am wenigsten gewollt hast. Ihre Welt ist kategorisch anders, hat eine andere Farbe, und in der Stille der Nacht kann man immer andere Geräusche hören. Das war nicht einmal ihre eigene Entscheidung, sie können nichts dafür, dass sie so sind. Wenn sie nicht so wären, könnten sie gar nicht existieren. Lügen sind bereits die Grundlage ihrer Existenz. Du hast gewonnen, aber du hast deinen Glanz verloren, weil dein Widersacher von niemandem respektiert wird.

*Geschrieben am 12. April 2006*

## Ein klarer Standpunkt: Liu Xiaodong

■ GEPOSTET AM 15. APRIL 2006

Ich lernte Liu Xiaodong im Jahr 1992 kennen, als er und Yu Hong in den Flitterwochen waren. Damals hatten sie eine Mietwohnung in der Lower East Side. In Chen Danqings Atelier an der 42nd Street vollendete Liu Xiaodong damals einige Bilder zu seinem »Amerika-Erlebnis«.[17] Diese unbekümmerten Gemälde haben mich tief beeindruckt. Jahre später, auf einer Retrospektive seines Schaffens, hatte ich Gelegenheit, viele seiner Werke zu betrachten.

Liu Xiaodongs Malerei hat in der langen Tradition der westlichen Malerei ihren Ursprung. Diese Tradition war einst ein visueller Ansatz, durch den ein Volk die eigene Kultur und Geschichte interpretierte; für ein ganzes Volk war Malerei eine Erleuchtung und eine konkrete Erinnerung an eine spirituelle Welt. Trotz der jahrhundertealten Tradition der Ölmalerei in China und wegen des Niedergangs der traditionellen Kultur (und ganz besonders wegen der Politisierung des ideologischen Rahmens der Kunst) muss sich dieses Medium hier in China erst noch von den kindlichen Praktiken der Akademie oder dem salbungsvollen Gesülze der Pseudoliteraten frei machen. In all den Jahren der ideologisch geprägten Malerei, gefolgt von den heutigen ästhetischen Praktiken, hat sich die realistische Malerei von übertriebenen, bombastischen Malstilen zu attraktiven, feinen Werken gewandelt, die von Hoffnung durchdrungen zu sein scheinen.

---

17 Liu Xiaodong (geb. 1963) und Yu Hong (geb. 1966) sind zwei einflussreiche zeitgenössische Maler, die sich bei Vorbereitungskursen an der Zentralen Kunstakademie von Peking kennenlernten. Beide lehren derzeit an der Abteilung für Ölgemälde ihrer Alma Mater. Chen Danqing (geb. 1953), ein einflussreicher Maler, der von der Zentralen Kunstakademie kam, wurde 1980 mit seinen Gemälden von Tibetern berühmt. Chen zog 1982 nach New York, und mit seinen Schriften und Gedanken über die Jahre in der Stadt wurde er zu einem beliebten Intellektuellen in China, wo er jetzt lebt und arbeitet.

Liu Xiaodongs Werk ist jedoch eine Ausnahme: Es besticht durch Aussagekraft und Integrität. Auf diesen Leinwänden, die Standfotos ähneln, hat die Welt, die ihn fasziniert hat, weder heuchlerische, künstlerische Klischees noch zweifelhafte, kulturelle Standpunkte und Strategien, die mittelmäßige Künstler kennzeichnen. Sein »klarer Standpunkt« erzählt ganz authentisch alltägliche Geschichten. Die Menschen und Ereignisse auf seinen Gemälden sind ein Spiegelbild der Realität: So seltsam und fern wie sie scheinen, wirken sie entfremdet, als kämen sie aus einer anderen Generation, und sie sehen aus, als sei die materielle Welt mit einer weiteren Schicht der Bedeutsamkeit bedeckt worden.

Eine einzigartige Betrachtungsweise der Welt und eine aufrichtige und mitfühlende Haltung erzeugen zusammen mit Xiaodongs hemmungsloser, gelangweilter und hilfloser Mentalität einen tiefen Widerspruch. Seine Wertschätzung für die Merkmale des Lebens eines Durchschnittsmenschen und seine Begeisterung für die Erhellung banaler Lebensweisen durch den künstlerischen Ausdruck selbst haben unsere herzlose Welt in etwas Rätselhaftes und Heiliges verwandelt.

Alles, was Liu Xiaodong ins Auge fällt, kann naturgemäß in seine Welt auf eine Leinwand übertragen werden. Diese natürlichen und realistischen Eigenschaften erlauben uns die Lösung von der Welt, und sie machen die Betrachter sprachlos. Dieses Ergebnis ist nicht allein ein Produkt seiner Methoden der Beobachtung und Umsetzung, sondern basiert noch mehr auf der Auflösung seiner einzigartigen Sprache der Malerei. Er verändert mit seinem Pinsel die Realität wie Eis, das in der Sonne schmilzt. Der natürliche und fließende Malstil unterstützt und schafft auf magische Weise eine eigene Welt und verwandelt winzige Kunstwerke in eine parallele Realität. Und schließlich verschafft er uns eine Chance, jenen Menschen, die in schwierigen oder ohnmächtigen Verhältnissen leben, zu vermitteln, dass wir alle zu Rücksicht und Mitgefühl befähigt sind.

Das Gemälde *Newly Displaced Population* ist ein neues Werk

von Liu Xiaodong.[18] In der Geschichte der chinesischen Ölmalerei haben sowohl der Gegenstand als auch die große Bandbreite, die dieses Gemälde berührt, ebenso unvergleichliche Vorläufer. Die vielschichtige Aussage des Werks, die schockierende Kraft der Form, sein humanistischer Standpunkt und die ausgezeichnete Bildsprache rühren unweigerlich jeden Betrachter an oder hinterlassen einen unauslöschlichen Eindruck. Das Werk ist eine direkte Weiterentwicklung früherer Werke Liu Xiaodongs: Seine alltäglichen Details sind authentisch und edel und verleihen dem Bild eine Realität, die so wahrhaftig ist, dass sie fast schon unglaublich wirkt. Angesichts der Ausdruckskraft, die den epischen Emotionen und der hervorragenden Ausführung innewohnt, wird man sowohl von Liu Xiaodongs Person als auch von seinem Talent von Ehrfurcht ergriffen.

*Newly Displaced Population* gibt die Sichtweise eines Künstlers auf die Welt wieder. Diese Perspektive kann man mit der Konzentration auf all die unseligen Fakten vergleichen, aus denen sich die Geschichte des Drei-Schluchten-Projekts zusammensetzt: Zwangsumsiedelung; die Zerstörung der Dörfer und lokalen Geschichten, persönlichen Anekdoten und ideologischen Streitigkeiten; historischer Wandel, der so unwiderstehlich und unüberwindlich ist, und doch ebenso seltsam und absurd; und schließlich herzloser und skrupelloser Zerfall. Ein Grasstreifen, ein Baum, ein Vogel oder ein Tier, ein Ziegel oder eine Fliese – diese Fragmente bilden das unvergesslichste Gemälde der zeitgenössischen, chinesischen Kunst, sie enthüllen die Wunden einer Nation und den stummen Standpunkt eines Künstlers.

Dieses Werk zeigt, was Malerei zu leisten vermag. Die Zeit ist aufgehoben, das verleiht der Stille Worte und verschafft je-

18 Das Gemälde *Newly Displaced Population* ist ein Ölgemälde auf vier Tafeln, das eine bunte Auswahl angeblich umgesiedelter Migranten zeigt, die gefährlich auf einem grasbewachsenen Hang stehen, mit dem Drei-Schluchten-Staudamm im Hintergrund. Es ist Teil einer Reihe, die Liu Xiaodong über Migranten in der Drei-Schluchten-Region anfertigte.

nem Volk, dem es sowohl an Gelegenheit als auch an Chancen mangelt, einen kurzen Blick – nur einen einzigen Blick auf den universalen, stillschweigenden Konsens, der in dieser Welt gilt. Aus welchem Blickwinkel man es auch betrachten mag, *Newly Displaced Population* ist zu einem der außergewöhnlichsten und bedeutendsten Werke der Zeit geworden.

*Geschrieben am 6. November 2004*

## Staub, der sich stumm auf alles legt

■ **GEPOSTET AM 26. APRIL 2006**

Das staubige Wetter im Norden Chinas hält an. Es ähnelt der Stille, die sich jedes Mal, wenn eine Situation unerwartet eskaliert, über alles legt, als sei überhaupt nichts geschehen. Die Menschen kennen das – bloß kein Geräusch machen, sonst bricht eine schlimme Katastrophe über uns herein.

Ja, man kann schweigen. Und man muss nicht unbedingt lächeln oder morgens das schöne Kleid anziehen oder mit Freunden auf der Straße spazieren, einen Frühlingsausflug zum Stadtrand machen, am Fluss spielen, einkaufen gehen oder über Mode tratschen. Man muss nicht über Dinge sprechen, die mit Schönheit oder Make-up zu tun haben, genauso wenig wie man Schönheitsoperationen braucht. Man muss nicht mehr über Luxus oder steigende Kosten sprechen, über die Säuberung des Internets, eine kreative Gesellschaft oder die fortschrittliche Kultur. Denn es ist ganz einfach: Wir leben alle in diesem Staub. Das ist die unverwechselbare Wirklichkeit, öffne die Augen, und du siehst sie – eine Wahrheit, die niemand bestreiten kann und die nicht von allein verschwindet. Aber woran erkennt man diese Wahrheit denn? Bei uns ist das zu einem heillosen Verwirrspiel geworden.

Es mag noch so viele Zeitungen und Fernsehsender, Journalisten und Schriftsteller, Fachleute und Wissenschaftler geben, sie alle sind für die Wahrheit erwiesenermaßen völlig unwichtig. An der Wahrheit sind die Menschen am allerwenigsten interessiert.

Man kann alles vergessen, aber nicht das Atmen. Atmen muss man notgedrungen, selbst wenn man jeden Mut verloren hat. Man atmet, weil man leben muss.

Es gibt immer noch so viele Kinder, die ein Märchen erleben wollen, so viele junge Männer und Frauen, die sich verlieben wollen, junge Menschen, die von der Zukunft träumen, erfolgreiche Menschen, die BMW fahren, eine Luxuswohnung kaufen und eine zweite Frau nehmen wollen, die an wichtigen Besprechungen teilnehmen, über akademische Fragen diskutieren, in Grundbesitz investieren, ein Unternehmen verkaufen, ein Joint Venture gründen, ihr Aktiendepot vergrößern, Medikamente verkaufen, etwas produzieren, Fahrkarten verkaufen und Dinge fördern und verbessern wollen …

Sie wollen so viel und haben doch kein Verlangen nach Luft zum Atmen, wollen die Augen nicht öffnen. Offenbar können Menschen auch ohne Luft und Licht leben.

Staub legt sich stumm auf alles und überdeckt die Menschen mit einer grauen Schicht. Er erinnert uns an die Tragödie vor einigen Jahren, als eine ähnliche Stille eintrat und überall eine ähnliche Ruhe herrschte. Es war dieselbe Jahreszeit und am selben Ort. Niemand wusste, was geschehen war, nur dass man den Nachbarn ins Krankenhaus gebracht oder dass die Arbeitsstätte bestimmte Dokumente weitergeleitet hatte. Weitere Menschen wurden isoliert gehalten, und die Zahl der Todesopfer blieb geheim. Nur das Gewissen und der Mut eines alten Arztes retteten eine ganze Stadt.[19]

---

19 Als die rätselhafte Krankheit SARS sich Ende 2002 und Anfang 2003 ausbreitete, teilte Dr. Jiang Yanyong (geb. 1931), Chefarzt am Militärhospital 301 in Peking, zwei chinesischen Nachrichtensendern per E-Mail mit, die Zahl der Todesfälle sei von der Regierung drastisch nach unten korrigiert worden. Seine Warnung erreichte auch die internationalen Nachrichten-

Wenn heutzutage ein großes Unrecht geschieht, nehmen Zeitungen, Printmedien und Fernsehen keinen Anstoß mehr daran, sie empören sich nicht. Sie werden zu einem Teil der Tragödie. Wer tritt für die Wahrheit ein, wenn sie ihm nicht förmlich ins Gesicht springt? Es gibt keine Untersuchung, kein Urteil, keinen Verdacht und keinen Standpunkt – nur unsere technisch immer perfekter werdenden Leuchtbildschirme. Die Wirklichkeit wird zur Schmierenkomödie. Unsere Flüsse verschmutzen und trocknen aus, Banken horten tote Konten, geldgierige Beamte wohnen unbehelligt in den Vorstädten, Stollen in Kohlebergwerken stürzen ein und staatliche Unternehmen werden verkauft. Stell dir vor, du würdest in diese Zeit geboren. Was für ein Leben erwartet dich? Wenn das alles eine Strafe ist: Strafe wofür eigentlich? Wer zahlt den Preis? Wer trägt die Verantwortung?

Wir leben in einer undurchsichtigen Welt, und nur in einer solchen Welt können sich solche Tragödien anbahnen und ihren Lauf nehmen. Gehen wir einfach davon aus, dass es sich um Naturkatastrophen handelt und dass sie nur eintreten, weil Gott, Allah oder Buddha noch keine Zeit für die fleißigen, tapferen, aufrichtigen und liebenswerten Menschen dieses Landes (Chinas) gehabt hat.

---

medien, die sie sofort verbreiteten. Im Anschluss daran kam es zu einer weltweiten Hysterie. Man geht allgemein davon aus, dass Dr. Jiangs Enthüllung die chinesischen Behörden veranlasst hat, aktiv gegen die Ausbreitung von SARS einzuschreiten und dadurch eine Pandemie zu verhindern.

# Fragmente

■ **GEPOSTET AM 29. APRIL 2006**

**Nataline Colonnello**[20]**:** Das ist Ihre erste eigene Ausstellung in China nach so vielen Jahren. Wie sollte sie Ihrer Meinung nach heißen?

**Ai Weiwei:** Als Erstes kommt mir »Fragmente« in den Sinn. Etwas Ähnliches wie »Stücke«, »Ausschnitte« oder »Überbleibsel« von einem Körper oder einem Ereignis … Material, Geschichte oder Erinnerung; es ist etwas Gebrochenes oder Zurückgebliebenes, etwas Beschädigtes oder Nutzloses.

»Fragmente« ist eine Metapher, kein Werturteil für diese Objekte; das ist ungefähr so wie die Entschlüsselung der DNA eines Lebewesens aus einem einzigen Haar. Der Titel »Fragmente« spielt auf einen vorherigen Zustand oder auf die ursprüngliche Situation an.

Wir erleben eine dramatische, historische Entwicklung, man kann von einem gesellschaftlichen Wandel sprechen; ein großer Umbruch, an dem wir alle teilhaben. Er ist seinem Wesen nach zerstörerisch und zugleich schöpferisch. Für mich ist es lediglich eine Veränderung der Formen und eine Umgestaltung unseres Lebens, unserer Erfahrung oder unseres Verhaltens.

**NC:** In der Ausstellung »Fragmente«, die im April eröffnet wird, werden Sie Ihre Installation *Fragments of a Temple* (2005) und drei Ihrer aktuellsten Videos zeigen: *Peking: Chang'an Boulevard* (2004), *Peking: The Second Ring,* und *Peking: The Third Ring* (2005). Alle diese Arbeiten haben mit der Architektur, Urbanisierung, chinesischen Kultur, Tradition und zugleich der Gegenwart zu tun. Meiner Ansicht nach eignen sich

---

20 Nataline Colonnello (geb. 1976, Italien) ist Kuratorin und Kunstkritikerin. Der Text wurde erstmals unter dem Titel »A Dialogue between Nataline Colonnello and Ai Weiwei about the Exhibition ›Fragments‹« im Katalog zu der Ausstellung »Fragments« in der Galerie Urs Meile veröffentlicht, Peking, 3. April bis 17. Juni 2006.

diese Arbeiten gut für eine gemeinsame Ausstellung, weil sie ein breites Spektrum von Themen abdecken, die mit der besonderen Geschichte, gesellschaftspolitischen und wirtschaftlichen Entwicklung Chinas verknüpft sind.

**AWW:** Ja, sie stehen in einem einzigartigen Dialog mit den derzeitigen Bedingungen in Peking; das Holz, das ich für meine Installation verwendet habe, sind Bruchstücke von Säulen und Balken aus jahrhundertealten, abgerissenen Tempeln, die ursprünglich im Süden Chinas lagen. Ich habe diese architektonischen Komponenten von einem Möbelhändler gekauft; ursprünglich war ihre Wiederverwertung in der Möbelproduktion geplant. Sie sind aus einem unglaublich harten, schweren Holz, das man Eisenholz *(Tieli mu)* nennt. Diese Säulen und Balken wurden Stück für Stück aus der Provinz Guangdong nach Peking gebracht. Natürlich sind viele kleinere Stücke von meinen früheren Skulpturen übrig geblieben, also habe ich diese übrigen Fragmente in der neuen Installation verwendet. Meinen Assistenten habe ich sehr vage Anweisungen gegeben. Ich habe ihnen gesagt: »Ich muss alle diese Stücke neu zusammenfügen.« Es war ein sehr nebulöses Programm, und acht von mir beauftragte Zimmerleute haben unabhängig ein halbes Jahr lang daran gearbeitet, bis die Installation ihren jetzigen Zustand erreicht hatte. Dieses Werk hat vor über hundert Jahren begonnen, und ich glaube nicht, dass es bereits ganz fertig ist … es ruht in diesem Stadium lediglich.

*Fragments of a Temple* ist eigentlich nicht mein Entwurf, sondern das Projekt der Zimmerleute, die seit acht Jahren mit mir zusammenarbeiten. Sie haben überlegt, was ich wohl mit diesen bislang ungenutzten Holzstücken machen würde, und das Ergebnis ist interessanter als das, was ich selbst entworfen hätte. Natürlich ist damit kein künstlerisches Werturteil verbunden, und ich habe es absichtlich offengelassen, losgelöst von zeitgenössischen Vorstellungen über Skulptur und Installation – ich habe den Zimmerleuten die Entscheidung überlassen. Als ich sie fragte, was sie denn machen, sagten sie mir, sie würden einen Drachen bauen. Ich habe mir gedacht: »Für Drachen habe ich eigentlich nicht viel übrig«, und erst später habe ich festgestellt, dass sie ihn nach verborgenen Gesetzmäßigkeiten gebaut haben, nach denen die elf tragenden Pfosten auf der Grenze einer imaginären Karte Chinas stehen. Man sieht es nicht, aber sie behaupten hartnäckig, dass man es sehen würde, wenn man die Installation aus der Vogelperspektive betrachten würde. Ich kann es mir eigentlich nicht vorstellen, aber ich vertraue darauf, dass sie sehr präzise arbeiten. Zuerst haben sie eine große Karte gezeichnet und die elf Pfosten über die Grenzlinie verteilt; auf diese Weise wurde sie in meinem Atelier wiederaufgebaut. Meines Erachtens liegt eine starke Ironie darin, dass mich die Zimmerleute, als sie vorwegnehmen oder erraten wollten, was mir am besten gefallen würde, in eine Position versetzten, die von meinem eigenen künstlerischen Urteil weit entfernt war. Auf diese Weise konnte ich ihr unabhängiges Denken schätzen lernen.

Die drei Videos, die ich Ende 2004 und Anfang 2005 gedreht habe, gleichen von der Konzeption her *Fragments of a Temple*. Auf einer Karte eingezeichnete Linien legten die Orte fest, wo diese Videos aufgenommen werden sollten. Dieses Konzept habe ich meinem Kameraassistenten Zhao Zhao gegeben und ihm gesagt, dass ich einminütige Momentaufnahmen bräuchte; ich habe ihn angewiesen, den Videorekorder wie eine Kamera zu benutzen, und ihm gesagt, er solle lediglich den Aufnahmeknopf drücken und einminütige Aufnahmen machen. Was immer in der Zeit vor der Linse passiere, sei in Ordnung, habe ich ihm erklärt. Ein paar Monate arbeitete er an diesen drei Projekten, den ganzen Winter über. Wir wählten den Winter, weil Peking in keiner anderen Jahreszeit so klar vor der Kamera erscheint. Während der ganzen Dreharbeiten war ich kein einziges Mal – nicht eine Minute – an der Seite meines Kameraassistenten. Ich habe das Bildmaterial gesehen, als er die Videos zur Analyse brachte, bei der es in erster Linie um technische Dinge geht, nie um künstlerische. Diese drei Videos sind Konzeptkunst (sic!); sie streben keinen visuellen Effekt an. Tatsächlich wurde sogar der Schnitt in die Hände von professionellen Cuttern gelegt. Ich habe das Bildmaterial niemals auf dem Schneidebildschirm angesehen. Aber sie erzielen unbestreitbar eine starke visuelle Wirkung: Dieses strenge, rationale, geradezu unlogische Verhalten ist so exakt einstudiert, und es funktioniert im Verein mit der willkürlichen Auswahl der Themen.

**NC:** Die Ausstellung ist bemerkenswert, weil die Installationen und die Videos, wenn wir sie analysieren, in Wirklichkeit völlig unterschiedlich sind, aber als Ganzes bilden sie einen organischen Körper. Wenn man *Fragments of a Temple* genauer betrachtet, wirkt es wie eine Art Resümee, eine Zusammenfassung der bisherigen Arbeiten, die Sie aus Möbeln geschaffen haben, eine realisierte Installation, zu der Ihre Zimmerleute aktiver beigetragen haben, nicht nur durch ihre Handarbeit, sondern auch bei der Konzeption. Seit vielen Jahren haben sie die Zimmerleute aus nächster Nähe bei allen Phasen ihrer Arbeit verfolgt, und sie beherrschen die traditionellen, chinesischen Holzbautechniken so gut, dass sie wissen, wie man konkrete Probleme löst und wie man mit dem Material umgeht, das in der Regel aus Eisenholz und/oder antiken Möbeln besteht. Das eigentlich Faszinierende ist, wie ihre gesammelten Fertigkeiten und Erfahrungen, die sie durch den Umgang mit verschiedenen, technischen Problemen erwarben, und die Auflösung der Schwierigkeiten, die sie gewohnt sind, in diesem Werk kulminieren.

*Fragments of a Temple* ist ein architektonisches Meisterwerk, das auf Experimentierfreude und Strenge zugleich beruht; auf den ersten Blick wirkt es chaotisch und irritierend, aber es ist in Wirklichkeit extrem komplex. Es ist sehr merkwürdig, was sich in diesem Werk abspielt: Teile scheinen völlig willkürlich ohne besonderen Grund platziert, aber bei genauerem Hinsehen enthüllen die verschiedenen Komponenten ein feingliedriges Gleichgewicht von Beziehungen und eine meisterhafte Beherrschung der Theorie der Verbindungen. Zum Beispiel die riesige Säule, die auf der Spitze der ganzen Installation errichtet wurde, oder die unerwarteten Schnittlinien, welche die Möbel durchdringen und sie im Skelett des ganzen, massiven Gerüsts blockieren. Wenn *Fragments of a Temple* auf der einen Seite eine Ansammlung aussortierter Teile aus Ihren früheren Arbeiten ist, so umfasst es auf der anderen Seite alle Ihre bisherigen Holzinstallationen. Es erinnert an eine prähistorische, behelfsmäßige Konstruktion oder ein provisorisches Gebäude. Es ist eine sehr starke Arbeit, und in seiner Solidität vermittelt es paradoxerweise zugleich ein Gefühl der Vergänglichkeit und Unsicherheit. Es macht sich die ganze Geschichte Chinas zu eigen.

**AWW:** Es ist interessant, dass Sie das ansprechen. Diese Originaltempel wurden nach strengen spirituellen und ästhetischen Standards gebaut. Aber jetzt sind dieselben Materialien auf eine willkürliche und zeitlich begrenzte Weise neu arrangiert worden, in einer irrationalen und unlogischen Struktur. Es scheint so, als hätte das Werk eine große, klaffende Wunde; man weiß nicht recht, ob es lebendig ist oder nicht.

Ich denke genau das Gleiche über die Videoarbeit. Wir haben eine Nation mit zweitausend Jahren Autokratie, fünfzig Jahren Kommunismus und anschließend dreißig Jahren Materialismus und Kapitalismus. Man sieht die 55 Brücken an der Dritten Ringstraße oder die 33 Brücken entlang der Zweiten Ringstraße. Die Chang'an Avenue (oder der »Boulevard des Ewigen Friedens«), als die Achse zwischen der Östlichen Sechsten Ringstraße und der Westlichen Sechsten Ringstraße, fängt den derzeitigen Zustand auf so realistische Art ein: bewegungslos, urteilsfrei und sehr objektiv, und gleichzeitig absurd, verrückt und unsinnig. Wir können seine Geschichte nicht genau erfassen oder auch nur raten, wie sie aussehen könnte – das ist unmöglich. Geschichte ist bei allem, was wir tun, stets das fehlende Puzzleteil. Ich glaube, dass sie nur eine vorübergehende Wahrheit besitzen, das ist das Fragment: diese Momentaufnahmen.

**NC:** Geschichte gleicht verschiedenen Sequenzen, wie jene, die Sie aufgenommen haben – die Ansichten der Brücken an der Zweiten und Dritten Ringstraße und die Abfolge von Aufnahmen in abgemessenen Abständen am Chang'an Boulevard. Die Technik, mit der diese Videos aufgenommen werden, ist definitiv nicht ausgereift, sie ist genau das Gegenteil von *Fragments of a Temple.*

**AWW:** Ja, dafür ist keinerlei Fertigkeit oder Technik nötig. Man muss nur »on« und »off« kennen, wie das Öffnen und Schließen eines Auges. Wie das Diktiergerät, das wir gerade benutzen, das ein- und ausgeschaltet werden kann – so einfach ist das. Aber im Gegensatz dazu ist *Fragments of a Temple* überaus komplex. Jedes Teil ist auf andere Weise miteinander verbunden, jedes hat eine unterschiedliche Größe, und jedes hat einen anderen Winkel. Bei keinem einzigen gibt es eine rationale Notwendigkeit, es mit einem anderen zu verbinden; aber gleichzeitig ist jedes einzelne präzise und erfordert eine ungemeine Akribie, damit es so definitiv, exakt und vermutlich korrekt geformt wird.

**NC:** Jedes einzelne Fragment in Ihrer Installation erinnert mich irgendwie an die Menschen, die Autos und die Gebäude, die man in Ihren drei Videos entdeckt. Während die Videos in einer schlichten und ruhigen Weise gedreht werden, scheint sich alles unabhängig von der Umgebung zu bewegen und mit der gleichen hektischen Geschwindigkeit des gigantischen, vielfältigen Pekings zu rasen. Und in Ihrer Installation sind verschiedene Komponenten, die auf ähnliche Weise keine Beziehung zueinander haben, miteinander verbunden, aber in diesem Fall sind sie statisch, in einer bestimmten Form fixiert und durch das Eigengewicht des Holzes zusammengefügt.

**AWW:** Es ist bekannt, dass jedes architektonische Element in einem Tempel sich in eine exakte Ordnung fügt. Die Fragmente, die ich in meiner Installation verwendet habe, stammen aus drei oder vier verschiedenen Tempeln, also ist alles unangemessen und falsch zusammengefügt. Die Fragmente stehen in keiner funktionellen Beziehung zueinander; die ganze Struktur dient keinem Zweck.

Anfangs war ich stärker auf angeworbene Kräfte angewiesen, und viele Zimmerleute kündigten, obwohl ich ihnen ein relativ hohes Gehalt zahlte und sie niemals zur Eile trieb. Sie kündigten, weil viele nicht verstanden, was ihre Aufgabe war oder weshalb sie hier waren.

Es gibt eine sehr schlichte Logik, die jeden zum Arbeiten bringt: Wofür ist das Ganze gut? Sie wollten wissen, warum der Tisch auf eine bestimmte Weise abgesägt werden musste, wozu ich so perfekte Handwerkskunst brauchte, warum die Patina gewahrt bleiben sollte und warum verborgene Verbindungen versteckt bleiben sollten. Sie mussten verstehen, warum diese Arbeit auf diese besondere Weise neu zusammengebaut werden musste.

Später haben viele Zimmerleute allmählich Gefallen an der Arbeit gefunden, weil sie zu einer Lebensweise wurde; sie haben angefangen, die Perfektion als eine Herausforderung zu betrachten. Sobald sie etwas Interessantes schufen, brauchte man ihnen nicht zu sagen warum. Die Beziehung zu ihrer Arbeit wurde synchronisiert wie zwei Menschen, die Schlittschuh laufen; sie ergänzten sich perfekt gegenseitig.

**NC:** Wie Sie sagten, stellen Sie gerne eine gewisse Distanz zwischen sich und Ihren aktuellen Arbeiten her. Sie haben anderen Menschen die weitere Ausarbeitung von *Fragments of a Temple* und Ihre Video-Arbeiten anvertraut. Warum?

**AWW:** Ich bin allmählich zu der Ansicht gelangt, dass ich mich, wenn ich ein Kunstwerk für mich interessanter machen will, nicht allzu eingehend damit befassen darf. Auf diese Weise kann ich mich stets von dem Ergebnis überraschen lassen. Aus dem Grund habe ich angefangen, mit verschiedenen Facharbeitern und Meistern traditioneller Techniken zusammenzuarbeiten; zum Beispiel wurden die Keramik- und Teearbeiten ausnahmslos von hoch qualifizierten, traditionellen chinesischen Arbeitern angefertigt. Für mich ist es interessant, eine sehr nachlässige oder überhaupt keine Kontrolle auszuüben, irgendwo unterzutauchen und abzuwarten, wie weit die Arbeit von alleine gedeiht.

Natürlich werden diese Stücke an kulturellen Schauplätzen,

Museen, Galerien, etc. gezeigt werden, und ich denke, dass gerade die Distanz meine Arbeit noch anspruchsvoller macht. Sie bietet die Möglichkeit, bessere Ergebnisse zu erzielen, und ermöglicht einen neuen Status für Kunstwerke als Reproduktion oder Serienfertigung. Sie könnten in der Fabrik hergestellt werden, aber sie sind aus einem anderen Grund und mit einer anderen Aufsicht hergestellt worden.

NC: Aber es existiert doch ein festes, konzeptionelles Gerüst, das diese Arbeiten trägt; die ganze Installation hat eine Struktur, auch wenn sie unlogisch wirkt. Auch Ihre Videos haben eine Struktur, die zugleich äußerst diszipliniert ist. Ihre beiden Arbeiten stellen eigene Fragen zu China und seinen Umwälzungen.

AWW: Niemand kann den Zeichen der Zeit entrinnen, selbst wenn er es wollte. Der einzige Unterschied besteht darin, dass diese Arbeiten zusätzlich zu meinem ursprünglichen Anstoß noch ihren eigenen Charakter haben. Auch wenn ich eindeutig kreative Gedanken beigetragen habe, wollte ich doch stets die Entfaltung des individuellen Charakters jeder Arbeit. Ein Zimmermann weiß mehr über Holz, ein Teehändler weiß über Tee besser Bescheid; das ist eine Art kollektive Weisheit. Die Zweite und die Dritte Ringstraße wurden aus ganz unterschiedlichen Gründen gebaut, aber es scheint, als wären sie für mich gebaut worden, damit ich diese Videos drehen konnte.

Ich habe die Zweite Ringstraße an wolkigen Tagen gefilmt, und die Dritte Ringstraße an sonnigen Tagen. Ich halte es für bemerkenswert, dass ich nur diese eine Entscheidung treffen musste … ich habe nur eine winzige Anstrengung investiert, und das Projekt zeichnet sich durch einen sehr starken Charakter aus.

NC: In Ihren Videos verändert sich alles unablässig, in dem Sinn, dass jede Aufnahme denselben Anblick nur für eine Minute dokumentiert. Die Installation *Fragments of a Temple* auf dem Ausstellungsgelände ist ebenfalls als eine laufende Arbeit konzipiert, weil das Werk langsam, Stück für Stück, aufgebaut und danach wieder auseinandergenommen wird, sodass es während der ganzen Ausstellung einem endlosen Prozess der Konstruktion und Demontage unterliegt. Meiner Meinung nach ähnelt dies Peking, der sich ständig verändernden Stadt, in der Sie leben. Was ich Sie noch fragen wollte: Was denken Sie über diese Stadt?

**AWW:** Wenn ich Soldat wäre, dann käme mir das Leben in Peking wie eine endlose Wache über eine Burg oder einen gigantischen Berg vor. Ich versuche, ihn zu erobern, doch das ist unmöglich. Aber in gewisser Weise ist das eher symbolisch für mich. Die Stadt ist ein großes Monster, riesig und mit eigenen Motiven: entweder politischen oder wirtschaftlichen; Wahnsinn oder Liebe; Glück und Trauer, alles hängt miteinander zusammen. Tragödie, Geschichte, Ideologie, Dummheit und Missetaten; alles ist hier vertreten, und es ist in meinen Augen ein wirklich großes Monster. Ich denke, indem wir hier sind, können wir einander spüren, aber gleichzeitig bringt man, nur indem man hier ist, der Stadt Respekt entgegen. Man kann nur raten, was passieren wird, und was auch immer passiert, es wird einen stets überraschen. Das ist immer sehr interessant.

*8. Januar 2006*

## Eine Welt ohne Ehre

■ **GEPOSTET AM 4. MAI 2006**

Wenn jemand unsere Kulturgeschichte schreiben würde, dürfte er sie der Öffentlichkeit nicht zeigen. Es würde mehr unklare Stellen geben als offenkundige, die unklaren Momente übertreffen ohne Weiteres zahlenmäßig die klar erkennbaren. Das Ganze kommt einer kulturellen Geschichte im Niedergang gleich, und es enthüllt den Charakter und die psychische Verfassung einer ganzen Nation.

Zu dem unlängst erfolgten Wettbewerb um die Eröffnungszeremonie der Olympischen Spiele: Wenn es überhaupt eine Ehre gab, so ist sie lediglich besudelt worden.

Jeder Wettbewerb hat einen Sieger, und die siegreiche Partei nutzt ihren Erfolg stets dazu, ihre Sicht der Dinge zu befördern. Bei einem Wettbewerb geht es nicht nur um die beiden teilnehmenden Seiten, sondern auch um die Standpunkte, die sie verfechten, um die Unparteilichkeit des Wettbewerbs, den moralischen Charakter der Beobachter und sogar um die Abwesenden, die sich für den Wettbewerb überhaupt nicht interessieren.

Zhang ist der Sieger.[21] Aber wie bei fast allen sogenannten Siegern in China war sein Sieg bereits in den Spielregeln festgelegt, Regeln, die den Willen der Behörden wiedergeben. Die Regeln gestatten es einem zu gewinnen, es ist nicht erlaubt, *nicht* zu gewinnen, man kommt gar nicht umhin, zu gewinnen; das ist das Schicksal des Auserkorenen. Freilich ist das kein glorreicher Sieg, wenn man überhaupt keine Chance hatte, selbst den entscheidenden Schlag zu führen.

Ein unrühmlicher Sieg ist das Ergebnis eines Wettbewerbs ohne echte Verlierer. Dem Sieger mangelt es an Weisheit und Courage, er hat keine außergewöhnliche Ausstrahlung, er fordert keine öffentliche Akzeptanz, und er zeichnet sich nicht durch bewundernswerte Fähigkeiten aus. Alles ist unklar, es gibt keine echte Zeit, nichts ist endgültig, nichts ist echt. Es gibt lediglich stillschweigendes Einvernehmen, Mummenschanz, Kulissen und geheime Regeln.

Nur heldenhafte Schicksale können ruhmreiche Siege hervorbringen, das ist ein grausames Gesetz. Wenn die ungerechten Sieger auch nur eine Spur Selbstachtung und Ernst-

---

21 Am 16. April 2006 wurde der international renommierte Filmemacher Zhang Yimou (geb. 1951, Regisseur von *Rote Laterne* und *Leben!*) zum Sieger eines Wettbewerbs um die Ehre, die Eröffnungszeremonie der Olympischen Spiele 2008 in Peking auszurichten, erklärt.

haftigkeit besäßen, würden sie sich schämen. Was folgt, ist eine historische Schande, und keine Ehre kann unehrenhafte Handlungen kaschieren.

An einem Ort, dem es sowohl an Gerechtigkeit als auch an Gewissen mangelt, wird es unweigerlich Streit, Wettbewerb, Schläge und Kampf bis zum Tod geben – all dies begleitet vom Lärm falscher Anfeuerungsrufe und geheuchelter Seufzer, die unsere Geschichte Jahr für Jahr prägen. In diesem andauernden Kampf fliegen im ganzen Land die Fetzen, und die Auseinandersetzungen rühren uns zu Tränen, aber es gibt dennoch keine tapferen Seelen, keine weisen Ältesten, keine Helden, nichts Erinnerungs- oder Verehrungswürdiges. In diesem Spiel gibt es keine klaren Regeln, keine grundlegenden Standpunkte, keine echten Hindernisse und keine erforderlichen Vorkehrungen. Es besteht keine Notwendigkeit, hartnäckig zu bleiben, von Freude oder schmerzlicher Qual kann keine Rede sein, es gibt nur eine drückende Stille.

Eine Welt ohne echte Güte und Schönheit ist zwangsläufig so beschaffen. Bei allen Wettbewerben in dieser Welt gibt es lediglich die gut in Szene gesetzten Sieger, Verlierer und Beobachter. Der Schwache triumphiert, und der Überlegene erleidet eine Niederlage, und Verlierer besiegen jene, die eigentlich die Sieger sein müssten. Das ist allgemein bekannt, denn die Evolutionstheorie ist hier außer Kraft gesetzt.

Die Schwachen sind in einem echten Kampf nutzlos, und sie wagen es nicht, sich den Gesetzen vom »survival of the fittest« zu stellen. Wer sich nicht selbst stärken kann, vermag lediglich seine Gegner zu schwächen, zu betrügen, ihn zu verwirren und so damit zu glänzen, dass man ihn mithilfe hinterlistiger Strategien endgültig ausschaltet. Wenn jeder Bewerber die Möglichkeit hätte, ausschließlich schwache Gegner auszuwählen, dann bliebe er oder sie immer der Sieger. Niederträchtige Menschen würden am Ruder bleiben und die tückische Oberhand in dieser absurden Welt behalten.

Erschlichene Siege, idiotische Feierlichkeiten und ignorante Unverschämtheit sind ekelerregend, aber man kann ja auch einfach wegschauen. Unerträglich anzusehen sind die lebenslang gedemütigten Verlierer und die unvermeidbare wirre Welt.

An einem so gefährlichen Ort tragen Ignoranz und Heuchelei stets den Sieg davon.

*Geschrieben am 23. April 2006*

## Gestern Abend war ich beim Friseur

■ **GEPOSTET AM 9. MAI 2006**

Er wusch mir die Haare, und ich nahm auf dem Friseurstuhl Platz.

Der Friseur fragte: Was für einen Schnitt?

Danach sagte er: Sie sind Regisseur, stimmt's?

Ich habe noch nie einen Menschen mit so viel Geschmack kennengelernt.

Er machte sogar ein Foto von mir.

Ai Dan sagte, nachdem er etwas getrunken hatte, ich sähe aus wie Tie Guaili.[22]

Der Maler Yan Lei sagte, ich sähe aus wie Kublai Khan.

Der schwachsinnige Schüler sagte, ich sähe aus wie »der rote Junge«.[23]

Der Fotograf Zhao Zhao sagte: Etwas stimmt nicht mit Herrn Ai.

---

22 Tie Guaili ist einer der acht Unsterblichen des Taoismus. »Eisenkrücke« Li stützt sich beim Gehen auf einen eisernen Stab und trägt meist einen Zauberkürbis bei sich.

23 Der »rote Junge« *(Hong Hai'r)* ist eine Gestalt aus der klassischen chinesischen Roman *Reise nach Westen*. Er hat übernatürliche Kräfte und trägt eine charakteristische Frisur aus zwei seitlichen Haarknoten und einem Haarbüschel in der Mitte.

Der alte Ye aus Langfang fragte: Gestern schienst du noch verrückt zu sein. Wie kommt's, dass du heute ein Narr bist?

Meine Frau Lu Qing sagte: Gekämmt siehst du aus wie Nezha[24], ungekämmt wie ein Kadermitglied.

Mein Schatten sieht ein wenig aus wie der alte Mao.

Mein Schreiner war unzufrieden. Er sagte: Es ist hässlich, schneide dir die Haare schnell ganz ab!

**1.13** Gestern Abend war ich beim Friseur.

## Hier und Jetzt

■ **GEPOSTET AM 10. MAI 2006**

Ich wurde in einem Hof im Osten von Peking geboren, in der Tofu-Gasse. Als mein Vater nach seiner »Degradierung« in ein Arbeitslager in der Provinz Dongbei verbannt wurde, begleiteten wir ihn und zogen in die Hütte eines Holzfällers im Wald von Dongbei.[25] Später mussten wir nach Xinjiang um-

24 Nezha ist in China eine beliebte Gottheit, auch bekannt als »Gott der Betrüger«. Er wird oft als Junge dargestellt und reitet manchmal auf zwei Feuerrädern. Üblicherweise trägt er zwei Haarknoten über den Ohren.

25 Im Jahr 1957 wurden Qing und seine Familie einschließlich des einjährigen Ai Weiwei als »Rechtsabweichler« in das bitterkalte Beidahuang im Nord-

ziehen und wohnten in einem nach sowjetischem Vorbild erbauten Wohnblock. Nach der Zuteilung zu unserer Arbeitskolonne lebten wir zuerst in einem Wohnheim und dann in einem »Erdloch« – einer Grube im Boden, die mit Ästen und Lehm zugedeckt war. Nach unserem Auszug wurde sie in einen Schweinestall verwandelt. Danach wohnten wir in einem Gästehaus, heute würde man es Wirtshaus nennen.

Später, in den Vereinigten Staaten, wohnte ich in einem Stadthaus in Philadelphia und danach in der Nähe von Berkeley in einem Haus am Hang mit Blick auf die Bucht von San Francisco. Einmal habe ich auch in einem Klub für junge Männer gewohnt, in einer Kammer unter dem Dach. In New York hatte ich als Wohnung ein Atelier, das aussah wie eine Lagerhalle. Weil ich meinen Lebensunterhalt selbst bestreiten musste, war das Geld knapp, und ich mietete entweder ein billiges Zimmer oder zog mit jemandem zusammen. Insgesamt bin ich fast zwanzig Mal umgezogen. In New York habe ich einmal sogar in einem Keller gewohnt. Dort wurde später eine Fernsehserie gedreht, die in New York spielte.[26]

Kurz nach meiner Rückkehr nach Peking zog ich in ein Haus mit einem Innenhof, und jetzt lebe ich in meinem Atelier. Ich kenne so ziemlich alle Arten Behausungen aus eigener Anschauung. In Europa habe ich in familiären Frühstückspensionen und schicken Designhotels übernachtet, in Italien in einem dreihundert Jahre alten Haus inklusive originaler Möbel und Einrichtung, in luxuriösen Kasinos und in der Burg eines Freundes. Mit Ausnahme einer Militärkaserne oder eines Gefängnisses war ich praktisch überall.

Das Haus, in dem ich heute lebe, gefällt mir, weil es den

---

osten der Provinz Heilongjiang (auch Mandschurei) umgesiedelt. Zwei Jahre darauf wurden sie erneut umgesiedelt, diesmal nach Shihezi in der Provinz Xinjiang.

26 »A Native of Peking in New York« *(Peking ren zai Niu Yue)* war eine beliebte Fernsehserie in China, die 1993 zum ersten Mal ausgestrahlt wurde. Ein Teil davon wurde in Ais Kellerwohnung im East Village in der Seventh Avenue Nr. 52 gedreht.

ganz verschiedenen Bedürfnissen gerecht wird, die ich zu verschiedenen Zeiten habe. Ich kann darin tun, was mir beliebt: nachts herumgehen, wenn ich will, und essen, wann ich will. Ich bin dort ganz frei. Mein Atelier liegt nur einen Katzensprung entfernt, und das Haus eignet sich auch als Treffpunkt mit Freunden. Es ist vielseitig nutzbar.

Wenn ich jemanden von »elegantem« oder »schickem« Design sprechen höre, denke ich unwillkürlich an medizinische Begriffe wie »Diabetes« oder »Nephritis«. Ich mag solche Wörter nicht. Viel besser gefällt mir ein Wort wie »einfach«, der ehrliche, geradlinige Umgang mit Dingen auf eine ihnen angemessene Art und Weise. Weil ich ein sehr einfacher Mensch bin, erfordern die Tätigkeiten, mit denen ich mich befasse, nicht den Einsatz meines Verstandes. Ich habe das große Glück, im Allgemeinen nicht mit Dingen zu tun zu haben, die mich zu geistigen Höhenflügen zwingen. Die Probleme der Architektur und der Innenraumgestaltung sind sehr einfach. Man muss dabei lediglich auf seine Intuition vertrauen und kann die Aufgaben mit ganz einfachen Mitteln ausführen. Schlichte Materialien und Bearbeitungsverfahren genügen uns vollkommen zu unserem Glück. Es ist wie beim Kochen: Man braucht nicht alle Gewürze in den Topf zu schütten, in Wasser gekochtes Gemüse kann auch gut schmecken. Es verdankt seine Eigenart und Farbe und seinen Geschmack Sonne, Luft und Erde.

Die Katzen und Hunde genießen in meinem Haus größten Respekt. Sie sind die eigentlichen Hausherren, nicht ich. Wenn sie im Hof posieren, freue ich mich oft mehr über sie als über das Haus selbst. Ihre selbstbewusste Haltung scheint zu sagen: »Das ist mein Reich«, und das macht mich glücklich. Doch habe ich nie einen speziellen Wohnraum für sie eingerichtet. Ich kann nicht wie ein Tier denken, und nicht zuletzt darauf beruht mein Respekt vor ihnen: Ihre Welt muss mir notwendig verschlossen bleiben. Ich kann ihnen nur das Haus öffnen, sie beobachten und dann feststellen, dass ihnen bestimmte Orte gefallen. Vorhersagen kann ich ihr Verhalten nicht.

Mein Design zeichnet sich dadurch aus, dass es Spielraum

lässt, Raum für Möglichkeiten. Das verbinde ich mit Freiheit. Ich will meinen Willen anderen Menschen nicht aufzwingen. Reduziert man Raum und Form auf ihren Grundzustand, schafft man die größte Freiheit. Den Grundzustand der Natur kann man nicht auslöschen, und zu ihm sollte man meiner Meinung nach nichts hinzufügen. Um einem Raum Atmosphäre zu verleihen, genügen womöglich eine Lampe, ein Tisch mit Stuhl und eine Tasse. Warum muss unbedingt alles stilistisch zusammenpassen? Warum noch einen Kamin einbauen? Und warum müssen die Bodenfliesen gemustert sein? Ich halte das für überflüssig. Als Designer kann man nicht bestimmte Gefühle hervorrufen. Gefühle gehen ihre eigenen Wege, ich kann sie genauso wenig vorhersagen wie den nächsten Schritt einer Katze.

Auf einem Strandspaziergang sammelt man vielleicht die eine oder andere schöne Muschel oder liest ein paar interessante Kiesel auf. Ähnlich weckt ein mehrere Hundert Jahre alter Stuhl die Neugier. Man kann ihn betrachten und sich vorstellen, wie vorangegangene Generationen auf ihm gesessen und was sie dabei gedacht haben, aber ich würde ihn deshalb nicht irgendwie in den Mittelpunkt stellen wollen. Der Stuhl kann meine Neugier befriedigen, aber ich glaube nicht, dass er davon abgesehen noch eine Bedeutung hat.

Von außen lasse ich mich nur selten beeinflussen. Ich besitze zwar viele Bücher und kenne mich auch ein wenig mit altchinesischen Gefäßen aus Holz, Bronze oder Jade aus. Aber meist versuche ich, das alles bewusst zu vergessen und nicht denselben Weg zu gehen oder zu sagen, was schon gesagt wurde. Stattdessen will ich mit dem, was ich tue, zu einem neuen Blickwinkel auf etwas beitragen. Für das »Hier und Jetzt« gibt es keinen Ersatz. Es ist der wichtigste Bestandteil jeglicher Kunst, Architektur und Gestaltung.

Ich mag Peking nicht, es ist nicht auf menschliche Bedürfnisse zugeschnitten. Es wurde nicht für das Hier und Jetzt geschaffen, oder anders ausgedrückt, der Entwicklung der Stadt im Hier und Jetzt fehlt die menschliche Dimension. Ich mochte

**1.14** Selbstporträt im Atelier in Long Island City, um 1983.

die Natur früher auch nicht, weil die Natur, die ich kannte, grausam war. An den Stätten meiner Kindheit gab es weder Strom noch sanitäre Einrichtungen. Wer aufs Klo musste, machte ein Dutzend Schritte vor die Haustür und erleichterte sich dort. Es gab heftige Sandstürme, und die Winter waren unvorstellbar kalt. Heutzutage breitet die Zivilisation sich immer weiter aus. Das schafft zwar neue Probleme, sie dürften aber vergleichsweise geringer sein als die Probleme, die entstehen, wenn die Zivilisation überhaupt fehlt.

Genauigkeit ist im Design nicht der höchste Maßstab. Ein hoher Grad an Genauigkeit ist oft absichtlich verwirrend. In der Architektur, Raumgestaltung, Literatur oder auch in der gesprochenen Sprache hat alles seine Eigenheiten, seinen Stil, seine Methode und sein Gefühl. Es handelt sich um eine Art Sprache, die sehr genau sein kann oder auch grob, aber all das ist nicht entscheidend. Ob Design gut oder schlecht ist, hängt davon ab, ob es eingebettet ist in einen begrifflichen Rahmen, der sich aus der Weltsicht und ästhetischen Bildung des Designers und seinem Urteil in grundsätzlichen Dingen zusammensetzt. Was dem Design am meisten fehlt, ist übrigens der gesunde Menschenverstand. Zu ihm gehören umfassende Konzepte wie das von Gut und Böse oder Richtig und Falsch und kleinere, Materialien und Ausführung betreffende Aspekte und die Fähigkeit, den Wert des eigenen Designs zu beurteilen. Ein solcher gesunder Menschenverstand entwickelt sich nur durch jahrelangen Umgang mit konstruktiven, ästhetischen und gesellschaftlichen Problemen.

Über mein Raumverständnis habe ich schon geschrieben. Das Interessante am Raum ist, dass man ihn einerseits darstellen kann und er zugleich eine Wirkung auf die Psyche hat. Viele Menschen halten einen hohen, großen Raum für ideal, aber er ist nicht immer das Beste. Kleine Räume haben eine eigene Atmosphäre, niedrige und schmale auch – jeder Raum hat seinen Charakter und seine eigenen Möglichkeiten.

Ich warte immer noch darauf, dass China anständige Designer hervorbringt. Den meisten fehlt das sichere Verständnis für das Hier und Jetzt. Sie haben auch nicht genug darüber nachgedacht, in was für einer Zeit wir leben und was für eine Vergangenheit und Zukunft wir haben. Aber sie sind sehr stolz auf ihre Arbeit, nur weil sie mit Kunst zu tun hat. Alles in allem geben sie sich mit oberflächlichen Einsichten zufrieden. Sie haben nicht die für ihre Arbeit eigentlich notwendige Einstellung in Grundsatzdingen, und ihre ästhetischen Ansichten sind verworren. Dabei gibt es die Innenarchitektur in China schon seit über einem Dutzend Jahre. Sie begann mit dem Bau der Großen Halle des Volkes[27] und wurde in der Raumgestaltung von Privathäusern und schließlich Zweithäusern oder Villen weiterentwickelt. Heutige Designer sollten ihre Stellung und ihre Verpflichtungen genau kennen, frühere Stile meiden und ein stilistisches Vokabu-

27 Die Große Halle des Volkes, Veranstaltungsort und Sitz legislativer Gremien der Volksrepublik China, wurde 1959 innerhalb von zehn Monaten erbaut. Sie liegt an der Westseite des Tiananmen-Platzes und gehört zu den »zehn großen Gebäuden«, die anlässlich des zehnten Gründungstages der Volksrepublik errichtet wurden. Architektonisch lehnt sie sich an stalinistische und internationale Vorbilder an, doch werden auch chinesische Elemente aufgegriffen wie die golden und grün glasierten Dachziegel.

lar schaffen, das der jeweiligen Umgebung und der Lebenswelt der dort wohnenden Menschen gerecht wird. Es braucht nicht groß zu sein. Selbst wenn sie nur zwei oder drei Aspekte vertiefen, wäre das schon eine große Verbesserung.

Sage offen, was du sagen musst, und übernimm die Verantwortung dafür. Rede, wenn du Gelegenheit dazu hast, aber verschwende die begrenzte Zeit nicht mit Belanglosigkeiten. Das beschäftigt mich, obwohl es eigentlich sinnlos ist: Ruhm und Reichtum interessieren mich nicht, und ich mache mir keine Illusionen darüber, dass die verschiedenen Gesellschaftskritiker alle innerhalb eines extrem beschränkten Rahmens arbeiten, in dem du entweder Anerkennung findest oder eben nicht. Aussagen der Öffentlichkeit über mich interessieren mich ebenfalls kaum. Ich bin ein Teil der Öffentlichkeit, und meine Aussagen über mich selbst sind uninteressant.

Ich bereue nichts, und ich habe mich nie übermäßig angestrengt. Vieles wurde mir erst bewusst, nachdem ich ein bestimmtes Projekt fertiggestellt hatte. So habe ich zum Beispiel erst begriffen, dass ich Architekt bin, als ich mit dem Bau meines Haus schon fertig war. Ich amüsiere mich gern, und als ich einige Objekte geschaffen hatte, sagten die Leute, ich sei ein Künstler. Weil ich gern rede, heißt es, ich sei über alle Trends informiert und immer auf dem neusten Stand. Doch das alles erwächst nur aus meinen grundlegenden Bedürfnissen als Mensch, der denkt und seine Meinung frei äußern will. Ich werde jetzt nicht sagen, dass ich selbst für meine Fehler verantwortlich bin. Ich glaube, sie sind der Wille des Himmels. Und warum sollte ich unzufrieden sein, weil ich nicht genug Zeit habe, um alles ganz zu verstehen? Bei genauem Nachdenken ist vielleicht jede Nachricht eine gute Nachricht.

Jedes Ich besitzt Selbstbewusstsein und vertraut auf die dem Leben innewohnende Kraft. Diese Kraft kann der Erziehung, Idealen und letztlich allem trotzen. Sie ist sehr stark, das ist bei jedem Menschen so.

Charakteristisch für mein Leben ist, dass es keinen Plan, keine Richtung und keine Ziele hat. Einige Menschen fragen sich, ob das gut ist. Aber es ist sogar sehr wichtig: So kann ich mich ganz den Dingen widmen, die mir gefallen, und bin auf nichts festgelegt.

Wenn ich mit der Arbeit an den Architekturprojekten, mit denen ich mich gegenwärtig beschäftige, fertig bin, übernehme ich keine weiteren Projekte. Ich mag den Prozess des Bauens nicht und könnte etwas anderes tun, vielleicht etwas, bei dem ich schlecht abschneide. Denn diese Art von Erfolg ist mir peinlich, sie beruht schließlich auf der »Minderwertigkeit«, von der die ganze Branche geprägt ist – was habe ich hier eigentlich noch zu suchen? Ich muss einen Fuß aus der Tür herausziehen und darf keine Projekte mehr übernehmen, die mit Architektur zu tun haben, denn es gibt so viel anderes zu tun. Man kann zum Beispiel einen Menschen aus Papier falten oder Steine übers Wasser springen lassen. Es ist wie mit den ständig wechselnden Moden der Küche: Im einen Augenblick sind Gerichte aus Guangdong angesagt, im nächsten welche aus Sichuan, aber unsere Lieblingsgerichte, unsere Lieblingssuppen ändern sich nicht. Wenn erst jeder weiß, was er am liebsten hat, leben wir in einer interessanten Welt. Die Menschen werden mit Überzeugung sagen: »Das gefällt mir.« Wenn jeder nur blind einem Trend folgt, wäre das unglaublich langweilig. Denn Lebensstil bedeutet, dass jeder nach seinem Platz sucht und tut, was er am liebsten tun will.

Zu sich selbst zu finden ist unsere wichtigste und schwierigste Aufgabe. Nach so viel Kampf, Leid, Armut, ideologischem Zwang, pädagogischer Verirrung und ästhetischem Verfall ist unsere Wirklichkeit mit klaffenden Wunden übersät. Die Rückkehr zum ursprünglichen Ich ist schwierig, aber von größter Bedeutung.

## Ideale Städte und Architektur gibt es nicht

■ **GEPOSTET AM 24. MAI 2006**

Wenn wir ein Gebäude als Architektur bezeichnen, so ist es doch nur ein Produkt, das einige Informationen trägt. Bei der Architektur geht es nicht allein um Architektur; sie ist zugleich eine gesellschaftliche Frage und eine Aussage zur Identität einer Ära. Die Gestalt der Architektur einer Stadt steht in einer wichtigen Relation zu ihrem kulturellen Status.

Meiner Erfahrung nach ist jeder Mensch im vergangenen Jahrzehnt wenigstens einmal umgezogen. Ganz gleich, ob die Betreffenden auf dem Land oder in der Stadt leben, es ist so gut wie unmöglich, jemanden zu finden, der in den letzten zehn Jahren nicht umgezogen ist. Das gleicht schon einer Situation wie nach einem Krieg. Derzeit wird allein in China so viel gebaut wie auf dem Rest der ganzen Welt zusammen, und diese Bautätigkeit verschlingt ein Drittel der weltweiten Stahl- und Glasproduktion. Wie kam es zu einer so gewaltigen Bautätigkeit? Es ist gang und gäbe, dass neue Gebäude mitten in den Ruinen zerstörter errichtet werden, aber auch wenn China zur Zeit einem gigantischen Baugelände gleicht, denkt kein Einziger über die Misere des Menschen oder über seine Beziehung zur Architektur nach. Und es gibt keine Architekten im eigentlichen Sinn des Wortes. Das gilt auch für unsere gegenwärtige Blindheit gegenüber städte- und verkehrsplanerischen Themen: Es herrscht ein Mangel an kultureller, ästhetischer und ethischer Ausbildung, und die Anwendung in der Praxis hat keine Logik.

Der Begriff Stadt, oder genauer Großstadt, über den wir derzeit diskutieren, meint einen Ort, an dem viele Menschen auf ihre Chance warten, und keinen Ort, den man im eigentlichen Sinn »Stadt« nennen könnte. Zum Beispiel könnte man sagen, dass der Raum, in dem wir einen Vortrag halten, funktional ist, weil es dort Sitzplätze gibt, die Menschen aus freien Stücken gekommen sind und an der Rückwand ein Projektor steht. Eine Stadt sollte ein produktiver Raum sein, der sich nicht kontrollieren lässt, der frei und vielschichtig ist und ein vielfältiges Potenzial besitzt; sie ist ein Raum, in dem wir zueinander in Beziehung treten, Forderungen stellen und uns entwickeln können. Momentan lassen sich die Einwohner Pekings schlicht einteilen in jene, die ein *hukou*[28] für Peking haben, und jene, die keines haben, und dies ist Ausdruck des primitiven und zurückgebliebenen Zustands. Der Stadt fehlen funktionelle Teile, und die grundlegenden Rechte der Menschheit müssen sich erst noch entwickeln. Die Gesellschaft befindet sich mitten in einem Wandel, und die ganze Stadt ist in einen Zustand völliger Verwirrung gestürzt. Ich möchte in diesen Wahnsinn nicht hineingezogen werden.

Jene Menschen jedoch, die hoffen, den Eindruck eines Landlebens in der Stadt oder ein urbanes Lebensgefühl auf dem Land zu finden, sollte man unverzüglich ins Irrenhaus schicken.

Ich glaube keineswegs, dass es ideale Städte oder ideale Architekturen gibt, ich kann nur sagen, dass es sinnvolle, bedeutsame Städte gibt. Ein einfaches Beispiel: Ich machte im Alter von acht Jahren meine erste Erfahrung mit Architektur, als wir in die Provinz Xinjiang »entsandt« wurden; zur Strafe mussten wir in einem Erdloch hausen. Meiner Meinung nach konnte angesichts der damaligen politischen Umstände das Leben unter der Erde ein unglaubliches Gefühl der Sicherheit vermit-

---

28 Das *hukou* ist das aktuelle, chinesische Familienregister, ein System, das sich bis ins alte China zurückverfolgen lässt. Das ursprünglich zur Besteuerung, für den Militärdienst und die Kontrolle entwickelte System dient auch in der modernen Gesellschaft als Instrument, um die innere Migration zu kontrollieren und zu überwachen. Viele Vorzugsbehandlungen kommen jenen zugute, die im Besitz eines begehrten *hukou* für Peking (oder eine andere Stadt) sind: Sozialhilfe, Gesundheitsversorgung, Bildung und Rentenansprüche. Viele Arbeitgeber stellen nur Personen mit einem *hukou* für Peking ein, und ohne den Eintrag können Studenten nur für begrenzte Zeit die Schule besuchen und müssen hohe Gebühren zahlen. Wegen der Schwierigkeit der Dorfbewohner, sich einen städtischen *hukou* zu besorgen, ist in chinesischen Städten eine separate Unterschicht von Bürgern entstanden.

teln: Es war ein direkt in die Erde gegrabenes Loch, im Winter war es warm und im Sommer kühl. Die Wände reichten bis nach Amerika, und das Dach und der Boden ringsum waren eben. Wenn Schweine über unsere Köpfe hinwegrannten, kam es oft genug vor, dass sie mit dem Hinterteil durch das Dach einbrachen, sodass uns allen der Anblick von Schweinhintern sehr vertraut war.

Ich erinnere mich an ein paar Details: Einmal stieg mein Vater in unser Erdloch hinab, und weil wir kein Licht hatten, stieß er mit dem Kopf gegen einen Dachbalken. Mit blutender Stirn ging er sofort zu Boden. Aus diesem Grund hoben wir einen Spaten tief die Erde aus, das hatte den gleichen Effekt, wie wenn wir das Dach um 20 cm angehoben hätten. Architektur erfordert den gesunden Menschenverstand, unendlich viel gesunden Menschenverstand. Weil wir eine Familie aus Lesern waren, brauchten wir ein Bücherregal in unserem Haus, also grub mein Vater eben ein Loch; meiner Meinung nach war dies das beste Bücherregal. Das sind nur einige Gründe, weshalb ich nicht an eine ideale Architektur glaube.

Städte sind ganz ähnlich, und das Reizvollste an New York ist, dass es aus Irrtümern entstanden ist. In der Anfangsphase war Greenwich Village eine Siedlung, aber nach einer simplen Planung wurde die Lebensweise bewahrt. Die verlassenen Fabriken New Yorks wurden von Künstlern in Beschlag genommen und sind zu vornehmen Wohngegenden geworden, und die benachbarten Einwanderergemeinschaften bezogen ihren Wohnort nur deshalb, weil sie keine andere Wahl hatten. So hat sich die Stadt zu einem überaus interessanten Ort gemausert. Das Faszinierendste an New York sind die verschiedenen Interessengruppen und Menschen mit unterschiedlichem Status, die allesamt wiederum ihre jeweilige Einflusssphäre schaffen. Das steht im Einklang mit der menschlichen Natur: Sie ist zugleich reichhaltig und rätselhaft. Wenn wir sehen und gesehen werden wollen, dann gehen wir aus dem Haus, aber schon an der nächsten Straßenecke können wir verschwinden und unsere Verfolger abschütteln. Diese Bedürfnisse gleichen der

Lebensweise von Tieren. Wir müssen uns mehr Freiheit verschaffen, als wir in Städten brauchen.

Ich habe ein kleines Büro, das vor fünf Jahren die ersten Bauaufträge annahm, und wir haben bis heute über 40 Gebäude entworfen, fast ein Bauprojekt pro Monat. Ausländische Architekten wollen mir das nicht glauben. Doch nachdem ich alle meine restlichen Bauaufträge abgeschlossen haben werde, will ich nicht mehr als Architekt arbeiten. Ein kitschiger Bau mehr oder weniger ändert letztlich nicht viel. Ursprünglich hatte ich die Hoffnung, über die Architektur neue Horizonte zu erschließen, ich hatte gehofft, sie würde mich inspirieren, aber in der Praxis ist sie wirklich außerordentlich ermüdend. Architektur ist keine Ein-Mann-Schau, die ganze Gesellschaft ist daran beteiligt. Architektur streift ganz unterschiedliche Sphären und beschert einem ständig Enttäuschungen. Hinzu kommt, dass ich ein Typ bin, der sich an jedem Detail endlos lange abplagt. Ich bin inzwischen neunundvierzig, und wenn ich wirklich keine »gewöhnlichen« Dinge mehr tun will, kann ich mich nicht mehr jeden Tag so aufreiben. Offensichtlich ist das eine Art Krankheit.

Man sagt, »China sei zu einem Experimentierfeld für ausländische Architekten geworden«. Kaum etwas könnte weiter von der Wahrheit entfernt sein. Die Chinesen hören gerne irgendwelche Sprüche und stützen dann ihre ganzen Anschauungen darauf. Jahr für Jahr gibt es in China viele neue Projekte, und ausländische Architekten sind nur an den wenigsten beteiligt. Bei diesen haben sie an der Ausschreibung teilgenommen, aber dann wurden die Projekte von Chinesen unter ausländischem Namen zu Ende geführt. Leute von außen bringen ein anderes System mit, aber weil wir uns in dem zuvor bestehenden System so gut eingerichtet haben, wird das »andere« System hier niemals wirklich angewendet. Koolhaas und Herzog & de Meuron haben unzählige Projekte in China vorgeschlagen, aber kein einziges lässt sich realisieren. Chinas Zentraler Fernsehturm und das »Vogelnest« sind Ausnahmen – dank der neuen Planungsbüros in Peking und einer jungen Generation, die ordentlich geschult wurde. Diese beiden Projekte gehören zu den raren, Maßstäbe setzenden Projekten in China – die Gelegenheit für nichteinheimische Architekten, vor einer Jury aus Schiedsrichtern anzutreten. In der Tat, außer kommerziellen Bauten gibt es nur eine Handvoll Projekte, die ein nichtchinesisches Design oder nichtchinesische Ambitionen widerspiegeln. Zu behaupten, »China ist das Experimentierfeld ausländischer Architekten geworden«, ist schlicht Unfug; die experimentelle Architektur in den meisten westlichen Städten ist der ganzen Architektur Chinas um Jahre voraus, und das wird auch noch für die kommenden Jahre gelten.

Bevor Herzog & de Meuron (das Büro, das für das »Vogelnest« verantwortlich war) ihr Konzept bei der Ausschreibung einreichten, riet ich ihnen, einen chinesischen Partner ins Boot zu holen, und sie fragten mich, ob ich bereit wäre, mich an dem Projektentwurf zu beteiligen. Ich engagiere mich gern für etwas Neues, und natürlich machte ich mir keine Gedanken darüber, in welcher Form das Projekt mit den Olympischen Spielen zu tun hatte. Als ich zusagte, waren die Vorbereitungen bereits abgeschlossen, und es war an der Zeit, eine Entscheidung zu treffen. Ich fragte einfach: Wofür braucht ihr mich eigentlich? Sie sagten, sie bräuchten meine Meinung.

Dank meiner Beteiligung wurden die Ergebnisse der bisherigen Diskussionen erheblich abgeändert, das galt auch für das Grundkonzept, die Form, Bauweise, Fragen des Aufbaus und der Funktion des Stadions, sowie für die äußere Form und kulturelle Aspekte. Wir hielten zu unzähligen Details Rücksprache, und weil wir dachten, die Wahrscheinlichkeit, dass der Vorschlag angenommen werden würde, sei ohnehin gering, experimentierten wir mutig mit ungewohnten Methoden. Am Ende hatte das Projekt Erfolg. Noch bevor ich nach Hause kam, teilten mir Herzog & de Meuron mit, dass sie ursprünglich gehofft hatten, einen Schritt nach vorn zu machen, am Ende seien es aber zwei geworden.

Herzog & de Meuron schaffen gern Objekte, die bei der Betrachtung von verschiedenen Punkten aus einheitliche Merkmale aufweisen, zugleich aber unregelmäßig sind. Jedenfalls sind sie unglaublich selbstbewusste Architekten, und sie wissen genau, dass formalistische Methoden vermieden werden müssen. Das »Vogelnest« ist von innen nach außen eine integrale Struktur, die äußere Form stützt diese Struktur. Die Form ist in Wirklichkeit das Ergebnis einer rationalen Analyse, erst später wurde sie falsch als die Form eines Vogelnestes interpretiert.

Urbane Themen werden inzwischen verstärkt diskutiert, aber das Konzept der »Stadt« ähnelt zunehmend einem Rätsel des Universums. Es gibt weder eine reine Wissenschaft der Städteplanung noch eine architektonische Wissenschaft, und fruchtbare Diskussionen über diese Themen müssen andere Materialien und wissenschaftliche Fachgebiete einschließen, auch Fragen der Politologie und Soziologie streifen. Eine konkrete Analyse kann schon etwas bringen und könnte ebenso hilfreich wie eine individuelle Fallanalyse sein, aber chinesische Forschungseinrichtungen und akademische Institutionen sind einzigartig auf der ganzen Welt: sie machen keine solchen Forschungen. Forschung ist wichtig. Natürlich, die Analyse ist wichtig, aber die Voraussetzung dafür ist, dass man Fakten anerkennen und der Realität ins Gesicht sehen muss. Die Menschheit hat noch keinen besseren Weg gefunden, als nach Fakten zu suchen. Wir müssen die Last der schlichten Wahrheit ertragen, weil sie die Grundlage für die Entwicklung neuer Ideen ist.

Momentan geht ein Aufschrei der Empörung wegen der Frage nach der Erhaltung alter Gebäude durchs Land. Einerseits ist dies eine Reaktion auf die Entwicklung um jeden Preis, andererseits besteht das Bedürfnis, eine urbane Identität zu schaffen, die jede Stadt braucht, wenn sie konkurrenzfähig bleiben und wirtschaftlich wachsen will. Wenn man von Tradition spricht, dann wissen die wenigsten, was genau sie eigentlich schützen wollen – was heißt Tradition? Chinas Auffassung von Kultur bleibt derzeit auf einem sehr oberflächlichen Niveau. Alles geht nur um Profit, und das kann keinen Nutzen für den Schutz der chinesischen Kultur haben. Folglich ist die »Veränderung« alter Architektur nicht viel besser als ihre »Zerstörung«.

Beim Begriff Architektur muss man meiner Meinung nach als Erstes berücksichtigen, dass jeder Einzelne sich der Realität des Hier und Jetzt stellen muss: Warum bist du hier, wie sieht deine Umgebung aus, was geschah in der Vergangenheit und was wird in der Zukunft geschehen? Wenn diese Fragen nicht beantwortet werden, ist alles Weitere sinnlos. Wenn man zum Beispiel ein Auto kaufen möchte, sollte man einen Grund dafür haben: Wird man es dafür nutzen, um sein Kind in die Schule zu bringen, oder um einfach zum Spaß irgendwohin zu fahren? Aber wenn jeder Einzelne keine andere Motivation hätte, als mit der Logik der anderen im Einklang zu stehen, was für eine Gesellschaft wäre das dann?

## Wenn man einmal nicht aufpasst ... eine Begegnung mit der Dummheit an einem sonnigen Tag

■ **GEPOSTET AM 14. MAI 2006**

Auf die Bitte eines Freundes hin begab ich mich in das eher armselige *feng shui* des westlichen Bezirks von Peking zu einem Treffen von Gelehrten, die über die derzeitige »kulturelle Krise« diskutierten.[29] Ich hatte gehört, dass es um eine Art Kulturkritik gehen würde, und mein Misstrauen wuchs während der ganzen Fahrt dorthin.

Ich war schon spät dran. Zuerst hörten wir einem Mann

---

29 Laut Ai handelte es sich bei diesem Kulturforum um einen runden Tisch, der sogenannte »linke Gelehrte« zusammenführte, um über aktuelle Trends in der Kultur und Literatur zu diskutieren.

mit einem Shanghaier Akzent zu, der über Musik sprach. Sein Vortrag glich stark der schwülstigen Stimme eines Lehrers von der »schönen Insel« Taiwan, den ich einst hatte. Er begann bei der prähistorischen Musik und redete in einem fort, bis er bei der zeitgenössischen Musik angekommen war. Es hätte nicht viel gefehlt, und er hätte auch noch vom neuen Einkaufszentrum Xintiandi von Shanghai[30] geredet. Am Anfang war ich verwirrt, überkam mich eine fast schon kosmische Langeweile, aber gegen Ende, als er über einige chinesische Musiker bramarbasierte, hätte ich mich um ein Haar übergeben.

Es wurde aber noch schlimmer, denn dann sprach ein Holzkopf namens Zhu.[31] Ich hatte gehört, er sei Kulturkritiker – also einer von den Leuten, die ihren Lebensunterhalt damit verdienen, dass sie die Bücher anderer kritisieren und sich anschließend kostenlos bei kulturellen Veranstaltungen den Wanst vollschlagen. Kaum hatte er den Mund aufgemacht, erklärte er dem Publikum, inwiefern Yu Huas neuer Roman schwach sei.[32] Er begründete dies mehr oder weniger damit, dass der Roman verderbt sei und es ihm an literarischer Relevanz fehle. Der Kerl tat so großspurig und kritisierte Yu Hua so heftig, dass ich fast schon glaubte, jener »Yu Hua« wäre ein komischer Vogel, der schreiben kann. Zhu gelangte zu dem Schluss, dass Yu Hua sich zwar geschickt selbst vermarkte, aber

---

30 Shanghais Xintiandi, wörtlich übersetzt »neuer Himmel und Erde«, ist ein Viertel mit Geschäften, Restaurants und Kinos, das in einem Bezirk aus sanierten, traditionellen *shikumen*-Häusern (wörtlich »Steintür«-Häusern) angelegt wurde. Das 2003 eröffnete Viertel ist als eines der ersten »Lifestyle-Zentren« in China angekündigt worden. Für die Anpassung an die umliegenden *shikumen*-Viertel wurde das Einkaufszentrum als Musterbeispiel für die Bewahrung historischer Bausubstanz gepriesen.

31 Zhu Dake (geb. 1957) ist ein in Shanghai lebender Kulturkritiker, Autor und Blogger.

32 Yu Hua (geb. 1960) ist ein chinesischer Bestsellerautor. Unter anderen schrieb er den Roman *Leben!* (1992, deutsch: 1998), der später unter der Regie Zhang Yimous auf dem Festland verfilmt wurde und den Autor auf einen Schlag berühmt machte. Zu seinen Werken zählen ferner *Der Mann der sein Blut verkaufte* (1995, deutsch: 2000) und unlängst *Brüder* (2005, deutsch: 2009), eine historische Satire auf die Kulturrevolution.

niemals zu literarischer Meisterschaft gelangen werde. Ich verstand nicht, warum »egozentrische« Menschen angeblich keine Meister werden können. Spielt das wirklich eine Rolle? Sind wir nicht alle ein wenig selbstzentriert?

Ich verfolge die Literaturszene nicht und kenne mich deshalb nicht sonderlich aus. Am Ende schien dieser Typ aus Shanghai jedoch vergessen zu haben, wer er war, und dass er sich an der westlichen Dritten Ringstraße Pekings befand. Er hatte offenbar vergessen, dass er keine Ignoranten und grünschnäbligen Examenskandidaten vor sich hatte, und zog über die Übel der Internet-Literatur her. Ich habe mit Literatur nichts am Hut, und ich bin neu im Internet – so neu, dass ich mich kaum davon trennen kann, weil ich es so sehr liebe – und ich wollte auf keinen Fall dieses Geschwafel hören.

Der Kerl behauptete sogar, das literarische Niveau des Teenager-Starautors Han Han sei niedriger als das seiner Mittelschüler und Han Han habe keine Zukunft. Als Nächstes erklärte er, dass der Blog und die Website der Schauspielerin Xu Jinglei für Kultur und Mode, die zu den meistbesuchten in ganz China zählen, der reinste Mist seien.[33] Offenbar zielte er darauf ab, dass die chinesische Kultur derzeit unter den Händen dieser Internet-Bastarde den ultimativen Verfall erlebe. Seine Grundthese lautete: Weil die Moral der sogenannten *Netizens* (Wortschöpfung aus net und citizen; A.d.Ü.) verderbt sei (alles, was sie können, ist nur *klick, klick* machen), kämen sie über Gossenliteratur nicht hinaus. Sie hätten überhaupt keine Vorstellung, was Literatur eigentlich ist, ganz zu schweigen von einer Wertschätzung für die hochgeistige solche.

Ich sehe mich zwar außerstande, die sittliche Qualität der Netizens zu untersuchen, aber ich bin der Meinung, dass die chinesische Literatur nicht so viel besser sein kann als die In-

---

33 Xu Jinglei (geb. 1974) zählt zu den beliebtesten Schauspielerinnen des Festlands und ist die Regisseurin dreier Spielfilme. Außerdem hat sie einen überaus einflussreichen Blog und ein erfolgreiches Lifestyle-Portal. Im Mai 2006 war ihr Blog (der auch von Sina.com gepflegt wird) einige Monate lang unter den chinesischsprachigen Blogs auf Platz eins.

ternet-Literatur. Zudem bin ich überzeugt, dass die transzendente, zeitlose Form der Literatur, von der er sprach, schlichtweg nicht existiert. Doch er schwadronierte weiter: »Allein die Zeit kann der Maßstab für diesen Zweig der Literatur sein«, was nur wie die übliche Phrasendrescherei klingt, die in gewissen akademischen und literarischen Kreisen gang und gäbe ist und mit der ich schon lange nicht mehr malträtiert wurde. Ich hatte das Pech, diesen Kulturkritikern und Universitätsdozenten und ihrer prahlerischen Anmaßung und einzigartigen Ignoranz zu begegnen. Das sind schamlose Menschen mit einem Fuß im System und dem anderen draußen. China ist so arm dran. Es ist nahezu unmöglich, einen anständigen Menschen zu finden, der diese Kreise einmal aufmischt. Überall trifft man nur auf Schwindler, und Möchtegern-Schwindler scharen sich um sie.

Bevor ich ging, sagte ich allen Teilnehmern des Forums sehr deutlich, was ich von diesem Dummkopf hielt. Er zeterte, dass ich ja keine Ahnung von Literatur hätte. Ich gab zurück: »Ich habe keine Ahnung von Literatur, aber mir ist sehr wohl klar, dass Sie ein Werkzeug sind!« Das war das erste Mal, dass ich das Kürzel »SB« verwendete. Komischerweise fiel mir in diesem Moment kein treffenderes Wort ein.[34]

Womöglich liegt es daran, dass ich zuletzt zu viel im Netz gesurft bin, vermutlich hat das abgefärbt. Aber danach schwöre ich, dass der Begriff von diesem Moment an ein ganz spezieller Teil meines Wortschatzes sein wird. Ich werde ihn nie wieder auf einen anderen Menschen anwenden.

Darüber hinaus muss ich mir merken: Geh nie wieder zu irgendwelchen beschissenen Kulturforen. Pflege den eigenen Verstand, meide die Ignoranz.[35]

---

34 »SB« ist die im Internet übliche Abkürzung für das chinesische *shabi,* ein vulgärer Ausdruck, mit dem jemand als ignorant oder dämlich beschimpft wird.

35 Am Ende schalteten die Organisatoren des Forums Ai Weiweis Mikrofon ab, er warf es weg und stürmte aus dem Saal. Die kulturelle Elite Chinas war geschockt. Das war das erste und letzte »Kulturforum«, an dem Ai Weiwei teilnahm.

## Ein Weg zu einem unbekannten Ort

■ **GEPOSTET AM 22. MAI 2006**

Die eigenen Gefühle aufzuschreiben kann einfach sein, aber auch sehr schwer, zumindest aus folgenden Gründen:

1. Man weiß nie genau, was man wirklich denkt.
2. Wenn man etwas aufschreibt, verändert es sich nicht mehr.
3. Es ist schwer, eine gute Schreibhaltung von Anfang bis Ende aufrechtzuerhalten.

Das Faszinierende an China ist die Unendlichkeit und Unbestimmtheit von allem. Sie bilden ein Labyrinth und eröffnen einen Weg, der zu einem unbekannten Ort führt.

Menschen unterscheiden sich von anderen Tieren vor allem dadurch, dass sie ständig nach der Verbesserung ihrer Lebensumstände streben. In einigen Orten gilt das allerdings ganz eindeutig nicht – obwohl einige Versuche in kleinem Maßstab durchgeführt wurden. Die meisten wurden für gescheitert erklärt und abgebrochen. Das ist das Geheimrezept für die Unveränderbarkeit und man kann darüber kaum reden.

Er wird dich nicht vergessen, und wenn er es tut, wirst du ihn erinnern. Du kannst ihn nicht vergessen.

Du bekommst diesen Raum, er gehört von nun an dir. Er gehört ausschließlich dir, und du kannst nicht anders, als auf ihn zu reagieren.

Man kann einen Raum betreten und darin auf und ab gehen, und man kann ihn auch vergessen.

Wenn du nicht an ihn denkst, befindest du dich in ihm. Wenn du ihn bemerkst, wird man dich hinauswerfen.

Du beginnst an allem zu zweifeln, was du in der Vergangenheit getan hast.

Du bist ein Produkt all dessen, was dir passiert ist, ein Produkt von Dingen, von denen du nichts weißt.

Ich denke nach, aber nicht, weil ich etwas aufschreiben will.

Ich sitze hier und denke nach, weil meine Hand einen Stift hält, der ganz leicht zu führen ist.

Du schließt den einzigen Ausgang. Danach willst du nicht mehr weggehen.

Jetzt fürchtest du, jemand anders könnte die Tür versehentlich öffnen.

Ich könnte mein ganzes Leben lang so weiterschreiben, weil ich nur dem Willen einer unsichtbaren Hand gehorche.

Nein, jetzt muss ich aufhören, und zwar sofort.

Es steht nicht in deiner Macht, ein Haus zu bauen, du wirst nie erfahren, wer in der Zukunft darin wohnt.

Man kann einen Damm gegen eine Überschwemmung bauen.

Die Flut der vergangenen Jahre ist der ausgetrocknete Friedhof des Heute.

Du kannst die Tränen der vielen Menschen, die der Toten gedenken, nicht trocknen.

Die eine Hälfte ist Müll, die andere Hälfte auch.

Unter Einsatz deiner ganzen Kraft kannst du etwas weit werfen, aber es wird unweigerlich zu dir zurückkehren.

Wenn man literarische Fragen diskutiert, wird der Streit über die Unterscheidung von Richtig und Falsch zur Verteidigung der Vätergeneration. Dies beruht auf falsch verstandenen genetischen Verbindungen. Blutsbande werden über das Urteil zu Richtig und Falsch gestellt. Menschen, die so denken, verteidigen ihre Sippe bis zum letzten Blutstropfen und opfern dafür den letzten Rest an Narzissmus. Nationale und ethnische Fragen bekommen einen durch Blutsverwandtschaft eingefärbten neonazistischen Charakter.

Egal aus welchem Grund, man könnte genauso gut sagen: »Wir sind zwei Melonen aus derselben Wurzel, also lass uns zusammen verfaulen.«

Jede Bedeutung wäre unverständlich. Und wer etwas versteht, könnte es nicht beschreiben. Ohne Bedeutung ist alles anders.

## Ein Fluch auf Zuzhou

■ **GEPOSTET AM 24. MAI 2006**

Zuzhou ist ein Kampfhund, der zubeißt und nicht wieder loslässt.[36] In einem Dokumentarfilm über SARS mit dem Titel *Eat, Drink and Be Merry: The SARS Outbreak* wählte der Regisseur Ai Dan Zuoxiao Zuzhous Song »Labor of Love« für den Soundtrack. Das war zwar nicht meine Entscheidung (sondern Ai Dans), aber wir sind beide Fans seiner Musik.

Im Netz kursiert ein Satz: »Von allen Dichtern Chinas, einschließlich meines Vaters, ist Zuoxiao Zuzhou mein zweitliebster.« Aber meine Aussage wurde verdreht, ursprünglich habe ich gesagt: »Abgesehen von Zuoxiao Zuzhou gibt es nur noch meinen Vater.« In Wirklichkeit stimmt das auch nicht, ich habe gesagt: »Zuoxiao Zuzhou *ist* mein Vater.« Ha! Sie haben sich alle geirrt, es ist ein Scherz. Zuoxiao Zuzhou hat euch alle an der Nase herumgeführt. Wie? Er bestreitet, dass er das jemals gesagt hat? Und ihr glaubt ihm noch? Kann man Zuoxiao Zuzhou denn noch trauen?

Mir gefällt der Untergrundroman *Das bellende Grab,* den er geschrieben hat, außerordentlich gut. Als ich ihn gelesen hatte, wollte ich ihn unbedingt veröffentlichen, aber wir waren zu langsam, und Zuzhou ist ungeduldig. Allerdings bin ich immer noch an einer Neuauflage interessiert.

Der Roman ist ziemlich makaber, genau wie Zuzhou selbst, der ein trübsinniger Mensch ist. Ich bestreite nicht, dass ich auch trübsinnig bin. Jeder ist bis zu einem gewissen Grad und in gewisser Weise trübsinnig, aber ich kann mich nicht mit seiner Aussage identifizieren: »Wenn Künstler die

---

36 Zuoxiao Zuzhou (geb. 1970) wurde als Wu Hongjin geboren und änderte seinen Namen, als er Anfang der 1990er-Jahre nach Peking kam und die frühe Rockgruppe No gründete. Zuoxiao lebte im Künstlerdorf East Village Pekings und ist zu einer Art Kultfigur des Rock geworden, die seither die Rock- und Kunstszene dominiert. Er hat bereits ein Dutzend Alben im Studio eingespielt und arbeitet derzeit als visueller Künstler.

Kunst nicht dazu nutzten, ihre inneren Konflikte auszuleben, dann wären sie alle Sträflinge.« Jeder einzelne ist ein potenzieller Sträfling.

Ich bezweifle, dass es eine mentale Verbindung zwischen Zuzhou und mir gibt, wir verstehen uns einfach absolut nicht; deshalb ist es jedes Mal, wenn wir uns treffen, spannend. Manchmal kommt es mir vor, als sei es schon ein weltbewegendes Ereignis, wenn man seine Freunde trifft oder mit ihnen essen geht.

Ob Musiker, Künstler oder Schriftsteller, ich bin der Meinung, dass es so etwas wie »ideale Bedingungen« nicht gibt, und ich sage: Wir haben alle unsere Probleme, niemand ist perfekt. Aber was hilft's: Die Wüste bringt ihre eigene Form von Gräsern hervor, und tropische Pflanzen gedeihen nur im Regenwald, es ist völlig sinnlos, über äußere Bedingungen zu diskutieren. Jede Umgebung ist einfach die *eigene* Umgebung, und jeder Einzelne befindet sich in seiner oder ihrer einzigartigen Situation. Mit Menschen, die sich an wechselnde Umstände nicht anpassen können, muss man sich nicht abgeben. Wenn du etwas auf die eine Art nicht hinkriegst, denk dir eine neue aus; wenn es dir an Kreativität mangelt, bist du verloren und hast dein Schicksal verdient. Menschen, die glauben, sie seien die einzigen, die sich in einer schlimmen Lage befinden, haben ein echtes Problem, sie merken nicht, dass jeder an irgendetwas zu knabbern hat.

In Zuzhous musikalischem Werk kann man eine deutliche Entwicklung sehen. Ich sehe vor allem eine Veränderung der Form. Womöglich ist das für sein Publikum von Bedeutung, für ihn selbst, für den Markt, das könnte unzählige Gründe haben. Alles in allem gibt es in Wirklichkeit keinen Wandel. Ich glaube nicht, dass sich Menschen wirklich verändern können. Zuzhou hat seinen eigenen entschiedenen Standpunkt, und der ist nicht unveränderlich, ganz gleich wie er sich selbst verkleidet. Manchmal ist er ein Wolf im Schafspelz, manchmal ein hungriger Wolf, manchmal ein Wolf mit Hörnern – aber er bleibt immer ein Wolf.

Nicht lange nach meiner Rückkehr nach China im Jahr

**1.15** Zuoxiao Zuzhou vor der Herrentoilette im Künstlerdorf East Village von Peking, um 1994.

1993 lernte ich Zuzhou kennen. Einmal rief ich ihn in seiner Wohnung im East Village an. Er lebte in einem so winzigen Zimmer, dass man, wenn man durch die Tür trat, sofort vor der gegenüberliegenden Wand stand. Auf dem Boden lag ein Bett, und auf dem Bett ein Stapel *Dakou*-CDs[37], aber der Rest des Zimmers war leer. Zuzhou fragte mich, ob ich Lou Reed kennen würde – er schien ihn zu vergöttern.

Ich bin kein großer Musikfan; ich verschenke alle seine Alben an meine Freunde, und ich bin sein größter Kunde. Aber Zuzhou achtet nicht einmal seine Freunde und Verwandten, er ist ein sehr grausamer Mensch. Skrupellos. Pass ja auf, dass er dich nicht austrickst, und glaube kein Wort von dem, was er sagt. Man könnte sagen, dass sein ganzes Leben darauf beruht, andere auszutricksen. Das macht er mit jedem; manche

37 Sogenannte *Dakou*-Kassetten und CDs waren an den Ecken »beschnitten«, sodass man sie in Nordamerika oder Europa nicht verkaufen konnte. Seit Anfang der 1990er-Jahre wurden sie nach China exportiert und dort massenweise verkauft. Sie wurden zum Hauptmedium, über das eine ganze Generation die westliche Musik kennenlernte.

Leute durchschauen ihn, andere verstehen ihn aber überhaupt nicht. So ist er eben. Eigentlich steckt keine böse Absicht hinter seinen Schwindeleien, und er will andere damit auch nicht übervorteilen. So ist er halt einfach. Das ist kein Betrug im eigentlichen Sinn – ich vermute, dass Zuzhou nur die Fähigkeit fehlt, sich wirklich mit der Realität auseinanderzusetzen. Deshalb war er auch so lange in einem Kampf gefangen.

Natürlich kann er sich selbst zu einem Realisten erklären, aber alles, was er sagt, ist sinnlos. Er könnte ein Realist sein, ein Surrealist, ein realistischer Surrealist oder ein surrealer Realist. Letztlich sehen wir uns nur seine Auftritte an oder helfen ihm bei der Produktion der Aufnahmen. Ich glaube, dass er neuerdings nur noch an seinen musikalischen Versuchen interessiert ist.

Ich habe alle seine Live-Auftritte gesehen, na ja, mindestens drei oder vier. Wenn er in Peking auftritt, gehe ich in der Regel hin. Aber meist höre ich nicht zu. Nur beim letzten Auftritt, als er sehr frei und offen sang, war ich regelrecht bewegt. Das war wirklich groß, und es war nicht zu übersehen, dass er endlich gereift war – er war ein ausgewachsener Schurke. Zuzhou hat viel Mumm, und an seinem Mut kann man ablesen, dass er zu seinen eigenen Emotionen und seiner Lebensweise steht. Er ist ein Mensch, der weiß, was er kann.

Aber wenn man jemandem vorwirft, er überschätze sich, muss man dann nicht auch fragen: Wer tut das nicht?

Ich kann nicht sagen, wie hart Zuzhou wirklich ist. Eigentlich muss wohl jeder bis zu einem gewissen Grad Kompromisse eingehen. Zuzhou aber gleicht einem Kampfhund, der zubeißt und nicht wieder loslässt. Vielleicht geht er einst voller Hass ins Grab, aber die Menschen werden ihn wegen der Begeisterung, mit der er seine Kiefer ins Fleisch schlug, in Erinnerung behalten.

*Geschrieben im April 2006*[38]

38 Der Text wurde ursprünglich unter dem Titel »A Curse for Zuzhou« im inzwischen eingestellten *Rolling Stone China,* April 2006, veröffentlicht.

## Gewöhnliche Bauten

■ GEPOSTET AM 22. JUNI 2006

Was eine von Menschen bewohnte architektonische Einheit zum »Heim« macht, ist schlicht und einfach der Charakter seiner Bewohner. Anders als weit hergeholte Definitionen meinen, ist ein »Heim« einfach eine unabhängige in sich geschlossenen Einheit, die jeden Respekt verdient. Der freie Wille aller, die in diesem »Heim« wohnen, drückt sich darin aus, das moderne Streben nach Komfort und der freie Verstand von Menschen.

Das Innere und das Äußere eines Heims sind über jene Beziehung miteinander verbunden, die aus ihnen erst eine integrale Einheit macht. In jedem Bau dieser Art bestehen gegenseitiger Respekt und eine Kommunikation zwischen dem Heim und seiner Umgebung, der Straße, der Nachbarschaft und allen, die dort gemeinsam leben. Die Konstruktion hat eine in sich organische Logik, und alles geht von einem gemeinsamen Ursprung aus. Aus diesem Umstand schöpft sie wahre Kraft, sodass sie weder einen Architekturstil noch eine kulturelle Form nachahmen muss.

Ein Haus, das ein »Heim« ist, verbessert das Leben ungemein; es erzählt den Menschen von der Möglichkeit einer bestimmten Lebensweise – was bedeutet, dass Leben schlicht und real sein kann. Aber diese Form der neuen Möglichkeit verändert sich zwangsläufig und steckt stets voller Kreativität. Es muss interessant und frisch, sicher und unvorhersagbar sein.

Der Komfort und die Sicherheit eines Heims gehen von dem Selbstvertrauen, der Selbstachtung und der Kreativität der Menschen aus, die darin wohnen. Diese Eigenschaften erwachsen aus einer offenen, aufrichtigen Haltung gegenüber dem Leben und aus einer inneren Zufriedenheit. Die Bewohner besitzen die Fähigkeit, völlig neue, moderne Erfahrungen zu machen und zu ertragen, sowie ihre Haltungen und Ideale bezüglich des Lebens zu vermitteln: Toleranz, Würde, Tapferkeit, Vielfalt.

Ein Heim ist ein menschliches Grundbedürfnis; in ihm spiegeln sich der Grundcharakter und die Möglichkeiten des Lebens. Darüber hinaus sollte es die elementarsten Eigenschaften und Potenziale des Lebens in materieller Form ausdrücken. Es ist auch ein vollständiger, philosophischer Lehrsatz: Es bringt zum Ausdruck, wer wir sind.

Wenn ich mit nur einem Satz die Merkmale meines Designs beschreiben soll, dann sage ich einfach: Ich schaffe keine Probleme. Wofür man sich auch entscheidet, es werden sich stets mehrere Lösungen bieten. Diese Lösungen entsprechen auch den gegebenen Schwierigkeiten. Ich versuche ganz einfach, zu den grundlegendsten Möglichkeiten zurückzukehren und die Schwierigkeiten auf ein Minimum zu reduzieren. Ich bewirke so wenig wie möglich – das ist das elementarste Merkmal meines Hauses und auch das elementarste Merkmal meiner Architektur.

Das hat nichts mit Strategie zu tun. Strategie hat mit Entscheidungen zu tun, die man trifft, und man kann stets eine andere Strategie wählen. Die folgenden Sätze kann man als ein Merkmal meiner Handlungen auffassen: Ich bin bereit, alles so einfach wie möglich zu tun. Wenn ich etwas Falsches erschaffen oder ausführen muss, so werde ich dafür sorgen, dass dieser Fehler so einfach wie möglich bleibt. Ich bin bereit, zu dem ursprünglichsten Zustand zurückzukehren. Ich bin niemals gewillt, diese Grenze zu überschreiten. Falls ich sie jemals überschreite, kehre ich zum Anfang zurück und beginne von vorn.

Meiner Meinung nach existiert kein Konzept eines proaktiven, chinesischen Domizils. Ein spezielles Muster hat eine Form angenommen, die regionalen Dialekten ähnelt, es existiert, weil Schwierigkeiten beim Transport Hindernisse für die Kommunikation geschaffen haben. Aber ohne die Freuden der Kommunikation ist es schwierig, eine systematische, effiziente Praxis zu entwickeln. In China wimmelt es derzeit von unfähigen, selbst ernannten Architekten, die in diesem System arbeiten. Sie entwerfen Pläne zur Lösung scheinbar schwieriger Probleme, schaffen aber in Wirklichkeit Hindernisse für ganz naheliegende Dinge. Ohne diese Leute wäre unsere Architek-

1.16 1.17 Lu Qing auf dem Dach des Studio-Hauses, 8. Februar 2007.

tur besser. Aber diese Gruppe repräsentiert die Obrigkeit; sie haben das Sagen. Wenn wir also vom »chinesischen Domizil« reden, reden wir von etwas, das Ignoranz, Verwirrung, Lächerlichkeit, Korruption, Pöbelhaftigkeit und Unverschämtheit einschließt. Diese Aspekte prägen das »zeitgenössische« chinesische Heim.

Das Konzept des chinesischen Heims ist bar jeder modernen Strategie. Wir leben alle in der Ära der Moderne, und jede Strategie könnte eine moderne Strategie sein. Die heutige Ära der Moderne beschränkt das Leben jedes Einzelnen, jedes Dorfes, jeder Stadt und sogar des ganzen Landes. Unser Heimatland hat sich schon längst von dem traditionellen Konzept eines Heims *(jia yuan)* verabschiedet; dieses traditionelle Konzept gilt nicht mehr. Wir besitzen kein Land mehr, haben keine Verwandten und Freunde mehr, keine Erinnerung, keine echten Kameraden, und engagieren uns nicht mehr in authentischen Projekten. Das ist genau das Rätsel, vor dem wir jetzt stehen. Unsere heutigen Lebensbedingungen sind immer noch schlechter als nach dem Krieg. Nach dem Krieg klafften Wunden, und man konnte noch um Verwandte und Freunde trauern, die umgekommen waren. Heute gibt es schlichtweg zu vieles, worüber man sich erst klar werden muss.

Das chinesische Volk ist nicht bereit, über diese Fragen zu sprechen, Tag für Tag bemühen sich Leute eifrig, alle unsere Probleme zu lösen, dabei wurden alle diese Probleme erst durch ihre Inkompetenz geschaffen. Die Struktur des chinesischen Heims hindert die Bewohner daran, zu sich selbst zu kommen oder sich zu vervollkommnen. So übt es enormen Einfluss aus. Alles, was daraus hervorgeht, verursacht gesellschaftliche Katastrophen. Egal ob diese nun groß oder klein sind, sich gerade ereignen oder bereits zum Stillstand gekommen sind – gerade, wenn eine Katastrophe bereits zum Stillstand gekommen ist, wird sie durch neues Unheil ersetzt.

Das ist der allgemeine Hintergrund. Aber man muss auch über Bildung reden, über den Zustand der Gesellschaft, die Ästhetik, den Kenntnisstand über die eigene Geschichte und den Kenntnisstand über den Zustand unserer Gesellschaft. In welchem Zustand befindet sich die chinesische Architektur derzeit? Wie sieht die Gesellschaft aus, wie soziale Strukturen, wie sind die Auswirkungen des Wirtschaftsaufschwungs, welche Möglichkeiten eröffnet er, auf welche Hindernisse stoßen wir etc.? Und zuletzt: Wie viele Bewohner leben eigentlich in der Stadt? Wie viele Bauern? Wie viele Arbeiter?[39]

Es ist doch auffällig, dass in Gesprächen über chinesische Domizile immer nur von jener »ersten Handvoll Wohlhabenden«[40] die Rede ist – jener Schicht der Bevölkerung, die vor den armen Massen reich geworden ist. – Doch niemand redet darüber, wie diese Leute reich geworden sind oder ob es ihnen weiter gut gehen wird, geschweige denn über den Zusammenhang zwischen ihrem Reichtum und der Armut der breiten Masse. Diese Fragen werden nicht erörtert. Doch müssten wir, wenn wir über chinesische Heime reden, nicht zuallererst die Lebensbedingungen der Mehrheit der Chinesen erörtern? Welche Chancen haben sie? Gibt es effektive Mittel für die Verbesserung und Lösung ihrer Probleme? Wie steht es um die Grundprobleme der Behausung und die elementarsten Vorstellungen zu dem Begriff »Heim«? Das ist ein Thema, das niemand diskutiert oder untersucht. Wenn selbst die elementarsten Bedingungen unklar sind, wie soll man dann etwas verändern? Man muss erst untersuchen, was möglich ist und was nicht.

Gegenwärtig habe ich wenig Hoffnung für die Architektur in China. Ich habe ein paar Projekte angenommen, und meine Tätigkeit besteht darin, die Pläne anderer Menschen von Grund auf zu überarbeiten. Meine Spezialität ist die Lö-

39 Wegen der »schwankenden städtischen Bevölkerung« der Migrationsarbeiter ( von denen viele seit Jahren in Städten wie Peking arbeiten und leben) und der Gesetze zur Registrierung und zum *hukou* (siehe Anmerkung 28) ist die Schätzung der Stadtbevölkerung zu einer schier unlösbaren Aufgabe geworden.

40 Laut Deng Xiaopings Wirtschaftstheorie muss die Nation, damit sie wächst und gedeiht, »einen Anteil der Bevölkerung zuerst reich werden lassen«.

sung von Problemen. Wo liegt das Problem? Wann tritt es auf? Wie kann ich es lösen?

Ich bin kein Anhänger eines ›chinesischen Stils‹, ich glaube gar nicht, dass China noch nennenswerte Stile oder Traditionen hat. Zum Beispiel ist es durchaus möglich, dass die Verbotene Stadt vietnamesisch oder indisch sein könnte. Und eigentlich ist sie uns fremd – sie gehört den Monarchen, der zentralen Staatsmacht, den Touristen. Das ist nur das Peking der Spielfilme. Was ich damit sagen will: Jene Leute, die noch von Dachziegeln, Stützbalken und Zapfenverbindungen sprechen, wenn sie über chinesische Architektur reden, sind diejenigen, die sich in der Branche am besten nicht mehr blicken lassen sollten. Wir verwenden meiner Meinung nach nur deshalb lokale Materialien, weil eine vertraute Beziehung zur lokalen Geschichte, zu Politik und Lebensweise Anknüpfungspunkte bietet. Ich habe nicht die Absicht, irgendwelche offensichtlichen kulturellen Merkmale in meine Architektur aufzunehmen.

Es ist mir gleichgültig, ob meine Gebäude bestimmte kulturelle Merkmale haben, und ich schere mich nicht um »Kultur«. Mir geht es um Ideen wie Effizienz, Rationalität und Übereinstimmung mit der eigenen Identität. Wenn man etwas tut, dann muss man unbedingt einen Plan davon haben, was man tut. Die Dinge haben ihre eigene Sprache. Nehmen wir zum Beispiel einen Handlauf, egal ob er nun zehn Zentimeter oder einen Zentimeter breit ist. Die Aussage dieses Handlaufs könnte lauten: »dick, schwer und stabil«. Sie könnte aber auch einfach lauten: »gefährlich«. Es lässt sich nicht leugnen, dass Gefahr ebenfalls ein Grundzustand des menschlichen Daseins ist. Manchmal wecke ich lediglich das Bewusstsein und die Achtsamkeit der Menschen gegenüber Gefahren. Diese Gefahren und die Aufmerksamkeit ihnen gegenüber bilden einen unerlässlichen Bestandteil der Architektur. Sämtliche Standards für das Bauwesen besagen, dass Sicherheit ein menschliches Grundbedürfnis ist, aber wenn es nach mir geht, ist ein Bewusstsein für Gefahr in Wirklichkeit ein Teil der menschlichen Existenz und Lebensqualität; sie ist ein Element, das

Architektur keinesfalls ignorieren darf. Das ist eine Frage der Philosophie, keine Frage der Baunorm.

Es gibt keinen Standardmenschen, geschweige denn zwei Menschen, die vollkommen gleich sind, also sollten auch keine zwei Gebäude existieren, die exakt gleich sind. Menschen legen Standards fest, und Standards sagen uns überhaupt nichts, einmal abgesehen davon, dass man durch sie den Verstand und das Gefühl ausschalten soll.

Meiner Meinung nach ist die Bedeutung des Begriffs Heim bei den Völkern grundverschieden. Wenn zum Beispiel jemand meint, er sei etwas ganz Besonderes, kann es sein, dass sein Heim für andere ein unbehaglicher Ort ist. Ich glaube, dass ich ein ganz gewöhnlicher Mensch bin, deshalb sollen sich die meisten Menschen, die mich besuchen, wohlfühlen, sie sollen bei mir viele ganz gewöhnliche Dinge sehen. Sie können einfach eintreten, sie können jeden Raum betreten, den sie betreten wollen. »Gewöhnlich« sein ist mein grundlegendes Ziel, wobei ›gewöhnlich sein‹ auch seine individuellen Züge haben kann. Meine Architektur ist gewöhnliche Architektur.

## A Changs Beharrlichkeit

■ **GEPOSTET AM 24. JUNI 2006**

Seit über zehn Jahren ist He Yunchang[41] Performancekünstler, davor war er Maler. Ein hervorragender Maler, technisch hochversiert und ungemein intensiv. Seit Kurzem lebt er in der

41 He Yunchang (geb. 1967) ist ein Performancekünstler, der in Yunnan geboren ist und zurzeit in Peking lebt und arbeitet. Der Text »A Changs Beharrlichkeit« erschien erstmals unter dem Titel »A Chang's Persistence« in dem Ausstellungskatalog zu »Casting«, Peking-Tokyo Art Projects, 23.-24. April 2004: Tang Xin und He Yunchang (Hg.), *A Chang's Perspective. An Exhibition of He Yunchang's Works,* Peking 2004.

Gemeinschaft Binhe, Luftlinie gut zwanzig Kilometer östlich vom Tiananmen-Platz. Die meiste Zeit spielt er Schach mit Freunden oder vergnügt sich mit Videospielen oder isst etwas. Performancekunst ist das Einzige, zu dem er sich verpflichtet fühlt.

Er bereitet sich ständig auf diese kurzen Momente vor, oder zumindest erweckt er den Anschein, als würde er sich unablässig Projekte ausdenken und planen. Von allen Künstlern in Peking würde es kein einziger wagen, ihn zu einem Raucherwettbewerb herauszufordern: Er zündet sich eine Zigarette an der anderen an.

Die wichtigste Performance aus He Yunchangs früherer Zeit ist seine persönliche Geschichte *Golden Sunshine* (1999). Bei dieser Performance beschmierte er sich in voller Kleidung ganz mit gelber Farbe und schwebte scheinbar in einer bestimmten Höhe in der Luft. Mit einiger Mühe hielt er einen Spiegel so, dass er Sonnenstrahlen auf die Schatten einer hohen, mächtigen Gefängnismauer lenkte. Damals lebte er noch in Yunnan, und die Leute fingen an, ihn A Chang zu nennen. Mit dieser Performance erlangte er in Künstlerkreisen schlagartig unvergänglichen Ruhm, und die grundlegenden Prinzipien dieser frühen Arbeit tauchen in allen späteren Arbeiten wieder auf, wenn auch in anderer Form.

*Dialogue with Water* (1999) war eine noch frühere Performance, bei der A Chang ein Messer in der Hand hielt, mit dem Kopf nach unten über einem Fluss hing und das Wasser volle 30 Minuten lang »durchschnitt«. Da das Wasser mit einer Geschwindigkeit von 150 Metern pro Minute floss, wurden an dem Tag 4500 Meter des Flusses »durchgeschnitten«. A Changs Arme waren ebenfalls aufgeschnitten, jeder einen Zentimeter tief, und Blut strömte seinen Arm entlang bis in die »Wunde« des Flusses.

A Chang, das Messer, der Fluss und das Blut schufen die Rahmenbedingungen für diesen Dialog mit dem Wasser. Es gab kein Publikum, keine Beleuchtung und keine Musik, aber das Werk an sich vermittelte ein so starkes Erlebnis, dass man von einem schier unglaublichen Ereignis sprechen kann. Dieses Ereignis dringt wie eine spitze Waffe in unsere spirituelle Realität ein. Diese allgegenwärtige und idealistische Realität ist unsere Geschichte, unser jetziger Zustand und alles in unserer Zukunft, was noch gar nicht eingetreten ist.

Mit dem Augenmerk auf die Gefühle, Willenskraft, Zähigkeit des Individuums, und indem er dies alles in der Praxis anwendet, diskutieren A Changs Arbeiten die menschliche Natur, die Willenskraft und die Ideale, sowie den gewaltsamen Konflikt zwischen Besitzstreben, Willenskraft und Realität. Obwohl dieser Konflikt gewaltsam ist, vermittelt er uns häufig einen falschen Eindruck von Schönheit.

Bei seinen Auftritten agiert A Chang mit einer Beharrlichkeit, die ihn letztlich sein Ziel mit schlichten Mitteln, aber unter großen Schwierigkeiten erreichen lässt. In den meisten Fällen bekommen wir nur die gelungenen Versuche zu sehen. In den Bildern seiner Liveauftritte wird dieser vollendete Versuch, seine Willenskraft unter Beweis zu stellen, so kraftvoll ausgedrückt, dass es bereits ans Lächerliche grenzt. Ich denke an das chinesische Sprichwort: »Er rührt einen zu Liedern und Tränen.«

Die »Ausdauer« in A Changs Arbeiten hat verschiedene Gesichter, und er inszeniert stets seinen Ein-Mann-Ringkampf. Bei diesem Kampf ist die gesamte Umwelt der Feind, und diese Auseinandersetzung zwischen einem schwachen Individuum und einem starken Gegenüber lässt den Krieg aussichtslos, aber ruhmreich erscheinen. Vom Anfang bis zum Ende, solange er noch atmet, wird sein Thema die Willenskraft sein, die Frage, warum sie so unüberwindlich ist.

A Changs Performance-Auftritte haben eine fast schon religiöse Dimension: der Kampf mit den eigenen Überzeugungen oder das Leiden wegen des Mangels an Überzeugungen. Genau aus diesem Grund überschreiten seine Anstrengungen bei Weitem die Grenzen dessen, was man gemeinhin Performancekunst nennt. Die Arbeiten sind schwer auszuführen, und er ist mit dem Ergebnis kaum jemals zufrieden.

A Chang spielt gerne Schach. Sein Stil gleicht dem der aufsässigen Guerillakrieger, die am Straßenrand lauern. Mehr als einmal sah ich, wie er sich aus einer prekären Lage, die das sichere Schachmatt zu bedeuten schien, doch wieder herauswand. Die Kantonesen haben eine treffende Redensart dafür: »Mit dem gepökelten Fisch einen Salto schlagen.« Dann werden seine Gegner meist wütend, weil es ihnen so vorkommt, als würde »ihnen die gebratene Gans davonfliegen«. Nur macht das A Chang immer so glücklich, dass er mitunter eine ganze Woche lang seinen großen Mund mit den schwarzen Zähnen nicht halten kann.

*Geschrieben am 6. März 2004*

## Der Computer im Wert von »mehreren hundert Millionen« und ein wertloses Gehirn

■ GEPOSTET AM 27. JUNI 2006

Die Fakten:

Zhong Nanshan ist Akademiker am Chinesischen Institut für Ingenieurwesen. Sein Leben war in letzter Zeit sehr ereignisreich.[42]

Zhong Nanshans Laptop wurde gestohlen, und sowohl städtische Funktionäre aus Guangzhou als auch Vertreter der Provinz Guangdong messen dem Fall hohe Bedeutung bei. In einer Notiz an seine Untergebenen wies Parteisekretär Zhang Dejiang die Polizei an, »diesen Fall so schnell wie möglich auf-

42 Zhong Nanshan (geb. 1936) ist ein sehr renommierter Spezialist für Atemwegserkrankungen. Unter anderem ist er Vorsitzender der Abteilung für Atemwegserkrankungen der chinesischen Gesundheitsbehörde und Gesundheitsberater bei der Weltgesundheitsorganisation (WHO) der Vereinten Nationen.

zuklären«. Er stellte über 100 Beamte zur Verfügung. Der Fall wurde in weniger als zehn Tagen aufgeklärt.

Im Laufe der Ermittlungen spürte die Polizei »versehentlich« 83 gestohlene Mobiltelefone und 28 Laptops auf.

Zhong Nanshans Version:

»Das Schlimmste an der Sache ist, dass auf der Festplatte einige wichtige, akademische Dokumente gespeichert waren.«

»Falls jemand aus den darin enthaltenen Forschungsergebnissen ein neues Medikament entwickeln würde, so wäre es mehrere hundert Millionen wert!«

»Nur ein schmaler Grat trennt die Wanderarbeiter in den Städten von Dieben und Plünderern.«

»In Städten wie Guangzhou und Shenzhen ist der Anteil der Nichteinheimischen zu hoch.«

»Warum ist es nach mehrmaligem, hartem Durchgreifen immer noch nicht gelungen, den grassierenden Diebstählen Einhalt zu gebieten? Das eigentliche Problem besteht darin, dass gegen diese Leute keine angemessenen strafrechtlichen Verfahren eingeleitet wurden. Meiner Meinung nach hat man sie zu nachsichtig behandelt, und deshalb gibt es immer mehr kriminelle Elemente.«[43]

Die landesweite Aufhebung der Zwangsinternierung war ein großer Fortschritt im Kampf der Zivilisation gegen die Barbarei.[44] Sie war ein Sieg für die Rechte des Einzelnen und

43 Die Zitate sind der *Southern Weekly* (*Nanfang Zhoumo*) entnommen.

44 Die Politik der Internierung und Repatriierung hatte ihren Ursprung in den 1950er-Jahren, in der Anfangsphase des neu gegründeten Staates, als große Teile der Bevölkerung, die durch Bürgerkrieg und Unruhen obdachlos geworden waren, dringend eine Unterkunft brauchten. Als im Jahr 1982 ähnliche Gesetze eingeführt wurden, stellte die Partei klar, dass die Niederlassungsgesetze für die nicht sesshafte, städtische Bevölkerung in erster Linie dazu dienen sollten, die Armut zu lindern, Bildungsmöglichkeiten anzubieten und eine Neuansiedlung zu erleichtern. Da Obdachlose und Katastrophenopfer in die Städte strömten, wurden die Gesetze damals als staatliche Sozialhilfe angepriesen. Im Jahr 1992 wurde die Praxis des Gewahrsams und der Rückführung *(shourong qiansong zhidu)* abgeändert, und zu den betroffenen Bevölkerungsgruppen zählten künftig auch Menschen, die man die »drei Ohne« *(san wu renyuan)* nannte: Menschen ohne Papiere, ohne ständi-

die Würde der Bürger, und sie ist ein wichtiger Bestandteil der Gesetzesreformen, ungeachtet der Tatsache, dass der Schritt zu spät erfolgte und einen zu hohen Preis hatte.

Sollte die Sichtweise des Akademikers Zhong tatsächlich die der gesamten Intelligenz sein – oder den Stand der humanitären Gesinnung, des Niveaus der Kultivierung und des Rechtsbewusstseins der akademischen Welt wiedergeben –, ist sie dann wirklich ein getreues Abbild von deren verkümmertem Gemeinschaftssinn und ihren dürftigen Wertmaßstäben?

Was bringt einen Menschen dazu, etwas so Elementares wie Güte und Gemeinsinn zu vergessen? Was veranlasst Menschen, die Vernunft aufzugeben und die Maßstäbe für Richtig und Falsch über Bord zu werfen? Weshalb geht die Fähigkeit verloren, Scham zu empfinden? Welche Macht zwingt jemanden dazu, eine verderbte Ordnung, enthemmte Pfründenwirtschaft und barbarische Überzeugungen zu verteidigen?

Der Appell für die Zwangsinternierung arbeitsloser Migranten verstößt gegen die elementarsten rechtsstaatlichen Prinzipien. Da Zhong Nanshan sich seines privilegierten Status voll

---

gen Wohnsitz und ohne festes Einkommen. Laut Gesetz müssen Personen, die mehr als drei Tage nicht registriert in einem Stadtviertel leben, eine vorübergehende Aufenthaltserlaubnis beantragen, sonst riskieren sie, als illegale Einwohner in Gewahrsam genommen und repatriiert zu werden.

Die gesetzlichen Bestimmungen wurden schrittweise so abgeändert, dass sie für wirtschaftliche Migranten zu einer Gefahr wurden. Ihr ursprünglicher Zweck als soziale Maßnahme wurde untergraben, und sie bedrohten ernstlich die Menschenrechte. Internierungslager gingen dazu über, von ihren Bewohnern etliche Gebühren zu verlangen, und weitere Probleme wie Wucher, illegaler Arrest und Zwangsarbeit grassierten. Im Jahr 2003 wurde Sun Zhigang, ein Grafikdesigner im Alter von nur 27 Jahren, im Gewahrsam zu Tode geprügelt. Sein Tod erregte großes Aufsehen in den Medien. Viele ähnliche Fälle wurden damals aufgedeckt, und eine Diskussion über die Gesetze zur Zwangsniederlassung wurde angestoßen, die von Menschenrechtsgruppen schon längst heftig kritisiert worden waren. Wenige Monate später hob Ministerpräsident Wen Jiabao das Gesetz auf und schaffte ähnliche Bestimmungen ab.

Zhong Nanshan schlug im Mai 2006, nachdem man seinen Computer gestohlen hatte, die Wiedereinführung der Niederlassungsvorschriften und schwere Strafen für die Wanderarbeiter vor. Seine Äußerungen lösten eine heftige Diskussion in den Nachrichtenmedien und Internetforen aus.

bewusst ist, aber so tut, als wäre er ein einfacher Mensch, sollte er Folgendes zur Kenntnis nehmen: Grundsätzlich stehen die nationalen Interessen über denen der Menschen. Und wenn der Fall dieses schüchternen, chinesischen Intellektuellen auf dem Papier so unschuldig wirkt, kann sogar ein gestohlener Laptop die nationalen Interessen tangieren. Menschen können unwissend sein, aber für Schamlosigkeit gibt es keine Entschuldigung.

Herrn Zhong wurde der Laptop gestohlen. Weil er ein »einfacher Bürger« Guangzhous war, erklärte der Parteisekretär der Provinz den Fall zu einer Angelegenheit von höchster Wichtigkeit, mobilisierte eine Hundertschaft Polizisten und löste den Fall rasch zur Zufriedenheit aller.

Hat irgendjemand gefragt, wessen Ressourcen hier eingesetzt wurden? Gefragt, wer die Kosten für die ganze Aktion getragen hat? Sie haben nicht gewusst, dass die Persönlichkeitsrechte der Migranten in den Kosten enthalten waren? Herr Zhong sollte zuallererst den Menschen danken, denen er ihre Rechte rauben wollte, und anschließend seinen Dienern: der Partei und dem Staat. Das wäre wirklich ein Zeichen von Größe.

Vor einem halben Jahrhundert waren die Stadtstreicher, von denen er spricht, das Rückgrat der revolutionären, proletarischen Kräfte. Man kann behaupten: »Ohne sie hätte es keine Revolution gegeben; wer sie verleugnet, verleugnet die Revolution.« Bevor man rücksichtslos um sich schlägt, sollte man die Konsequenzen abwägen und vielleicht lieber etwas leiser auftreten. Den Inhabern wichtiger Posten fällt es leicht, dumm und gefühllos zu handeln, aber wenn sie wirklich dumm sind, dann steckt die Nation in einer echten Krise.

Es gibt offenen Raub, und es gibt klammheimliche Enteignung. Die zahllosen Wanderarbeiter wurden nicht als Obdachlose geboren. Sie sind die Opfer offenen Raubs und klammheimlicher Enteignung. Wann und unter welchen Umständen ihr Eigentum abhandenkam, wird für immer ein Rätsel bleiben. Zweifellos ging es dabei finster und hinterhältig zu, und natürlich kräht jetzt kein Hahn danach, was damals passierte. Hoffen wir, dass die Führungskräfte ihren Anteil an der Beute wenigstens genießen!

Zhong Nanshan wird mit folgenden Worten zitiert: »Nur ein schmaler Grat trennt die Wanderarbeiter in den Städten von Dieben und Plünderern.« Dabei müsste es eigentlich heißen: Nur ein schmaler Grat trennt politische Gangster von chinesischen Intellektuellen.

Zhong Nanshan hat auch gesagt: »Welche Menschen sollten wir mit Blick auf die Gesetzgebung als Basis unserer Gesellschaft wählen? Unsere gesellschaftliche Basis sollten gute Menschen sein, keine kriminellen Elemente; Nachgiebigkeit gegenüber dem Feind ist Grausamkeit gegenüber dem Volk.«

Der Schutz der Menschenrechte ist ein wichtiger Teil der Verfassung; er atmet den grundlegenden Geist des Humanismus. Menschenrechte haben nicht nur »gute« Menschen, sie sind angeborene Rechte jedes Einzelnen, sei er nun ein guter oder schlechter Mensch. Herr Zhongs Äußerung »Unsere gesellschaftliche Basis sollten gute Menschen sein« lässt nicht nur an seinen intellektuellen Fähigkeiten und der der akademischen Welt zweifeln, sondern sie zeigt auch, wie abgrundtief die Menschenrechte in dieser Nation missachtet werden. Würden all die internationalen, chinafeindlichen Menschenrechtsorganisationen davon hören, würde ein Aufschrei der Empörung folgen! Nach was für einer Welt sehnt sich Herr Zhong – der sich für einen guten Menschen hält – eigentlich? Hoffentlich wirken sich seine idiotischen Ansichten und Vorurteile nicht auf seine Forschungsarbeit, seine Praxis als Arzt oder seine Lehrtätigkeit aus, geschweige denn auf sein soziales Verhalten.

Die ungebildeten, im Stich gelassenen, verletzten, unglücklichen und gedemütigten Wanderarbeiter mit einem guten Gewissen werden heute Nacht hoffentlich in Ruhe gelassen. Hoffentlich könnt ihr tief und fest schlafen.

# Weg ohne Ende

■ **GEPOSTET AM 5. JULI 2006**

Sauerstoffarme Hochebenen, schmale Pfade und Herdfeuer als Zeichen der Besiedlung – es ist der Wille des Himmels, durch diese Gegebenheiten die einzigartige Zivilisation Tibets zu beschützen.

Aber all dies verschwindet. Eine lange, ins Herz des Landes führende Bahnlinie beschleunigt unausweichlich den Niedergang dieser Kultur.[45] Eine tiefe und weit zurückreichende Geschichte, ein unerschrockenes Volk und eine autarke, ihren eigenen Gesetzen folgende geistige Welt verschwinden im Namen der modernen Zivilisation. Das sind die Probleme der Menschheit, das ist die mit Händen zu greifende Realität.

Fromme und nicht fromme Männer und Frauen aus aller Welt strömen nach Tibet. Sie bringen *khataghe*[46] mit und ihre eigenen Geschichten, und sie berichten von emotionalen Abschieden und rührenden Erlebnissen. Was sie aber nicht nach Hause mitbringen können, sind der Himalaya, die geheimnisvollen Seen und die stummen Gesichter, welche die meisten von ihnen nicht ertragen können. Auch wenn jeder den Himmel anrufen kann, bevor er oder sie eine Pilgerreise antritt, ist es nicht einfach, am Zielort anzukommen.

Schließt die Augen: Stellt euch eine unergründliche Welt spirituellen Bewusstseins vor, glaubt an ihre Existenz, und

---

45 Die Bahnlinie Qingzang nach Tibet, auch Lhasa-Bahn genannt, schrieb Eisenbahngeschichte, als sie am 1. Juli 2006 eröffnet wurde, weil sie die höchstgelegene Eisenbahn der Welt ist. Sie reicht von Xining, der Hauptstadt der Provinz Qinghai, bis nach Lhasa in Tibet und ist 1956 Kilometer lang. Von der Bahnlinie liegen ca. 960 Kilometer höher als 4000 Meter über dem Meeresspiegel, der höchste Punkt liegt bei 5072 Meter. Bei diesem wahren Wunderwerk des Schienenbaus wurden gut 500 Kilometer auf Dauerfrostboden verlegt.

46 Ein *khatag* ist ein symbolischer, weißer Schal. Der auch als »Schal der Ehre« bezeichnete *khatag* wird in der tibetischen Tradition als zeremonielle oder fromme Geste verwendet.

dann überzeugt euch selbst, dass man dies nur in der eigenen Vorstellung zu erreichen vermag.

Ich werde nie dorthin reisen, selbst wenn es immer modernere Verkehrsmittel gibt, die dorthin führen. Es gibt nicht den geringsten Grund dafür, geschweige denn die Notwendigkeit. Ich möchte lernen, wie ich die Distanz zwischen uns bewahren kann.

Von einem fernen Ort aus wünsche ich dem Volk in jenem reinen Land meinen Segen: Mögt ihr so genügsam und harmonisch wie einst bleiben. Und ich warne sie: Haltet euch fern von jenen verdächtigen Fremden, die aus anderen Ländern herbeiströmen, von jenen widerwärtigen Leuten vom Chang'an Boulevard, aus den Einkaufszentren Wangfujing und Xintiandi.

## Ignoranz und Heuchelei siegen immer

■ GEPOSTET AM 7. JULI 2006

Ich mache mir nichts aus Würden. Wie alle Menschen besitze ich die natürliche Würde, die daher rührt, ein integrer Mensch zu sein. Ich habe keine Angst, einem anderen Menschen oder einer Macht gegenüberzu treten, egal wie groß und stark diese auch zu sein scheint, furchterregend er oder sie ist oder zu sein scheint. Denn ich vertraue darauf, dass ich in der Lage sein werde, meine Grundrechte zu verteidigen. Ich muss so sein, ich habe keine andere Wahl, und ich muss bereit sein, dafür Opfer zu bringen: Die Kosten sind belanglos im Vergleich zum Wert dieses Rechts.

Freiheit ist ein gottgegebenes Recht. Sie hat nicht ihresgleichen und ist weder verhandelbar noch käuflich. Egal ob du arm bist oder reich, intelligent oder nicht, sie gehört dir, und niemand darf sie antasten.

Warum soll man sich über Beschimpfungen mit schmutzigen Wörtern aufregen? Kann man dich zu Tode beschimpfen? Diese unwissenden, nutzlosen, hoffnungslosen, erfolglosen und verlorenen Menschen werden in ihrer materiellen und geistigen Realität nur von solchen Wörtern begleitet. Für jene gemeinen, unwissenden Menschen ist es nicht schlecht, noch einige schmutzige Wörter zu haben.

Niemand darf Aufrichtigkeit vortäuschen, Zivilisation mit Macht und Gewalt verwechseln. ›Zivilisation‹ gehört nicht dem in der Gesellschaft überlegenen Kollektiv, ist kein Mittel, um die gesellschaftliche Ordnung zu wahren; Zivilisation umfasst alle menschlichen Eigenschaften, besteht aus deiner Überlegenheit und seinem Verfall.

Und die Beziehung zwischen Reichtum und Macht ist nicht zwangsläufig.

Theorien der Überlegenheit, Elitebildung oder kulturellen Reinheit, wie Kulturfaschisten sie sich ausdenken, sind immer scheußlich verdammenswert. Sie laufen alle auf dasselbe hinaus: Ich bin besser als du, ich diskutiere mit dir nicht darüber, weil du weniger wert bist als ich. Du stehst für mich ganz unten, ich bin der Beste.

Eugenik entsteht aus einer inneren Panik heraus. Sie ist Wunschdenken der Mächtigen, die nicht offen sprechen wollen oder dies nicht wagen. In ihrer Welt gibt es keine Gerechtigkeit, und keine guten Absichten. Alle geistige und seelische Energie fließt in die Verteidigung ihrer verderbten Welt. Freiheit und kritische Fragen, idealistische Werte bedrohen das gesellschaftliche Fundament dieser Welt.

Das alles ist nicht wirklich verwunderlich. Verwunderlich ist vielmehr, dass mit dem Gewinn ein Verlust einhergeht. Wo bleiben die anderen Menschen? Wo bleibt das sogenannte soziale Gewissen? Wer schützt Grundrechte und Wahrheit? Wer spricht für die Interessen der anderen – denn das ist die unverzichtbare Grundlage der Zivilisation? Eigentlich lohnen diese Fragen der Mühe nicht, sie zu stellen: wir leben in einer Gesellschaft, die Freundschaft und Güte nicht kennt, einer Gesellschaft, in der die Schönheit der Hässlichkeit weichen muss. All mein Tun und egoistisches Handeln dient ausschließlich meinem eigenen Nutzen, ich kann die anderen gar nicht wirklich verstehen, weil ich kein Einfühlungsvermögen habe. Ich spreche nur zu meinem Nutzen und für meine persönlichen Rechte, und ich glaube, dass mein Egoismus dem der anderen verwandt ist.

Wenn die erfolgreichen Leute in einer Gesellschaft Diebe und Betrüger sind, die mit dunklen Kräften kollaborieren, dann ist es ein gewissenloses und unglückliches Zeitalter.

Und alle beleidigten und beschädigten Menschen haben es schwer, Mitgefühl zu erhalten. Sie glauben fest daran, dass genau das ihr Schicksal sei. Sie haben weder den Wunsch noch die Absicht, ihre Lage zu verbessern. Sie sind nur wie eine auf den Weg geschickte Herde von schweigenden Schafen. So haben sie ihr eigentliches Lebensgebot aufgeben.

## Warum ich ein Heuchler bin

■ **GEPOSTET AM 12. JULI 2006**

Neulich, bei einer Reise nach Jingdezhen, bin ich ins Grübeln geraten.[47] Ich habe erkannt, dass ich ein ignoranter und schamloser Mensch bin. Ich habe meine schamlose, mediale Sensationslüsternheit dazu ausgenutzt, noch schamloser zu werden als die Bevölkerung, und meine individuelle Schamlosigkeit habe ich dazu ausgenutzt, eine kollektive Schamlosigkeit hervorzurufen. Überdies halte ich Schamlosigkeit nicht für eine Schande, sondern ich glaube schamlos an die Schamlosigkeit,

47 Jingdezhen ist eine kleine Stadt im Süden der Provinz Jiangxi, die in der späten Ming- und Qing-Dynastie für ihre königlichen Brennöfen berühmt war. Noch heute ist die Stadt ein wichtiges Zentrum der Porzellan- und Keramikindustrie, und in Jingdezhen fertigt Ai Weiwei auch seine Porzellanarbeiten an.

und das hat mich wiederum in den Zustand völliger Schamlosigkeit versetzt, in dem man mich heute sieht. Es ist mein Lebensziel, ein seltenes, extrem schlechtes Beispiel zu geben, um meiner Existenz ein gewisses Gewicht zu verleihen, und jetzt hat es den Anschein, als wäre ich auf dem besten Wege, dies völlig problemlos zu erreichen.[48]

Es ist aber durchaus möglich, dass »schamlos« gar kein Schimpfwort ist. »Schamlos« ist eine Bewertung des moralischen Zustands einer Person: das Wort impliziert, dass jemand in einer bestimmten Situation unmoralisch ist oder eine bestimmte Eigenschaft verloren hat, die Menschen eigentlich besitzen sollten. Aber für unsere Landsleute ist das der Normalzustand, warum würden wir sonst so eifrig danach trachten, endlich wieder ein Gefühl für Ehre und Schande zu etablieren? In dieser Beziehung bin ich nicht nur schamlos, sondern auch ein Stück weit aufgeklärt. Schamgefühl zu besitzen sollte nicht allzu hoch bewertet werden, und kein Mensch wird einen dafür über den grünen Klee loben. Das pure Vorhandensein von Schamgefühl bedeutet nicht unbedingt, dass man weiß, was Ehre bedeutet. Diese beiden Begriffe ganz zu verstehen, ist mit erheblichem Aufwand verknüpft.[49]

Die Behauptung, ein Mensch, der gut und richtig nicht

---

48 Der Text »Warum ich ein Heuchler bin« wurde als Antwort auf die kritische Reaktion der Leser auf den Blog-Eintrag »Der Computer im Wert von ›mehreren hundert Millionen‹ und ein wertloses Gehirn« geschrieben. Viele Kommentatoren warfen Ai vor, die Namen und das Ansehen von Personen, die berühmter sind als er, dafür zu benutzen, um sich selbst einen Namen zu machen, und manche Online-Kritiker nannten ihn wörtlich »schamlos«.

49 Das ist eine Anspielung auf das Bildungsprogramm mit dem Motto »Acht Ehren, acht Schanden« *(barong bachi)* vom März 2006, das der Staatspräsident Hu Jintao als »Kernwertesystem« für chinesische Bürger propagierte. Es handelt sich um folgende Ehren und Schanden: 1. Liebt das Land, schadet ihm nicht; 2. Dient dem Volk, betrügt es niemals; 3. Folgt der Wissenschaft, entlarvt Aberglauben; 4. Seid fleißig, nicht träge; 5. Haltet zusammen, helft euch gegenseitig, macht keine Gewinne auf Kosten anderer; 6. Seid aufrichtig und zuverlässig, opfert den Anstand nicht dem Profit; 7. Seid diszipliniert und gesetzestreu, nicht chaotisch und gesetzlos; 8. Lebt bescheiden, arbeitet hart, schwelgt nicht im Luxus und Vergnügen.

voneinander unterscheiden kann, sei »schamlos«, ist nicht ganz korrekt. Mit hoher Wahrscheinlichkeit liegen die Worte und Taten eines Menschen außerhalb des Reichs der moralischen Bewertung, und unser ethisches Empfinden kann sich in verschiedenen Situationen und Zeiten von Grund auf verändern. Selbst wenn wir alle dieselben moralischen Wertvorstellungen hätten, wäre es schwierig zu messen oder zu beurteilen, wer nun schamloser handelte. Wir mögen wissen, wie die Phrasen einer Ideologie klingen, aber wir können die wahren Absichten der Phrasendrescher nicht erkennen. Menschen sind außerordentlich kompliziert, und es ist schwer, eindeutig zu unterscheiden, wer schamloser ist. Wenn zum Beispiel ein Mann behauptet, seine Frau sei schamlos, so kann seine Frau über ihn vermutlich dasselbe sagen.

Unsere Fähigkeit, zwischen Richtig und Falsch zu unterscheiden, ist nur schwach entwickelt, und womöglich liegt dies an der Unzulänglichkeit unseres Verstandes. Aber intellektuelle Schwächen sind nicht einmal echte Mängel, vorausgesetzt, dass sie physiologisch und nicht psychisch bedingt sind – in letzterem Fall würden sie nicht ins Reich der ethischen Diskussion gehören. Und sämtliche ethischen Argumente haben ebenfalls ihre Schwächen; kein einziges würde einer intensiven Prüfung standhalten. Angebliche intellektuelle Mängel in verbreiteten Denkmustern sind das Ergebnis von Denkern mit einem Urteilsvermögen, das dem der Durchschnittsmenschen unterlegen ist oder von ihm abweicht. Beschränktes Urteilsvermögen ist Kennzeichen der Mehrheit, wenn nicht aller Gelehrten, Akademiker und Intellektuellen.

Sollte sich die intellektuelle Regheit dieser Menschen als nicht besonders dynamisch erweisen, so schadet ihnen dies nicht im Geringsten, und sie werden trotzdem weiterhin als Symbole der nationalen Weisheit angesehen, sitzen weiter hochtrabend daherschwätzend auf dem hohen Ross ihrer akademischen Ämter. Glücklicherweise gab es in den letzten 100 Jahren in China nicht allzu viele Aufgaben und Entwicklungen, die eine gewisse Intelligenz erforderten, und Theorien, die vor einem Jahrhundert als fortschrittlich galten, gibt es in »unerschöpflichem Vorrat«, sie »werden unablässig in die Praxis umgesetzt und gelten überall als der Ursprung allen Denkens«.[50] Das Materielle, Wissenschaft und Technik sind die Sache der »barbarischen Westmächte«. Als Industriestandort der Welt haben wir der Bevölkerung unserer Nation bereits die Möglichkeit verschafft, tief durchzuatmen und die Wirtschaft wiederzubeleben. Hinzu kommt: Das geistige Niveau einer Nation ist im Zeitalter der Globalisierung bedeutungslos, heutzutage geht es darum, Möglichkeiten zu erschließen, wie man Macht und Wohlstand unter den neuen Gegebenheiten schaffen und erhalten kann.

Auf der ganzen Welt dürfte es keinen einzigen Menschen geben, der so niederträchtig, so schamlos ist wie ich, der sich so weit von der menschlichen Natur und gesellschaftlichen Idealen entfernt hat – dabei wimmelt es derzeit auf den Straßen von solchen Leuten. Was aber die Elite angeht, die einflussreichen Persönlichkeiten und die Prominenz, die doch angeblich im schimmernden Strahlenglanz der Hoffnung voranschreitet – noch das gehässigste Urteil wäre beschönigend.

Und glaubt nur nicht, ihr könntet jemanden demütigen. Man kann Menschen nicht demütigen, die nicht gewillt sind, sich demütigen zu lassen. Aber jetzt demütige ich mich selbst, geh auch noch diesen Schritt weiter, nur um zu beweisen, dass ich ein Heuchler bin, ein Tier in menschlichem Gewand, obwohl ich weiß, dass es mit Heuchlern meist ein schlechtes Ende nimmt.

Wenn manche Leute glauben, meine giftigen Worte und mein schwarzes Herz hätten einen Held von nationalem Rang befleckt, dann bedeutet das, dass dieser Held wirklich einfach zu erledigen ist, aber das ist falsch. Sie wissen nicht, was ein Held wirklich ist. Du darfst nicht wissen, wer du bist, aber du darfst nicht so tun, als ob du ein Held wärst. In einem Zeitalter, in dem Helden gewissermaßen am Fließband produziert

50 Mit diesen Phrasen wurde während der Kulturrevolution das marxistische Denken beschrieben.

werden[51], ist ein Held niemals nur jemand, der seine Pflicht tut. Die Vorstellung darüber, was ein Held ist, spiegelt den geistigen Zustand und das Wertesystem der Welt wider.

Wie tief muss man sinken, wie tief die moralischen Standards senken, bis man einen unterwürfigen Befehlsempfänger zum nationalen Helden erhebt.

Dankbarkeit kommt aus dem Herzen und ist die Kehrseite eines guten Gewissens, die natürliche Reaktion auf die guten Absichten und mildtätigen Handlungen anderer. Wir sollten uns an die Taten eines anderen Arztes erinnern, dessen Mut das Volk wirklich vor einer Katastrophe bewahrte. Manch einer kann glaubhaft versichern, er habe von unterschlagenen Fakten über SARS nichts gewusst, aber ihr, die ihr an vorderster Front dem Sturm die Stirn geboten habt, ihr kamt nicht umhin, zu wissen. Wie kann es dann sein, dass kein Arzt – Menschen, die geschworen haben, zu retten und zu heilen, darunter Koryphäen der Medizin – den Mut hatte, die Welt mit den Fakten zu konfrontieren?

Beim Ausbruch von SARS habe ich mich in Peking aufgehalten, und wenn mich persönlich die Mutation von Viren auch nicht gleich in Angst und Schrecken versetzt haben: niemals kann man die notorischen Lügen des Apparats, das Schweigen der medizinischen Experten und die Zensur der Nachrichten vergessen. Der Virus, der die Gemüter unserer Landsleute erregte, erwies sich als furchterregend und enttäuschend zugleich. Weder ich noch einer meiner Freunde trugen einen Mundschutz, irgendwie war es eine Sache des Stolzes; ich nahm keinen einzigen Schluck chinesischer Kräutermedizin, ich pfiff auf die ganze apokalyptische Stimmung, ließ in einem verlassenen Verbotenen Palast Drachen steigen, ging angeln im Tanzhe-Tempel und drehte einen Dokumentarfilm. Kurzum, ich verbrachte meinen Tag genau wie sonst auch.

51 Die Kulturrevolution wurde einst als »Ära der Helden« *(yingxiong de shidai)* bezeichnet. Man argumentierte, dass Helden in Zeiten der Unruhen geschaffen würden, weil die Menschen Helden brauchten, die sie inspirierten und aus dem »finsteren Zeitalter« herausführten.

Die Wanderarbeiter, die man sonst nicht aus Peking vertreiben konnte, flüchteten Hals über Kopf und entkamen so dieser gefährlichen, rücksichtslosen Stadt. Die Dorfbewohner in den umliegenden Ortschaften bewachten, mit Stöcken bewehrt, die Dorfeingänge und taxierten herablassend die sonst so stolzen Pekinger. Die Älteren auf dem Land flehten tatsächlich ihre Söhne und Töchter an, nicht aus der Stadt nach Hause zu kommen. Angesichts einer Katastrophe zeigen prinzipienlose Menschen offen ihre Feigheit und Niedertracht, waren so bemitleidenswert wie verabscheuungswürdig. Vieles zeigte sich unverhohlen in diesen Tagen, und das Bild einer streunenden Katze, die im Regen über die Zweite Ringstraße rennt, kommt einem sofort in den Sinn.

Die Menschen sind immer noch bereit, das Verhalten eines Menschen aus seiner Herkunft oder seinem Verstand herzuleiten. Aber diese Vorstellung negiert die wahre Natur des Menschen. Eigentlich kann sich jeder tadellos benehmen, jeder kann sein Schicksal selbst gestalten oder mitten in der Verzweiflung neue Hoffnung schöpfen. Respekt ist keine Eigenschaft, die von früheren Generationen geerbt werden kann, noch wird er ausgeteilt wie ein Almosen; Respekt ist das Ergebnis von Selbstvertrauen und Beharrlichkeit. Die meisten Menschen nehmen einfach die dominierende Geisteshaltung an, ob die der Familie, der Gesellschaftsschicht oder der ganzen Nation, und unabhängig davon, ob sie materialistisch oder spirituell ist. Menschen fügen sich in der Regel der herrschenden Ordnung, egal, ob sie nun rechtmäßig und wohlwollend ist oder nicht, und unabhängig davon, ob sie menschliches Entwicklungspotenzial bereithält oder nicht. Bei einem Volk ohne Prinzipien hängen die elementaren Lebensgrundsätze nur vom persönlichen Erfolg oder Scheitern ab, und die Welt präsentiert sich kahl und leer.

Kann sich eine Nation, die elementare Wahrheiten vertuscht, Statistiken unterdrückt und bewusst Erkenntnisse verdrängt, wirklich erneuern? Auf welcher Grundlage aber kann man ein System, das kein ethisches Gewissen hat, überhaupt errichten? Und welchen Preis werden wir dafür zahlen? Beim jetzigen Status quo erreicht man die Menschen mit den naivsten und einfachsten Themen. Wann wird die Gesellschaft endlich die Vorzüge echten Wissens erkennen, eines Wissens, das der gesunde Menschenverstand hervorbringt? Wann werden wir jemals etwas so Einfaches wie Respekt kennenlernen, wann schlichte Freuden, den Glanz heller Vernunft oder elementare Freiheiten? Philosophie, Wissenschaft, Literatur, Kunst und Politik können dabei nur unterstützend wirken. Von diesen Grundsätzen abzuweichen oder sich durch Ausflüchte zu entziehen, forderte einen hohen Preis.

Obwohl es dringend notwendig wäre, ist es unmöglich, eine ehrliche Darstellung der Sachlage zu bekommen. Wenn man sich da für Menschenrechte einsetzt, sind alle Bemühungen vergebens. Eigentlich heißt es, Menschenrechte seien ein Geschenk des Himmels, was bedeutet, dass wir keine Mühe scheuen sollten, sie zu verteidigen und zu einem integralen Bestandteil unseres Lebens zu machen. Ausflüchte oder Sophisterei beim Thema Menschenrechte sind, sei es nun absichtlich oder unabsichtlich, eine Manifestation der Ignoranz und Ungerechtigkeit.

## Das Volk, der Mond, Zidane und vieles mehr

■ GEPOSTET AM 15. JULI 2006

### Das Volk

Man braucht sich nur umzusehen, Menschen gibt es überall – sie sind auf dem Weg zur Arbeit, gehen einkaufen, stehen herum, bummeln, verdienen Geld, machen Verluste – Menschen gibt es wahrlich im Überfluss.

Aber ich habe noch nie »das Volk« gesehen. Was ist das Volk? Das Volk ist die Summe vieler Personen, aber eine ›Summe‹ ist nicht wahrnehmbar und nicht greifbar. Mao hat gesagt: »Nur das Volk hat die Macht, Geschichte zu verändern.« Eine Person ist eine Person; eine Vielzahl von Menschen ist das Volk. Eine gemächlich gehende Person ist ein Landstreicher, ein Paria; ein Strom von Menschen, der sich im Urlaub in Autoreisezüge quetscht, Zehntausende von Menschen, die an denselben Ort strömen – das ist das Volk.

Die Große Halle des Volkes ist ein riesiger Saal, in dem »das Volk« Sitzungen veranstaltet. Wenn das ganze Volk einmal ein Treffen veranstalten will, dann wäre selbst ein viel größerer Saal noch zu klein; deshalb gibt es Delegierte im Nationalen Volkskongress, und diese Delegierten wiederum repräsentieren das Volk. Wenn wir sie sehen, ist es so, als sähen wir das Volk. Leider kann man sich das nicht bildlich klar vor Augen führen. Heutzutage ist das allerdings erstaunlich: Bei allem Gerede vom Volk und vom »Dienst am Volke« hat es den Anschein, dass die Orte, an dem diese Worte in goldenen Lettern an der Tür prangen, genau die Orte sind, wo das Volk sich nicht hintraut. Dann das sind Orte, die die Menschen meiden, obwohl sie eigentlich errichtet wurden, um ihnen zu dienen.

In unserer Wirklichkeit ist der Ausdruck »Das Volk« zu einem Schimpfwort geworden. Seht euch doch an: Hast du es überhaupt verdient, ein Menschen zu sein? Du bist höchstens ein »Volk«. »Das Volk« ist der beleidigendste Fluch überhaupt, der Begriff bezeichnet eine überbevölkerte Bevölkerung, entmündigte Menschen, die die Leben leben, in denen sie nicht wie Menschen behandelt werden. Mit dem Volk ist es wie mit der Schwerkraft: sie sind da, aber man kann sie nicht sehen … wir sehen das Haus einstürzen und den Apfel vom Baum fallen, aber niemand hat jemals die Schwerkraft gesehen. Wer einem anderen hilft, ist ein netter Mensch, wer mehreren Menschen hilft, ist ein guter Mensch, aber wer dem Volk hilft – etwas, das noch nie existiert hat –, ist ein Narr.

## Korrupte Beamte

Wenn ich ein Beamter wäre, gleich ob ein niederer oder hoher Beamter … schon bei dem Gedanken kocht mein Blut.

Ich sage es ganz ehrlich: Ich möchte nur ein korrupter Beamter werden.

Ich bin mir durchaus darüber im Klaren, dass es nicht ausreicht, Beamter zu sein, aber ein anständiger Beamter zu sein, ist ein müßiges und unmögliches Unterfangen. Anständige Beamte kümmern sich fleißig um die alltäglichen Sorgen der Menschen; ihre Herzen sind aus Glas, und ihre »Ärmel enthalten keine Schmiergelder«. Sie nehmen die Last der Verantwortung auf sich, für alles und jeden unter der Sonne zu sorgen, und gönnen sich stets als Letzte ein Vergnügen – dieses Los ist noch qualvoller als Zwangsarbeit, schon die Schilderung lässt mir die Haare zu Berge stehen. Dieses Schicksal tatsächlich erdulden zu müssen, wäre allzu deprimierend.

Aber wenn man ein korrupter Beamter ist, sieht die Sache ganz anders aus. Das Leben als korrupter Beamter bietet einem viele Privilegien. Man wird unter den Mitbeamten als Ebenbürtiger akzeptiert, man wird willkommen geheißen und zu illustren Versammlungen mit renommierten Gästen gesandt, der Weg nach oben wäre geebnet, selbst die eigenen Haustiere würden gemeinsam mit einem zum Ruhm aufsteigen – allein der Gedanke lässt einen vor Wonne erschauern.

## Die komplizierten Umstände eines Angriffs auf einen Polizeibeamten

Wenn die Polizei tätlich angegriffen wird, dann nennt man das nicht Angriff – man nennt es Selbstmord. Entweder betteln die Angreifer darum, dass man sie umbringt, oder sie sind geistesgestört. Im schlimmsten Fall wäre eine standrechtliche Erschießung die Strafe, im günstigsten Fall die sofortige Einweisung in eine Irrenanstalt.

Wenn aber mehr als zehn Personen einen kollektiven Angriff auf die Polizei ausführen, dann sieht die Sache ganz anders aus. Der gesunde Menschenverstand sagt uns, dass diese Leute Gangster sein müssen (die verhasstesten Elemente der Gesellschaft), und sie treten immer in Gruppen von zehn oder acht Unruhestiftern auf. Wenn sie zu wenige sind, dann haben sie nicht genügend Kraft, und wenn die entstehenden Menschenmengen nicht zerstreut werden können, dann werden sie alle Prügel beziehen. Aber wenn es zu viele Schläger sind, dann wird ein Spektakel daraus, sie werden zu einer virtuellen Armee, und dann gibt es nicht genug Beute für alle. Aus diesem Grund bekämpfen sich Banden und Triaden im Fernsehen und im Kino immer gegenseitig und sind stets erpicht darauf, sich gegenseitig umzubringen; die Polizei braucht keine einzige Kugel zu verschwenden. In diesen Filmen gibt es weder Lieder noch Tänze, man braucht auch nicht die Guten von den Bösen zu unterscheiden; diese interne »Haushaltung« gehorcht dem Gesetz des Stärkeren. Ein Angriff mit zehn Personen ist eine ähnliche Abwandlung derselben Situation.

Und wenn an einem Angriff über 100 Menschen beteiligt sind? Wäre dann die Wendung »Angriff eines Mobs« unangemessen? Wo sollten in einer Kleinstadt denn so viele Schläger und Kriminelle herkommen? Wenn man so über ein Ereignis berichtet, müssen die Journalisten Stroh im Kopf haben.[52] Dieses Ereignis sollte man »einen unüblichen Angriff auf die Polizei in einer abnormen Gesellschaft« nennen, oder: »Das Volk schlägt zurück.«

Am schwierigsten zu beschreiben ist jedoch der Fall, wo die Polizeitruppe einer Stadt die einer anderen angreift oder Polizisten mehrerer Städte sich gegenseitig bekämpfen, wenn zum Beispiel die Polizei von Shanxi jene aus Peking angreift oder wenn ein Kriminalpolizist einen Verkehrspolizisten brutal zusammenschlägt. Solche Situationen sind komplex, aber in der Regel klar umrissen und meist von mörderischen Absichten geprägt. Und weil die Beteiligten im selben Metier tätig sind,

52 Die Veröffentlichung nicht genehmigter oder sensibler Nachrichten zieht strenge Strafen nach sich: Jedes Medium würde mindestens drei Monate lang ein Publikations- oder Sendeverbot erhalten, und gegen die zuständigen Redaktionen würde eine Spezialabteilung des Kultusministeriums ermitteln. Natürlich kommt dies äußerst selten vor, weil Redakteure und Zensoren in den Redaktionen und Nachrichtenressorts streng den Inhalt überwachen und in der Regel sämtliche selbstmörderischen Fehler eliminieren, bevor sie in den Druck gehen.

kennen sie die Achillesfersen des anderen und können rücksichtslos zuschlagen. In den meisten Fällen endet das Ganze in einem widerlichen Blutbad. Aber das ist eine innere Angelegenheit, ähnlich wie die Ausbildung von Soldaten für einen bewaffneten Angriff. Alle Ergebnisse werden sauber und ordentlich verarbeitet, was dafür sorgt, dass die Allgemeinheit weiterhin völlig von der Rechtmäßigkeit überzeugt ist. Genau wie Jiang Zemin sagte, als er der Armee einen Besuch abstattete: »Der Charakter der Truppen erscheint immer noch hoch, ihre Verhaltensweisen wirken noch fest, und der Gesamteffekt ist immer noch die Einheit.«

## Zidane

Die Weltmeisterschaft wird am Ende zum »Weltfluch«, weil der Gegenstand der weltweiten, fanatischen Freude zuletzt nur Kummer bereitet. Dutzende von Spielen, Hunderte Millionen von Zuschauern und Milliarden an Geldern – man könnte behaupten, dass hier alle Kräfte der Gesellschaft mobilisiert werden. Von den Qualifikationsspielen in Rom bis hin zum Endspiel in Berlin hat sich die Freude der Menschheit am Spektakel nicht verändert, einmal abgesehen davon, dass sie auf den tiefstmöglichen Punkt gesunken ist. Die Menschen sind inzwischen zivilisiert, und Wettkämpfe in großen Arenen sind keine blutrünstigen Schauspiele mehr: Es brüllen keine hungrigen Löwen mehr im Chor, und es werden keine muskelbepackten Leichen mehr aus dem Stadion getragen. Stattdessen sitzen heute Fußballfans vor einem flimmernden Bildschirm auf dem Sofa und hören sich die gespielte Leidenschaft und den Pseudowahn der Sportkommentatoren an, die ihre dümmlichen Kommentare von sich geben.

Im Endspiel der Weltmeisterschaft konnte es Zidane[53], auf des-

---

53 Zinedine Zidane (geb. 1972), der legendäre algerisch-französische Fußballspieler, war bei der Weltmeisterschaft von 2006 Kapitän der französischen Mannschaft. Zidane wurde in der zweiten Nachspielzeit des Endspiels in Berlin vom Platz gestellt, weil er den italienischen Spieler Marco Materazzi mit dem Kopf vor die Brust gestoßen hatte. Zidane sagte später vor der

sen Schultern die Hoffnungen der Allgemeinheit ruhten, nicht ertragen, als nichtswürdiger Speichellecker beleidigt zu werden. Nachdem er den Betreffenden zu Boden geschickt und dafür die Rote Karte bekommen hatte, verlor Frankreich das Spiel, und Zidane sagte: »Ich gehe nicht wieder auf das Spielfeld.«

Nun bin ich zwar kein Fußballfan, aber wenn ich höre, wie alle davon reden, dass er das Spiel oder die Nerven verloren hat, dann klingt das irgendwie falsch. Wenn der Gleichmut und der Verstand eines Menschen ihn nicht davon abhalten, seine Würde zu bewahren, dann ist das bloß eine Ausrede für Dummköpfe, um sich wegzuducken, eine widerwärtige Ausrede, die den Verstand eines normalen Menschen beleidigt. Wahrer Gleichmut und Verstand sind stets bereit, die Würde und den Hochmut zu bewahren; sie sind die eigentliche Seele jedes Wettbewerbs, und ich fürchte, genau das ist der Grund dafür, dass Zidane eben Zidane ist. Das erinnert mich an den Vorfall mit Dou Wei[54], der gerade deshalb kaum Anlass zur Kritik gibt, weil er mit seiner Aktion seinen Stolz und seine Würde schützen wollte.

**Der Mond**

Der Mond ist immer da. Solange der Himmel klar ist, hängt er unweigerlich an dem Ort, wo er hängen soll. Ein Freund hat ein

---

Presse, seine Aktion sei durch »sehr harte Worte« provoziert worden, die ihm der Italiener an den Kopf geworfen habe. Er zog sich nach der Weltmeisterschaft von 2006 vom Profisport zurück.

54 Dou Wei (geb. 1969) ist eine Figur aus der chinesischen Rockszene, der für seine Heavy-Metal-Band *Heibao* (Schwarzer Panther) Anfang der 1990er-Jahre berühmt war. Außerdem war er der erste Mann der Popsängerin Faye Wong (geb. 1969). Im Mai 2006 besuchte ihn ein Reporter der *Peking News (Xinjing Bao)* unter dem Vorwand, ein Interview zu machen. Der Reporter druckte jedoch intime Klatschmeldungen über ihn und seine damalige Frau, die er bei dem Besuch im Haus des Musikers kennenlernte. Am 10. Mai 2006 stürmte Dou Wei in das Redaktionsbüro der Zeitung, drohte dem Reporter (der nicht anwesend war), verschüttete Tee, zerschlug den Rechner des zuständigen Reporters, drohte anderen Mitarbeitern und steckte am Ende ein Auto vor dem Gebäude mit einer Flüssigkeit in Brand, die er offenbar zu diesem Zweck mitgeführt hatte. Dou Wei wurde sofort verhaftet, aber er wurde als Held gefeiert, weil er sein Recht auf Privatsphäre verteidigt hatte.

altes Teleskop aus deutschen Militärbeständen, und am 15. Tag jedes Mondmonats ist der Mond, den ich sehe, ein vollendeter Kreis; einige Krater und Hügel auf der Oberfläche reflektieren das Licht, andere nicht. Wenn ich ihn in der zweiten Monatshälfte beobachte, ist er bereits in den westlichen Teil des Himmels gewandert und das Gesicht steht auf dem Kopf. Die Alten starrten häufig den Mond an, und sowohl die eigene Stimmung, während man den Mond anstarrt, als auch der Mondkalender hängen eng mit dem Charakter der Chinesen zusammen – aus diesem Grund war der Flug zum Mond sein Geld nicht wert: Er hat unsere Illusionen zerstört. Es gab keine Göttin auf dem Mond, und alles andere war uninteressant.[55] Es hat sich herausgestellt, dass die Menschheit einem einzelnen Menschen sehr ähnlich ist: Sobald man erwachsen ist, sind solche Geschichten überhaupt nicht mehr lustig. Menschen sind faul geworden, suchen den kühlen Schatten und meiden die Hitze. Warum versuchen wir nicht, auf der Sonne zu landen?

Die Kennzeichen und Charakterzüge des Monds, der Sonne und der Planeten sind ebenso individuell wie die Menschen; das grenzenlose Universum ist unergründlich. Womöglich ist diese Welt diejenige, von der in Legenden und Sagen die Rede ist, und die Realität ist Teil einer mysteriösen, gigantischen Fantasie, aber wir sind zu winzig, zu unwissend, um uns dessen bewusst zu werden. Was sind Menschen eigentlich? Nicht mehr als jene lebenden Dinge im Universum, die leicht wie Staub sind – ja, sie sind sprachbegabte Lebewesen, die auch den Geist des Mondes sehen können.

55 Nach der chinesischen Überlieferung lebt die Göttin Chang'e im Mondpalast auf dem Mond. Als Gesellschaft hat sie ein Jade-Kaninchen, das im Mond über seinen Mörser und Stößel gebeugt zu sehen ist, wie es »Kräutermedizin herstellt«, sowie einen Holzhacker namens Wu Gang, der dorthin verbannt wurde, nachdem er versuchte, das Elixier der Unsterblichkeit zu stehlen. Er ist dazu verdammt, bis in alle Ewigkeit einen endlos wachsenden Kassia-Zimtbaum zu fällen.

## Einige Gedanken über die Städte der Zukunft

■ **GEPOSTET AM 25. JULI 2006**

Darüber zu reflektieren, was genau wir eigentlich als Stadt bezeichnen, heißt gleichzeitig über den Geist der Menschheit zu reflektieren – den Geist eines Kollektivs – und über seine Fantasien und Verwirrungen.

Als ich in New York lebte, hatte ich eine Phase, in der ich sehr gerne Karten spielte. Mehrmals jede Woche fuhr ich deshalb nach Atlantic City. Im Laufe dieser zwei Jahre stellte ich – in einem Auto sitzend – meinen persönlichen Rekord im Städtereisen auf. Rund zweihundert Mal glitt ich zwischen diesen beiden Städten hin und her, während mein Hintern kaum mehr als dreißig Zentimeter über dem Boden hing. Warum habe ich das getan? Weil es mir ein Bedürfnis war natürlich.

Ich habe keine besondere Beziehung zur Stadt Peking – wenn die Straßen verstopft sind, beschließe ich einfach, das Herumzufahren zu lassen. Aber es gibt Leute, die fahren müssen, um ihre Kinder um 18.00 Uhr abends abzuholen und dann zu Hause mit ihnen Geburtstag zu feiern. Und um 22.00 Uhr müssen sie vielleicht noch einmal zurück ins Büro, um Überstunden zu machen. Für sie ist es natürlich eine Katastrophe, wenn die Straßen verstopft sind.

Dass mein Tagesablauf sich wegen solcher Dinge ändert, ist ausgeschlossen; ich unterliege keinen solchen Zwängen. Ich habe meine Erwartungen so weit wie nur irgend möglich heruntergeschraubt. Heute erzählte mir ein Freund, dass er ein halbes Jahr darauf verwendet hat, seine Abschlussarbeit zu schreiben und zu verteidigen. Mit solchen Aufgaben habe ich meine Zeit nie verschwendet. Ich tue nichts, was ich nicht genieße.

Es ist durchaus möglich, dass ich nichts an dieser Stadt anziehend finde. Wenn ich einmal einen Abend nicht zu Hause verbringen und ausgehen will, denke ich automatisch: Wohin soll ich schon gehen? Diese Stadt hat keinen Stil. Sie ist so simpel wie ein Buch mit nur zwei Seiten – man kann vor- und zurückblättern, aber da steht einfach nichts drin, da gibt es keine Geschichten.

Peking kann einen wirklich quälen. Es gibt zahllose große Stadtteile. Und wenn man versuchte, einen dieser Stadtteile vollständig abzulaufen, man würde an Erschöpfung sterben; es gibt keinen Ort, an dem man Ruhe finden kann, es ist dort sehr ungastlich; es gibt keine Einrichtungen für Ortsfremde, und kein einziger Stadtteil hat ein angemessenes Verhältnis zur Stadt. In unserem gegenwärtigen Abschnitt der Geschichte sind gerade alle umgezogen, man kennt keine Nachbarn, es gibt keine Freunde, mit denen man aufgewachsen ist.

Shanghai stellt Peking in Sachen Annehmlichkeiten bei Weitem in den Schatten. Shanghai hat andere Probleme, und die Mentalität seiner Bewohner ist aus historischen Gründen geprägt von einer steinernen Arroganz und serviler Unterwürfigkeit. Ewig werden sie die geizigen glanzlosen Bourgeois, die satten glanzlosen Bourgeois oder auch die schnell zu Ruhm gekommenen glanzlosen Bourgeois bleiben. Das alte Antlitz des Bund, der Uferpromenade, hat ein paar neue Hautschichten bekommen, doch wie viel Puder man auch aufträgt, man verdeckt damit nicht den Staub vergangener Tage: Shanghai ist nur die Illusion einer Mega-City, ihm fehlt der kosmopolitische Geist, es gleicht einem schönen Pseudo-Broadway.

Im Vergleich mit Peking und Shanghai wirkt Guangzhou verhältnismäßig natürlich. Es ist eine Stadt für die Bürger. Auch wenn die Gebäude dort heruntergekommen, die Wohnungen überfüllt sind, findet man doch immer etwas zu essen, wenn man nur aus der Haustür geht, und zum nächsten Laden hat man nur wenige Schritte zu gehen. Guangzhou ist nichts Halbgares, es ist ein brodelnder Kessel voll kochendem Eintopf. Peking wird niemals gut durchgegart sein – einige Bereiche sind schon verkocht, andere sind innen noch gefroren oder roh. Diese Stadt wird nie gleichmäßig durchgegart sein.

Wenn ich von der »natürlichen Stadt« spreche, meine ich nicht, dass die Natur in die Städte gebracht werden sollte; ich meine vielmehr, dass sich die Stadt natürlich – und gleichsam wie im Schlaf – entwickeln sollte. Einem Schlafenden kann man ja auch keine Schlafposition vorschreiben, jeder Mensch hat seine eigene Schlafstellung, und derselbe Mensch schläft je nach Wetter in unterschiedlichen Stellungen. Wenn man Schlafstellungen vorschreiben würde (welche Bettdecken benützt werden müssten oder welche Art von Kopfkissen), dann würde niemand mehr gut schlafen.

Ähnlich verhält es sich mit dem Konzept der »natürlichen Stadt«. Unterschiedliche Gruppen in der Stadt entwickeln ein natürliches Verhältnis zu ihrer Umgebung, und so entsteht ein auf Wettbewerb basierendes Ökosystem. Diese Verhältnisse werden nicht normativ gesetzt. Es ist unvermeidlich, dass es in Städten dicht besiedelte Stadtteile gibt, Viertel mit verstopften Straßen oder mit wenig Bevölkerung oder auch, dass es mehrere Zentren gibt. Aber wenn man von einer »natürlichen« Stadt spricht, dann heißt das nicht, dass der Wald wieder in die städtischen Gebiete gebracht werden sollte.

In einer Stadt, in der ständige staatliche Eingriffe und ein Übermaß an Bürokratie herrschen, könnten wir jedoch auch in der natürlichen Stadt nicht darauf hoffen, dass dort wieder Felder bestellt werden. Wir können auch nicht erwarten, dass es im CBD keine Staus geben wird.[56] Das ist ausgeschlossen. Die Stadt ist nicht einfach nur eine Rennbahn, obwohl schnell nicht immer besser ist. Wenn die Straßen in einer Gegend permanent verstopft sind, wird man sich dort vielleicht nicht niederlassen. Man wird sich dafür entscheiden, an anderer Stelle Wurzeln zu schlagen. Der Mensch passt sich immer mehr an, und die Städte werden immer dynamischer.

Die Regierung ist der wichtigste Akteur der Stadtentwick-

---

56 Der CBD bzw. Central Business District von Peking ist das finanzielle, mediale und geschäftliche Zentrum der Hauptstadt. Das CBD liegt östlich des Stadtzentrums, zwischen der 3. und der 4. Ringstraße, etwa vier Kilometer direkt östlich des Tiananmen-Platzes. Im CBD von Peking befindet sich das China World Trade Center, ein neuer Botschaftsbezirk und die neue, von Rem Koolhaas entworfene Zentrale von CCTV.

lung, und Stadtentwicklungsbüros arbeiten mit ihr Hand in Hand. Sie haben gemeinsame Interessen, aber sie sind nicht die Zukunft. Die Zukunft einer Stadt liegt in der Hand ihrer Einwohner, darin gleichen sich alle guten Städte; sie sollten sich auf die Kraft der Entscheidungsfindung durch ihre Bürger verlassen.

Die ideale Gesellschaft der Zukunft sollte die Rechte und die individuellen Eigenheiten aller Menschen schützen und ihnen erlauben, sich weiterzuentwickeln. Nur unter solchen Umständen wäre es möglich, dass pluralistische Städte und Städte voller Fülle hervorgebracht werden, anstatt breite Prachtstraßen wie die Liangguang oder die Ping'an Avenues[57], Straßen, deren Hässlichkeit wie ein Schatten auf ihnen lastet.

Chinas jährlicher Verbrauch an Zement entspricht derzeit der Hälfte der weltweiten Produktion, und in Peking werden jährlich mehr Gebäude errichtet als in allen Staaten Europas zusammen. Mit Problemen wie den unseren war die Menschheit noch nie zuvor konfrontiert. Doch die Probleme der heutigen Architektur sind weder die Geschwindigkeit des Bauens noch die Menge der Gebäude; das Problem ist vielmehr, dass eine Ästhetik vorherrscht, die nicht zu unserer Zeit passt. Gebäude, die heute in China entstehen, werden auf Grundlage einer falschen, volkstümlichen Ästhetik errichtet, sie wirken wie Bauerstöchter, die mit Stöckelschuhen auf Feldern herumlaufen.

Die neuen Bürotürme von CCTV bringen ein gewisses Maß an Fantasie und eine gewisse Unsicherheit in die Stadt. Und Unsicherheit ist ein Charakteristikum moderner Städte; auf dem Land gibt diese Form der Unsicherheit nicht, sie ist das eigentümliche Merkmal urbaner Zentren. Städte müssen Bereiche haben, die diese Form der Instabilität hervor-

57 Die Ping'ang und Liangguang Avenues sind zwei parallel verlaufende Hauptverkehrsadern, welche die Stadt waagrecht durchschneiden und sich je nördlich und südlich von Pekings wichtigster, von Osten nach Westen verlaufenden Straße, der Chang'an Avenue, befinden. Der Ausbau und die Erweiterung dieser zwei Straßen in den späten 1990er Jahren war Teil des neuen Stadtentwicklungsplans von Peking.

rufen. Die Ausdrücke »Instabilität«, »Disharmonie« und »Gefühl der Bedrohung« sind hier positiv gemeint. Nach meinem Verständnis ist eine »harmonische Gesellschaft« eine solche, in der alle »disharmonischen« Elemente nebeneinander existieren können, sodass es möglich wird, alle Widersprüche und alle Vielfalt sichtbar zu machen.[58] Eine homogene Gesellschaft kann nicht harmonisch sein.

Städte müssen den Individuen die Möglichkeit des Überlebens bieten, und sie müssen auch persönliche Elemente enthalten, etwa Leute, die DVDs verkaufen, Tiere züchten oder bestelltes Essen liefern. Wenn die Lebenshaltungskosten in einer Stadt zu hoch sind, dann können kleine Läden mit niedrigen Gewinnspannen nicht überleben. Das Einzige, was dann übrig bleibt, ist Haute Couture. Das ist das wahre Elend; es gibt keine schlimmeren Straßen als jene, an denen nur Designermarken verkauft werden. Das Einzige, mit dem dort in Wirklichkeit hausiert wird, ist der Dünkel; sie verkaufen eine verlogene Ästhetik. Die meisten Designermarken sind ganz offensichtlich Müll; die Werte, für die sie stehen, sind meist noch abscheulicher als ihre Produkte.

Die Leute hegen unterschiedliche Meinungen über das »Vogelnest« (Olympiastadion von Peking), aber wie könnte ein so einmaliges Bauwerk keine Kritik auslösen? Die Kritik konzentriert sich auf drei Hauptfragen: erstens, ob man einen »aus-

58 Das Konzept zum »Aufbau einer sozialistischen harmonischen Gesellschaft« wurde eingeführt zur Festigung der Herrschaft der Partei. Es tauchte bereits früh in einer Rede von Präsident Hu Jintao auf, die er während der 4. Plenarsitzung des 16. Zentralkomitees der Kommunistischen Partei Chinas hielt. Das Konzept der sozialen Harmonie stellt ein zentrales rhetorisches Prinzip der Führerschaft Hu Jintaos dar. Es ist ein Programm, mit dem durch wirtschaftliche Reformen hervorgerufene soziale Spannungen beseitigt werden sollen. Diesem Plan zufolge wird eine harmonische Gesellschaft bestimmt durch Harmonie zwischen den Menschen, zwischen der Partei und den Massen, zwischen den Kadern und den Massen und zwischen Nachbarn. Es wird behauptet, dass »Harmonie zu Entwicklung führt und Entwicklung zu Harmonie«. Die Verpflichtung darauf, eine sozialistische und harmonische Gesellschaft aufzubauen, soll auch zu einer dynamischen und kreativen, zugleich zu einer stabilen und geordneten Gesellschaft führen.

ländischen« Architekten hätte beschäftigen sollen; zweitens, ob nicht-einheimische Architekten das chinesische Nationalgefühl wirklich verstehen; drittens, ob das Bauwerk sicher und belastbar ist, oder purer Schrott.

Auf dergleichen antworte ich wie folgt: erstens ist das Bauwesen in China eine im Niedergang begriffene Branche, Teil eines alten Systems, in dem sich gestrige Interessengruppen an ihre Profite und Privilegien klammern und sich dabei vehement gegen Eindringling zur Wehr setzen. In anderen Professionen gibt es keine vergleichbaren Probleme. Naturwissenschaft und Technik gehören der ganzen Menschheit, nicht exklusiv den »Ausländern« oder den Chinesen. Wäre es anders, wären sie dem Niedergang geweiht und würden für engstirnigen Nationalismus missbraucht. Zweitens haben wir selbst die Ausländer dazu aufgefordert, am Wettbewerb teilzunehmen, und sie haben gewonnen. Das ist keine Wohltätigkeitsveranstaltung, und niemand bittet um Almosen. Drittens: Fühlt man sich unsicher in Flugzeugen, die von »Ausländern« entworfen wurden, oder in der Magnetschwebebahn?[59] Das Budget wurde von der chinesischen Seite festgelegt; wenn es ratsam erschien, die Kosten zu drücken, legten die Architekten oder Konstrukteure einfach ein entsprechend niedriges Angebot vor; die Entscheidung über die Höhe des Budgets lag ohnehin nicht bei denen, die das jeweilige Projekt entworfen haben.

Die von Einheimischen entworfenen Wohnhäuser in Peking sind vollkommen fantasielos; die meisten Bauunternehmer haben hochgradig dumme Wertvorstellungen und sprechen damit eine Bevölkerung an, die in ständiger Angst lebt.

---

59 Der in Deutschland konstruierte Transrapid von Shanghai ist die weltweit erste kommerziell betriebene Magnetschwebebahn. Der Bau begann im März 2001, der Fahrgasttransport im Januar 2004. Die Bahn bringt Passagiere über eine Strecke von 30 Kilometern in nur 7 Minuten und 20 Sekunden und mit einer Durchschnittsgeschwindigkeit von knapp 250 km/h vom Bahnhof Longyang Road in Pudong zum Flughafen Pudong International. Als zweite Linie wurde die Shanghai-Hangzhou-Magnetschwebebahn von Shanghai nach Hangzhou geplant; aufgrund von Anwohnerprotesten wurde das Projekt jedoch im März 2009 gestoppt.

**1.18** Ai Weiwei und Hsieh Tehching in Tribeca, ca. 1984.

Der Großteil der abgeschlossenen und bewachten Wohnanlagen ist wirklich erschreckend primitiv, und die meisten Bewohner unaufgeklärt; sie wurden ihres selbstständigen Urteils und der Grundlage der freien Entscheidung beraubt oder haben diese Fähigkeiten sonst irgendwie eingebüßt. Kurz gesagt: Die Gestaltung ist dazu gezwungen, sich mit einem ungebildeten Markt auseinanderzusetzen.

Ein Architekt sollte ein normaler Mensch mit einer am Durchschnitt der Bevölkerung orientierten Haltung sein. Und er oder sie sollte über ein perfektes Urteilsvermögen zu Standards verfügen, eine verhältnismäßig gute ästhetische Grundlage haben, dazu in der Lage sein, mit verhältnismäßig schwierigen Problemen umzugehen, und außerdem auf emotionaler Ebene authentisch sein. Das derzeitige Bildungssystem jedoch bildet diese Eigenschaften in keiner Weise aus, viele Menschen fallen ihm zum Opfer. Ich selbst bin wohl anders, weil ich nie eine richtige Ausbildung bekommen habe; seit meiner Jugend war ich vom Mainstream der Gesellschaft ausgeschlossen und stehe deshalb gesellschaftlichen Werten misstrauisch gegenüber. Wenn ich ein Problem zu lösen habe, bringe ich meinen eigenen Standpunkt ein, einen Standpunkt, der völlig außerhalb des Systems liegt. In den zwölf Jahren, die ich in den Vereinigten Staaten vertrödelte, habe ich es nicht geschafft, mich dort richtig zu integrieren. Als ich nach Peking zurückkehrte, war ich noch immer ein Außenseiter. Ich glaube nicht, dass es eine schlechte Wahl ist, »unabhängig« zu sein, denn es bedeutet, dass man sich selbst gut behandelt, und es gibt nichts, was einen dazu zwingt, seine fundamentalen Standpunkte oder seinen gesunden Menschenverstand preiszugeben. Die Grundsätze aufzugeben ist nicht schwierig, macht man das Gegenteil, sind die Schwierigkeiten weit größer. Sie sind eine Frage der Existenz, und selbst wenn das eine Schwierigkeit ist, möchte ich sie nicht akzeptieren. Dann würde das Leben viel zu trist.

Selbst wenn wir diese Probleme lösen könnten, würden wir größte Schwierigkeiten bei dem Lernprozess bekommen, wie wir unsere persönlichen Entscheidungen und Interessen respektieren sollen. Ich bestreite nicht, dass es ein Ende der Welt geben wird, das nur ein Teil der Wiedergeburt sein kann. In diesem Sinne ist es belanglos, über die Zukunft zu sprechen. Aber eigentlich bin ich eine Person, die keinerlei Forderungen an die Zukunft stellt.

Es gibt keine Utopie. Wenn es sie doch gäbe, dann wäre universeller Respekt ein Teilaspekt von ihr. Es gibt kein monolithisches moralisches Empfinden, und jeder müsste seine oder ihre eigene kleine Welt haben, auch Diebe und Huren. Dieses Thema ist ein wenig abgedroschen, unser heutiges Glück ist wichtig, denn es hat Auswirkungen auf unser Morgen. In gleicher Weise ist die Stadt von heute die Zukunft der Stadt – sie hat keine bestimmte Form, sie kann nicht vermessen werden, sie verändert sich unaufhörlich. Eine Stadt hat einen Charakter wie ein Mensch, sie ist glücklich, ärgerlich, sie klagt und sie freut sich, sie lächelt und sie runzelt die Stirn, sie hat ein Gedächtnis und fühlt Schmerz, Elend und Wahnsinn; sie hat vertraute Freunde und unvermeidlich auch Feinde, Leute, die sich gegenseitig unterstützten oder ablehnen, und zur selben Zeit ist die Stadt ein einsames Individuum.

In Bern, der Hauptstadt der Schweiz, hat man alte Traditionen bewahrt. Fährt man nur zwanzig Kilometer aus der Stadt heraus, nimmt man bereits den Geruch frischer Kuhfladen wahr. Und wenn man zu einem der Bauernhöfe fährt, wo die Milch direkt von der Kuh kommt und der Käse frisch ist, dann erzählt einem der Besitzer, dass sein Vater Schnaps aus den Kräutern gebrannt hat, die direkt vor dem Tor wachsen. Man sagt dort: Wenn das Gras in diesem Jahr reichlich wächst, dann wird es im kommenden Jahr heftig schneien. ... Das ist echtes Leben – wenn man jeden Tag in eine bestimmte Szenerie eintauchen und alle Sorgen hinter sich lassen kann, nur deshalb, weil man einen größeren Raum zu sehen vermag. Man ist sich dessen bewusst, dass – wenn man sich auf eine Sache konzentriert – ein anderer Mensch sich auf eine andere Sache konzentriert, und dieses Leben, in dem Menschen sich gegenseitig inspirieren, ist erfüllt und fruchtbar.

In China ist das nicht so, hier, wo alles von den bestehenden Mächten vorherbestimmt wird und wo die gesamte Bevölkerung mit dem ganzen Prozess nicht in Verbindung steht; alles, was uns bleibt, ist, die Rechnung zu bezahlen. Und deshalb haben wir nun die Liangguang und Ping'an Avenues, und wir wissen, dass auch in Zukunft vergleichbare Prachtstraßen gebaut werden. Der Westbahnhof von Peking ist nicht nur schlecht gebaut, sondern eine Beleidigung für die Stadtgeschichte genauso wie für seine Bewohner.[60]

---

60 Pekings Westbahnhof wurde 1996, nach drei Jahren Bauzeit, fertiggestellt. Derzeit bedient der Bahnhof täglich zwischen 150 000 und 180 000 Fahrgäste. Trotz der enormen Baukosten musste der Bahnhof aufgrund seiner minderwertigen Bausubstanz bereits mehrfach geschlossen werden. So zerbrachen unter anderem etwa Glasdecken, es traten Löcher im Boden auf und das zentrale Belüftungssystem fiel aus. Kontrolleure der Regierung fanden heraus, dass aufgrund von Korruption und der Abzweigung von für den Bau bereitgestellten Mitteln bei der Bauausführung die vorgeschriebenen Qualitätsstandards nicht eingehalten worden waren; sechs Funktionäre wurden daraufhin festgenommen. Es waren also nicht nur die Bürger von Peking, die sich über die Hässlichkeit des Gebäudes beschwerten, sondern der Bau verschlang darüber hinaus eine Menge Ressourcen und entlarvte die verbreitete Korruption.

Kulturelles Patchwork, Transformationen, Unsicherheiten und die Fähigkeit zur Erneuerung sollten sich im Städtebau widerspiegeln – doch hier spiegeln sich Rohheit, Verstümmelung, Unmenschlichkeit und Unvernunft wider.

Wenn man eine Stadt auf die Probe stellen will, dann sollte man den Tagesablauf eines ganz normalen Bürgers studieren. Man folgt ihm oder ihr zur Arbeit, beobachtet die Wahl der Verkehrsmittel, die Wege der Fortbewegung, wie lange er oder sie auf ein Transportmittel warten und welche Menschen ihnen begegnen. In einer guten Stadt gibt es Energie, Zweckmäßigkeit und Komfort.

Städte sind Sehnsuchtsorte; sie sind das größte Konsumgut der Menschheit. Man erschafft die Stadt, konsumiert sie, sieht zu, wie sie reift und dann abstirbt. Sie ist für die ganz persönlichen Sehnsüchte erbaut worden. Man wünscht sich, in einem Blitz auftauchen zu können oder sofort zu verschwinden; um 2.00 Uhr kann man immer noch irgendwo hingehen, irgendwo etwas essen, man kann schlafen, bis man von alleine aufwacht, ein wenig Geld ausgeben, um sich selbst glücklich zu machen, oder arbeiten, wenn man Geld verdienen will. Und wenn man kein Geld verdienen kann, dann findet man andere Wege … Aber in einer wirklich unglücklichen Stadt kann man nicht einmal stehlen.

## Uns von unseren Fehlern klein halten lassen

■ **GEPOSTET AM 27. JULI 2006**

Es geht mir hier um mehrere Konzepte: Tradition, städtischer Raum, Architektur und die Menschheit.

Fangen wir mit den Menschen an. Das Konzept Menschheit ist ganz klar. Die Menschen der Gegenwart sind nicht die gleichen wie die Menschen der Vergangenheit; ebenso können wir uns ganz sicher sein, dass auch die Menschen in zehn Jahren anders sein werden; es gibt kein abstraktes Konzept für »Mensch«. Es ist etwas vollkommen anderes, in Peking zu leben, als in Tokyo oder Indien; selbst die grundlegendsten Vorstellungen zu Konzepten wie Leiden, Angst oder Glück sind verschieden. Doch das ist nur zu ungenau. Betrachten wir zum Beispiel New York und die Wall Street, wo die Leute mit Aktentaschen herumlaufen, die Börsenkurse beobachten, Handel treiben und sich ausschließlich um Geldangelegenheiten kümmern. Das, womit wir den größten Teil unserer Zeit verbringen, bestimmt, wer wir sind; das ist die Prägung, die der Beruf bei jedem Menschen hinterlässt.

Chinatown liegt nicht weit von der Wall Street, aber was denken die Menschen dort? Sie denken darüber nach, wie sie ihre Restaurants am besten betreiben, auf welche Universität ihre Kinder gehen sollen, und darüber, wie ihre Verwandten zu Hause ein Visum oder eine Greencard bekommen könnten. Diese zwei Arten von Leuten sind völlig verschieden. Nur eine Straße weiter liegt Little Italy, und dort sieht es wieder anders aus: lauter Süßwarenläden und Konditoreien, ein Laden neben dem anderen, Kunden, die hineingehen und erst Stunden später wieder herauskommen. Hier hört man an allen Ecken Gespräche im Flüsterton, und es scheint, als könnten jeden Augenblick Schüsse durch die Straßen hallen. In Soho haben sich die Schickeria, die Reichen, die Künstler und die Designer eingenistet. Ihre Gedanken sind viel flatterhafter als die der anderen. Ihr Beruf ist es, untätig herumzusitzen, sich Gedanken zu machen und sich über Belanglosigkeiten den Kopf zu zerbrechen. Ohne diese Sorte von Menschen wäre jede Stadt unvollständig.

Wenn Städte Gestalt annehmen, werden sie zur Heimat für alle möglichen Leute: für die Armen, die Reichen, für die, die am Hungertuch nagen, und für eine Schicht von Müßiggängern – alle leben sie dort, und gemeinsam bilden sie eine ganz normale Gesellschaft. Die Leute in Peking jedoch gehören überwiegend zu zwei Gruppen: jene mit einem *hukou* in Peking und jene ohne; sie sind also entweder Einheimische oder Außenstehende. Das Thema der Wohnsitzkontrolle wird schon lange diskutiert. An vielen Wänden der Stadt finden sich Graffiti, die für entsprechende Papiere vom Schwarzmarkt werben, und die Bürger sind geteilt in eine Gruppe mit und eine ohne Papiere. Diese Gesellschaft ist außerordentlich grausam und unmenschlich, sie gewährt keine Würde.

China hat niemals echte Städte oder echte Stadtbürger hervorgebracht – Stadtbürger sind frei, sie haben vielfältige Interessen, die sie mit den entsprechenden Mitteln verfolgen und wahren. In echten Städten gelingt es allen Schichten der Gesellschaft, ihre je eigenen Wege zur Erreichung von Stabilität und Autarkie zu gehen. Peking dagegen ist eine Gesellschaft, die von einer Zentralmacht verwaltet wird. Hier stehen auf der einen Seite die, die Befehle erlassen, und auf der anderen Seite die, die die Konsequenzen zu tragen haben; in einer solchen Gesellschaft gibt es keine Stadtbürger im eigentlichen Sinne, und es gibt keine Freiheit, die diesen Namen verdient; so können keine echten Städte entstehen.

Wenn wir ein Urteil über eine Stadt fällen, sollten wir uns zunächst bemühen, ihre Bewohner zu verstehen, nicht danach, ob die Gebäude dort schön aussehen. Gebäude sind Zweckbauten, was spielt es da für eine Rolle, wie eines aussieht? Warum sollte man es bewundern? Man mag eine gründliche Abneigung dagegen haben, aber man kann es immer noch nutzen; funktionell gesehen ist alles da: hervorragende Läden, Lebensmittelgeschäfte, Cafés und Restaurants, saubere Toiletten, saubere Fußgängerwege, alles ist sauber … Damit hat man jeden Tag zu tun, aber wenn die Leute sie außer Acht lassen und nur noch darüber diskutieren, ob ein Gebäude gut aussieht oder nicht, wird es lächerlich. Man sollte lieber über Dinge wie diese nachdenken: Wird das eigene Kind auf diesem Bürgersteig stolpern und am Ende einen ähnlichen Hirnschaden davontragen, wie man ihn selbst dort bekommen hat? Bedrohen einen die Leute, die einem entgegenkommen? Findet man in der Nähe einen sauberen Platz zum Sitzen, wenn man sich ausruhen will?

Alle Menschen sprechen sehr gerne über ihre Stadt und über Stadtplanung. Aber bei der Stadtplanung haben wir nichts zu sagen, und die städtische Welt, mit der wir in Kontakt kommen, ist sehr klein. Wenn man zum Beispiel eine Tasse Tee trinken möchte, das aber unmöglich ist, bekommt man schlechte Laune. Eine Stadt kann alt und heruntergekommen sein, sie kann dicht besiedelt sein oder sogar aus allen Nähten platzen – und dennoch kein Problem haben. Wer nach Japan reist, wird sehen, dass das Land ungeheuer vielfältig ist und seine Vorzüge hat. In den Gebäuden befinden sich oben Büros und unten Geschäfte, dazwischen liegen öffentliche Plätze; es gibt unterirdische Fußgängerwege auf mehreren Ebenen, durch die man rasch und effizient vorankommt.

Architektur nimmt viele Formen an, aber sie ist nie einfach nur Form um der Form willen. Wir kochen ja auch nicht, um etwas herzustellen, das einfach nur schön aussieht, sondern wegen des Geschmacks und um uns zu ernähren. Das zweifelt niemand an, und doch diskutieren wir weiterhin über die Formfrage. Das hat etwas mit dem mangelhaften Bildungssystem zu tun: Die Schule bringt keine Menschen hervor, die etwas von Lebensart verstehen, die ein Gefühlsleben, Wünsche und Träume haben. Das alles ist zwangsläufig von minderer Qualität, weil unser System minderwertig ist; wir werden einfach zu dem gemacht, was wir sind, und unsere größten Fehler resultieren aus dem Versagen des Bildungssystems, aus dem Versagen der Ästhetik, der Ethik und der Philosophie. Dieses Versagen ist der Grund für die Rohheit und den Stumpfsinn der Menschen im heutigen China. Schönheit und Tugendhaftigkeit stehen miteinander in Wechselbeziehung – das ist eines der grundlegenden Konzepte der Ästhetik.

Ich habe den Status eines Künstlers, gehöre zu denen, die keine seriösen Geschäfte betreiben und nicht viele Beziehungen zu anderen haben, und ich gehöre zu denen, die der Frage nach Ästhetik nicht sonderlich viel Aufmerksamkeit widmen. Ich habe klare Vorstellungen in Bezug auf Räume und Dimensionen, in der Kunst bin ich ansonsten nicht so streng. Ich bin kein Perfektionist, auch in meiner persönlichen Lebensgestaltung brauche ich das nicht; aber ich strebe Rationalität und Vernunft in der Kunst an und Bewertungsmaßstäbe, die mir persönlich entsprechen. Das hat mit anderen Leuten nichts zu tun. Ich habe Respekt vor einem Arbeiter, dessen Wohnung sehr einfach ist, denn alles an ihm ist einfach, und man kann nicht erwarten, dass seine Wohnung wie die eines Hollywoodstars aussieht. Und genau das möchte ich hier gerne ausdrücken: Das Leben verändert sich unabänderlich. Einige gewinnen, andere verlieren, aber die Veränderungen sollten den Menschen nie die Würde nehmen; zumindest hoffen wir darauf, dass sie es nicht tun. Alle Menschen tragen die Verantwortung dafür, ihre Meinung zu bestimmten Dingen zu äußern, die einfachen Grundlagen ihres Lebens zum Ausdruck zu bringen, an dem festzuhalten, was sie haben oder was sie zu haben glauben. Wir glauben daran, dass Gott den Menschen diese Rechte verliehen hat, als er sie erschuf, und diese Rechte haben nichts mit Besitzverhältnissen zu tun.

China Central Television kann sich glücklich schätzen[61], denn Rem Koolhaas hatte bereits vorher im Medienbereich gearbeitet, er ist Autor vieler interessanter Bücher, und er versteht die Massenmedien sehr gut. In seiner Profession haben nur wenige Menschen ein tieferes Verständnis der Medien, und im Bereich der Architektur ist er einzigartig.

Wir wissen alle, was das Medium China Central Television kennzeichnet. Es ist kein Massenmedium im eigentlichen Sinne; die Existenz und die Programmgestaltung von CCTV hängen direkt von der Verwaltungsmacht und der politischen Strategie der Regierung ab. Wenn man sagt, CCTV sei »interessant«, dann hat man damit praktisch alle inneren Wider-

---

61 Im Dezember 2002 gewann der holländische Architekt Rem Koolhaas (geboren 1944) mit seinem Entwurf den Wettbewerb für den Neubau der Zentralverwaltung von China Central Television. Der erste Spatenstich wurde am 22. September 2004 gemacht. Das Gebäude befindet sich im CBD von Peking und sticht vor allem durch seine auf einer Möbiusschleife basierende Form hervor.

sprüche zusammengefasst; und genauso verhält es sich mit dem Leben der Gegenwart. Das heißt, dass es bezüglich unseres Verständnisses von Wertesystemen, technischem Fachwissen, Digitalisierung und Veränderung verschiedene Formen der Interpretation, Konflikte und Verwirrung gibt. Darüber hinaus sind Konflikte und Verwirrung exakt das, mit dem sich Koolhaas am besten auskennt und was er am meisten mag. Aus seiner Sicht übersteigen die sozialen und politischen Implikationen eines Werkes der Architektur bei Weitem dessen eigentlichen Wert als architektonisches Werk. Diese Implikationen müssen natürlich stets einen konkreten Ausdruck in einem Bauwerk finden, das wiederum seine eigene Bedeutung hat, aber es ist heute unmöglich, diese Bedeutung auszudrücken. Ob es nun ein Glücksfall war oder nicht, es ist jedenfalls Realität geworden; und ebenso werden andere Projekte, die derzeit in Peking realisiert werden, der Welt die Möglichkeiten einer kraftvollen neuen Gegenwart bewusst werden lassen.

Mir ist es eigentlich egal, ob Architektur so oder so aussieht, oder auch noch ein bisschen ungeordneter. Aber was mir nicht egal ist, sind Straßen wie die Ping'an und die Liangguang Avenues, breite Prachtstraßen, deren Bau der Stadt letztendlich schadet und ihr die Chance raubt, wieder zum Leben zu erwachen. Ob ein architektonisches Werk gut aussieht oder nicht, ist zweitrangig. Peking ist voller absurder architektonischer Projekte, und nahezu alle preisgekrönten Projekte sind lächerlich; aber das spielt jetzt keine große Rolle.

Es interessiert mich einfach nicht. Eine Stadt ist nicht dafür da, dass man sie bewundert, sie ist dafür da, dass man sie benutzt wie ein Paar Schuhe. Man trägt Wanderschuhe zum Wandern und Joggingschuhe zum Joggen. Wenn man unbedingt im Winter Sandalen tragen will und hochhackige Schuhe zum Wandern, dann wird man leiden, und genauso geht es mit der chinesischen Bauindustrie. Dieses Leiden habt ihr verdient, ihr müsst die Folgen tragen, denn eine andere Architektur habt ihr nicht. Das alles hat mit mir wenig zu tun; ich gehe nicht in die Stadt, sondern lebe an ihrem Rand, das reicht mir. Ich gehe dort allenfalls mit Freunden essen, und selbst das ist kein Genuss: eine unangenehme Umgebung, gesundheitsschädliches Essen, lausige Bedienung, überteuerte Preise für das, was geboten wird – nichts wird richtig gemacht. Es bringt mich jedes Mal in Verlegenheit, wenn Freunde mich besuchen und fragen, wo man essen gehen oder sich amüsieren kann.

Zeit ist nicht das Problem, das Problem ist, dass den heutigen Menschen eine bestimmte geistige Verfassung fehlt. Sich auf die Zeit zu berufen, ist keine Entschuldigung; man sollte seine Zeit darauf verwenden, sich selbst zu vervollkommnen; man kann seine Zeit eigentlich nicht besser nutzen. Viele Architekten beklagen sich darüber, dass sie sich ihre Projekte nicht selbst aussuchen können, oder darüber, dass ihre Kunden so sind oder anders. Das geschieht euch recht. Warum weigert ihr euch nicht einfach, etwas zu bauen? Wer hat euch gezwungen, Architekten zu werden? Warum könnt ihr nicht einfach sagen: »Ich bin ein Mann vom Fach, ich steige eher aus dem Projekt aus, als so etwas zu bauen«? Es gibt nur einen Weg, die Verhältnisse zu verbessern: Jeder muss sich mehr um die Selbstvervollkommnung bemühen.

Die sogenannte gute Architektur kommt nur in einer bestimmten Zeit und an einem bestimmten Ort zur Bedeutung. In einer anderen Zeit und an einem anderen Ort nimmt ihre Bedeutung ab und verschwindet schließlich ganz. Gute Architektur ist gegenwartsbezogen, und nur gegenwartsbezogene Dinge haben wirklich Bedeutung. Es ist ziemlich simpel; nehmen wir etwa das Eislaufen als Beispiel: Man kann die Haltung eines Eisläufers analysieren, aber es ist unmöglich, sie genau zu wiederholen. Was mit China heutzutage geschieht, ist bemitleidenswert; wir stürzen, wieder und wieder. Das ist eine unbestreitbare Tatsache. Wir können nur eins tun: konsequent aus unseren Stürzen zu lernen.

## Nachbeben

■ GEPOSTET AM 28. JULI 2006

Es gibt zwei Arten von Katastrophen: die sicht- und messbaren Naturkatastrophen und die nicht messbaren psychischen Katastrophen.

Bei Naturkatastrophen zerstört die Natur die ursprüngliche dingliche Ordnung, und Leben und Tod tauschen die Plätze. Doch die unsichtbaren und nicht messbaren psychischen Katastrophen ereignen sich tief in unserer Psyche und schlagen auf unsere Seelen. Sie sind wie Narben auf der Seele eines Volkes: Aber was ist passiert? Woher kam die Verletzung? Wo liegt die Quelle der Erschütterung? Diesen Fragen weicht man beharrlich aus. Münder sind auf ewig versiegelt, es gibt Augen, die sich niemals schließen können, Wunden, die nicht heilen wollen, und Geister, die nicht verschwinden.

Ein Volk, dessen Seele solches Unglück erlebt hat, wird nicht einfach aussterben; es wird nicht einfach am Horizont verschwinden. Es wird sich auf körperliche Weise freuen, feiern und toben, so wie es dies immer getan hat. Wenn wir uns in dem umsehen, was uns gegenwärtig umgibt, könnte das nicht offensichtlicher sein.

Dreißig Jahre ist es her, dass wieder einmal eine Naturkatastrophe dieses ewig von Katastrophen heimgesuchte Land erschütterte: Am Morgen des 28. Juli 1976 um 3.42 Uhr und 53,8 Sekunden wurde die Industriestadt Tangshan binnen Sekunden in Schutt und Asche gelegt. Die Erdkruste verschob sich, und erschütterte mehr als 800 000 Leben; 600 000 Menschen wurden verletzt und fast 240 000 kamen ums Leben. Wie bei den meisten Statistiken in China wurde auch diese Zahl über viele Jahre hinweg nie durch eine exakte öffentliche Stellungnahme bestätigt.

Im gleichen Jahr starben hintereinander drei Führer der KP

Chinas,[62] und ihr Tod ließ die Naturkatastrophe im Lichte eines folkloristischen Gut-Böse-Schemas erscheinen, ja sie wirkte wie ein bedeutsames himmlisches Vorzeichen. In der historischen Bedeutung des Erdbebens von Tangshan zeigt sich die dialektische Philosophie unserer Vorfahren zum menschlichen Überlebenswillen und zum Willen der Natur.

Es ist mir nicht möglich, den Willen des Himmels zu ergründen, aber das Erdbeben von Tangshan war doch letztlich das schmerzliche Nachwort zu einem der dunkelsten Kapitel der Menschheitsgeschichte. Aber die Geschichte kann nicht wirklich enden, und eine unmenschlich-brutale Gegenwart verschwindet nicht einfach durch eine Naturkatastrophe; stattdessen nagt sie weiter an den Seelen der Überlebenden mit anderen leisen und unauffälligen Methoden: Harmonie und Glückseligkeit. Dreißig Jahre später, exakt bis zum heutigen Tag, sind die Leute noch immer nicht fähig, sich der Wirklichkeit dieses Albtraums zu entziehen; sie sind nicht dazu in der Lage, das genaue Ausmaß jenes verheerenden Schauspiels zu bestimmen – Was genau ist passiert, war es Wirklichkeit oder nur Einbildung? Sind wir aus jenem Traum schon erwacht, oder schlafen wir etwa noch?

Wir müssen davon ausgehen, dass jeder historische Prozess seine dunklen Seiten hat – die Macht und die Bosheit, mit denen man gegen den Willen der Natur verstößt, wird es immer geben –, doch auf dem Flecken Erde China erreicht das schon eine ganz besondere Dimension. Hier sind die Macher der Geschichte selbst die Opfer – und gleichzeitig auch die Verbrecher; die, die leiden, sind auch die, die das Leid verursachen. Die Geschichte ist eine dunkle Grube ohne Boden, und falls das nicht schon geschehen sein sollte, dann wird sie bald mit Schwarz überflutet.

Wenn man das kollektive Gedächtnis eines Volkes auslöscht

62 Die Führer der KP Zhou Enlai, Zhu Den und Mao Zedong starben einer nach dem anderen in diesem Jahr. Man spricht deshalb vom »Fluch von 1976«.

und seine Fähigkeit zur Selbstreflexion zerstört, dann ist es, als würde man einen lebenden Organismus seines Immunsystems berauben. Der wichtigste Unterschied ist der, dass ein Volk nicht stirbt, es verliert nur den Verstand.

## Spirituelle Orientierung und die Möglichkeiten des Daseins

■ **GEPOSTET AM 1. AUGUST 2006**

Wenn man sagt, dass Künstler ihr Dasein und ihren physischen und spirituellen Zustand interpretieren, dann muss es in dieser Interpretation unweigerlich auch um die Zeit gehen, in der sie leben, den politischen und ideologischen Zustand dieser Zeit und natürlich die Weltanschauung des Künstlers.

Diese Weltsicht hat eine eigene künstlerische Sprache und ist in der Realität als absolute Größe präsent. Genau wie all die anderen Dinge, die wir »Fakten« nennen, hat sie eindeutige Merkmale und ist unverkennbar. Dennoch kann die Transparenz der Kunst unter Umständen »mehrdeutig« oder »undeutlich« sein. Hier schaffen Unklarheit und Suggestion eine wichtige spirituelle Orientierung, wie ein ausgestreckter Arm, der in einen unbeschreiblichen und unerklärlichen Raum weist, in eine Richtung vor uns, in der nichts und alles passieren kann.

Wer kann genau dieses Vakuum erklären, das nach einem starren Blick auf die Dinge entsteht? Umgekehrt, wer kann die tiefe Täuschung begreifen, die nach sorglosen und unachtsamen Blicken bleibt?

Wenn wir heute noch die Parameter nennen können, die wir auf einer vollständigen Welt erfassen, könnten wir behaupten, dass die spirituellen Merkmale gebrochen und verändert sind. Eine Vielfalt an Sprachen, Standards und Werten haben den

**1.19** »Hand-Buddhas«-Zitrusfrucht und Flaschenkürbisse (*hulu*) auf einer Platte in Ais Küche, 14. November 2007.

traditionellen ästhetischen Sinn des Menschen bereits in seinen Grundfesten erschüttert. Die heutige geistige Welt braucht eben ein neues ästhetisches Urteils- und Wertesystem, wie ein Lotusteich, der sich nach einem unverhofften Regenschauer sehnt. Das bestehende, überholte System ist heuchlerisch und ineffektiv; es ist schlicht unerträglich. Neue Möglichkeiten illustrieren weit besser unseren gegenwärtigen Zustand. Die Menschheit hat Jahrtausende der Not und des Ruhmes erlebt, und nach einer geistigen und materiellen Kultur, nach der Beseitigung der Hindernisse in einer Epoche des Zwangs nach der anderen, haben wir schließlich einen Zustand des Nichtseins erreicht. Wir sind umgeben von Leere und existieren lediglich in unseren Möglichkeiten.

Alle Möglichkeiten kommen aus uns selbst. Das ausufernde Chaos des Daseins, der grenzenlose Wahnsinn, all die Irrtümer haben die Welt zu einem komplizierten und verwirrenden Ort gemacht.

## Superleicht: Yan Lei und sein Werk

■ **GEPOSTET AM 16. AUGUST 2006**

2002 begann Yan Lei[63] mit einer neuen Form der Malerei. Bereits mit der allerersten Leinwand aus dieser Serie war uns klar, dass dies der Beginn von etwas Grenzenlosem war, ein Tropfen salziger Flüssigkeit, direkt aus den Weiten des Ozeans herausgefiltert. Seit jener Zeit dreht sich alles in Yan Leis Werk darum, die grundlegenden Zusammenhänge zwischen Kultur, dem Akt des Malens und dem künstlerischen Ausdruck zu verdeutlichen.

Sowohl seine Produktionsweise als auch sein kritischer Standpunkt schlagen sich in seinen Kunstwerken nieder, und beide entspringen der Reflexion des Künstlers über und dessen Verständnis von Malerei als einer flachen, zweidimensionalen Ausdrucksform. Seine Position rührt letztlich aus der wechselseitigen Abhängigkeit zwischen Form und Bedeutung, des Bedürfnisses nach Ausdruck und der Tiefe des Ausdrucks selbst, der Genauigkeit der Darstellung und ihrer Ursachen, individuellen Merkmalen und idealer Form sowie der Konsistenz zwischen der zum Ausdruck gebrachten Weltsicht und der Lebensweise des Künstlers selbst. Diese Auffassung schließt den Künstler ganz kühl und distanziert aus dem allzu simplen Geltungsbereich der persönlichen Erfahrung und der narzisstischen Gefühle aus, die sich in der Regel aus dem Beschreibungsprozess selbst heraus entwickeln.

Der Spezialisierungscharakter des künstlerischen Prozesses zeigt sich ebenso in der einzigartigen Methode des Künstlers, mit der er die von ihm erzeugten Wirkungen kontrolliert, wie in der Integrität dieser Methode. Auch wenn er noch nach einer angemessenen Methodik sucht, so ahnt Yan Lei jedoch be-

---

63 Yan Lei (geboren 1965), ein Maler und Konzeptkünstler, stammt aus der Provinz Hebei und lebt und arbeitet derzeit in Peking. »Super Lights« war ein Begleittext zur gleichnamigen Ausstellung der Galerie Urs Meile Peking–Luzern, Schweiz, 31. August bis 15. Oktober 2005.

reits, dass die Standardisierung des künstlerischen Ausdrucks revolutionäre Folgen für die Malerei haben wird. Diese Folgen zeigten sich schon vor langer Zeit bereits darin, dass man alle gewohnten Arbeitsmethoden aufgab, sobald irgendeine neue Technologie verfügbar wurde. In dem Moment, als das passierte, war die Malerei nicht länger nur ein Raum des individuellen Ausdrucks, sondern tatsächlich ein flacher, kodierter Raum der Produktion. Die Integrität eines Gemäldes, der Grad seiner Verbreitung und der Umfang, in dem man es sich aneignet, sind letztlich alles Faktoren, die seine Vollkommenheit bestimmen. Malen wird so mehr als nur Malen; es wird zu einem Anlass für Produktion, zu etwas, das mehr einer beliebten und weitverbreiteten Produktionsmethode ähnelt.

So betrachtet erscheint Yan Lei, misst man ihn an seiner täglichen Arbeit, wie ein Mann, der sich dafür entscheidet, die einzige verlassene Straße in einem dicht besiedelten städtischen Ballungsraum entlangzulaufen – und diese Strecke wird sein täglicher Weg.

Bezogen auf die Frage, was letztlich wirklich ausgedrückt werden muss, und angesichts der Unmöglichkeit, eben das auszudrücken, sind der Stoff und die Form von Yan Leis Arbeiten einfach nur eine Weiterentwicklung seiner Weltsicht. Etwa so wie bei einer Stubenfliege, welche eine Welt sieht, die von unserer Welt völlig verschieden ist. Yan Lei verwendet Fotografien und Bilder; er sammelt seine Materialien, manipuliert seine Bilder digital, druckt sie aus, weist ihnen eine Standardfarbe zu und instruiert dann Arbeiter, diese Bilder zu malen. Er trinkt, telefoniert, schaut sich Appartements an, er kauft Autos, er zieht um, erstellt Angebote, bereitet Ausstellungen vor und verkauft Bilder. Seine Präzision und seine innere Ruhe ähnelt der eines Soldaten, der sorgfältig die Bauteile seiner Waffe reinigt, eine Tätigkeit, die er jeden Tag in dem Wissen durchführt, dass – selbst wenn wir derzeit in Frieden leben – an den Grenzen eines anderen Landes immer Krieg herrschen wird. Gleichzeitig jedoch benimmt sich Yan Lei so angespannt und nervös wie ein Händler an der Wall Street, dessen ständiges In-

Bewegung-Sein und dessen uferlose Möglichkeiten ihm nie die Chance lassen, seine Gefühlslage zu verändern.

Yan Leis klar verständliche Ausdrucksformen und die Kontrolle, die er über sie ausübt, leiten sich letztlich von seinem Glauben an ein übergeordnetes System ab und von der beständigen Anwendung der immer gleichen Produktionsmethode. Dieses Verfahren erlaubt es, Bedeutung von Gefühl, Inhalt von Methode und das Werk vom Künstler zu trennen. Das Bedürfnis des Betrachters, Künstler und Objekt voneinander zu trennen, rechtfertigt es, dass der Künstler alles jenseits seiner selbst, Ereignisse, Vorhaben und Gefühle, kühl und nüchtern auffasst.

Wenn ich Yan Leis Kunst betrachte, kommt mir in den Sinn, dass ich sie nur deshalb »Kunst« nenne, weil das Ganze – wäre es keine Kunst – rein gar nichts wäre. Ob er nun in Farbe arbeitet oder monochromatisch oder je etwas von beidem, die Gemälde werden nicht aufgespannt und liegen auf dem Boden seines Ateliers. Er empfindet niemals das Bedürfnis, seine Leinwände aufzuziehen. Später, wenn er sie dann verschickt, rollt er sie einfach auf.

Jedes Bild kann ein potenzielles Gemälde sein. Und mit »jedes« meine ich, dass es unmöglich ist, ein Bild zu finden, das nicht geeignet wäre, zum Motiv eines seiner Gemälde zu werden, auch wenn der Künstler manchmal anderer Meinung ist: »Ich muss auswählen, was ich will.« Doch macht er nie klar, was »ich« ist; er ist wie ein Satz ohne Subjekt.

Zu diesen Bildern gehört eine Zirkustruppe von Kuratoren der documenta; das Mädchen von nebenan; Porträts der ruhmlosen Arbeiter, die seine Werke herstellen; die zwölf Tiere des chinesischen Tierkreises, wobei der Drache fehlt (Yan Lei glaubt nicht an die alte chinesische Darstellung des Drachens); Festessen; die China Academy of Art (seine Alma Mater); Alpenpanoramen, flüchtig gesehen durch das Fenster eines Flugzeugs; Stadtansichten, sowohl bekannte als auch fremde; die Werke anderer Künstler, unabhängig davon, ob er sie tatsächlich mag oder nicht; und überbelichtete Fotografien. Alles erscheint uns vertraut, scheinbar wichtig und fremdartig, *es* scheinen ungreifbare Dinge: goldene Buddhastatuen; weißes Mehl; abstrakt; optisch, und so weiter.

Alles, was die Welt zu bieten hat, wird auf Yan Leis Leinwänden zu finden sein oder nicht zu finden sein. Seine Aufmerksamkeit als Künstler hat keinen Mittel- und Schwerpunkt, keine Achse, keine Interessen, die befriedigt werden müssen, und keine Ansichten, von denen sie nicht getrennt werden können. Es gibt nur die Reihenfolge, in der sie auftauchen und wieder verschwinden, und seine willkürliche Begegnung mit ihnen und ihre Notwendigkeit. Mit dieser Methode versucht er sich selbst vollständig zu rupfen; genau hier liegt Yan Leis pathologischer Zug.

Diese Welt und all ihre Sehnsüchte haben Yan Lei so gequält, dass er zu einem Relikt der »alten Gesellschaft« wurde. Er ist ein unschuldiger Kultivierter, selbstzufrieden, aber voller Illusionen, intolerant, aber nicht engstirnig. Mit seinem weltoffenen Geist und seinem provinziellen Stil, seinem oberflächlichen Leiden und seiner tiefen Befriedigung, mit seiner Angst vor der Liebe und seinem Verlangen nach Freundschaft verkörpert er die Eigenschaften der menschlichen Natur dieser Epoche.

Yan Lei hat sich der Welt gestellt und eine pragmatische Entscheidung getroffen; er hat sich für die im höchsten Maße passende Lösung entschieden: Eine endlose Geschichte, ohne Ende und ohne Anfang.

Die Geschichte kann erzählt werden, aber sie zu erzählen wäre vergebens, denn es ist eine Geschichte, die nicht erzählt werden sollte. Trotz alldem hat der Erzähler noch immer kein Ziel. Alle Absicht liegt beim Zuhörer.

## Stoffschuhe mit flachen Sohlen

■ **GEPOSTET AM 18. AUGUST 2006**

Schuhe mit flachen Sohlen sind nur dafür geeignet, auf kleinen Landstraßen zu laufen, zumindest solange es nicht regnet. Die Fußsohlen stehen stabil, und die Oberseiten der Füße sind entspannt, und selbst auf Touren durch fremde Länder glaubt man zu Hause angekommen zu sein, sobald man in sie hineinschlüpft.

Aber Stoffschuhe mit flachen Sohlen sind nicht geeignet für die Kopfsteinpflasterstraßen Europas; sie sind eindeutig nicht für beschwerliche Trekking-Touren oder lange Wanderungen gemacht; dafür müsste man mehrere Paare mit sich führen und darauf vorbereitet sein, jederzeit ein neues anzuziehen. Das wäre die einzige Möglichkeit, mit der man vorwärtskommen könnte. Vor langer Zeit, als die Männer noch auf lange Reise gingen, waren ihre Frauen unablässig damit beschäftigt, Schuhe zu nähen.

### Nation

Dieses Land hat ein echtes nationales Charakteristikum – die fehlende Religion. Das chinesische Volk rutscht immer tiefer in ein ethisches Dilemma. Es ist unfähig, Gut von Böse zu unterscheiden, und verliert dadurch zwangsläufig das Unterscheidungsvermögen zwischen Schande und Ehre.

Ein Volk ohne Prinzipien bezüglich Gut und Böse braucht sich nicht auf die Vergangenheit zu besinnen. Ohne bleibende Freude oder bleibendes Leiden ist es nicht möglich, jemandem wieder Selbstvertrauen oder Mut zu geben, einfach deshalb, weil die Menschen so keine Zukunft haben: Sie baden sich in quälendem Schmerz, krankhafter Freude oder in Kummer; sie sind nicht dazu fähig, sich selbst zu befreien. Die Zukunft ist immer zu kurz, und das Heute erscheint so lang.

Wann wird dieses Land wirklich zu einer unabhängigen Nation werden? Wann hat sein Volk jemals etwas für Menschen außerhalb der eigenen Grenzen getan? Egal wie viele Menschen eine solche Nation ihr »Mutterland« nennen, – es bleibt nichts anderes übrig, als die Köpfe hängen zu lassen. Dieser Nation fehlen echte Taten und Ideen; sie hegt nur leere Hoffnungen, hat keine echten Träume. Voller Verachtung und Schamgefühl traut sich ihr Volk nicht einmal mehr, diese Nation noch beim Namen zu nennen.

**Cliquenbildung**

Ein Bündnis, dieses primitive aber vergötterte Prinzip, zieht seinen Nutzen aus dem Ausschluss der anderen. Genau das ist der Modus Operandi bestimmter Leute, die sich selbst als etwas Besonderes verstehen, eine Gruppe Auserwählter mit hochgesteckten und edlen Idealen; die Elite.

Doch weil sie die Gewalt als Mittel zur Vorteilsnahme annahm, wurde sie zum genauen Gegenteil ihrer fantastischen Illusionen und Proklamationen, sie wurde zum Sprachrohr für die Macht des Kapitals und für die Macht der den Profit für sich monopolisierenden Wirtschaftsunternehmen. Sie haben sich angewöhnt, Schuld zu verdrängen, Fehler zu vertuschen, und lieber Heile Welt zu spielen. So halten sie einen Anschein von Würde aufrecht und mit ihm zugleich den bohrenden Schmerz.

**Schicksal**

Das Schicksal, wie wir es für gewöhnlich verstehen, war niemals hinterlistig. Es sei denn, die Hinterlist wäre so gut verborgen, dass ich auf all meinen Reisen – auf den zielstrebigen und auf den weniger zielstrebigen – niemals dazu in der Lage war, sie zu durchschauen oder ihrer angesichtig zu werden, auch nicht auf jenen Streifzügen, bei denen ich fast verhungerte. Die Liebe für die persönlichen Rechte und das Bedürfnis danach, diese zu schützen, hat mich stets begleitet, diese Rechte sollten durchweg von Geburt an für jeden gelten. Seit ich das erste Mal über sie nachdachte, üben die Menschenrechte eine unwiderstehliche Anziehungskraft auf mich aus. Ich möchte es so ausdrücken: Fragestellungen, die sich auf Menschen und auf den Menschen an sich beziehen, eröffnen ein ganzes Geflecht von Gedanken, so wie die Ruder eines kleines Bootes, das vom Ufer wegfährt, die ruhige Wasseroberfläche kräuseln. Ich erkenne, und mein Verhältnis zu allen Dingen am Ufer hat sich verändert.

## Vertraute Schimpfwörter

■ GEPOSTET AM 20. AUGUST 2006

### Bullshit

Das menschliche Leben ist souverän, und wir besitzen von Geburt an die Rechte und die Würde des Lebens. Es steht über jeder – spirituellen oder körperlichen – Macht außer dem Tod.

Diese Aussage ist vollkommener Bullshit. Die Menschen waren niemals souverän, sie lebten immer in Unterdrückung, und daran müssen sie sich gegenseitig ständig erinnern, sonst werden sie sogar einen noch höheren Preis zahlen müssen. Das ist die Geschichte der Zivilisation.

### Rechte

Dies ist das schändlichste aller Worte im Wörterbuch und das Wort mit den unangenehmsten Konnotationen. In allen Erzählungen, die von tragischen Figuren, von unglücklichen Begebenheiten, von düsteren Orten und von der Grausamkeit der Geschichte handeln, spielt dieses Wort eine Rolle. Es ist ein dreckiges Wort, das man nie wieder aussprechen sollte. Ganz egal wann oder wo – der Ruf nach Menschenrechten ist erniedrigend. Das Schlimme ist, das wir in Zukunft für eine ziemlich lange Zeit dieses vertrauteste aller dreckigen Worte von ganz befremdlichen Orten her hören werden.

### Dumpfheit

Wenn es darum geht, dumpf zu sein, räumen einige Menschen den Hauptgewinn ab – nämlich diejenigen, die ihre Nächsten opfern, um ihr eigenes schändliches Leben zu verlängern; Menschen, die Interessen haben, aber keine Prinzipien; Menschen, die gut genährt und gekleidet sind, aber an nichts glauben; Leute, denen die Entschlossenheit fehlt, die nur Opportunismus kennen; Beobachter mit gesundem Geist, aber ohne Mut.

Das Höchste im eigenen Leben müsste sein, sich selbst für die Integrität zu opfern. Dementsprechend gibt es keine größere Schande, als zu schwach zu sein, um ein solches Opfer zu bringen, oder wenn man einfach nur um des Lebendigseins willen lebt. Die zentralistische Staatsmacht stellt die Menschlichkeit der einfachen Leute ständig auf die Probe. Es ist vergeblich, einen Grund für die Gerechtigkeit zu finden – Gerechtigkeit ist ein Grund in sich selbst und bedarf keiner weiteren Bestätigung. Man sollte nicht versuchen, einen Grund für das Böse zu finden, denn es gibt keine Rechtfertigung für das Böse.

## Abscheuliche Dinge

■ GEPOSTET AM 21. AUGUST 2006

### Erkennen

Ich habe nie eine richtige Ausbildung erhalten. Das hat sich schon früh als unmöglich erwiesen, und später wurde mir klar, dass es dafür zu spät war. Ich war wie ein Reisender in der Abenddämmerung, der sich von Bäumen umgeben sah, noch bevor ihm klar wurde, dass er sich im Wald befand. Alles was mir blieb, war der Kampf darum, mich an den Weg zu erinnern, der mich hierher gebracht hat, und zu erkennen, in welche Richtung ich steuerte.

**Versuchung**
Die Existenz an sich ist schon Versuchung. Sobald die Existenz da ist, ist auch die Versuchung schon da. Jeder Versuch sich ihr zu nähern ist vergeblich. Doch das hat nur ewige Versuchung zur Folge. Das Ungreifbare, das, was man mit den Augen sieht, das den Händen jedoch entgleitet, das, was einem niemals gehören wird und was unerreichbar ist, genau das lässt einen frustriert und enttäuscht zurück. Man bräuchte mehr Zeit, es zu verstehen.

**Auftrennen**
Gedanken zu fassen und sie anschließend zu artikulieren, das ist ähnlich, als würde man an einem Strickpullover einen losen Faden entdecken und behutsam an ihm ziehen, bis man die ganze gestrickte Struktur aufgetrennt hat. Doch es gibt immer Ausnahmen, etwa wenn man nicht weiß, wie oder wann man dazu kein Bedürfnis hat.

**Symbole**
Wenn man mit begrenztem Material baut, oder auch, wenn man sich einem unerreichbaren, fernen Ufer gegenübersieht, dann kann man nur Symbole verwenden. Ein Symbol ist eine Straße, auf der man laufen kann, aber eine, die gar nicht existiert; eine Straße, die man einfach wieder verlassen kann und die man nicht verstehen muss. Ein Symbol ist die schnellste und bequemste aller Straßen, aber auch die tiefstgehende und unerreichbarste Straße.

**Abscheuliche Dinge**
In den meisten Lebenslagen waren es Schwierigkeiten, die mich weiterbrachten. Ich bin abscheulich, weil ich Hoffnung für die Menschen hege.

**R**
Mister R ist ein innovativer Denker im landläufigen Sinne des Wortes. Es gibt nicht viele Menschen wie ihn. Wenn er über

Ideen spricht, glaubt er dabei, dass die wahre Bedeutung von »Idee« in der persönlichen Erfahrung und im Fachwissen stecke. Genau diese Art des Denkens veranlasste mich dazu, auf die documenta nach Kassel zu gehen.

Auch wenn es scheint, dass sich zwei Linien an derselben Stelle überlagern, und es so aussieht, als würden sie sich schneiden, befinden sie sich doch auf unterschiedlichen Ebenen, und die beiden werden sich niemals begegnen.

**Fallen**

Dass Menschen, die vom Glück nichts verstehen, große Anstrengungen für das Glück der kommenden Generation unternehmen – das sieht eher nach einer Falle aus.

**Gebrechlichkeit**

Die Schwäche wird in einem eher das Verlangen nach außerordentlicher Stärke anstacheln, nicht nur ein ganz gewöhnliches Bedürfnis.

Man stelle sich die Lage eines Grashalms im Sturm vor: Weil er biegsam und schwach ist, sehnt er sich nach Stärke. Wird er besiegt oder auch nicht? Weil er schwach ist, kann er nicht unterworfen werden, er ist abhängig und deshalb unbesiegbar – und mit der Zeit kann er sich sogar befreien. Es ist nichts Außergewöhnliches für die Stärke, dass sie fast ihren Körper preisgibt, und nur stöhnt, aber nicht aufschreit. Das macht das Stöhnen noch ausdauernder.

# Galle von lebenden Bären

■ **GEPOSTET AM 25. AUGUST 2006**

## Pandas

Im Rahmen zweifelhafter politischer Geschäfte und gewürzt mit einer starken Prise Heuchelei wurde der Pandabär zum Nationalsymbol stilisiert. Als Nixon in den 1970er-Jahren China besuchte, sollten Pandabären als Vorzeigeobjekte beweisen, dass es auf diesem Flecken Erde noch immer Menschlichkeit gibt. Welch ein Unsinn. Die putzigen Bären wurden sowohl von den chinesischen als auch von den westlichen Medien als Sympathieträger instrumentalisiert; das sollte ausgleichend auf die von Missverständnissen geprägten Gespräche zwischen ideologischen Gegnern wirken.

Heute gelten Tuan Tuan und Yuan Yuan – eine freundliche Geste der Partei, um die Exilregierung zu beschwichtigen – nur noch als untaugliche Bekundungen des einseitigen Wunsches nach Vereinigung mit Taiwan.[64]

Diese ganz und gar nicht bärenhaften Vegetarier – die einzigen in einer Familie von Fleischfressern – lassen sich überall dort mit ihren wabbeligen Körpern und ihren unbeholfenen Bewegungen häuslich nieder, wo sie Futter finden. Sie haben ein sanftmütiges Naturell, und weil sie sich nur unter großen Schwierigkeiten paaren, sind sie vom Aussterben bedroht. Der Panda ist ein Symbol für den Geist des modernen China.

---

64 Im Jahr 2005 schenkte die chinesische Regierung Taiwan zwei Große Pandas. Die Namen der beiden Pandas sind bezeichnenderweise Tuan Tuan und Yuan Yuan, deren Namen zusammengenommen auf *tanyuan* anspielen, das chinesische Wort für »wiedervereinen«. Der politische Charakter des Geschenks löste in Taiwan heftigen Widerspruch und eine öffentliche Debatte aus; doch 2008 kamen die Pandas schließlich nach Taipeh. Der Vorgang wird seitdem als »Panda-Diplomatie« bezeichnet.

## Galle von lebenden Bären

Der Kragenbär ist ein in Asien beheimatetes Tier, und Galle, die man aus seiner Gallenblase gewinnt, ist eine Ingredienz von einigen der kuriosesten und zugleich wirkungsvollsten Heilmittel der traditionellen chinesischen Medizin. Deshalb erduldet der Kragenbär in China ein fürchterliches Schicksal. Gefangene Bären werden ihr Leben lang in Käfige gesperrt, die so klein sind, dass sie sich darin nicht einmal umdrehen können; man führt Röhren in ihre Gallenblasen ein und gewinnt daraus fortlaufend Galle. Die Wunden dieser Bären beginnen zu eitern, und der Anblick ist schlicht grauenhaft. Selbst wenn solche Bären von Tierschutzaktivisten befreit werden, sind sie mental zerrüttet, und sie zeigen Verhaltensweisen, die man sonst bei Manisch-Depressiven findet.

Wenn ein Opfer notwendig ist, dann muss es von der angemessenen Zeremonie begleitet werden. Ein Opfer ohne Zeremonie ist ein Verbrechen gegen das Reich der Natur.

## Fremde Zugeständnisse

Vor einem Park im alten Gesandtschaftsviertel von Shanghai stand ein Schild, auf dem zu lesen war: »Chinesen und Hunde verboten«. Viele ausländische Mächte haben unzählige Schandtaten in China verübt, aber dieses Schild erregte den größten Volkszorn. Dahinter steht eine einfache Logik: Die Chinesen verachten Hunde, da ist es doch wahrlich infam, beide im selben Atemzug zu nennen! Wenn auf dem Schild gestanden hätte: »Chinesen und Pandas nicht erlaubt«, dann hätte man natürlich nur gelächelt.

Die Chinesen mögen dumm sein, aber man darf sie nicht mit Hunden vergleichen. Doch was die Chinesen nicht wissen, ist die Tatsache, dass Hunde im Westen hohes Ansehen genießen – der Hund gilt als der beste Freund des Menschen, und er gehört zu den wenigen Tieren, die als Mitglied der Familie betrachtet werden. Hunde als Haustiere zu halten, ist ein vorwiegend westlicher Brauch; schon auf den Gemälden der Tang-Dynastie oder auf den Darstellungen der Liao- und der

Yuan-Dynastie werden die bärtigen Fremdlinge stets von Falken oder Hunden begleitet.

**Evolution**

Menschen, Hunde und Pandas sind Tiere, die zum Reich der Natur gehören. Sie sind Teil der Geheimnisse des Kosmos der evolutionären Entwicklung. Genetische Mutationen und neue Konfigurationen bringen die Vielfalt des Lebens hervor; sie sind substanzieller Bestandteil einer vollständigen Welt. Es gibt das Sprichwort: »Wenn du eins verletzt, dann verletzt du alle, des einen Tod ist der Tod aller.« Es sollte die Pflicht des Menschen sein, der von sich glaubt, auf einer höheren Stufe zu stehen, schwächere Tiere zu schützen. Wenn andere Tiere aufgrund der menschlichen Ignoranz zugrunde gehen, dann blicken wir nicht nur auf Terror und Grausamkeit, sondern auf eine blutrote, heillose Welt.

Evolution bedeutet nicht die Macht der Starken, die Schwachen zu töten, und die Zivilisation kann niemals Massaker rechtfertigen. Massaker, die einem Völkermord gleichkommen, hat es in diesem Land bereits mehrmals gegeben.

Ein machtloser Geist entsteht, wenn man Moral und einen ethischen Kodex einbüßt. Durch moralische Verarmung wird der Geist sogar noch wertloser.

**Vertrauen**

Das Wichtigste in zwischenmenschlichen Beziehungen ist nicht die Sozialkompetenz, sondern Vertrauen. Alle echten Krisen haben mit Vertrauensverlust zu tun. Auch im Zusammenleben der Menschen mit den Tieren ist Vertrauen ein wichtiger Bestandteil. Wenn das Vertrauen zerbricht, dann wird auch die Welt zerbrechen, und nichts kann künftig gedeihen.

Diese Welt gehört den Tieren, und sie sind dazu bereit, mit uns zu leben. Ich glaube, dass dies eine wahre Aussage ist.

Dieses Volk achtet die konfuzianische, taoistische und buddhistische Tradition, es achtet die Tugenden der Güte, der Gerechtigkeit, des Anstands, der Weisheit und des Vertrauens, und es brüstet sich mit der langen Geschichte seiner Zivilisation. Die Art und Weise aber, wie es Tiere behandelt, zeigt, dass sein »Fortschritt« nicht das Geringste mit Zivilisation zu tun hat. Dieses Land hat es versäumt, seine eigene Seele zu pflegen oder sich um sie zu kümmern, und indem es andere Lebewesen grausam behandelt, verstümmelt es seine eigene Psyche. Ein Volk, das auf spirituelle Hoffnungslosigkeit zusteuert, sollte sich keinen Illusionen hingeben.

**Respekt**

Was heißt Respekt? Respekt heißt, etwas nicht anzurühren. Egal mit welcher Begründung, auch Mitleid, Barmherzigkeit und Wiedergutmachung sind kein Zeichen von Respekt. Menschen und Dinge haben ihre je eigenen Erkennungsmerkmale, und das Leben hat seinen eigenen Rhythmus. Wir sollten weder die persönliche Ästhetik noch geheimnisvolle Kreisläufe durcheinanderbringen; man sollte sich in sie nicht einmischen, und noch viel weniger sollten sie leichtfertig geopfert werden.

Die Menschheit setzt die endlosen Akte der Barbarei gegen sich selbst immer weiter fort, unablässig quält sie sich selbst mit Kriegen, Armut, Hunger, Hass und Betrug. Doch anderen Lebewesen fügt sie wirklich die äußersten Qualen zu – und das nur um des Profits willen. Wenn Menschen die eigene Existenz auf der Ausrottung einer anderen ethnischen Gruppe aufbauen, können dann diese Menschen noch von sich behaupten, guten Willens zu sein?

Wir leben in einer Gesellschaft ohne Ethik. Kann es in einer solchen Gesellschaft persönliches Glück geben?

## Andere Welten, andere Träume

**■ GEPOSTET AM 5. SEPTEMBER 2006**

Einmal im Monat besuche ich mein Elternhaus im Zentrum von Peking. Das Hofhaus liegt innerhalb der 2. Ringstraße und gehört zu der Sorte von Gebäuden, die aus grauen Ziegeln erbaut sind, drei Haupträume im Norden besitzen sowie etliche Seitenräume. Der Hof und die Gebäude zusammen haben eine Fläche von etwa einem *mu*.[65] Der Stamm des chinesischen Schnurbaums im Hof ist so dick wie meine Wade, und dort steht auch eine Magnolie, die jedes Jahr blüht. Kurz vor seinem Tod begann mein Vater langsam, sein Sehvermögen zu verlieren, und ich beobachtete ihn oft dabei, wie er wieder und wieder die Knospen der Magnolie zählte. Und selbst in den stürmischsten Zeiten fliegt immer noch ein Schwarm Tauben über unsere Köpfe. Die Welt da draußen kann noch so chaotisch werden, wenn man in diesen Hof zurückkehrt, so findet man dort Stille, und alles ist in helles Licht getaucht.

Heute erreichte ich unsere Gasse mit einem Taxi. Das Tor zu unserem Haus liegt an der Nordseite der Gasse, nur wenige Hundert Meter von der Einfahrt im Westen. Der Vorplatz des Hauses befindet sich in einem der wenigen noch verbliebenen denkmalgeschützten Gebiete Pekings, deshalb gibt es keine Bürohochhäuser in unmittelbarer Nachbarschaft. Und obwohl die schon ein halbes Jahrhundert andauernden Streitigkeiten um die Eigentumsrechte dazu geführt haben, dass Pekings Gebäude und Viertel sich in einem schlechten Erhaltungszustand befinden, und sie klapprig sind wie schwache alte Menschen, strahlen sie noch immer eine gewisse gelassene Ruhe aus. Der Anblick jedoch, der sich mir heute bot, war grauenvoll. Das Undenkbare war passiert – ich konnte nicht einmal mehr meine eigene Haustür erkennen. Man hatte die gesamte Gasse mit einer Farbschicht überzogen, die alles in ein künst-

---

65 Ein chinesischer *mu* entspricht annähernd 6,7 Ar.

liches und kaltes grau-blaues Licht tauchte; jede einzelne alte und ramponierte Tür hatte man in grellem Rot gestrichen; repariert hatte man nichts. Es sah aus, als hätte man jedem Anwohner der Straße den gleichen Hut und die gleiche Kleidung zugewiesen, egal ob Mann oder Frau, alt oder jung, dick oder dünn.

Unser Hofhaus war Anfang der 1990er-Jahre renoviert worden, mit grauen Ziegeln und einer roten Tür. Die ausgeführten Arbeiten waren grob, aber solide, und sie waren nicht teuer. Doch nun hatten in einer einzigen Nacht unser Haus und alle anderen Häuser in der Gasse dasselbe Schicksal erlitten: Eine riesige Hand war über sie gekommen und hatte alles mit Beton überzogen. Mit einem Mal waren alle Spuren der Geschichte und alle Erinnerungen getilgt.

Auf die Betonschicht hatte man dunkelgraue Farbe aufgebracht, und man hatte Muster hineingeritzt, die aussehen sollten wie eine Ziegelmauer. Man hatte privaten Besitz so stark verändert, dass er kaum noch wiederzuerkennen war, durch ein einziges absurdes Dekret. Der Ort, der unser Heim war, hatte ganz unvermittelt alle persönlichen Züge eines »Heimes« verloren; ihm war genommen worden, was es uns vermittelt hatte: das Gefühl von Sicherheit, von Privatsphäre und von Identität. Angeblich sollen alle Gassen im Ostteil der Stadt und ganz Peking dieser Prozedur unterzogen werden. An dem Tag, an dem das passiert, wird die alte historische Stadt vollständig verschwinden. Indem die Herrschenden das Geld der Steuerzahler dafür verwenden, die gesamte Stadt auszulöschen, ohne Rücksicht auf Grün oder Rot, Schwarz oder Weiß, wollten sie mehrere Ziele auf einen Schlag erreichen. Ihre Absichten sind idiotisch, ihre Methoden primitiv und ihre Haltung abscheulich; es ist wirklich kaum zu glauben.

Das geschieht in Peking im Jahr 2006, nur zwei Jahre vor den Olympischen Spielen. Diese Hauptstadt, die mit jedem Tag ein wenig internationaler wird, zeigt der Welt die wahre Bedeutung des olympischen Mottos: »Ein neues Peking, eine neue Olympiade« oder »Eine Welt, ein Traum«. Kürzlich berichtete

**1.20** Ai Weiwei und sein Vater, Ai Qing in ihrem Pekinger Haus, ca. 1994.

eine Zeitung darüber, dass man Grau zur Grundfarbe in Peking erklärt habe – gestützt auf die Untersuchungsergebnisse einer Gruppe von Fachleuten – und dass die gesamte Stadt in diesem Farbton renoviert werden würde. Wem wäre es in den Sinn gekommen, dass die Menschen nach dieser Renovierung ihre eigenen Häuser nicht mehr wiederkennen würden? Die ganze Stadt erscheint wie eine schlecht zusammengezimmerte, billige Bühne, und alle Menschen, die sie betreten – Männer und Frauen, die Jungen und die Alten –, sind nichts weiter als Statisten, und alle sind Teil einer schäbigen Inszenierung zu Kultur, Geschichte und politischen Errungenschaften. Wieder einmal wurden den einfachen Menschen ihre Rechte, ihre Menschlichkeit, ihre Gefühle und ihr Sinn für Selbstbestimmung genommen, nachdem es schon Tausende solcher Grausamkeiten gegeben hat. Das wirklich Verblüffende ist, weshalb eine Gesellschaft, die weder Ehre noch moralische Integrität besitzt, sich so gerne schminkt und das Gesicht pudert.

Es laufen weiterhin etliche Umbauprojekte in den Gassen der Stadt. In der Gasse, die unserer gegenüberliegt, leben mehr als zehn Familien in je einem, bis zum Bersten vollgestopften Hofhaus, und diese Zustände sind seit Jahren unverändert. Verbesserungen gibt es nicht: die Sanitärinstallationen und Wasseranschlüsse sind ein einziges Chaos; Rohre sind gebrochen, und die Elektrik ist ein einziges Kabelgewirr; und genau an der Stelle, wo die Haustür zur Straße hinausgeht, bringt jemand ein Mondtor an, wie man es in einem kaiserlichen Garten finden könnte. Alle haben sich an dieses absurde Denken gewöhnt; niemand hinterfragt es, kaum jemand kümmert sich darum, was hier vor sich geht.

Soweit ich mich erinnern kann, wurden die Gassen von Peking dreimal umgestaltet. Beim ersten Mal, als Nixon China besuchte, mussten die Anwohner feststellen, dass man in nur einer Nacht ihre Häuser gestrichen hatte. Damals verwendete man eine gräuliche Tünche, deren Farbe Bausteinen ähnelte. Beim zweiten Mal, anlässlich des Besuchs von Präsident Clinton, verwandelten die Arbeiter mit ihren Malerrollen die ganze Stadt in einen einzigen mittelgrauen Farbton. Clinton hat das vermutlich gar nicht wahrgenommen. Das Einzige, was man in diesem Land »der Etikette und des Zeremoniells«[66] zustande bringt, ist, die Wände wieder und wieder zu streichen.

Die Zeiten ändern sich, und eigentlich sollten wir schon im Zeitalter der Vernunft leben. Ich komme so selten in mein Elternhaus im Zentrum von Peking zurück, und dann passiert es auch noch, dass die alten Menschen, die hier wohnen, eines Morgens aufwachen und feststellen müssen, dass man die Ziegelwände ihrer Häuser mit einer dicken Schicht Zement verputzt hat.

Diese angebliche »Erhaltung der Altstadt von Peking« bedeutet in Wirklichkeit, dass man die Mauern mit Zement bedeckt und auf diesen Putz wieder Ziegelmuster aufmalt, ganz egal wie alt das Gebäude ist, was es für eine Geschichte hat

---

66 Der klassische Ausspruch »Land der Etikette und des Zeremoniells« (*liyi zhi bang*) bezieht sich auf China, das als Land traditionell besonderen Wert auf Zeremonien und Etikette legt.

oder wem es gehört, ob es in privatem oder öffentlichen Besitz ist, ob es alt ist oder modern. Man hat eine völlig neue Scheinstadt geschaffen, eine Scheinwelt. Wie soll man in einer solchen Stadt auch nur ansatzweise von Kultur sprechen? Was für einen »Geist der Zivilisation«, der der Erwähnung wert wäre, soll es dort geben? Dies ist eine brutale, inkompetente und rohe Gesellschaft, herzlos bis zur Grenze des Erträglichen, und, glaubt man den Arbeitern, dann ist das alles noch nicht vorbei: Auch die Türen und Fenster sollen bald renoviert werden. Die Pläne liegen bereits vor. Doch welche dieser »Renovierungen« der letzten Jahrzehnte wäre nicht zerstörerisch gewesen?

Im Vorfeld der Olympischen Spiele 2008 erlebt Peking einen regelrechten städteplanerischen Aufruhr. Wie viele Chancen bleiben bis dahin noch, um diese alte Stadt zu schützen? Wie viele Gelegenheiten werden die Menschen aus aller Welt noch bekommen, nach Peking zu reisen, nur um eine Scheinstadt, eine unnatürliche Stadt zu besichtigen?

Lasst die Häuser der einfachen Leute in Ruhe; wenn ihr ihnen schon nicht helfen könnt, dann lasst sie wenigstens in Frieden. Haltet euch von ihnen fern und versucht bitte nicht, in ihrem Namen zu sprechen, lasst sie einfach ruhig und leise sterben. Mit der Korruption bei Großprojekten der Banken und der Staatsbetriebe könnt ihr ruhig weitermachen, aber beschmiert nicht die Gesichter der einfachen Leute mit eurer Schminke.

Man hat unser Land und unser Heim schon so oft übertüncht, dass wir nicht einmal mehr unsere eigenen Gesichter wiedererkennen; aber vielleicht hatten wir auch niemals ein Gesicht.

## Hypnose und fragmentierte Realität: Li Songsong

■ **GEPOSTET AM 4. NOVEMBER 2006**

Mit »Hypnose« bezeichnet man für gewöhnlich die Verwendung spezieller Techniken, mit denen man eine Person in einen schlafähnlichen Zustand versetzt. Sie bewirken, dass die hypnotisierte Person die Kontrolle über ihr Handeln verliert, was zu einer Schwächung oder einem völligen Verlust der Entscheidungsfähigkeit und der Selbstkontrolle führt. Wahrnehmungen, Gedanken, Willensäußerungen und Gefühle – alles schmilzt dahin, sobald die Person sich hypnotisieren lässt.

Li Songsong kam 1973 auf die Welt. Als er drei Jahre alt war, verließ Mao Zedong diese Erde, und im gleichen Jahr starben beim Erdbeben von Tangshan in nur einer einzigen Nacht 240 000 Menschen. Es war ein sagenhafter Abgang des Terrorregimes, das dieses Land für Jahrzehnte beherrscht hatte, eine Abschiedsrede für die brutale Realität des Klassenkampfes und der Diktatur des Proletariats. Diese Ära hinterließ Berge von Ruinen und eingestürzten Mauern, und ihre endgültige Überwindung sollte noch viele Jahre dauern. Der Weg aus dieser Ära sollte lang und steinig sein.

Sie war geprägt durch Ohnmacht, Unsicherheit und Benommenheit; ihr fehlten Vernunft, rationale Überlegung oder humanistische Größe, ein moralisches Urteil sowie die Fähigkeit, Richtig und Falsch zu unterscheiden. Auf stummen, grauen Leinwänden wurde die Geschichte willkürlich in tausend Stücke zerschnitten. Die Wahrheit existiert nur noch in Details und Fragmenten, und sie bringt diese zerbrochene und durchtrennte Schriftrolle der Geschichte dazu, auf wundersame Weise ihre Form wieder anzunehmen – tausend Widersprüche, die in einem zusammenfließen und sich gegenseitig erhalten.

Eines Tages in der Abenddämmerung sah ich, nachdem ich mich vorher mit Li Songsong auf dem Weg von meinem Atelier zum Abendessen unterhalten hatte, aus dem Autofenster. Die Nacht brach herein, eine Nacht wie jede andere, die Lichter waren gerade angegangen, ich fühlte eine leichte Brise auf meinem Gesicht und die Leute waren hierhin und dorthin unterwegs. Als ich die Straße hinunterblickte, setzte sich dieser kleine Ausschnitt aus der Landschaft der Stadt Stück für Stück zusammen: Geschäft für Geschäft, Familie für Familie, Gebäude für Gebäude. Diese Menschen, die das Abendessen zubereiteten, fragten nicht nach Richtig oder Falsch, und die Angelegenheiten ihrer Vorfahren oder Nachkommen interessierten sie nicht, es interessierte sie nicht, ob die Oberfläche des Wassers im Becken glatt war oder leichte Wellen schlug oder wohin der Fluss in Zukunft fließen würde. In allen Zeitaltern ist es dasselbe; es gibt einfach zu viele Menschen, die mit Freud und Leid ihres kleinen Alltags vollauf beschäftigt sind. Eines bleibt dabei ewig gleich: Freud und Leid sind fragmentarisch, sie können beide nicht wirklich beschrieben oder zum Ausdruck gebracht werden, sie können nicht vervielfältigt oder wiedergegeben werden, sie können gefühlt werden, es ist unbeschreiblich.

Diese Ruinen beherrschen alles, sie sind riesig und grenzenlos, sie reichen über den Horizont von Raum und Zeit hinaus. Seit langer Zeit werden die Menschen nun schon in sie hinein geboren, leben in ihnen und laufen auf ihnen herum. Das Verhalten dieser Menschen, ihre Beobachtungen, ihre Wahrnehmungsfähigkeit, ihre Sprache, ihr Sehvermögen oder ihre Stimmen entsprechen den Umständen – wir wurden hier geboren, sind hier aufgewachsen, und hier werden wir auch sterben. Diese Zivilisation ist etwas Besonderes, sie befindet sich auf ihrem ganz eigenen Kurs; sie ist wie eine Pflanze, die nur in großer Höhe gedeiht. In einem völlig anderen Klima können nur die überleben, die anpassungsfähig sind.

Die Existenz dieser Ruinen führt vor Augen, dass alte Stärke und alter Ruhm zerstört und vollständig ausgelöscht werden können. Sie belegt die Schwäche und die zerbrechliche Natur der Vernunft, sie zeigt, dass die Seele zusammenbrechen, der Geist sich verabschieden und sogar das gute Gewissen schließlich ausgelöscht werden kann. Auf diesem Ruinenfeld verweigern sich die Alten der Vernunft, während die Jungen sich amüsieren, wo und wann immer sie können. Ruinen lassen die Macht der Gewalt und der Barbarei offenbar werden, in ihnen ist das Überleben nur möglich, wenn man alle Prinzipien aufgibt, und die in ihnen leben, haben die mögliche gemeinsame Existenz mit dem Weichen und Schwachen für immer aufgegeben.

Li Songsong malt in Schichten, die dick genug sind, um wirklich alles zuzudecken. In den vergangenen drei Jahren hat er über fünfzig Werke vollendet. Seine frühen Werke sind hauptsächlich monochromatisch, aufgetragen mit dicken, starken Pinselstrichen. Das Verhältnis zwischen den Schichten und Farben auf diesen Schwarz-Weiß-Gemälden folgt einer eindeutigen Ordnung, die rauen Pinselstriche dagegen erzeugen einen ungewöhnlichen visuellen Schock.

In den neueren Werken erweiterte er seine Palette über das Schwarz-Weiß der frühen Gemälde hinaus zu vielfältigen Farbkombinationen, die abschnittsweise aufgeteilt sind und sich zu einem Flickenteppich farbiger Quadrate fügen, und es gibt Szenen, die sich aus verschiedenen Schichten und Teilen zusammensetzen. Etliche weitere Werke hat er auf Aluminiumplatten gemalt – die gleichmäßige Lichtreflexion des Metalls verleiht diesen Arbeiten den Hauch mechanischer Kälte und mechanischen Glanzes, denn die silbrig-grauen Farbtöne spiegeln die Umgebung wider, werden so auf gewaltsame Weise Teil des Werks und verbinden sich mit der breiten und imposanten Pinselführung zu einer stimulierenden visuellen Erfahrung.

Wenn man sagt, dass alles Geschichte wird, dann werden auch alle Motive der Malerei zu historischen Motiven. Jedes Gemälde, das sich ernsthaft mit der Realität auseinandersetzt, trägt einen Hauch Symbolik in sich, es hat eine suggestive und eine provokative Funktion. All das, was ein Gemälde vermittelt, wird schließlich zum Gesicht und zur Farbe der Geschichte. Li Songsongs Gemälde – seien sie nun historisch oder nicht, beabsichtigt oder zufällig, unbeholfen oder belanglos in ihren Motiven, ewig oder vergänglich –, sie werden für immer untrennbar verbunden mit diesen Schichten und abermals Schichten dicker Pinselstriche, mit der Geschwindigkeit der Striche sein, damit, was jeder Strich verdeckt, und damit, wie das Licht auf die Farben fällt. Das eine System wird vom anderen System durcheinandergebracht, einem anderen System, das unabhängig davon existiert, das irgendwo jenseits des ersten schwebt. Diese Gemälde sperren sich gegen Interpretationen, und die Konfusion, die durch den Wunsch nach ihrer Interpretation erzeugt wird, führt zu Problemen. An diesem Punkt entsteht ein Nebeneinander aus Begeisterung und Ermüdung, und die Möglichkeiten der Kunst hypnotisieren einen regelrecht. Die Menschen verschwinden in ihrer Suche, ihre Wünsche schwinden, obwohl sie sich danach sehnen, sie müssen selbst zusehen, wie ihnen – ohne dass sie sich wehren können – etwas induziert wird und sie der Suggestion unterworfen werden.

Die Menschheit lässt es nicht zu, dass Individuen losgelöst von der Geschichte existieren können. Alle Spuren von Wahrheit ebenso wie die Verlogenheit, die sie zurücklassen, kann man als Spuren der Geschichte betrachten. Manchmal sind sie klar und durchsichtig, geradezu unsichtbar; ein anderes Mal sind sie schwer zu verstehen, sie stagnieren, sind nicht zu trennen und bleiben unklar. Oberflächlich betrachtet gehören Li Songsongs Arbeiten in die letzte Kategorie. Und obwohl Li Songsongs Gemälde in der westlichen Tradition der Ölmalerei stehen, scheint auf ihnen auch immer noch östliche Malerei durch. Diese Gemälde und die Kraft ihrer Totalität hängen nicht von Intensität eines visuellen Effekts, einer inneren Logik oder von Licht oder Farbe ab. Ihre Kraft kommt aus der Tiefe der Psyche, aus der inneren Einstellung und dem freien Willen. Hier manifestieren sich eine Unsicherheit und eine Abspaltung. Die Farbe ist ganz einfach eine innere Forderung der Psyche; sie ist nicht ausdrückbar, die Pinselstriche dagegen sind reine Notwendigkeit. Ihre Beschaffenheit resultiert aus Li

Songsongs Umgang mit der Leinwand und dem Tenor seiner Gefühle, der von dem Gegenstand, den er gerade tatsächlich porträtiert, abgekoppelt, jedoch untrennbar mit der Gemütsverfassung des Künstlers verbunden ist.

Wenn es tatsächlich einen ursächlichen Zusammenhang zwischen individuellem Ausdruck und Nationalstaat gibt, Nationalhistorie und der Welt, und wenn die plumpen Theorien des Materialismus bezüglich der Ursache-Wirkungs-Zusammenhänge tatsächlich richtig sein sollten, dann gibt es in der Welt, die wir heute vor uns sehen, viel eher Verlassenheit als Beharrlichkeit, eher Chaos als Klarheit, eher Widerspruch als Ordnung. Die Menschen werden sogar immer gefühlsbetonter und lassen die Vernunft weiter hinter sich. Gefühle sind schwach und sind konturlos, Logik dagegen persistent. Man kann sie allerdings leicht verletzen, sie ist ohne Zweideutigkeiten, aber begrenzt in ihren Möglichkeiten. Auf diesem Flecken östlicher Erde ist nur der helle Mond ein echter, ewiger Geist, selbst dann, wenn er auf der anderen Seite der Erde am Himmel steht. Vor vierzig Jahren war der Mond, auf dem der Mensch gerade erst spazieren gegangen war, nur ein weiteres Ruinenfeld. Aber für die Menschen hier ist es nicht nötig, dass diese Ruinen noch einmal entdeckt werden; jener Mond, in den die Amerikaner so viel Zeit und Energie investiert haben, um ihn zu erreichen, ist nicht der Mond in den Herzen des chinesischen Volkes.

*Geschrieben im Oktober 2006*[67]

---

67 Der Text »Hypnose und fragmentierte Realität« wurde erstmals im Katalog zur Ausstellung »Li Songsong: ›Hypnogenesis‹«, Galerie Urs Meile Peking–Luzern publiziert (Peking: 4. November 2006 – 25. November 2006; Luzern: 16. Dezember 2006 – 27. Janaur 2007).

## Dokumentation des unbekannten Selbst und des Nicht-Selbst: Rongrong & inri

■ GEPOSTET AM 15. NOVEMBER 2006

Hier gibt es viele Katzen. Es sind Damis Junge.

In den Außenbezirken von Peking findet man viele Katzen; die Stadt ist wie Rom, sie ist übersät mit Ruinen. Katzen verlassen Ruinen nicht – oder, man könnte auch sagen: Ruinen sind eigens für Katzen gemacht. Das ist auch ein Grund, warum Katzen und Menschen zusammenleben, denn überall, wo Menschen hausen, gibt es Ruinen. Das Heim eines jeden, der Katzen hält, nimmt Züge einer Ruinenlandschaft an. Es kann sein, dass Katzen plötzlich verschwinden, aber Menschen können Katzen nicht verstoßen, denn diese wandern einfach von einem Trümmerhaufen zum nächsten. Katzen sind selbstkritisch und stolz, dass sie verloren gehen und wieder auftauchen, ist etwas ganz Normales. Diese Welt gehört den Katzen, aber es stört sie nicht, sie mit uns zu teilen. Jedes Mal, wenn eine Katze ihren Aufenthaltsort wechselt, wird sie noch melancholischer. Katzen waren schon immer melancholisch.

Die Fotografien in dem Band zeigen einen Teil des Werks von Rongrong und inri aus den acht Jahren von 1994 bis 2002. Diese Arbeiten dokumentieren ihr Leben, ihren Freundeskreis, ihre Katzen, ihre Liebe und letztendlich die Zerstörung ihres kleinen Hofhauses im Chaoyang-Viertel von Peking, jenes Ortes, an dem all dies stattfand.

Die meisten Schwarz-Weiß-Aufnahmen stammen von Rongrong. Er hatte für Farbe nie viel übrig. In der zweidimensionalen Welt Rongrongs stellt Schwarz-Weiß eine Manifestation der Außenwelt dar; es ist die einzig mögliche Verbindung zur Welt. Monochromie ist eins der grundlegenden Merkmale seiner Arbeiten; die Welt von inri hingegen ist voller Farben.

Während der kurzen Existenz von East Village in Peking dokumentierte Rongrong unablässig Leben und Tod in dieser

Künstlerkolonie. Diese Zeit war eine krude Übergangsphase, in der etliche Künstler dort ihren Kampf kämpften und dabei ihr Werk schufen. Ihrer Weltsicht und Lebensführung waren ziemlich anders als die der Mehrheit der Bevölkerung. So war es auch bei Rongrong, der untrennbar mit der Wirklichkeit von East Village verbunden war. Die Fotografien, die er dort aufnahm, wurden zu einer der seltenen Dokumentationen zeitgenössischer chinesischer Kunst; sie wurden zu einem Bereich der körperlichen Wirklichkeit von East Village.

Damals betrachtete man die Arbeiten von Rongrong nicht als Kunst; sie galten vielmehr als Teil des diffusen Alltagslebens in East Village, eines Lebensstils, der außerhalb der üblichen Normen stand, ein Ausnahmezustand. Sie dokumentierten das feierliche Arbeiten von Freunden und Künstlern, die dort zusammenkamen; sie waren Teil einer düsteren Zeit. Für die herrschende Ideologie war moderne Kunst eine Krankeit, eine Verschwörung, mit deren Hilfe die westliche Welt China zu destabilisieren versuchte. In einer so engstirnigen Zeit wirken die Aktivitäten der Künstler noch mehr wie die Heldentaten des Untergrunds – man verfolgte sie und trieb sie auseinander, und sie waren mit einer Wirklichkeit konfrontiert, die auch Verhaftung und Inhaftierung einschloss. Für das künstlerische Schaffen im damaligen China war das East Village der einzige Ort, an dem sich einigermaßen ganzheitliche visuelle Formen erhalten hatten, und diese waren untrennbar mit den Aktivitäten von Rongrong verbunden.

Das Lebensgefühl des East Village markierte den ersten kritischen Moment, in dem die zeitgenössische chinesische Kunst ein Selbstbewusstsein entwickelte und – einfach aus Sorge wegen den herrschenden Zuständen – damit begann, das faktische Verhältnis zwischen Kunst und Realität zu thematisieren, sich auf den Charakter der Künstler selbst zu konzentrieren und Experimente mit dem eigenen Körper der Künstler zu beginnen. Im Gegensatz zu der herkömmlichen Performance- oder der Aktionskunst entstand aus den heimischen Gegebenheiten hier etwas Neues, eine neue Form der Wahrnehmung des Hier und Jetzt, ein neues Denken. Es brachte eine Gruppe aufgeklärter Individuen hervor, darunter Ma Liuming, Zhu Ming, Zhang Huan, Zuzhou, Zhu Fadong, Cang Xin und Rongrong. Noch ist es kaum zu glauben, dass die Untergrundveröffentlichungen des heute weltbekannten East Village – die *Black Cover, White Cover* und *Gray Cover Books* – einmal solchen Ruhm erlangen würden.[68] Tatsächlich existierte und lebte diese Kolonie nur etwas länger als ein Jahr. Ich erinnere mich daran, wie Künstler im Hofhaus Nummer 13 über ihre Werke und ihre mögliche Realisierung diskutierten; in diesen Gesprächen ging es immer auch darum, wie man etwas verstecken, wie man selbst untertauchen oder wie man seine Flucht vorbereiten könnte.

Wenn Fotografie Kunst ist, dann nur, wenn sie die der Kunst inhärenten Möglichkeiten nutzt, arglos den Auslöser betätigt, eine Lüge im Angesicht der Wirklichkeit. Im Moment der Aufzeichnung löst sich die ihr gegenüberliegende Welt auf wie Rauch. Aller Realismus wird zu einer verlässlichen Lüge.

Fotografie scheint ein gänzlich unverlässliches Medium zu sein; sie ist dem Leben so nah, doch als dessen Manifestation könnte sie kaum weiter von ihm entfernt sein. Sie zwingt uns

---

68 Bei den *Black Cover, White Cover* und *Gray Cover Books* (*Heipi shu, Baipi shu, Huipu shu; Schwarzgebundene, Weißgebundene, Graugebundene Bücher*) handelt es sich um eine Reihe von Untergrundveröffentlichungen, die von Ai Weiwei und dem Kurator/Kritiker Feng Boyi (geboren 1960) Mitte der 1990er-Jahre herausgegeben wurden. Sie dokumentierten die Aktivitäten chinesischer Künstler und brachten die internationale Kunst von Übersee aufs chinesische Festland. Die Bücher waren zur Zeit ihres Erscheinens sehr einflussreich; man bezeichnete sie auch als Manifeste der chinesischen Avantgarde, und sie erlangten in der Folge eine Art Kultstatus. Die englische Übersetzung »Cover Book« (die auf die Farbe des jeweiligen Buchdeckels anspielt; A.d.Ü.) überträgt den chinesischen Titel in seiner ganz wörtlichen Form. Zutreffender wäre es jedoch, die enthaltene politische Anspielung in die Übersetzung mit einzubeziehen. Bei den »White Papers« bzw. »Weißbüchern« (*bai pishu*) der chinesischen Regierung handelt es sich um offizielle Dokumente, die seit 1949 den »offiziellen Standpunkt« in Angelegenheiten von Fragen der Entwicklung bis hin zur Außenpolitik darlegen. Doch weil der Titel »Cover Books« bereits verbreitet ist, verwenden wir ihn aus Gründen der Konsistenz auch hier.

zu glauben, verführt uns dazu, etwas neu zu sehen, und sie schafft eine Welt, die nie Existenz annehmen kann. Es scheint, als sei sie im höchsten Maße authentisch, denn durch das, was wir als den ihr eigenen Blick und die ihr eigene plausible Logik bezeichnen, zeigt sie uns, wie die Welt heute ist und wie sie in der Vergangenheit war. Bereitwillig glauben wir, dass unsere Erinnerung einen Beleg benötigt, und dass ein solches Belegstück unsere weiteren Handlungen vorgibt, aber vielleicht ist es auch eine Falle oder ein Hindernis.

Mit Werken aus diesem Zeitraum konzentrierten sich Rongrong und inri in erster Linie auf ihr Privatleben, auf jedes noch so kleine Detail, selbst wenn nichts passierte. Das Leben war, wie es war, und die Tage verstrichen in monotonem Gleichmaß. Ihr fotografisches Werk erreichte eine neue Entwicklungsstufe, als sie damit begannen, dem eigentlichen Prozess der fotografischen Aufnahme größere Aufmerksamkeit zu widmen. Es entstand eine völlig neue Welt, und es war, als sei diese direkt dem unerschöpflichen Reservoir der Introspektive entsprungen, dem inneren Selbst. Es handelte sich um jenen Zustand der willkürlichen Ziellosigkeit, der Gleichzeitigkeit, der Unordnung und des Chaos, jener Zustand, der die endlosen Geschichten und unbeschreiblichen Gefühle hervorbringt, alle jene Dinge, auf die wir uns im Leben keinen Reim machen können – eine Welt des Privaten, hinter einer verschlossenen Tür aus Holz, an einem Ort, den niemand kennt.

Ein Mensch ist immer dazu in der Lage, in sich selbst einzutreten, tief nach innen zu schauen, dorthin, wo die Seele einem öden Brachland gleicht. Verlassene Stätten und selbst gewähltes Exil gehören zum Leben; sie sind der vertrauteste Weg zur Gewalt und die unmittelbarste Folge von Gewalt.

Ruinen belegen die Existenz von Systemen und Zivilisationen, die einst blühten und gediehen. Ewige Ruinen sind verlassene Grundstücke ohne Leben, Orte ohne Möglichkeiten, aller Zuversicht und jedes guten Willens beraubt, dort sind alle Hoffnungen und alle Erwartungen zunichtegeworden. Es sind

Orte, die danach trachten, in Vergessenheit zu geraten, und die Beweise für die Gewalttaten, die einst auf ihnen verübt wurden. Auch unsere Zeit ist voller verlassener Ruinen; wenn wir die Ruinen feiern, zeigen wir gleichzeitig mit dem Finger auf sie und erklären, dass wir selbst ein Teil von ihnen sind. Diese Ruinen waren schon lange vor uns da; unsere Existenz belegt nur die Macht ihrer Ewigkeit.

Ruinen, unbebaute Erde, und die wilde und brutale Macht, die der Zivilisation zuwiderläuft, zeugen von der unleugbaren Wahrheit des Todes; sie zeugen von dem riesigen schwarzen Schatten und von grenzenloser, großflächiger Zerstörung.

Wir sind gefangen in der unterschwelligen Strömung einer Ära voller Schmerz, wir müssen hundertfach sterben, tausendfach, zehntausendfach. Und im Sterben nehmen wir eine unheilvolle Ära mit uns, eine Ära der Grausamkeit und fehlender Menschlichkeit. Jedes Mal, wenn wir diese Ruinen betrachten, lodert in uns ein Gefühl der Freude auf, lodert unsere Welt auf, ja es lodert die ganze Welt.

Die Ästhetik der Macht und die Politik sind beide Gewalt.

Doch im Angesicht einer persönlichen Entscheidung sind beide gleichsam schwach und fallen beim ersten Schlag in sich zusammen. Wir leben in einer Zeit, in der Schwarz und Weiß vertauscht wurden, in der es Richtig und Falsch nicht gibt, in einer Zeit, die weder Geschichte noch Zukunft besitzt, in der man sich wegen seines eigenen Schattens schämt und in der einem das eigene Gesicht peinlich ist. In dieser Zeit verbrauchen wir unsere größten Energien mit dem Verbergen der Wirklichkeit und der Wahrheit. Es handelt sich um ein Zeitalter, in dem unsere größten und eifrigsten Bemühungen der Tarnung gelten, ein Zeitalter, das ganz allmählich aus unserer persönlichen Akte verschwindet, aus den Details unserer Existenz und aus unseren verschwommensten Gefühlen. Wie Schnee, der in der Sonne schmilzt, können diese Details nicht mehr sein als schemenhafte Erinnerungen, und sie werden ersetzt von alltäglichen Freuden und Ärgernissen neuer Leben.

**1.21** Eine Katze von Ai Weiwei und *Tisch mit zwei Beinen an der Wand,* 31. Januar 2007.

Rongrong kam 1968 in einem Dorf außerhalb von Qanzhou in der Provinz Fujian zur Welt. Sein richtiger Name lautet Lu Zhirong. 1992 kam er nach Peking, um Fotografie zu studieren, und wir lernten uns kurz danach kennen. Er und weitere Künstler lebten für mehr als ein Jahr im East Village, bis man sie zwang, dort auszuziehen; die Polizei damals war pausenlos damit beschäftigt, die Künstlergemeinschaften von Peking zu schikanieren, sie wollte sie eliminieren; es war eine Zeit, in der man die Künstler Pekings mit verzweifelt über die Straße huschenden Mäusen vergleichen kann. Es war wirklich sckrecklich.

Inris vollständiger Name lautet Inri Suzuki, und sie und Rongrong begegneten sich im Jahr 2000. Sie steckt voller ruhiger, eleganter und unbefangener Energie, in ihren Augen gibt es ein klares und hartes Funkeln. Ein direkter Kontrast zu Rongrongs unmännlicher, schüchterner Introvertiertheit. Die Ausstrahlung einer japanischen Frau wie inri findet man nur selten in China.

Dami, was so viel heißt wie »große Mieze«, ist ihre Katze. Ich erinnere mich daran, dass man sie sterilisierte, nachdem sie bereits 18 Junge bekommen hatte, doch auch danach brachte sie auf rätselhafte Weise noch einen Wurf kleiner Kätzchen zur Welt. In gewisser Hinsicht sind Katzen der Beleg für die Dummheit und Hilflosigkeit der Menschen. Jeder vergöttert Dami und redet über sie, sie hat alles miterlebt, was Rongrong über die Jahre hinweg widerfahren ist, sie erinnert sich an das Hofhaus, in dem Rongrong acht Jahre lang lebte, seinen Abriss, und sie ist ebenso vertraut mit Rongrongs neuem Zuhause. Aber was sie von alledem hält, wird immer ihr Geheimnis bleiben.

*Geschrieben am 1. Oktober 2006*[69]

## Weitverbreitete Meinungen

■ **GEPOSTET AM 20. NOVEMBER 2006**

### Ein ramponiertes altes Schiff

Jeder, der einmal den Ozean gesehen hat, weiß, dass er nur ein dahintreibendes altes Schiff ist – ziellos, ohne Heimat, verdammt vom Schicksal, ohne Chance auf Rückkehr und ohne Chance auf Ankunft. Wohin treibt dieses Schiff? Und welches Schicksal wird es und seine Passagiere ereilen? Der Preis für ihr Schicksal ist nicht mehr und nicht weniger als ihre Realität – und dieses Schicksal wurde vor Jahrzehnten, ja vor einem Jahrhundert vorausbestimmt.

Dieses Schiff war nicht dazu bestimmt, helle, herrliche Kanäle zu durchfahren, es fährt in der ewigen undurchdringlichen Finsternis des Verfalls und der Scham. Als Schiff, das die

---

69 Eine Fassung von »Dokumentation des unbekannten Selbst und des Nicht-Selbst« wurde veröffentlicht in *Liu Li Tun: A Catalog of Rongrong & inri's Photography* (Peking: Three Shadows Photography Art Centre; New York: Chambers Fine Art, 2006).

gemeinsamen Ideale und das Schicksal der Menschheit entehrt, durchmisst es düstere Gewässer. Oder vielleicht ist dies auch gar kein Schiff; es hat keinen Kapitän, keine Passagiere, keine Richtung und kein Ziel. Es ist nur ein Gegenstand, der im Wasser treibt – er kann nicht einmal sinken –, er kann nur darauf warten, dass ihn der Sturm in Stücke schlägt.

**Nationalstolz**

Falls es so etwas wie Nationalstolz überhaupt gäbe, würden die Autokraten ihn manipulieren, um ihn zu zerstören. Das Volk – das sogenannte Volk – besteht aus einfältigen Nichtstuern, die in jedweder Misere einfach nur ausharren und weiterleben. Diese Menschen wurden durch die Täuschungen der Kultur stumpf und sind verwahrlost, man hat sie ihrer Persönlichkeit beraubt, sie haben sie verloren. Es sind Menschen, die ihre Rechte und Eigenverantwortung aufgegeben haben, die wie Geister auf den immer breiter werdenden Straßen umherlaufen, und die schon lange ihre wahren Gefühle, Träume und ihre Heimat verloren haben. Ihnen wird des Nachts nicht mehr warm, sie erwarten nichts mehr, und sie werden nie mehr träumen.

**Menschen**

Diese sind der primitivste, der einfachste Stoff auf Erden. Die Vorstellung, dass man »die eigenen Angelegenheiten in die Hände nehmen« oder ein »Vertreter des Fortschritts« sein könne, ist mittlerweile nur noch ein Witz, ein Witz, der die Animositäten und die Ziele der Diktatur ebenso entlarvt wie die Anbiederung dieser Sklaven mit niederen Instinkten. Die Rechte der Menschen, und all das, was man als Recht bezeichnen kann, müssen aus der Selbsterkenntnis und aus der Artikulation von Wert und Bedeutung derjenigen hervorgehen, die diese Rechte besitzen. Rechte sind notwendigerweise Teil der Lebenskraft und des Bewusstseins jedes Individuums. Das Wort Individuum beinhaltet zwangsläufig eine gottgegebene Stellung. Kein Mensch kann anderen Rechte verleihen, ebenso wenig wie es keine Tage ohne Sonne gibt und keine Nacht, solange die Sonne hoch am Himmel steht. Doch weshalb glauben die Menschen zu diesen Fragen lieber schamlose Lügen?

**Die ewige Nation**

Wann können wir eine Nation als »ewig« bezeichnen? Welche Art von Herrschern oder Beherrschten sind die richtigen, um den unerschütterlichen Status eines Ortes zu begründen, ohne Krisen, ohne Behinderungen, ohne inhärenten Niedergang? Es müsste sich um ein Land ohne Wahrheit, ohne Gerechtigkeit und ohne Seele handeln. Es wäre ein Ort, der einhellig seinem Volk die Treue bricht. Und das ist bei Weitem nicht schwer zu erreichen, denn genauso sah die Wirklichkeit in diesem Land sehr lange aus. In dieser Hinsicht besitzt diese Nation bereits einige geheiligte Eigenschaften – sie hat die Gesetze der Evolution überwunden; es gibt weder Gut noch Böse, keine Willenskraft und keine Wahl.

**Weitverbreitete Überzeugungen**

Momentan ist nicht abzusehen, wie Korruption und Verwahrlosung je aufhören sollen, Ignoranz und Betrug besitzen eine Macht, der kaum jemand widerstehen kann. Die meisten Menschen glauben, es zähle zu den nutzlosesten aller gesellschaftlichen Ideale, ein Gewissen zu haben, dass das Schicksal unvermeidlich ist und man sich dem Willen des Himmels zu fügen hat. Das ganze Leben besteht eben aus dem Ertragen des Unabwendbaren und aus Kompromissen. Eine Gesellschaft, der das Gewissen fehlt, ist wahrhaft düster und kalt, die Menschen lassen einander im Stich, und dadurch wird auch noch das letzte grüne Blatt vertrocknen; so kann die allerletzte Kerze gelöscht werden. Das eigene Leben wertzuschätzen, seine ursprünglichen Werte wiederherzustellen und auf dem Wert des Gewissens zu bestehen, sind die einzigen wahren Möglichkeiten, um zu existieren. Das ganze Leben hindurch werden diese zur unerschütterlichen, nie versiegenden Quelle der Lebenskraft; sie sind die Schutzgottheiten, die einem die Umgebung erleuchten. Wenn man seinem Gewissen folgt, schützt man damit auch andere und gesellschaftliche Ideale: Das heißt nach Wahrheit streben und die Schönheit wertschätzen.

## Historische Ideen

Welcher Mensch hat in der heutigen Welt keinen Begriff von Geschichte? Wer würde daran glauben, dass die Menschheit ihre Instinkte dafür aufgibt, nach der Schönheit zu streben, oder aber dass die Interessen einer Nation und eines Volkes dauerhaft von Dummheit und Demütigung mit Füßen getreten werden könnten? Wer würde daran glauben, dass eine zentralistische Staatsmacht höher stehen könnte als die Wahrheit und der gute Wille, oder aber daran glauben, dass die Wirklichkeit sich auf ewig mit Lügen abfindet, dass die Weisheit für immer unerreichbar bleibt oder dass die Schönheit vor dem Abscheulichen kapitulieren könnte? Welcher Mensch hat Freude daran, in selbstsüchtigen Interessen gefangen zu bleiben und sein gutes Gewissen zu verlieren? Dieser Mensch müsste schon sehr kurzsichtig sein. Doch diese Kurzsichtigkeit hält sich schon seit mehreren Jahrzehnten und kostete mehrere Generationen das Leben; sie hat das Schicksal der Nation in ein Instrument verwandelt, um ganz wenigen Leuten und der herrschenden Partei Privilegien und Profite zu verschaffen. Aus Sicht des Universums handelt es sich hier nur um eine winzige Tragödie, die nur einen kleinen Teil der Menschheit betrifft, aber das wird im Handumdrehen Vergangenheit werden, und spätere Generationen werden diesen Jammer verachten.

## Die ethischen Grundlagen der Gerechtigkeit

■ **GEPOSTET AM 30. DEZEMBER 2006**

In den vergangenen zwei Tagen wurden zwei Menschen zum Tode verurteilt.

Saddam Hussein, der ehemalige Präsident des Irak, wurde vor drei Jahren gefangen genommen und verbrachte nun nach einem langen Prozess seine letzten Stunden. Heute um 6.00 Uhr Bagdader Zeit vollstreckte die neue irakische Regierung das Urteil wegen »Verbrechen gegen die Menschlichkeit«. Saddam Hussein starb durch den Strang – als symbolisches Zeichen dafür, dass die Vereinigten Staaten ihre strategischen Ziele im Mittleren Osten erreicht haben. Ihr Vorgehen unter dem Vorwand des Antiterrorismus machte den Rest der Welt sprachlos.

Auf der anderen Seite der Erde ermordete ein gewisser Qiu Xinghua aus dem Dorf Houliu im Kreis Shiquan in der Provinz Shaanxi, ein Bürger der untersten gesellschaftlichen Schicht, auf grausame Art und Weise zehn unschuldige Menschen.[70] Vor zwei Tagen wurde er in Ankang am Nordufer des Jangtse durch Erschießen hingerichtet. Das oberste Gericht von Shaanxi ging nicht auf die zahlreichen Einsprüche von Soziologen ein, die dafür plädiert hatten, die psychische Verfassung des Täters begutachten zu lassen, und sie lehnten eine Form des Gerichtsverfahrens ab, das womöglich zu einer Verbesserung von Chinas schwachem Rechtssystem geführt hätte.

---

70 Am Abend des 16. Juli 2006 tötete der »Tempel-Schlächter« Qiu Xinghua zehn Menschen im Eisenziegel-Tempel in der Provinz Shaanxi. Zunächst versteckte sich Qiu über Wochen auf dem Land, wurde dann jedoch schließlich am 19. August direkt vor seinem Haus festgenommen und später zum Tode verurteilt. Weil bereits vorher der Verdacht einer psychischen Störung bei ihm vorlag, legten seine Anwälte Revision gegen das Urteil ein. Qius Prozess entzündete eine öffentliche Debatte über eine Reform des Gesetzes für psychisch Kranke in China. Die vorgebrachten Einsprüche wurden allesamt zurückgewiesen. Qiu Xinghua wurde am 28. Dezember 2006 hingerichtet.

Die einzige Chance, die Wahrheit noch ans Licht zu bringen, wurde mit in der Morgendämmerung widerhallenden Schüssen zunichtegemacht.

Auf den entgegengesetzten Seiten der Erde wurden ein beispielloser Monarch und ein Mann aus der untersten Schicht, dem in seinem ganzen Leben niemals Respekt entgegengebracht wurde, in zwei völlig verschiedenen Gesellschaften ganz unterschiedlicher Verbrechen angeklagt, aber beide vereinten sich im gleichen Schicksal.

Aber wenn man einmal vom Schicksal der Delinquenten, ihrer vermutlichen Kriminalität absieht, selbst wenn man alle edlen Ideale der Menschheit, Gerechtigkeit zu erlangen, vergisst, und die rechten Worte für Ethik und Moral genauso wie zum Fortschritt der menschlichen Zivilisation fehlen – in dem Augenblick, in dem ein Leben ausgelöscht wird, wird doch alles, was der Delinquent an Bösem begangen haben mag, unwichtig. In diesem Augenblick wird der Wert des Lebens ausgelöscht. In dem Augenblick, in dem jemandem das Leben genommen wird, wischt die herrschende Macht die Glorie der Krone der Gerechtigkeit hinweg und beschmutzt die unveräußerliche Menschenwürde, die Freundlichkeit und Liebe schützen sollte.

Man zerstört die wichtigste Grundlage der Gerechtigkeit, wenn man sich anmaßende Begründungen ausdenkt, um einem Menschen das Leben zu nehmen. Seine Ermordung mit seiner Nationalität, seiner ethnischen Zugehörigkeit oder seinem Namen zu begründen, oder aus Rache, ist zutiefst ungerecht und unverantwortlich.

Todesurteile werden von der Menschheit ethisch gerechtfertigt. Doch eine so abscheuliche und barbarische Tat wie eine Exekution lässt unschuldige Leben sogar noch hilfloser werden.

# Texte aus dem Jahr 2007

## Leben, Verbrechen und Tod

■ GEPOSTET AM 7. JANUAR 2007

Wer sagt, dass wir alle gleich geboren sind, sagt damit auch, dass alle Menschen gleichwertig sind und es keine Leben gibt, die einen höheren oder niedrigeren Wert haben. Das Leben schließt Gutes wie Schlimmes ein; das Leben selbst existiert unabhängig von menschlichen Wertesystemen; es unterscheidet nicht zwischen Gut und Böse. Das Leben jedes einzelnen Menschen steht im Zusammenhang mit den Leben der anderen Menschen und alle diese Leben zusammen bilden das, was man Menschheit nennt.

Der Wert des Lebens erwächst aus der Tatsache, dass jeder von uns nur eine einzige Chance erhält, aus seiner Unwiederholbarkeit, Einzigartigkeit, Unvorhersehbarkeit und seinen Möglichkeiten. Seine Bedeutung kann man gar nicht wirklich erfassen, nur der Tod kann es beenden. Mitleid ist eine unschätzbar wertvolle Eigenschaft der Menschen, denn Empathie ermöglicht es uns, mit anderen Menschen und unserer Umgebung in Beziehung zu treten. Aus Mitleid erwachsen Vertrauen, Kommunikation, Verständnis und andere soziale Interaktionen. Eine Welt ohne Mitleid ist eine unmenschliche Welt; eine Welt ohne Lächeln oder Gesang ist kalt und leer. Eine solche Welt ist zwangsläufig erfüllt von Angst, Misstrauen, Eifersucht und Hass – sie ist das Ende der Menschheit. Die edelsten Werte der Menschheit, wie etwa Freiheit, Gerechtigkeit, universelle Liebe, Menschenrechte und Spiritualität, haben ihre Wurzel in der Wertschätzung des Lebens und der Identifikation mit ihm. Ohne diese Identifikation kann es keine Redlichkeit geben, keine Entschlossenheit, keine Toleranz, kein Verständnis, keine Würde, keinen Glauben, und ohne sie gibt es keine gehaltvolle Spiritualität, eine solche Welt wäre bar von tiefen Gefühlen, echten Prinzipien, hingebungsvollen Seelen oder gesellschaftlichen Idealen.

Das Leben wird allein durch die Natur gegeben und genommen. Es auf widernatürliche Art zu beeinträchtigen, ist ein großes Unrecht. Sämtliche Ideologien, Glaubensvorstellungen oder religiösen Lehren, die sich dem natürlichen Lauf des Lebens in den Weg stellen, ebenso.

Jede Verzerrung oder Geringschätzung des wahren Wertes des Lebens ist ebenfalls ein Verbrechen, und auch das Leben unachtsam zu leben oder es für etwas zu missbrauchen, ist eine Beleidigung seines fundamentalen Wertes.

Jede Handlung oder jeder Versuch, den natürlichen Lauf des Lebens und Sterbens zu manipulieren, ist verwerflich.

Der Tod ist das Ende des Lebens. Man kann in ihm eine Dysfunktion der menschlichen Welt, in einer anderen ein unendliches Nichtsehen. Nach dem Tod tritt an die Stelle des Lebens eine große Leere. Werte und Moralvorstellungen begleiten unser Leben vom Anfang bis zum Ende: Glück, Freude und Hoffnung sind untrennbar mit dem Wert des Lebens verbunden.

Sein Leben zu geben, um damit etwas zu sühnen, wäre eine Schmähung seines Wertes; das stünde auf einer Stufe mit einem Mord. Im einen wie im anderen Fall bedient man sich der Moral oder sonstiger Argumente, um das Leben und sein Entwicklungspotenzial auszulöschen. Eine beschränkte Ideologie dem Leben gleichzusetzen, kommt einer moralischen und ethischen Selbstverstümmelung gleich.

Die Todesstrafe taugt nicht dazu, Verbrechen zu verhindern, und ebenso wenig taugt sie dazu, Gerechtigkeit zu schaffen. Auch kriminelle Handlungen können nicht die dem Leben innewohnenden Werte und seine Integrität zerstören. Im Gegenteil, die Todesstrafe fördert Verbrechen und setzt das Böse frei. Es ist unmöglich, das Böse durch Strafen auszumerzen, die ein Ende des Lebens bedeuten. Die Todesstrafe ist nicht dazu angetan, die Würde des Lebens zu wahren, gute Absichten zu schützen oder ein gutes Gewissen zu erzeugen. Jeder Versuch der Rechtfertigung dafür, dass ein Leben beendet wurde, ist bereits an sich ein Verbrechen. Die Todesstrafe ist die Manifestation einer barbarischen Ethik, die auf dem überholten Konzept »Auge um Auge« beruht. Sie bringt die Beschränktheit einer Nation, einer Religion, einer Gemeinschaft und von Menschen zum Ausdruck; sie ist blinde Rache und Strafe für einen Verbrecher oder für die Vergehen eines mutmaßlichen Straftäters; sie legt Zeugnis davon ab, dass eine Gesellschaft ihren Glauben an das Bessere verloren hat. Die Missachtung des Lebens eines Einzelnen wird immer die Würde des Lebens der Gemeinschaft beeinträchtigen und dadurch dem wertvollsten Teil jedes einzelnen Mitglieds dieser Gemeinschaft Schaden zufügen. Jeder Mensch, der einem anderen auf irgendeine Weise das Leben nimmt – auch im Namen der Justiz –, ist selbst ein Verbrecher.

Die Todesstrafe ist ein Verbrechen. Sie setzt das personifizierte Leiden ins Werk und entweiht das menschliche Leben; sie negiert und verstümmelt die Würde des Menschen; sie nutzt die Lebenskrise eines Mitmenschen, damit andere sich ergötzen, unterhalten oder ihre Rachegefühle befriedigen können. Das ist primitiv und barbarisch, es steht im Widerspruch zum humanitären Geist, der Seele der Zivilisation.

Der Tod ist das endgültige Ende des Lebens, seine Antithese; der Tod ist Teil einer vollständigen Existenz, ein unveräußerliches Recht und ein grundlegendes Kennzeichen der Existenz. Wie über das Leben auch formen sich Vorstellung über ihn vor allem in einem Wertesystem, das an das Vorhandensein einer ethischen Kategorie jenseits des Lebens glaubt. Auch er ist etwas Einzigartiges; niemand ist befugt, den Tod zu interpretieren oder zu beurteilen.

Jeder Versuch, ein Urteil über Leben oder Tod fällen zu wollen, ist zum Scheitern verurteilt. Letztendlich übersteigt es unser Urteilsvermögen. Denn es geht um Leben und Tod, beide sind ganz eigene Zustände; ihre Vollkommenheit und ihr Wert beruhen auf der Tatsache, dass sie die Grenzen des menschlichen Verstandes überschreiten. Weil die Natur des Lebens ewig rätselhaft ist, ist es auch ewig sakrosankt.

Unabhängig von Ort und Zeitalter zeugen die edelsten Gedanken und Handlungen der Menschen, ihre mutigsten Taten und ihre romantischsten Empfindungen – seien sie politischer oder religiöser, kultureller oder historischer Natur oder auf spirituelle Ideen bezogen –, vom Wert des Lebens und von dessen Bewahrung.

Auf der anderen Seite stehen grausame Taten von Regierungen, Tyrannei, Ignoranz, das Böse, allesamt verdammungswürdige Dinge, die den Wert des Lebens mit Füßen treten.

Lebe glücklich. Empfinde Wertschätzung für das Leben. Lerne durch das Verhalten moralisch handelnder Menschen und durch die Erfahrungen des Lebens. In Anbetracht all der tiefen Sorgen und des Leids in der Welt hat sich nichts als so wertvoll erwiesen wie die Verteidigung des Wertes des Lebens.

## Standards und Scherze

■ **GEPOSTET AM 17. JANUAR 2007**

Standards und Scherze – es wird versucht, alles zu standardisieren, doch am Ende lässt sich überhaupt nichts standardisieren. Was man tatsächlich standardisieren sollte, ist die Machtausübung durch die Regierung, die Meinung, welche die Regierung von sich selbst hat, ihr Verständnis von Macht und Verantwortung und von den Grenzen ihrer Macht. Diese einfachen Dinge werden von einigen wenigen Leuten stets und immer wieder aufs Neue falsch interpretiert.

Das Kulturministerium möchte die Kunstformen standardisieren. Das ist ähnlich komisch wie wenn ein Hund versucht, Mäuse zu fangen. Das Vorhaben, einen »chinesischen Broadway« zu schaffen, »bis 2008 zehn Freilufttheater« zu bauen

**2.1** Alte Tempeltüren auf dem Lujiaying-Antikmarkt in Peking, die hier teilweise unter einer Straßenüberführung liegen, 2. März 2007. Einige dieser Türen wurden für *Template* (2007) verwendet.

und »im Jahr 2008 dreihundert Filmleinwände« aufzustellen, ist purer Blödsinn, der von mangelndem Respekt im Umgang mit dem Geld der Bürger zeugt. Selbst wenn man zehntausend »chinesische Broadways« schaffen, hunderttausend Freilufttheater bauen und drei Millionen Filmleinwände aufstellen würde, wird China immer ein Land bleiben, in dem die kulturelle Verarmung grassiert.

Warum? Weil diese Regierung, die Kultur erschaffen will, ein Verbrechen begeht, das weder der Mensch noch Gott jemals rechtfertigen kann.

Das Kulturministerium ist jene Behörde, die von der Kultur am allerwenigsten versteht; sie ist völlig unfähig, eine wie immer geartete Beziehung zur Kultur zu entwickeln. Das ist zwar auch überall sonst auf der Welt so, aber es ist im Besonderen eine große Tragödie für die chinesische Kultur. Unser Kulturministerium ist anscheinend nicht nur unfähig, die Kultur zu verwalten, es könnte auch einige Nachhilfestunden zum Thema gebrauchen: Das Olympia-Zeichen ist nichts weiter als ein Logo; wenn die Menschen es nicht verwenden, um sich zu bereichern, begehen sie keine Urheberrechtsverletzung. Die Olympischen Spiele sind für die gesamte Bevölkerung da – und wenn jemand mit diesem Logo ein bisschen herumspielen möchte, dann soll er es tun. Wir sollten froh sein, dass es bei uns noch Menschen gibt, die über genug Kreativität verfügen, um ein paar Scherze zu treiben.

## ■ ANHÄNGE

### Performance-Kunst soll unter »Performance« standardisiert werden

**Veröffentlicht in *Xin Beijing News*, 17. Januar 2007**

Verschiedene Arten von Performance-Kunst sollen künftig gesetzlich standardisiert werden. Gestern kündigte der Pekinger Kulturminister Jiang Gongmin in einem Radiointerview an, dass das Ministerium entsprechende Regelungen erlassen werde, um für den Kunstbereich eindeutige Grenzen und Richtlinien festzulegen, insbesondere im Hinblick auf die Kunstwerke selbst. Die Kunst solle ästhetischen Konventionen entsprechen, und Jiang wies in dem Interview auch darauf hin, dass im Hinblick auf die Darstellung nackter oder halb nackter Menschen im Fernsehen seiner Auffassung nach »bereits ein erhebliches gesellschaftliches Probleme« erkennbar geworden sei.

Der Abteilungsleiter im Kulturministerium, Guan Yu, erklärte, dass sich der Kunstmarkt in Peking sehr schnell entwickelt habe, insbesondere an Orten wie 798, Songzhuang etc.; zugleich seien aber in Bezug auf manche Kunstwerke Probleme entstanden. »Mit gewöhnlichen Maßstäben gemessen, ist es sehr schwer, diese Dinge hinzunehmen.« Seit vergangenem Jahr habe das Kulturministerium den Kunstmarkt einer eingehenden Evaluation unterzogen und entwickle nun verstärkt angemessene Managementprogramme. Jiang Gongmin fuhr fort: »Nur wenn hundert Blumen blühen, kann es einen Frühling geben.« Zugleich wies er aber darauf hin, dass dies nur unter der Voraussetzung gelte, dass die Künstler die Verfassung respektieren und zum Wohle der Allgemeinheit wirken. Darüber hinaus verlieh er seiner Hoffnung Ausdruck, dass sich die Kunst an den ästhetischen Traditionen der Mehrheit des Volkes ausrichte; dies seien die entscheidenden Bedingungen, die gemäß dem »Gesetz« zu erfüllen seien.

Jiang gab ferner bekannt, dass Peking einen Theaterbezirk oder einen »chinesischen Broadway« einzurichten plane, und teilte mit, dass einige Künstlervereinigungen bereits mit Behörden verhandelten und man in einem bestimmten Gebiet in Peking zehn bis zwanzig Theater errichten zu können hoffe, die sich schließlich zu einem chinesischen Broadway entwickeln sollen. Aufgrund der Tatsache, dass für die Errichtung eines Komplexes mit mehreren unterschiedlichen Theatern eine kompetente Verwaltungsbehörde erforderlich ist, wurde das geplante Projekt bislang noch nicht in einzelne Teilbereiche aufgegliedert und auch noch nicht in den diesjährigen Arbeitsplan des Kulturministeriums aufgenommen.

Im Hinblick auf den Bau von Freilufttheatern, die verbilligte Eintrittskarten anbieten sollen, erklärte Jiang Gongmin, dass 2008 zehn derartige Theater errichtet werden sollen; professionelle Theatergruppen sollen dort mit finanzieller Förderung durch die Regierung Stücke für die Bevölkerung aufführen.

Die Behörde für Kulturelle Angelegenheiten wird ein Konzept für Vier-Sterne-Kinos entwickeln. In den Jahren 2003 und 2004 gab es in Peking erst 94 Kinos, also ein Kino für 120 000 Menschen. Im Jahr 2006 stieg die Zahl auf 199, sodass 75 000 Einwohner auf ein Lichtspielhaus kamen. Nach den aktuellen Schätzungen wird die Zahl der Kinos in Peking auf rund 300 steigen. Gegenwärtig erstellt das Kulturministerium einen Rahmenplan für Vier-Sterne-Kinos: Spezialkinos in den Innenstädten, eine zweite Garnitur von Kinos in den Vorstädten, digitale Kinos mit mehreren Vorführräumen in den Städten und Dörfern sowie Filmzentren in den administrativen Dörfern. Die Kinos auf dem Land sollen kostengünstig produzierte Filme zeigen und freien Eintritt gewähren.

**Mit dem Olympia-Logo Scherze zu treiben ist eine Rechtsverletzung**
***Xin Peking News,* 17. Januar 2007**
Das Pekinger Olympia-Logo, der »chinesische Drache«, wurde in diffamierender Absicht missbraucht und als Logo einer öffentlichen Toilette verwendet, wobei die Köpfe der Maskottchen, der »Freundlichen Fünf«[1], durch die Köpfe von Film- und Fernsehstars ersetzt wurden. In einem Internetinterview erklärte der Leiter der Rechtsabteilung des Olympischen Organisationskomitees, dass diese missbräuchliche Verwendung des olympischen Logos und der Maskottchen nicht nur eine Schmähung des olympischen Geistes darstelle, sondern auch eine Verletzung nationaler Rechte. Das Nationale Olympische Komitee in Peking werde derartige Vorkommnisse genau beobachten und im Hinblick auf Rechtsverstöße dafür Sorge tragen, dass die entsprechenden Gesetze und Statuten in vollem Umfang durchgesetzt werden.

## Rowing on the Bund: Wang Xingwei

■ **GEPOSTET AM 3. FEBRUAR 2007**

Wang Xingweis Träume sind immer männlicher Natur, und ein Mann, der von sexuellen Fantasien gepeinigt wird, diese jedoch unterdrückt, bewegt sich ständig an jener Schwelle, an der die Ausschweifungen des Geistes in Verirrungen des Flei-

1 Die »Freundlichen Fünf« (wörtlich: »Glückspuppen«) sind die Maskottchen der Olympischen Spiele in Peking. Ihre Namen – Bei Bei (Fisch), Jing Jing (Panda), Huan Huan (Flamme), Ying Ying (Antilope), Ni Ni (Schwalbe) – ergeben aneinandergereiht den Satz »Willkommen in Peking« (*Peking huanying ni*). Parodien oder Verstöße gegen das Urheberrecht an diesen Figuren, deren Bilder seit ihrer feierlichen Vorstellung im November 2005 überall in Peking auftauchten, unterlagen einer strengen Zensur beziehungsweise wurden strafrechtlich verfolgt.

sches umschlagen.[2] Niemand bezweifelt, dass er ein versierter Maler ist; für ihn ist es mit dem Malen wie mit dem Betrachten einer Frau, die man seit Urzeiten kennt – ganz gleich, unter welchem Blickwinkel man sie anschaut, man entdeckt nichts Neues mehr. Wang Xingwei ist ein schwieriger Mensch; er wird nie mit seiner Malerei zufrieden sein, und deshalb greift er ursprüngliche Belanglosigkeiten auf und macht daraus große, aufwendige Dinge.

Wenn er es schafft, alle seine Leidenschaft auf eine Leinwand zu bannen (wie beispielsweise bei seinem großen Pilz)[3], dann tut er das auf einer rechteckigen Leinwand, die anschließend an einer gleichmäßig ausgeleuchteten weißen Wand aufgehängt wird. Er hofft, dass er irgendwann seinen maßlosen Drang überwinden wird, sein eigenes Selbst, sein Leben, seine Malerei und alles, was ihn umgibt, zu vereinfachen, zu popularisieren und zu symbolisieren, und dies wird ihm nicht mehr und nicht weniger als eine schlichte, einfache Art von Freude bescheren. So einfach wie das Sonnenlicht hereinströmt, wenn der Wind ein Fenster aufstößt, oder wie das Wasser aus einem Hahn fließt, wenn man ihn aufgedreht hat, oder wie Schokolade auf der Zunge zergeht.

Wang Xingwei kam aus den nordöstlichen Provinzen nach Shanghai. Er träumte davon, eine jener legendären Figuren auf dem Shanghaier Bund[4] zu werden, eine hoch aufgeschos-

---

2 Wang Xingwei (geb. 1969) ist ein Maler, der zwischen Shanghai und Peking lebt. Der Text »Rowing on the Bund« wurde anlässlich von Wang Xingweis Ausstellung »Large Rowboat« in der Galerie Urs Meile Peking–Luzern (Peking: 3. Februar – 31. März 2007; Luzern: 12. Mai – 20. Juni 2007) für das Blog von Ai geschrieben.

3 Wang Xingweis Gemälde *Untitled (Hanging a Mushroom)* aus dem Jahr 2006 ist repräsentativ für den bildlichen Ausdruck des Künstlers. In diesem Bild umarmt ein Mann einen riesigen Pilz mit rot-weißem Hut.

4 Der Bund in Shanghai ist wahrscheinlich das bekannteste Symbol für die Kolonisierung Chinas durch den Westen. Ursprünglich eine britische Niederlassung, wurde der Ort im Zuge eines Baubooms Ende des 19. Jahrhunderts internationalisiert und entwickelte sich zum Handels- und Bankenzentrum Chinas. Die gut eineinhalb Kilometer lange Uferpromenade erstreckt sich auf dem westlichen Ufer des Flusses Huangpu; von hier sieht man die

sene bambusähnliche Gestalt mit eckigen Schultern, die in einem geschmackvollen Prada-Anzug steckt … mit einem Gesichtsausdruck, der allein schon die Menschen hundert Jahre zurückversetzen kann. Shanghai ist eine Stadt ohne Eleganz, sie war nie elegant und wird es nie werden, ihre verschlagenen und berechnenden Einwohner ersticken alles durch ihre kleingeistige Hinterhältigkeit. Doch unter den Neonlichtern des Bund glänzte die Haut von Wang Xingwei, sein Gesicht rötete sich, und das Einzige, was sich nicht veränderte, waren die ausladenden Äste der Bäume mit ihren herabhängenden Zweigen voller Blätter.

Zwischen den Möglichkeiten ausdrucksvoller Macht und der Macht des Ausdrucks entschied er sich für Letzteres. Alles, was ihm blieb, waren die Anspielungen und Trugbilder, in denen seine ewig unerfüllten Wünsche sich ausdrückten. Trugbilder verleiten ihn übrigens auch oft dazu, die großen Fragen des Lebens hintanzustellen und stattdessen den Sitz seines Gürtels und den Reißverschluss seiner Hose immer wieder im Spiegel prüfenden Blicken zu unterziehen.

In Wang Xingweis Bildern sehen wir einen klugen Mann, der von seinen eigenen kindischen Scherzen mitgerissen wird. Die Kunst hat für ihn jahrelang keine Rolle gespielt, und das Malen ist unmöglich geworden. Außer, er versucht, irgendeinen schmutzigen Trick anzuwenden, sich zu verausgaben, bis er verbraucht ist wie eine brennende Zigarette oder wie ein einzelner Schuh, der zu einem Paar gehört. Seine Bilder dienen eigentlich nur dazu, die Aufmerksamkeit auf Dinge zu lenken, die es schon nicht mehr gibt, oder solche, von denen er hofft, dass sie noch geschehen werden.

Viele Jahre nach seinen Ausflügen in die Kunstgeschichte gab es eine Phase, in der Wang Xingwei schrille, ungestüme, derbe und flegelhafte Bilder malte. Die Serie, mit der er letztes

---

Werften im Bezirk Pudong, das neue Symbol der Wirtschaftskraft der Stadt. Die Architektur des Bund ist sehr vielfältig; sie umfasst Bauten im romanischen, gotischen, Renaissance-, Barock- und neoklassischen Stil sowie im Stil der Beaux-Arts und des Art déco.

Jahr begann, war erst mal rosafarben und warm, und jetzt ist für ihn vor allem wichtig, ob seine künftigen Bilder dunkelrot sein werden oder nicht. Wenn es so wichtig bleibt, werden wir uns tatsächlich Sorgen um ihn machen müssen.

Wir beide kennen uns seit mehr als zehn Jahren, und er sah immer so alt aus wie ich oder erschien sogar ein bisschen reifer. Später fanden wir heraus, dass das überhaupt nicht der Fall war.

## Auf ewig verlorenes Vertrauen

■ **GEPOSTET AM 11. FEBRUAR 2007**

Auf einem der Vogel- und Blumenmärkte in Tianjin hatten Katzenfreunde, die dort als freiwillige Helfer mitwirkten, entdeckt, dass jemand Katzen im großen Stil verkaufte. Dank ihrer Hartnäckigkeit und weil es ihnen gelang, die Katzenhändler, die Polizisten und die Geschäftsleute zu überreden, konnten diese Helfer schließlich mehr als vierhundert Katzen retten und in ein nahe gelegenes Lagerhaus bringen.

Wir brachen gegen 14.00 Uhr von Peking nach Tianjin auf, wo ich das Pekinger Retterteam in das Lagerhaus begleitete. Es war zeitiges Frühjahr, die Sonne schien, und es wurde schon warm.

Nachdem wir an einigen Karussellen vorbeigegangen waren, kamen wir zur Tür des Lagerhauses, die eine von vielen in einer langen Reihe von Türen in einem Lagerhausbezirk war. Als die beiden Stahltüren aufgingen, traf mich ein zutiefst erbärmlicher, mitleiderregender Anblick: Mehr als vierhundert Katzen waren auf dem Boden eines ungefähr hundert Quadratmeter großen Raums in Gruppen verteilt oder lagen in den Ecken haufenweise aufeinander; Gruppen von 30 oder 50 Tieren hatten sich hinter der Tür oder auf den leeren Küchenschränken zusammengekauert, laut miauend vor Hunger und

Angst. Andere versteckten sich verängstigt in den Dachbalken oder in dem Platz zwischen den Wänden und den Stützbalken. Es waren Rassen aus allen Teilen der Welt, mit unterschiedlichsten Farben und Zeichnungen und in verschiedenen Altersstufen, und es war offensichtlich, dass viele dieser Katzen früher einmal von Menschen geliebt worden waren, denn einige von ihnen rieben schmeichelnd ihre Köpfe an unseren Beinen, in der Hoffnung, wieder ein wenig von der Liebe und der Geborgenheit zu erlangen, die sie früher erfahren hatten. Ihre auffälligste Gemeinsamkeit war der Ausdruck nicht zu verbergenden Schreckens in ihren Augen. Sie hatten das Vertrauen zu den Menschen verloren.

Doch diese Katzen hatten Glück; dank ihrer Retter waren sie dem Schicksal entgangen, getötet oder weiterverkauft zu werden. Die jungen Leute mussten sich Drohungen und Einschüchterungsversuche durch die Katzenhändler gefallen lassen, und einer von ihnen wurde sogar von einigen pflichtvergessenen Polizisten verprügelt und musste ins Krankenhaus eingeliefert werden.

Beim Verladen der Katzen in die Autos, mit denen sie nach Peking gebracht werden sollten, wurden die Hände der Helfer zerkratzt und zerbissen. Und obwohl Blut floss, beklagten sich die jungen Leute nicht, und ihre Selbstlosigkeit und ihr leidenschaftlicher Einsatz ließ alle für eine Weile ihren Schmerz und ihren Kummer hintanstellen. Sie hatten ihre Verachtung und ihre Enttäuschung über das niederträchtige Verhalten der Menschen vergessen.

Welcher Zusammenhang besteht zwischen 430 gequälten und verletzten Katzen, 20 freiwilligen Helfern, dem Vogel- und Blumenmarkt von Tianjin, Übergriffen durch die Polizei, Millionen getöteten Hunden, den Olympischen Spielen von 2008 und all dem großen Tamtam um eine harmonische Gesellschaft? Diese Katzen sollten umgebracht werden, sie wurden nur durch Zufall entdeckt. Es gibt viele solche Märkte in Tianjin, wo Jahr für Jahr eine unvorstellbar große Zahl von Katzen und Hunden dieses Schicksal ereilt. Im ganzen Land

2.2 Hunderte von Katzen, die sich in einem Lagerhaus bei Tianjin zusammendrängten, nachdem sie gerettet wurden, 7. Februar 2007.

erleiden jeden Tag, jede Stunde, jeden Augenblick unzählige Tiere ein ähnliches Schicksal; sie können nicht in einer Sprache sprechen, die Menschen verstehen, und sie werden nie imstande sein, die Forderung nach einem Leben in Würde zu erheben. In ihren Augen hat die Menschheit ihnen nichts weiter zu geben als ein extremes Gefühl des Schreckens.

Da es keine Tierschutzgesetze gibt, kann man solchen Gräueltaten nicht Einhalt gebieten, und die Mörder werden nie zur Rechenschaft gezogen. Wenn solche Gesetze fehlen, verkümmern auch das intuitive Wissen der Menschen und ihr guter Wille unaufhaltsam, und alles, was bleibt, ist eine ignorante, verkehrte, von Unmenschlichkeit beherrschte Welt. Die schwerste Selbstbestrafung, die sich die Chinesen auferlegen, besteht darin, dass ihnen auf immer das Vertrauen und der Respekt anderer Völker und Lebensformen versagt bleiben werden.

## Hundemassaker in Wan Chuan

■ **GEPOSTET AM 16. MÄRZ 2007**

Im Bezirk Wan Chuan in der Provinz Sichuan sollen alle Hunde getötet werden.[5] Seit September 2006 sind hier drei Menschen an Tollwut gestorben, und in den letzten Tagen kam noch einer dazu. Daher hat die Regionalverwaltung von Wan Chuan angeordnet, dass dort alle Hunde getötet werden sollen. Beginnend am 16. März (heute) sollen alle Hunde in Wan Chuan (vermutlich Tausende) zusammengetrieben und kurzerhand getötet werden, ohne Rücksicht darauf, ob es sich um Haus-, Wach- oder Kampfhunde handelt.

Die Menschen ziehen Hunde groß, Hunde leben in engem Kontakt mit den Menschen und werden zu ihren Begleitern. Im Ausland tauchen häufig Hunde in Fernsehsendungen auf: Reagan, Clinton und die Familien von Bush Vater und Sohn zeigten sich im Fernsehen oft in Begleitung ihrer Familienhunde. Diese Regierungen wissen, wie man eine Show aufzieht, oder sie haben zumindest erkannt, dass wir Menschen gerne sehen, die freundlich zu Tieren sind, um ihre Menschlichkeit zu demonstrieren. Vor ein paar Tagen gab es Verhandlungen zwischen Russland und Deutschland, und in den Be-

---

5 Im September 2006 starben in dem Dorf Gaofeng in der Region Chongqing in der Provinz Sichuan drei Menschen an Tollwut. Am 17. Februar 2007 gab es im benachbarten Kreis Wanzhou ein weiteres Opfer, was bei den Behörden für Beunruhigung sorgte, denen diese Zahl für dieses begrenzte Gebiet viel zu hoch erschien. Obwohl in China jedes Jahr nach Schätzungen zweitausend Menschen an Tollwut sterben, entschlossen sich die Verantwortlichen in Wanzhou zu drastischen Maßnahmen, um die Entstehung einer Epidemie zu verhindern. Am 1. März verfügte die Regionalregierung, dass die Einwohner eines bestimmten Gebietes, zu dem auch Wan Chuan gehörte, alle ihre Hunde innerhalb von 15 Tagen abzugeben hätten, anderenfalls sollten die Tiere zwangsweise getötet werden. Es wurden keine offiziellen Zahlen darüber bekannt gegeben, wie viele Hunde diesem Massaker zum Opfer fielen. Das war nicht die erste und es wird auch nicht letzte derartige Eliminierungsaktion gewesen sein, die darauf zielt, die Hundepopulation in China zu »kontrollieren«.

richten der deutschen Medien wurde Putins riesiger schwarzer Hund gezeigt – ein Hund von jener Art, die die chinesischen Behörden ausmerzen wollen –, der von hinten die beiden Staatsführer beobachtet, seinen Herrn und dessen Gast.

Die Chinesen glauben nicht an geistige Wesen, und abgesehen vom Händeschütteln tun sie nicht viel für die Medien. Die starren, formelhaften Fotos sind die gleichen geblieben; man braucht nur die Köpfe auszutauschen, aber niemand kümmert das mittlerweile noch.

Zudem sollte die Regierung eine Dienerin des Volkes sein. Was ist die Regierung? Ein umgangssprachlicher Ausdruck sagt, die Regierung sollte der Hund des Volkes sein, und so gesehen gibt es nur zwei Arten von Regierungen auf der Welt: Wachhunde und Haushunde. Die meisten demokratischen Regierungen sind wie Haushunde. Die Regierung der Vereinigten Staaten von Amerika besitzt Züge von beiden Hundearten; sie dient ihren Bürgern, ist aber auch gewaltbereit gegen andere. Natürlich gibt es auch das Gegenteil, schizophrene Hunde, Regierungen, die den Schwanz einziehen, wenn sie Fremde erblicken, und nur ihre Herren beißen. Wenn die Menschen Angst haben vor ihrer Regierung, dann handelt es sich um einen verrückten Regierungshund, denn eine gute Regierung ist für ihre Bürger wie ein Haustier, und sogar die Bürger bis in den Tod zu lieben, wäre keine Übertreibung. Die Beziehung einer guten Regierung zu ihren Bürgern ist wie die eines Hundes zu seinem Herrn; wenn der Herr nach Osten zeigt, ist es dem Hund verboten, nach Westen zu gehen.

In China hingegen hat die Regierung anscheinend noch überhaupt nichts verstanden, denn dieser Hund befindet sich stets in der Position des Herrn und versucht Entscheidungen für seine Bürger zu treffen. Noch schlimmer, oft beißt dieser Hund seinen Herrn – häufig sehen wir Bürger, die von ihrer Regierung misshandelt und grün und blau geschlagen wurden. Dennoch versuchen nur sehr wenige Herren, sich ihrer Hunde zu entledigen, denn Menschen sind gütig, rational, mitfühlend und barmherzig. Selbst wenn eine Regierung ihrem Volk Leid zufügt, ist sie nicht zwangsläufig eine böse Regierung; vielleicht ist sie nur dumm oder töricht, vielleicht auch nur gefühllos und unvernünftig. Mit einer solchen Regierung kann man notfalls zurechtkommen.

Eine gute Regierung sollte von Haustieren lernen, mit ihren Bürgern spielen und ihren Herren so viel Freude bereiten, dass diese ihre Sorgen vergessen. Nur dann können wir uns wirklich voll entfalten in einer harmonischen Gesellschaft.

## »Fairytale« als Ausstellungswerk

■ **GEPOSTET AM 20. JULI 2007**

**Fu Xiaodong**[6]**:** Warum 1001 Leute?

**Ai Weiwei:** Ich war in der Schweiz beim Bergsteigen und beobachtete eine große Gruppe italienischer Touristen, die von ihren kleinen Kindern beim Bergwandern behindert wurden. Da kam mir die Idee, eine Gruppe von nervösen, angespannten Chinesen auf eine Reise mitzunehmen. Dies erschien mir als ein vollkommeneres Kuchenstück, und dieses Stück würde alle speziellen Zutaten des Kuchens enthalten. Das war auch der Grund, warum ich nicht fünfzig oder hundert Menschen auswählte, denn ich wollte eine bestimmte Anzahl erreichen. Die gesellschaftliche Stellung, das Alter und dass Teilnehmer aus fast allen Provinzen und Regionen vertreten waren – all diese Merkmale beeinflussten die Besonderheiten dieses kulturellen Entwicklungsaustausches.

**FXD:** Für welche dieser Teilnehmer haben Sie sich besonders interessiert?

**AWW:** Ich interessiere mich für alle lebenden Menschen, für jeden, der seine Augen aufschlagen kann, für jeden, der ins

---

9 Fu Xiadong (geb. 1977) ist Kurator und lebt in Peking.

Freie gehen und frische Luft atmen will, für Menschen, die abends mit schmerzenden Füßen nach Hause kommen, die eine zusätzliche Decke für ihr Bett haben möchten, die nicht frieren wollen; all diese Menschen interessieren mich sehr. Die Mitwirkenden werden erleben, wie schnell sie in einer völlig neuen Umgebung ihren Platz finden werden. Man sollte die Gemeinschaft verstehen, in der man lebt, und auch die Beziehungen zwischen den verschiedenen Gesellschaften. Man versteht erst, wie gelbe Menschen aussehen, wenn man weiße oder schwarze Menschen gesehen hat.

**FXD:** Die Mitwirkenden bei *Fairytale* haben einen Fragebogen mit 99 Fragen beantwortet, in dem es um Religion, Glaubensvorstellungen, die Unterschiede zwischen Ost und West und anderes ging. Warum haben Sie eine solche Untersuchung angestellt?

**AWW:** Der Fragebogen war eine behelfsmäßige praktische Übung. Ich möchte diesen Menschen deutlich machen, dass wir diese Aktion ernst nehmen, dass das Ganze keine Spielerei ist. Dass wir sie veranlasst haben, über den westlichen kulturellen Hintergrund und ihre persönliche Situation nachzudenken, hatte einen Bezug zur Natur des gesamten Kunstwerks. Die Bauern schrieben einfach: »Ich weiß nicht«, aber wenn sie den gesamten Fragebogen ausfüllen und ihn am Ende unterschreiben, zeigt dies, dass sie sich mit dem Projekt identifizieren. Das muss freiwillig erfolgen.

**FXD:** Welche weiteren Werke haben Sie in Verbindung mit *Fairytale* entwickelt?

**AWW:** Unter Beteiligung von fast zwanzig Regisseuren aus China und dem Ausland haben wir eine Dokumentation erstellt, die einigen der interessantesten Charaktere in *Fairytale* folgt. Wir haben ihr Leben, ihre Arbeit und ihre täglichen Erfahrungen in China aufgezeichnet sowie ihre vielfältigen geistigen und körperlichen Anstrengungen erfasst und festgehalten, welche Kosten sie im Laufe ihrer Teilnahme aufgebracht haben. Dazu gehörten ihre kollektiven Lebenserfahrungen, ihre Erwartungen und Ängste, ihre Ziele und ihre gegenwärtigen Lebensbedingungen, ihre Ausbildung und ihre Familien. Das Material umfasst bereits jetzt mehr als tausend Stunden. Wir werden auch ein Buch dazu herausbringen, ein Buch mit Interviews von Menschen, die an *Fairytale* mitgewirkt haben, um ihnen die Chance zu bieten, über die Schwierigkeiten zu sprechen, die das Leben im heutigen China prägen. Darüber hinaus gibt es auch fotografisches Material. Ich weiß noch nicht, was daraus werden wird, ich denke generell nicht so weit im Voraus.

**FXD:** Und Sie haben auch Koffer an die Teilnehmer verteilt.

**AWW:** Stimmt, wir haben ein paar Produkte entwickelt. Ich möchte daraus keine große Kunstausstellung machen, was aufgrund der Bedeutung dieser Arbeit widersinnig wäre. Ich möchte das Alltagsleben so wenig wie möglich stören, sodass die ursprünglichen Gewohnheiten und Rhythmen beibehalten werden können. Zugleich sollte ein Gefühl der Zusammengehörigkeit unter den Mitwirkenden entstehen. Einige Dinge sind notwendig, wie beispielsweise Betten, Tücher, Kissen, Trennwände, und wir möchten den Raum in kleine private Nischen unterteilen. Wenn man in dieser fremden Stadt lebt, sind gewisse Dinge wichtig, die eine historische Erinnerung und einen bestimmten Status konstituieren; zum Beispiel 1001 Stühle, Handkoffer und USB-Armbänder. Diese Symbole, die ihren Status bekunden, sind mit einem bestimmten Selbstverständnis und einem Gefühl des Stolzes verbunden. Es kommt nicht auf die Einzelheiten an, doch ohne diese Dinge würde alles zerfallen; es wird keine identischen Erfahrungen auf der kollektiven Reise geben.

**FXD:** Nach der Ankunft in Kassel mussten die Mitwirkenden von *Fairytale* nicht mehr an gemeinschaftlichen Aktionen teilnehmen. Das erschien allen etwas seltsam.

**AWW:** Ich möchte keine konventionellen Muster erfüllen. Die Integrität und die Frische eines Werkes erwachsen aus seiner ursprünglichen Motivation und den Mitteln, mit denen man es umsetzt; es geht um die Kontrolle. Die Entscheidung, etwas nicht mit aufzunehmen, ist wichtiger, als alles aufzunehmen.

**2.3** Ein Handwerker kennzeichnet im Studio des Künstlers alte Stühle für *Fairytale* (2007).

Wenn wir nichts machen, ist das Werk ungeheuer groß; wenn wir etwas tun, würde sich die Qualität der Arbeit verändern.

**FXD:** In den Medien wurde von Investitionen in Höhe von 3,1 Millionen berichtet. Wie wollen Sie all dieses Geld verwenden?

**AWW:** Ich habe einen Vertrag abgeschlossen, auf Deutsch, und obwohl ich ihn noch nicht gelesen habe, weiß ich, dass er mich nicht allzu sehr einschränkt. Bislang hat mich niemand danach gefragt, wie und mit welcher Begründung ich das Geld ausgeben will. Man vertraut meiner Kunst und hat mir weitgehend freie Hand gelassen; und dieses Vertrauen weiß ich zu schätzen. Das Prinzip der Gegenseitigkeit ist etwas, das ich zwangsläufig im Auge behalten muss.

**FXD:** Das Projekt läuft seit fünf Tagen. Was haben Sie in den verbleibenden Monaten vor?

**AWW:** Es kommt einem schon so lang vor, aber es sind erst fünf Tage. Ehrlich gesagt, jeder Tag bringt eine Fülle von Eindrücken; ich habe mir noch nicht allzu viele Gedanken gemacht. Dieses Auto wird sich noch ein Stück weiterbewegen, und es wird Zwischenstopps einlegen, wo immer dies erforderlich ist.

**FXD:** Warum weckt *Fairytale* bei den westlichen Medien so große Aufmerksamkeit?

**AWW:** Zum einen, weil *Fairytale* eines der hundert documenta-Projekte war, über die sehr früh in den Medien berichtet wurde. Es wurde sofort bekannt, als ich über meinen Blog Leute dafür suchte. Zum Zweiten ist dieses Werk prädisponiert für Diskussionen; alles – der Status der Teilnehmer, die Art ihrer Auswahl, die Finanzierung – sprengte den üblichen Rahmen eines Kunstwerks. Die Vielfältigkeit der Mitwirkenden, ihre Gründe, sich zu beteiligen, und die Bedeutung, die sie alle der Gesellschaft, der Politik und dem kulturellen Hintergrund beimessen – das machte die Geschichte interessant für die großen europäischen Tageszeitungen, Zeitschriften und Fernsehsender. Es hat noch nie so viel Aufmerksamkeit gegeben, so viele Berichte und eine so ausführliche Berichterstattung. Wenn man im Internet nach dem Stichwort »documenta« sucht, beziehen sich drei von zehn Treffern auf *Fairytale.* Meine Freunde berichten mir, dass noch kein Kunstwerk eine ähnlich überwältigende Resonanz gefunden hat, die zum größten Teil auf dem neuen Konzept und der Integrität des Werkes beruht sowie auf der Ernsthaftigkeit, mit der es umgesetzt wurde.

**FXD:** Zugleich hat das Werk im Westen große Neugier geweckt.

**AWW:** Obwohl nichts arrangiert war, sind mir mindestens hundert Leute über den Weg gelaufen, die ihr Interesse bekundet haben. Dieses Werk ist so einfach, dass jeder es verstehen kann. Alte Menschen, gewöhnliche Leute, der Eisverkäufer, sie alle sagten, dass es ihnen gefalle habe und dass es interessant sei. Jemand meinte auch, es sei poetisch. Aber ich möchte hier keine Statements sammeln oder akademische Diskussionen anregen. Das Kunstwerk ist ein Medium; dass es Menschen zum Nachdenken anregt, die sich sonst eigentlich nicht für zeitgenössische Kunst interessieren, das genügt, um mich in Erstaunen zu versetzen. Es hat offenkundig ihr Leben beeinflusst. Die Medien hoffen immer noch weitere Möglichkeiten zu entdecken, aber sie glauben mir nicht, wenn ich ihnen sage, dass ich nichts weiter anzubieten habe.

**FXD:** Welche Wirkung wird diese Diskussion und diese Rezeption haben?

**AWW:** Nachdem ich viele Jahre im Ausland gelebt habe, kann ich sagen, dass diese Breite der Rezeption wesentlich mehr bewirkt als alle Bemühungen, einen kulturellen Austausch zu fördern. Es hat noch nie so viel Interesse für das chinesische Volk gegeben; wenn die Menschen darüber sprechen, leuchten ihre Augen, und ihr Gesichtsausdruck verändert sich. Doch all das wird bald vorbei sein, und am Ende wird nur eine Legende bleiben … da gab es einmal einen Verrückten, der 1001 andere Verrückte hierher gebracht hat. Die Medien applaudieren zwar, doch die tiefere Bedeutung von *Fairytale* ist noch gar nicht begriffen worden. Ich muss meine Gedanken erst noch klar ausdrücken. Später, sehr viel später werden die Menschen die Bedeutung dieses Werkes verstehen.

**FXD:** Reflektieren diese Chinesen aus unterschiedlichen sozialen Schichten irgendwelche gesellschaftlichen Fragen?

**AWW:** *Fairytale* zielt mehr darauf, persönliche Erfahrung und individuelles Bewusstwerden zu fördern. Das Logo lautet ausgeschrieben »1 = 1001«, denn die persönliche Erfahrung, der individuelle Status und die Fantasie sind das Wichtigste, sie sind unersetzlich. Das Kunstwerk beruht darauf, dass jeder Einzelne sich einbringt; es gibt kein zusätzliches Konzept eines kollektiven Willens. Die meisten Künstler bedienen sich großer Menschenmengen, um eine bestimmte Form umzusetzen, doch *Fairytale* ist das genaue Gegenteil. Später erkannte ich, dass das auch eines der Merkmale ist, denen es zu verdanken ist, dass *Fairytale* so vielen Menschen eine Identifikation ermöglichte. Es ist nicht notwendig, dass Dinge in künstlerischer Form dargestellt werden, doch die Kunst muss Leben sein, normales Leben. Dadurch hinterfragt sich die Kunst selbst, und ich habe die Chance, dies zu verwirklichen.

**FXD:** Im Vergleich zu Ihren früheren Werken zeichnet sich *Fairytale* durch eine enorme Veränderung der Form aus.

**AWW:** Es hat ähnliche Konnotationen, verbindet zwei oder mehr Elemente, doch die verwendeten Materialien und die Größenordnung sind natürlich völlig verschieden. Diesmal werden Menschen einbezogen: die Produzenten und die Liebhaber von Kunst verschmelzen miteinander. Die Menschen sind ein Medium geworden, und sie sind darüber hinaus die Erben, die Nutznießer oder die Opfer, und dies trägt zur Komplexität dieses Kunstwerkes bei. Doch es ist auch in dem Sinne stimmig, dass es grundlegende Fragen zur Kultur, zu Wertvorstellungen und zum Urteilsvermögen aufwirft.

**FXD:** *Fairytale* ist ein Kunstwerk der anderen Art. Können wir also weiter daran glauben, dass die Kunst noch nicht tot ist?

**AWW:** Unabhängig davon, ob es gesellschaftliche oder psychologische Ursachen hat oder an unserem Verständnis vom Leben und von Kultur liegt, überall befinden sich die Menschen in der Krise. Der Wunsch, die Dinge zu verändern, neu zu definieren oder andere Methoden zu verwenden, ist zum Normalzustand geworden. Ich denke durchaus darüber nach, wie ich mein eigenes Spiel weiterspielen kann. Wenn man nicht weitermachen kann, wird sich auch niemand mehr dafür interessieren, wie man das eigene Spiel spielt. Das ist alles ziemlich normal.

**FXD:** Sind Sie zufrieden mit dem Werk?

**AWW:** Ich bin mit allen meinen Arbeiten unzufrieden. Mir geht es nicht darum, mich selbst zufriedenzustellen, und ich versuche auch nicht, irgendwelche Ziele zu erreichen. Ein Verbrecher beispielsweise begeht einen Mord, um seinen Drang zu bekämpfen, sich selbst zu töten. Künstler, die Werke erschaffen, befinden sich in einer ähnlichen Lage.

**FXD:** Wie sieht Ihre persönliche Rolle bei diesem Kunstwerk aus?

**AWW:** Normalerweise spiele ich eine sehr aktive Rolle in meinen Werken, die Rolle des bestimmenden Produzenten. Bei *Fairytale* verhält es sich völlig anders. Ich habe keinen Einfluss auf die Situation oder die Verfassung der einzelnen Teilnehmer. Ich kenne die meisten Leute gar nicht, und selbst wenn das der Fall wäre, würde ich sie nicht verstehen. Und das gefällt mir dabei. Es ist das erste Mal, dass sich eines meiner Werke durch ein so hohes Maß an Unsicherheit, an Entwicklungspotenzial und Unberechenbarkeit auszeichnet und so unkontrollierbar ist. Jeden Tag muss ich neue Probleme lösen, Dinge, an die ich nie zuvor gedacht habe. Ich bin kein Produzent, kein Leiter, ich bin eher ein Beobachter, der verfolgt, durch welche Methoden sich das Werk verändert. Ich bin ein Schüler, und ich bin aufmerksamer als andere.

**FXD:** *Fairytale* ist ein Werk, das verschiedene Kulturen, Religionen und Konzepte in sich vereint. Welchen Standpunkt nehmen Sie dabei ein?

**AWW:** Ich habe keinen Standpunkt. Ich möchte einfach nur beobachten, wie sich eine Menge von Widersprüchen auf natürliche Weise entwickelt. So wie die Abenddämmerung, der man sich als Erdenbewohner nicht entziehen kann, und die Strahlen der Sonne, die Wolken, die Luftfeuchtigkeit – alle diese Elemente leisten ihren Beitrag. Das soll nicht heißen, dass die Dämmerung sinnvoll ist, nur, dass die Menschen ihr eine bestimmte Bedeutung beimessen.

**FXD:** Nach dem *White Cover Book* und dem *Black Cover Book* der Frühzeit, mit denen die zeitgenössische chinesische Kunst gewissermaßen ihren Anfang nahm, bis zu der »Fuck off«-Ausstellung im Jahr 2000, als die Kunst in China ihren heutigen rechtlichen Status erlangte, stellt sich die Frage, ob *Fairytale* möglicherweise zu einem wichtigen Wendepunkt werden könnte, was den internationalen Durchbruch der chinesischen Kunst betrifft.

**AWW:** Ich glaube, damit ein Kunstwerk ein kulturelles Ereignis werden kann, muss es über mehrere unabhängige Elemente verfügen. Sei es die Art des formalen Ausdrucks oder die Sprache oder das grundlegende Vokabular, das es konstruiert, all das sollte sich durch individuelle Merkmale auszeichnen. Obwohl *Fairytale* ein großes, umfassendes Werk ist, manifestiert es dennoch das Wollen eines bestimmten Ortes, und die Art und Weise, wie es die persönliche Existenz zum Ausdruck bringt, könnte man auch als antiglobal bezeichnen. Die meisten Menschen, die daran mitwirken, verstehen das anglodeutsche Sprachsystem überhaupt nicht; sie wissen nichts über zeitgenössische Kunst und sind eher kulturfern. Diese beiden Widersprüche bilden den Kernkonflikt ab, in dem sich dieses Werk in Bezug auf die zeitgenössische globale Kultur, Politik und Wirtschaft befindet.

**FXD:** Glauben Sie, dass es hier einen Zusammenhang gibt?

**AWW:** Es gibt zwei Merkmale. Das erste, das mich eigentlich nicht betrifft, bringt Zweifel über die missliche Lage der Kultur und die Kultur selbst zum Ausdruck. Und das zweite ist eine Auseinandersetzung mit den Möglichkeiten des Einzelnen in einem größeren Kontext, die auf eine sehr individualisierte Art dargestellt werden, und in der abschließenden Analyse wird nach individuell anwendbaren Mitteln gesucht. Doch sobald man charakteristische Merkmale herausstellt, stößt man natürlich schnell an Grenzen.

**FXD:** Wie sehen Sie unsere Epoche, den zeitlichen Hintergrund?

**AWD:** Wir leben in einer Zeit, die sich vollkommen von früheren Zeiten unterscheidet. Diese Epoche wird alle früheren Systeme, Mächte, Diskurszentren zerstören und dadurch ein vollständiges System entstehen lassen. Im Zuge der Digitalisierung, des Internets und anderer neuer Verbreitungsweisen und im Gefolge der Auswirkungen der politisch-wirtschaftlichen Strukturen der Globalisierung wird sich das Verhältnis zwischen dem Einzelnen und dem Rechtssystem grundlegend verändern. Auch den Ausdrucksformen für das Bewusstsein und die Gefühle der Menschen werden sich neue sprachliche Möglichkeiten eröffnen.

**FXD:** Welchen politischen Standpunkt möchten Sie mit diesem Werk zum Ausdruck bringen?

**AWW:** Mein politischer Standpunkt, sofern man dies so bezeichnen kann, ist eine Haltung des Individualismus und richtet sich gegen die Macht und gegen Wertmaßstäbe, die am Profit ausgerichtet sind. Die besten auf Gegenseitigkeit beruhenden Wertesysteme auf der Welt haben sich häufig auf der Grundlage einer gewissen Form von Profitstreben entwickelt. Meist sind sie sehr schlicht und unausgegoren und auch nicht überzeugend, seien sie wirtschaftlicher oder kultureller Natur.

**FXD:** Können Sie etwas erzählen über Ihre Arbeit mit den Türen in *Template?*[7]

**AWW:** Es ist besser, wir sprechen nur über ein Werk; wir könnten weiter über *Fairytale* sprechen, über seine Gesamtstruktur, sonst reden wir bald über alles Mögliche, und das wäre wohl verwirrend. Vielleicht können wir das nächste Mal ein Interview über *Template* führen. Über skulpturhafte Installationsarbeiten gibt es nicht viel zu sagen, sie sind nicht so interessant. Es ist lediglich ein Ding, wenn auch viele Leute sagen, es sei das ausdrucksstärkste Stück in der Ausstellung. Aber ich finde es ziemlich langweilig; ob das Werk nun von mir stammt oder nicht, es interessiert mich nicht besonders. Ich fürchte, es könnte umfallen, ein Blitz könnte einschlagen oder irgendwas anderes, oder ein Feuer könnte es vernichten …

Das Interview wurde am 20. Juli im *Fairytale*-Büro auf der documenta geführt.

---

7 *Template,* eines von Ais Werken, die auf der documenta 2007 ausgestellt wurden, war eine Konstruktion aus vier riesigen senkrechten Scheiben mit einer Abmessung von 720 x 1200 x 850 cm und aus 1001 Fenstern und Türen von zerstörten Häusern aus der Zeit der Ming- und der Qing-Dynastie. *Template* war ursprünglich in Kassel als Außenarbeit für die documenta 12 erstellt worden, doch kurz nachdem die zuständige Kasseler Behörde die Konstruktion als unsicher eingestuft hatte, wurde sie am 20. Juni 2007 während eines Unwetters durch den Wind umgerissen. Ai reagierte anders, als die europäischen Veranstalter erwarteten; er war begeistert über den Zusammenbruch und erklärte, das zusammengestürzte *Template* sei besser als das ursprüngliche Werk.

**2.4** Das Kunstwerk *Template* in Kassel, 6. Juni 2007.

## Nationalfeiertag

■ **GEPOSTET AM 1. OKTOBER 2007**

Heute ist wieder Nationalfeiertag, und Peking erwartet seinen 58. Geburtstag im Nieselregen.

In dieser »Volksrepublik«, die vor 58 Jahren gegründet wurde, müssen wir erst noch »allgemeine Wahlen« einführen. Ein allgemeines Bildungssystem gibt es noch nicht, ebenso wenig die medizinische Grundversorgung für jedermann, und keiner wagt es, die Frage zu stellen, wie es kam, dass uns die Grundrechte abhandengekommen sind.

Der gesamte Boden des Landes und seine Rohstoffe wurden weggespült. Die Beamten sind korrupt, unsere Umwelt ist verschmutzt; die Erziehung zur Menschlichkeit ist verkümmert; die Managementstandards sind so niedrig, dass die Menschen jede Hoffnung verloren haben. Niemand fragt danach, wohin all der Wohlstand entschwunden ist, der einst das Volk und das Land auszeichnete.

**2.5** *Template* in Kassel, nachdem die Konstruktion umgestürzt ist, 20. Juni 2007.

Unmittelbar nach dieser Geburtstagsfeier werden wir den 17. Volkskongress der großen, ruhmreichen und aufrechten Kommunistischen Partei Chinas bejubeln.

Wir werden uns über die Aufmerksamkeit der Welt freuen, die mit den Olympischen Spielen einhergehen wird.

Herzlich willkommen …[8]

Berichten zufolge werden sich in Peking während des Nationalfeiertags 740 000 Mitarbeiter der Sicherheitskräfte aufhalten, um der Volkspolizei bei der Erfüllung ihrer Aufgabe beiseitezustehen.

Heute Morgen habe ich mir weder das Gesicht gewaschen noch die Zähne geputzt. Wieder einmal wurde in meinem Pekinger Vorort Caochangdi das Wasser abgestellt.

8 »Peking heißt Sie willkommen« (*Peking huanying ni*) war einer der am häufigsten verwendeten Propagandaslogans im Vorfeld der Olympischen Spiele von 2008. Schon allein das Wort »willkommen« erhielt in dieser Zeit einen politischen Unterton, als dieser Satz in der ganzen Stadt auftauchte.

## Andy Warhol

■ **GEPOSTET AM 3. OKTOBER 2007**

Vor zwanzig Jahren wohnte ich in der Lower East Side in New York. Ich wohnte dort sehr lange.

Am 22. Februar 1987 starb Andy Warhol in New York überraschend an Komplikationen nach einer Operation. Diese Nachricht legte sich wie ein graues Tuch über die Stadt; viele Menschen waren traurig und bedrückt. Mit dem Tod dieses unergründlichen Mannes verschwand urplötzlich eine Welt verlässlicher Unsicherheit, und ebenso verschwanden auch all die eitlen Menschen, die ihn immer umgaben, und all die legendären Events. Es war, als habe ein gewaltiger Magnet plötzlich seine Anziehungskraft verloren.

Wenn man über Verstorbene schreibt, neigt man zum Fragmentarischen. Auch wenn wir über Ereignisse des gestrigen Tages und eine noch lebende Person schreiben, haftet Gedenktexten nicht nur etwas Unbestimmtes, sondern auch etwas Leichtfertiges an. Das liegt daran, dass mit den Gestorbenen auch ihr Geist verschwindet, und dass ihr Geist nur durch ihre physische Präsenz eines lebenden Körpers greifbar wird. Die Menschen empfinden einen Verlust, sind aber nicht imstande, klar zu benennen, was sie verloren haben.

Die Insel Manhattan kann auf eine fast vierhundertjährige Geschichte zurückblicken. Holländische Siedler erwarben das Land von den Ureinwohnern im Tausch für Waren von geringem Wert; an der südlichen Spitze der Insel steht ein Gedenkstein, in den die Worte eingemeißelt sind »Lasst die Armen und die Leidenden, die Hilflosen und die Vertriebenen zu mir kommen« sowie einige Sprüche über Freiheit und Gleichheit, die ein wenig wie das Geschwätz eines Betrunkenen wirken. Später sollten Menschen aus aller Herren Länder diese Insel keinen Augenblick mehr in Ruhe lassen: Abenteurer, Heiden, Flüchtlinge, Ausreißer, Trotzkisten, Anarchisten und Dichter kamen, um in dieser wilden, legendären Zeit der Ideale hier zu leben. Die Großzügigkeit, die Freiheit und Gleichheit, die Toleranz, die sie in diesem neuen Land erfuhren, das war die Erfüllung ihrer Träume, und die Stadt und die Nation wurden durch neue, zauberhafte Farben bereichert.

Andy Warhol wurde in Forest City in Pennsylvania geboren. Während sein Vater, ein Einwanderer aus der Slowakei, im Bergwerk arbeitete, hing Andy an den Rockschößen seiner Mutter. Er aß gern Süßigkeiten und hatte eine Leidenschaft für Geschichten. Im Vergleich zu der glamourösen Zukunft, die ihn erwartete, bildete seine eintönige und glanzlose Kindheit eine schwierige Übergangsphase. Im Jahr 1949 zog er nach New York, wo er dank seiner angeborenen Sensibilität und seiner geschickten Hand ein gefragter Werbegrafiker wurde. Das war eine Zeit, in der man Künstler für eine Art Heilige hielt, für Märtyrer, und Andys Mentor Emil De Antonio sagte einmal zu ihm: »Eines Tages werden Werbegrafiker echte Künstler sein.« Diese Prognose war noch sehr verfrüht, denn es bedurfte eines besonderen Menschen mit einem außergewöhnlichen Leben, um sie Wirklichkeit werden zu lassen.

Die unbestätigten Gerüchte über Andy Warhol sind fast so zahlreich wie die gesicherten Informationen über ihn. Er war der bekannteste Mensch in Amerika, aber nur wenige Leute wussten, was er genau machte. Andys eigentlicher Name lautete Andy Warhola; er wurde zwischen 1928 und 1931 geboren; in verschiedenen Dokumenten werden unterschiedliche Daten genannt; Andy selbst erklärte, dass das Geburtsdatum 28. Oktober 1930 unzutreffend sei. Gemeinhin gilt der 6. Juni 1928 als sein Geburtstag. Über sein Sterbedatum dagegen herrscht Gewissheit.

Es gibt eine Vielzahl von Publikationen über Andy, und in den Medien wurde ausführlich über ihn berichtet. Die Bedeutung von Andy Warhol beruht auf der Tatsache, dass seine Ausstrahlung und seine Werke, wenngleich er zu Lebzeiten allgemein noch nicht als ernst zu nehmender Künstler anerkannt wurde, die Erwartungen der Zeit weit übertrafen, sodass er schließlich die Realität und die Ideale der amerikanischen

Kunst veränderte. Wir können seine Bedeutung an den zahlreichen Missverständnissen ablesen, die über ihn im Umlauf waren: ein schüchterner Homosexueller; ein Mann, der materiellen Reizen erlegen war; ein widersprüchlicher Workaholic; ein Frauendarsteller; ein eitler, vergnügungssüchtiger Mann; ein Mensch, der nur Augen für die oberflächlichen Freuden der Mode hatte. Er war ein Mensch, der von imaginärem Wert besessen war. Er wiederholte dieselben Zeilen immer wieder. Vor verschiedenen Menschen und an unterschiedlichen Orten. Er war nie ernsthaft oder tiefgründig, sondern wirkte wie ein Mann, der aus Wachs geformt war. Vielleicht war er mehr wie eine exotische Blume, die nur in großen Höhen überleben kann. Wenn man ihn versteht, dann versteht man auch die Vereinigten Staaten, denn er war die tragischste und schönste Legende der amerikanischen Kulturgeschichte, ein einzigartiger Künstler mit rein amerikanischen Werten, und sein Tod markierte das Ende einer Ära.

Marilyn Monroe, der elektrische Stuhl, Mickey Mouse, Mao Zedong, Tapeten, Katastrophen, Comichefte, das Empire State Building, Dollarscheine, Coca Cola, Einstein – niemand weiß, wie viele Werke er genau geschaffen hat; sie sind vielfältig und verschiedenartig, greifen fast alle bedeutenden Persönlichkeiten und wichtigen Dinge seiner Zeit auf und umfassen nahezu alle denkbaren Ausdrucksmittel: Design, Malerei, Bildhauerei, Installation, Tonaufnahmen, Fotografie, Video, Texte, Werbung … Andy Warhols Schöpfungen haben gegen die traditionelle, kommerzielle, konsumistische, plebejische, kapitalistische und globalisierte Kunst rebelliert. Die Models in seinem Umfeld halfen ihm, in seinen Gemälden die von ihnen bevorzugten Farben zu wählen; seine Mutter schrieb seinen Namen auf seine Werke; ganz gleich, wo er sich befand, immer machte er Fotos und Tonaufnahmen; er war seiner Zeit um Jahrzehnte voraus.

Die Werte der Generation der 1960er-Jahre lösten die überholten Traditionen ab. Worte wie »grundlegend«, »Elite«, »Geschichte«, »Ewigkeit«, »Überlegenheit«, »etabliert«, »absolut« und »einzigartig« waren nicht mehr wichtig und wurden ersetzt durch »Realität«, »oberflächlich«, »extravagant«, »fließend«, »Sehnsucht«, »Freude«, »Freiheit«, »Gleichheit«, »Einfachheit«, »Mechanisierung« und »Wiederholung«. Diese Ideen verbesserten und erneuerten die amerikanischen Demokratie und die Freiheit. In dieser Zeit brachten die Vereinigten Staaten unabsichtlich viele ihrer Helden hervor.

Andy Warhol war ein aus sich selbst geschaffenes Produkt, und die Vermittlung dieses Produkts war ein Merkmal seiner Identität wie auch all seiner Aktivitäten und seines Lebens. Er war ein kompliziertes Gemisch aus Interessen und Aktionen; er lebte die Leidenschaften, Sehnsüchte und Ambitionen und die Vorstellungen seiner Zeit. Er ebnete einer umfassenden Wahrnehmung der Welt den Weg, einer experimentellen Welt, einer populären Welt und einer nicht-traditionellen, anti-elitären Welt. Das ist seine wahre Bedeutung. Die Menschen sind noch immer nicht bereit, das zu akzeptieren, und deshalb ist Warhol noch immer nicht vorbehaltlos als Künstler anerkannt.

Zum Thema Andy Warhol könnte sich niemand besser äußern als er selbst: »Meine Bilder sind genau das, sie haben keine versteckte Bedeutung.«

»Wenn Sie alles über Andy Warhol wissen wollen, betrachten Sie einfach die Oberfläche meiner Bilder und meiner Filme und von mir selbst, und das bin ich. Es gibt nichts dahinter.«

»Meine Kunst hat keine Zukunft. Dessen bin ich mir sehr sicher. In ein paar Jahren wird alles von mir bedeutungslos sein.«

»In der Zukunft wird jeder einmal für fünfzehn Minuten berühmt sein.« Einige Jahre später sagte er: »In fünfzehn Minuten wird jeder berühmt sein.«

»Unter einem guten Bild stelle ich mir eines vor, das im Mittelpunkt steht und von einer berühmten Person stammt.«

»Ich gehe zu jeder Eröffnung mit einer Frisiertoilette.«

»Ich mag keine großen Augenblicke wie Hochzeiten und Begräbnisse … Ich mochte auch nie Feiertage. Meiner Ansicht nach sind Feiertage eine Art Krankheit. Ich reise nie, außer für ein Werk.«

»Ich glaube, jeder sollte eine Maschine sein, jeder sollte genauso sein wie die anderen.«

»Ich mag langweilige Dinge. Ich mag auch Dinge, die sich endlos wiederholen lassen.«

»Meine Bilder sind nie so, wie ich sie mir vorstelle, aber das halte ich mittlerweile für normal.«

»Wenn alle nicht schön sind, dann ist auch keiner schön.«

»Genauer betrachtet, ist ein Kaufhaus ein Museum.«

»Alle meine Filme sind künstlich, alles, was ich sehe, hat etwas Scheinhaftes. Ich weiß nicht, wo das Künstliche aufhört und das Reale beginnt.«

»Ich lese nie. Ich betrachte nur Kunst.«

»Das Tolle an Amerika ist, dass hier die reichsten Konsumenten dasselbe kaufen wie die ärmsten. Du kannst fernsehen und siehst Coca Cola und du weißt, dass auch der Präsident Coca Cola trinkt. Liz Taylor trinkt Coca Cola, und auch du kannst Coca Cola trinken. Eine Coke ist eine Coke, und für kein Geld kriegst du eine bessere Coke, als sie der Bursche an der Ecke trinkt. Alle Cokes sind gleich, und alle Cokes sind gut. Liz Taylor weiß das, der Präsident weiß das, der Bursche auf der Straße weiß das, und du weißt das.«

»Ich habe immer das Gefühl, dass alles, was ich sage, unaufrichtig ist, dass es nicht das ist, was ich eigentlich sagen will. Der Interviewer sollte mir einfach die Worte vorsagen, die er von mir hören will, und dann wiederhole ich sie für ihn. Das wäre toll, denn ich bin leer. Mir fällt nichts ein, was ich sagen könnte.«

»Ich bin niemals untypisch, denn ich war nie typisch.«

Obwohl Andy Warhol einer der berühmtesten Menschen der Welt war, erschienen nach seinem Tod viele seiner Leistungen und Taten weiterhin unbegreiflich. Jeden Tag ging er zu seinem Haus in der Upper East Side, wo er zurückgezogen mit seiner Mutter, einer Katze und zwei philippinischen Hausmädchen lebte. In seinem Haus gab es keine modernen Geräte oder zeitgenössische Kunst, nur Möbel im »Louis«-Stil und Ölgemälde. Zu den Dingen, die er eifrig sammelte, gehörten alte Uhren, Perlenschmuck, Duchamps Urinal, Make-up,

Spielzeug; es gab nichts Fantasievolles, das er nicht hatte. Nach seinem Tod wurden bei einer Versteigerung bei Sotheby's viele dieser Dinge zum ersten Mal der Öffentlichkeit vorgestellt. Jedes Jahr arbeitete er an Weihnachten in einer Suppenküche in Harlem; jeden Morgen rief er um halb neun seine Sekretärin an und diktierte ihr all die kleinen Vorkommnisse, die sich am Vortag zugetragen hatten. Er ließ nie einen Tag aus, und diese Berichte wurden schließlich zu einer detaillierten und zauberhaften persönlichen Geschichte.

Das war eine unvertraute Welt; sie war leer und geistlos, erweckte jedoch den Anschein, ernst zu sein. Doch welche Art von Leere blieb übrig nach dem Verlust dieser leeren und geistlosen Welt? Am 14. Februar 1987, eine Woche, bevor er starb, schrieb er in sein Tagebuch: »Ein wirklich kurzer Tag. Es ist nicht besonders viel passiert. Ich bin einkaufen gegangen, habe Besorgungen gemacht, bin nach Hause gekommen und habe telefoniert ... Ja, das war alles. Es war wirklich ein kurzer Tag.«

*Geschrieben am 4. Mai 2006*

**2.6** Ai Weiwei vor *Self-Portrait* (1966), das bei der ersten Andy-Warhol-Ausstellung im Museum of Modern Art (MoMA) gezeigt wurde, ein Jahr nach Warhols Tod, ca. 1988.

## Richtung

■ GEPOSTET AM 24. OKTOBER 2007

Der wahre Wert des Lebens liegt in der Auslegung der Freiheit und der Rechte und in dem, was daraus folgt; das ist das Herz von Revolution und Fortschritt.

Eine Regierung, deren bestimmende Merkmale die Zerstörung der persönlichen Freiheit und der Rechte sind, ist abstoßend, denn dies sind die beiden Rechtfertigungen dafür, die Massenmedien zu überwachen und die Redefreiheit einzuschränken. Wir alle wissen: Wenn es Presse- und Redefreiheit gäbe, hätten es Möchtegern-Monarchen schwieriger, und es wäre anstrengend, Institutionen zu verteidigen, die illegitime Vorteilsnahme, betrügerische Schwindeleien und eine verheerende Kulturpolitik betreiben.

Ein unverkennbares psychologisches Kennzeichen autoritärer Macht ist Schwäche. Weil sie schwach sind, scheuen autoritäre Regierungen die Öffentlichkeit, vermeiden Transparenz und drücken sich vor Festlegungen; weil sie fragil sind, diskriminieren sie abweichende Meinungen und fördern Lakaien, um ein falsches Bild von Frieden und Wohlstand zu erzeugen. Muss guter Wille anderen aufgezwungen werden? Natürlich nicht. Wer dies tut, gängelt die Bevölkerung in einer inkompetenten und feindseligen Aktion mit langfristigen Folgen, deren sich alle bewusst sind. Die Kennzeichen der Zerstörung sind nationale Feierlichkeiten und theatralische Nebelkerzen, denen jeder natürliche Rhythmus und jede authentische Grundlage abgehen. Der Aufstieg und Fall einer Nation sollte nicht durch den Tod eines einzelnen Menschen bestimmt werden.

Der Wert des Opfers ist verbunden mit einer Verehrung des Lebens, und der Tod impliziert die Bedeutung des Lebens. Der Wert des Lebens wird durch den Verlust demonstriert, und ein wertvoller Tod ist Beweis für die Möglichkeit, den Wert des Lebens zu schätzen. Die Frage von Leben und Tod wird für immer unbeantwortet bleiben.

Die Unmöglichkeit der Bemühung ist etwas Gegebenes. Und das erzeugt die Bemühung um die Bemühung. Ganz gleich, in welche Richtung man weist, man verweist stets auf sich selbst.

## Einige unnormale Zahlen

■ **GEPOSTET AM 22. DEZEMBER 2007**

Der Einstellung der Chinesen zu Zahlen und die Rolle, die Zahlen im chinesischen Verständnis der Geschichte und der Wirklichkeit spielen, zeigen besser als vieles andere, wie sehr sich dieses Land von der Außenwelt unterscheidet. Damit kann man auch das Wesen der hier herrschenden Kultur und ihrer Geschichte verdeutlichen und nachweisen, wie diese sich verändert hat.

Berichten zufolge ist in den vergangenen Jahren eine ungenannte Zahl korrupter Beamter ins Ausland geflohen; sie haben ihr Geld mitgenommen und chaotische Haushaltsbücher zurückgelassen. Die Diebe wissen genau, wie viel sie veruntreut und gestohlen haben, doch die Menschen, die beraubt worden sind, haben keine Ahnung, wie viel sie verloren haben – waren es fünftausend, zehntausend oder fünfzehntausend? Oder könnte sich dieser Betrag zwischen vierhundert Milliarden und einer Billion bewegen? Das bleibt für immer ein Geheimnis. Wie gewonnen, so zerronnen. Und obwohl es auf der Welt verschiedenen Arten von Politik gibt und eine Vielzahl von Parteien und politischen Gruppierungen, die gut oder schlecht sein mögen, demokratisch oder totalitär, florierend oder im Niedergang begriffen, kann sich nicht eine davon ähnlich bemerkenswerter Leistungen rühmen.

Schlimmer noch, in der Region um das Perlen-Delta verlieren jedes Jahr 40 000 Arbeiter Finger durch Maschinen-

**2.7** Ai erlaubt sich einen Scherz mit uniformierten Wachmännern in Caochangdi, Juni 2006. Die erste Zeile auf dem Plakat hinter ihnen lautet: »Setzen wir die Erfordernisse der ›Drei Repräsentationen‹ mit großem Ernst um.«

unfälle. Wie viele Menschen haben in den dreißig Jahren, in denen man es ein paar Leuten ermöglichte, reich zu werden, ihre Finger geopfert? Wie viele Menschen haben im ganzen Land Arme oder Beine verloren? Diese Zahl könnte durchaus den Opferzahlen eines Krieges entsprechen.

Und wie groß ist die Bevölkerung von Peking? Die Leute wissen es nicht, und der Bürgermeister weiß es auch nicht. In einem Bericht war jüngst von 17 420 000 Einwohnern die Rede[9], wodurch die bisher stets genannte Zahl von dreizehn bis vierzehn Millionen schlagartig um drei bis vier Millionen erhöht wurde. Wir sind stolz auf unser riesiges Staatsgebiet, unsere großen Rohstoffreserven und unsere hohe Bevölke-

9 Diese Zahl war eine neue Schätzung und wurde erstmals durch eine Meldung von Xinhua am 4. Dezember 2007 im Zusammenhang mit einer gleichzeitig stattfindenden Bevölkerungskonferenz in Peking verbreitet. Eine Aufschlüsselung dieser Zahl ergab, dass 12,3 Millionen Menschen als ständige Einwohner Pekings registriert waren und 5,4 Millionen als Bürger, die sich vorübergehend in der Stadt aufhielten.

rungszahl, doch wie groß sie tatsächlich ist, weiß niemand genau. Obwohl wir das älteste und strengste Meldegesetz der Welt haben, können wir keine gesicherten Zahlen nennen.

Und dann gab es jenes Jahr, als die Chinesen in Nanjing einen fürchterlichen Schlag erlitten und Tausende Köpfe rollten.[10] Sechzig Jahre sind seither vergangen, doch können wir heute die Zahl der Opfer genau beziffern? Waren es 300 000? Es gibt keine abschließenden Forschungsergebnisse und auch keine verlässlichen historischen Quellen. Die Chinesen haben nie verstanden, dass man die Toten erfassen muss, und dass auch die Seelen der unrechtmäßig Getöteten genau gezählt werden müssen. Es kann nicht einen mehr oder einen weniger geben: China hätte gern, dass es mehr wären, doch erfundene Berichte sind ebenfalls respektlos gegenüber den Geistern. Dies ist ein demütigender Teil unserer Geschichte, eine nationale Katastrophe wie auch ein Verbrechen gegen die Menschlichkeit, doch alle Zahlen, die sich auf dieses Ereignis beziehen, sind zweifelhaft. Das ist nicht die Folge der Grausamkeit oder der Ignoranz der Mörder, diese hatten noch nie ein Gewissen. Es ist vielmehr das Elend der Hingeschlachteten, dass sie von jenen, die mehr Glück hatten als sie, weder geehrt noch in der Erinnerung bewahrt wurden. Sie besaßen nie einen eindeutigen Status, weder im Leben noch im Tod.

In China sind solche historischen Zahlen niemals klar. Wie vielen Unschuldigen in den Jahrzehnten der Tyrannei Leid zugefügt wurde und wie sie umkamen, wurde lange vernachlässigt oder vertuscht. Diese Unterschlagungen gereichen der Nation zur Schande. Das Leid, das durch die Geringschätzung der Mitbürger erzeugt wird, ist nicht weniger schlimm als jenes, das durch Herabwürdigung und Übergriffe durch ausländische Mächte hervorgerufen wird; beide missachten den Wert des Menschen.

---

10 Im Dezember 1937 wurde Nanjing, die Hauptstadt der Republik China, von der kaiserlichen japanischen Armee erobert, die anschließend dort ein Massaker verübte, dem im Laufe von sechs Wochen nach Schätzungen 300 000 Menschen zum Opfer fielen, darunter auch viele Zivilisten und Kriegsgefangene. Dieses ungeheuerliche Kriegsverbrechen ist heute als das Massaker von Nanjing oder als die Schändung von Nanjing bekannt. Die japanische Armee tötete wahllos Menschen, und es wurden 20 000 Fälle von Vergewaltigungen berichtet. Viele Fakten (einschließlich der Opferzahlen) sind zwar noch immer umstritten, dennoch bleibt dieses Massaker eines der schmerzvollsten Ereignisse im kollektiven Gedächtnis Chinas.

Vielleicht suchen die eher pragmatisch eingestellten Politiker gerade aus diesen Gründen eifrig nach einem probaten Mittel, mit dessen Hilfe sie Zahlen nutzen können, um gleichermaßen ihre übermenschliche Intelligenz wie ihre unverbrüchliche Rationalität unter Beweis zu stellen; so sind zum Beispiel die bewährten Grundsätze der »Drei Repräsentationen«[11] so klar und unmissverständlich definiert, dass sie in keinem Raum-Zeit-Kontinuum und auch in keinem anderen Universum jemals auf »Zwei Repräsentationen« reduziert oder auf »Vier Repräsentationen« erweitert werden könnten.

11 Die »Drei Repräsentationen« gelten als Jiang Zemins Beitrag zur Theorie des chinesischen Sozialismus. Er formulierte diese Theorie erstmals im Jahr 2000 auf einer »Inspektionsreise« in die südliche Provinz Guangdong, und 2002 erklärte er in einer Rede: »Um in eine neue Phase des Aufbaus eines Sozialismus mit chinesischen Merkmalen einzutreten, muss die Kommunistische Partei Chinas das große Banner der Theorie von Deng Xiaoping hochhalten und sich dem wichtigen Gedanken der Drei Repräsentationen verschreiben.« Gemäß diesen drei »Repräsentationen« soll die Kommunistische Partei die Entwicklungstendenzen der fortschrittlichen Produktivkräfte, die fortschrittliche Richtung der entwickelten Kultur Chinas und die grundlegenden Interessen der breiten Mehrheit widerspiegeln. Das Komische daran ist, dass diese »Drei Repräsentationen« nach wie vor äußerst verschwommen und mehrdeutig sind.

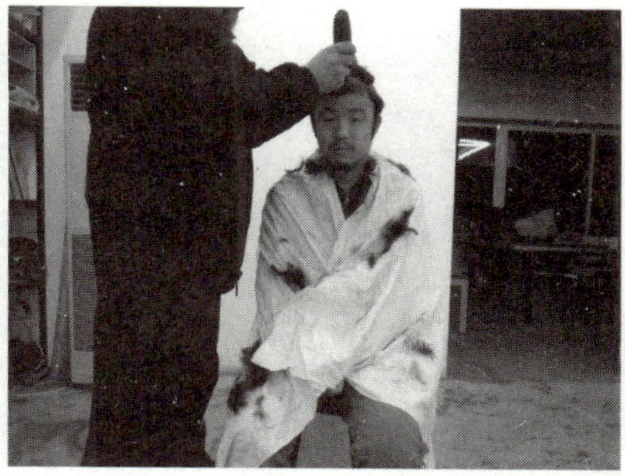
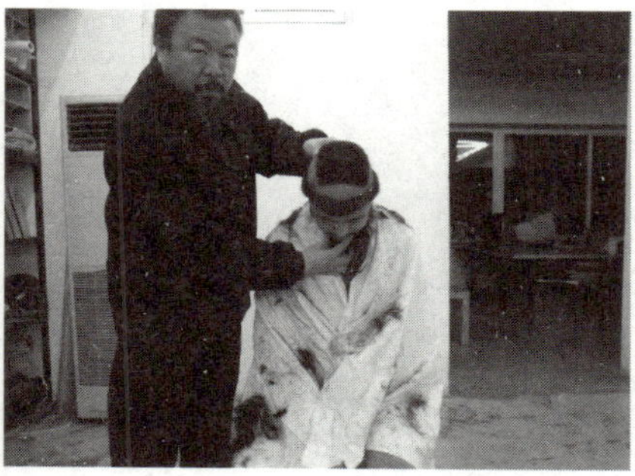
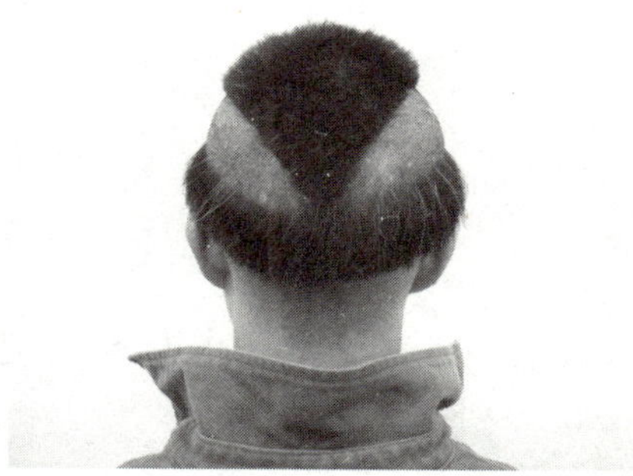
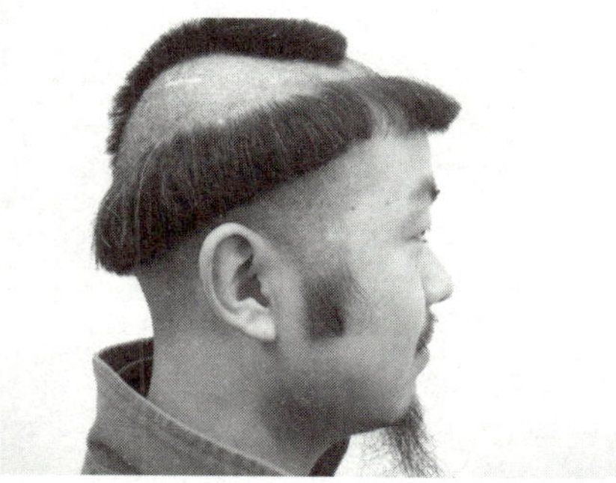

**2.8, 2.9, 2.10, 2.11, 2.12, 2.13** Ais Assistent Xu Ye beim dritten Haarschnitt. 2007 stellte Ai gerne »Haarschnitt-Fotos« auf seinen Blog ein. 22. Dezember 2007.

# Texte aus dem Jahr 2008

## Halluzinationen und die »Einnahme von Gift«

■ GEPOSTET AM 1. JANUAR 2008

Ohne jeden Zweifel ist die Einnahme von Rauschmitteln schädlich: Sie schädigen uns wie Zigaretten oder Alkohol oder das Überfahren einer roten Ampel. Aber sie schädigen nicht die Gesellschaft und fügen auch keinem anderen Menschen einen körperlichen Schaden zu. Das liegt daran, dass ihre Einnahme einem persönlichen Willensakt entspringt. Sie mögen den Konsumenten schädigen, aber ob er sie einnimmt oder nicht, ist Sache des Einzelnen, es ist wie beim Selbstmord.

Wenn die Polizei jedoch ohne richterliche Vollmacht in eine private Wohnung eindringt, ist das etwas ganz anderes. Dass die Polizei einfach so im Namen des Gesetzes und im Auftrag des Staates in eine Privatwohnung eindringt, sie durchsucht und ihre Bewohner verhaftet, ist seit Langem ein gewohnter Anblick und alltägliches Ereignis.

Auf den Hinweis eines »Bürgers« hin drang die Polizei mitten in der Nacht in eine Wohnung ein.[1] Dies stellt eine Verletzung der Grundrechte dar und ist eine indirekte Form der Einschüchterung, die letztlich schwerwiegender und zerstörerischer ist als das Verhalten eines Menschen, der illegale Drogen nimmt. Artikel 39 der Verfassung besagt: »Die Wohnungen der Bürger der Volksrepublik China sind unverletzlich.

1 Begleitet von einem dramatischen Medienspektakel, wurde Zhang Yuan, chinesischer Fotograf und Regisseur (geb. 1963), in den frühen Morgenstunden des 9. Januar in seiner Wohnung in Peking beim Drogenkonsum verhaftet. Ein Film der Razzia wurde im chinesischen Fernsehen gezeigt. In Zhangs Urin wurden Methamphetamine nachgewiesen. Er wurde des Besitzes und der Einnahme von Drogen angeklagt und erst nach zehn Tagen wieder freigelassen. Der Vorfall wurde allgemein als Aufforderung an die Menschen in der Unterhaltungsindustrie verstanden, den Drogenkonsum einzudämmen.

Rechtswidrige Haussuchung oder rechtswidriges Eindringen in die Wohnungen von Bürgern ist verboten.

Die Unverletzlichkeit der Wohnungen der Bürger ist ein Grundrecht der Freiheit der Person der Bürger und der Menschenwürde. Dieses Recht ist gesetzlich geschützt.«

Außerdem sieht das achte Gesetz der »Entscheidung des Ständigen Ausschusses des Nationalen Volkskongresses über Gesetze zur Drogenbekämpfung« vor, Drogenkonsum mit bis zu 15 Tagen polizeilichem Gewahrsam und einer Geldstrafe von bis zu 2000 Renminbi zu ahnden; Instrumente zum Injizieren oder Rauchen von Drogen können beschlagnahmt werden. Das Gesetz deutet an, dass Drogengebrauch allein noch nicht unter das Strafrecht fällt. Im 87. Gesetz desselben Dokuments wird festgesetzt:

Die Organe der öffentlichen Sicherheit können bei Störungen der öffentlichen Sicherheit Durchsuchungen des persönlichen Besitzes vornehmen. Ist eine Überprüfung notwendig, sollten die Beamten der Volkspolizei sich durch entsprechende Dokumente und eine von einem Organ der öffentlichen Sicherheit der Volksregierung auf mindestens Kreisebene ausgestellten Durchsuchungsbefehl ausweisen. Ist eine sofortige Überprüfung erforderlich, sollten die Beamten der Volkspolizei sich davor durch Dokumente ausweisen, die durch ein Organ der öffentlichen Sicherheit auf mindestens Kreisebene ausgestellt worden sind.

Diese Bestimmungen gelten auch für das »Drogenvergehen« Zhang Yuans. Trotzdem stellte niemand die Rechtmäßigkeit der Durchsuchung seiner Wohnung in Frage.

Aber dennoch sollten wir Angeklagten im Fernsehen und anderen Medien wenigstens mit einem gewissen Anstand begegnen. Man nennt das Mitgefühl. Und wenn die Behörden einen Fall übernehmen, sollten Rechtmäßigkeit und Unparteilichkeit des Gesetzes selbstverständlich sein.

Doch die Polizisten beschimpften den Verdächtigen laut

und führten ihn in Handschellen ab. Es war wie in einer Schmierenkomödie. »Geistig leere« Künstler aus ihren Wohnungen zu zerren erscheint als sehr übertriebene Strafe. Es zeigt, dass die Vertreter der Exekutive zum einen die Vorschriften nicht kennen und es ihnen außerdem an Mitgefühl für die Menschen fehlt.

Die Volkspolizei ließ außerdem die Wohnungsverwaltung vorladen, eine moderne Version der »Bestrafung von neun Generationen einer Familie«. Es gibt in China in den diversen Vorschriften eine verblüffende Sippenhaftung, die ungerecht und brutal ist. Und die Namen, die den Verbrechen gegeben werden, klingen stets wie etwas, das kein Mensch je tun würde.

Der übliche Begriff »Einnahme von Gift« bedeutet, dass sich jemand mithilfe von Drogen in einen Zustand der Erregung oder Halluzination versetzt. Jeder Fortschritt des Bewusstseins und der persönlichen Erkenntnis auf dem langen Weg der Menschheit zur Zivilisation wird von Experimenten mit verschiedenen psychischen Zuständen und alternativen Bewusstseinsebenen begleitet. Das gilt für die alchimistischen Praktiken der Religionen genauso wie für die Soldaten der Revolution, die dem Tod gleichmütig ins Auge sehen. In beiden Fällen spielen gewisse stimulierende Stoffe eine Rolle. Es lässt sich konkret belegen, dass eine Tasse Kaffee genauso wie eine Zigarette, Ecstasy-Tabletten oder die »unbesiegbaren, universalen Gedanken des Marxismus und Mao Zedongs« ein materielles oder geistiges Opiat sind. Man könnte das Lied »Duftende Blumen in Körben« aus der Zeit der Kulturrevolution analog dazu die erste »Musikdroge« Chinas nennen, denn diese Melodie erfüllte die Herzen der Menschen mit Freude, als in der Wüste von Nanniwan die Opiumproduktion aufgenommen wurde.[2] In jungen Jahren habe ich einmal im Na-

---

2 Nanniwan ist der Name einer schmalen Schlucht in der Nähe der kommunistischen Basis, die während des Zweiten Chinesisch-japanischen Krieges in Yan'an in der Provinz Shaanxi eingerichtet wurde. Zur Stärkung ihrer wirtschaftlichen Selbstständigkeit begannen die Kommunisten dort 1941 mit

men der Weltrevolution einige Felder mit Schlafmohn unter dem Decknamen »100« betreut und mit eigenen Augen gesehen, wie die Wüste Gobi sich in ein endloses Meer leuchtend roter Blüten verwandelte.

Die mutwillige Bosheit, als die der Zorn der öffentlichen Meinung sich äußert, und die Dummheit der Medien richten viel mehr Schaden an, als ein schwacher persönlicher Wille es jemals könnte. Niemand sympathisiert mit den Schwachen und Kranken, man überlässt sie ihrem Schicksal. Viel eher sind die Menschen bereit, zu einem Teil der kollektiven Macht und zu deren grausamen und überheblichen Schergen zu werden. Doch wer so handelt, ist nicht länger eine Seele mit einem Körper – er hat keine Seele mehr.

Aufputschmittel und Halluzinogene als »Gifte« und ihre Konsumenten als »Menschen, die Gifte einnehmen«, zu bezeichnen, ist eine Eigenschaft der Volksrepublik China. Sie zeigt, wie fremd man menschlichen Erfahrungen und den Erfahrungen einer geistigen Welt gegenübersteht und was für ein hoher Wert der Angst und der Feindschaft zugemessen wird. Ein solches Vorurteil entspringt der Ignoranz oder widerspricht doch zumindest jeder Wissenschaft und Vernunft.

Doch noch größeres Unheil tritt ein, wenn die Menschen es stillschweigend gutheißen, dass die Bürgerrechte mit Füßen getreten werden. Das ist unabhängig davon, ob es im Namen eines Staates oder eines Gesetzes geschieht, ein Unheil, das letztlich die ganze Bevölkerung trifft.

---

dem Anbau von Mohn. 1943 wurde erklärt, das Programm sei ein großer Erfolg, und das Revolutionslied »Nanniwan« wurde in Auftrag gegeben. Es ist bis heute berühmt, auch wenn viele nicht wissen, dass die »weiten Felder« und die »duftenden Blumen in Körben« sich auf Schlafmohn beziehen.

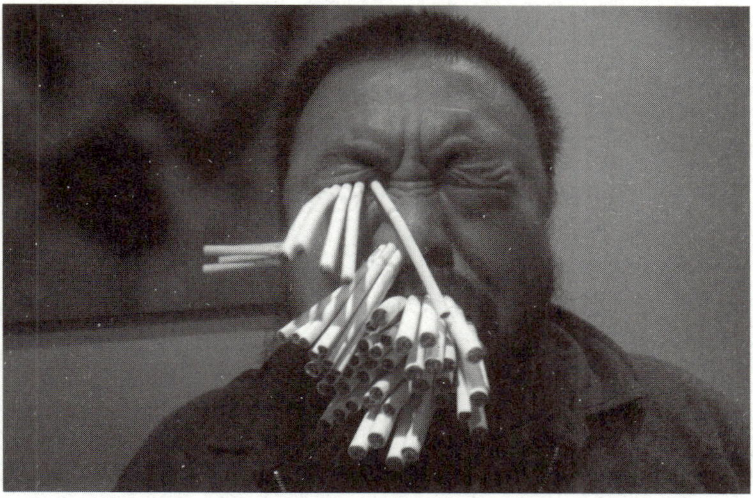

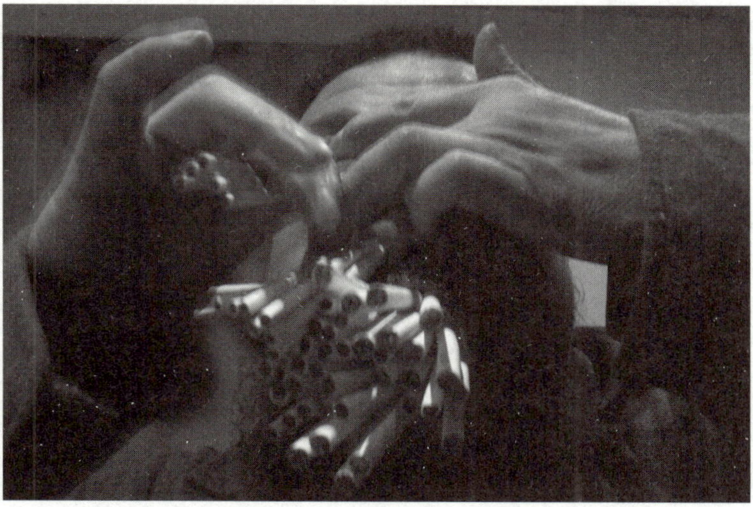

**3.1, 3.2** Im Restaurant »Go Where?« des Künstlers in Peking am 31. Dezember 2006.

## Wir haben nichts

■ GEPOSTET AM 30. JANUAR 2008

Eines Abends sagte ich bei einem Essen: »Wir leben in einer Zeit, der es ganz besonders an Kreativität mangelt.« Heute würde ich das anders formulieren.[3] Ich verwende das Wort »Kreativität« fast nie. Stattdessen spreche ich lieber von »Fantasie«, »Ahnung«, »Entdeckungsfreude«, »Subversion« oder »Kritik«, Worte, die meines Erachtens in ihrer Gesamtheit beschreiben, was Kreativität ausmacht. Sie sind das, was man zum Leben braucht oder was das Leben erst ausmacht. Sie sind unverzichtbar.

Kreativität ist die Kraft, die Vergangenheit abzulehnen, den gegenwärtigen Zustand zu verändern und nach neuen Möglichkeiten zu suchen. Einfach gesagt, bedeutet Kreativität nicht nur den Einsatz der Fantasie, sondern, vielleicht noch wichtiger, die Kraft zu handeln. Nur durch unser Handeln können ersehnte Veränderungen Wirklichkeit werden, nur dann kann unsere angebliche Kreativität ein neues Fundament schaffen und nur dann können wir eine menschliche Zivilisation hervorbringen.

Doch gehören wir einer solchen Zeit nicht an. Oder anders ausgedrückt: Wir sind Welten von anderen Menschen getrennt, die gleichzeitig mit uns leben.

Es stimmt. Wir leben in einer Zeit, welche die Kreativität abgeschrieben hat und sie vergiftet. Wenn in jeder öffentlichen Verlautbarung und jedem Werbeslogan die Phrase von der Kreativität auftaucht, wissen alle, dass unserer bedrückten Zeit just Kreativität fehlt. Die Politik hat sich weit von den gemeinsa-

---

3 Am 19. Januar 2008 wurde Ai Weiwei zusammen mit vier weiteren Personen von *Southern Weekly (Nanfang zhoumo)* für seine kulturell innovativen Leistungen und Beiträge im Zusammenhang mit seiner Arbeit *Fairytale* als wichtige Person des Jahres 2007 geehrt. »Wir haben nichts« geht auf die Rede zurück, die er bei der Preisverleihung hielt, nachdem die anderen Preisträger sich lobend über die Dynamik der kulturellen Szene geäußert hatten.

men Idealen der Menschheit und von universalen Werten entfernt. Keine andere politische Partei würde sich von dem Land lossagen, von dem sie lebt, und keiner anderen politischen Partei mangelt es so sehr an Einfühlungsvermögen und Fähigkeiten, dass sie auf so lächerliche Weise einige wenige über Staat und Nation erheben würde.

Ein Land, das die Wahrheit vertuscht oder ignoriert, verweigert sich der Veränderung, und ein Land, in dem es keine Freiheit gibt, ist verloren. Die freie Meinungsäußerung gehört zu den Grundrechten des Menschen, sie ist ein Eckpfeiler der Zivilisation. Die Redefreiheit ist ein Teil der geistigen Freiheit, sie gehört zu den hohen Werten des Lebens und basiert auf den uns angeborenen Rechten. Die moderne Welt kann ohne Redefreiheit nicht existieren.

In den vergangenen Jahrzehnten wurde dieses Land immer wieder von Konflikten gespalten und von immer neuen politischen Bewegungen missbraucht. Menschen wurden auf barbarische Weise verfolgt und getötet, Rechte wurden unablässig mit Füßen getreten. Zu Untätigkeit und zur Preisgabe von Rechten kamen moralische Niedertracht, Gewissenlosigkeit und Resignation. Doch sonst hat sich nichts verändert. Es ist, als sei überhaupt nichts geschehen. Was könnten wir in einem solchen Land mit einer solchen Bevölkerung und unter einem System, das jede kulturelle Leistung kontrolliert, noch über Kreativität zu sagen haben?

Unser Kulturministerium ist eine Behörde, die so weit von Kultur entfernt ist wie keine andere vergleichbare Behörde auf der ganzen Welt. Es ist ein bürokratisches Organ, das, was die Kultur angeht, nie auch nur den leisesten Beitrag geleistet hat. Schriftstellerverband, Künstlerverband und Kunstakademien verschaffen nur ihren Mitgliedern Privilegien, doch sie leben von den Früchten der Arbeit anderer. Sie zeigen die ganze Heuchelei und Scheinheiligkeit der Gesellschaft: sie sind kulturell gesehen veraltet und verfügen darüber hinaus über keinerlei Kreativität – was sie selbst allerdings nicht begreifen können.

Diesbezüglich herrscht auf der Welt ein fast perfektes Gleichgewicht. Sollen doch die totalitären Herrscher, die reichen und herzlosen Menschen, die ihr ganzes Leben lang willen- und gewissenlos betrügen und entweihen, mit ihren barbarischen Methoden den Reichtum und die Macht an sich raffen, nach denen es sie gelüstet. Dafür werden sie das Vertrauen, das mit Ehrlichkeit einhergeht, die Hoffnung, die mit dem Schaffen einhergeht, und das Glück, das die Demokratie gewährt, nie besitzen. Ihr mögt noch so reich oder gewieft oder mächtig sein, weder ihr noch eure Nachkommen werden diese Freuden und Hoffnungen je kennenlernen.

Behaltet eure kommerzialisierten, dämlich kichernden »Freundlichen Fünf« mit den aufgeschwemmten Gesichtern, behaltet so viel von den Albträumen mit Drachen, wie ihr verkraften könnt, und behaltet die jährlichen Fernsehgalas dieses unsäglichen Frühlingsfestes mit ihrem hysterischen, erzwungenen Lachen, ein Fest, dem jeder Anstand und jede Aufrichtigkeit fehlt, und all die anderen, so beschämend nichtssagenden und protzigen Feiern.[4]

Denn es ist ganz einfach: Dieses Land verleugnet die Freiheit des Lebens und des Geistes, es verschließt sich der Wahrheit und es hat Angst vor der Zukunft. Dieses Land besitzt keine Kreativität.

---

4 Die »Freundlichen Fünf« waren die Maskottchen der Olympischen Spiele 2008 in Peking (siehe Anm. 1 zu den Texten von 2007). Die Frühlingsfestgala des chinesischen Staatsfernsehens am Vorabend des chinesischen Neujahrsfestes anzusehen ist zu einer Tradition der Familien der Mittelschicht geworden. Die Gala hat sich seit der ersten Liveübertragung 1983 zu einem extravaganten Varieté entwickelt. Gezeigt werden satirische Sketche, chinesische Stand-up-Comedy, sogenannte »Wortgefechte« *(xiangsheng),* traditionelle Oper, Akrobatik, Zauberei, Ballett und Auftritte von Prominenten. Seit den 1990er-Jahren werden dabei zunehmend Ausblicke auf politische Ereignisse des kommenden Jahres gegeben und Höhepunkte politischer Kampagnen des vergangenen Jahres gezeigt. Die Sendung hat jährlich geschätzte 700 Millionen Zuschauer. Sie wird in der Ferienzeit oft wiederholt und von den chinesischen Medien ausführlich besprochen.

## Leinwandflimmern

■ **GEPOSTET AM 5. FEBRUAR 2008**

In meiner Kindheit wurden Filme auf dem Dorfplatz gezeigt. Wenn ein neuer Film eintraf, geriet das ganze Dorf in Aufregung. Obwohl es im Dorf keinen Strom gab, nur Öllampen, und das Licht nur vom Projektor auf die Leinwand fiel, bedeckten wir unwillkürlich die Augen mit den Händen, so hell kam das Licht uns vor.

Im Anschluss an die Vorstellung in unserem Dorf wurde der Film an das Nachbardorf weitergegeben und dort gezeigt. Wir begleiteten den Transport und setzten auf den holprigen Feldern und dunklen Straßen vorsichtig einen Fuß vor den anderen. Wir sahen aus wie Pilger auf einer Wallfahrt.

In Wirklichkeit war es eine langweilige Zeit, und die Filme waren nicht einmal besonders interessant. Vielleicht mochten wir deshalb vor allem die Schurken in diesen Filmen. Sie unterschieden sich wenigstens von den anderen.

Ich mag die meisten Hollywood-Filme. Chinesischsprachige Filme, oder das asiatische Kino haben mich nie besonders interessiert. Inzwischen beschränke ich mich allerdings nicht mehr auf Hollywood-Filme, denn meine Zuneigung zu Asien und China wächst und wird vor allem durch den Lebensstil der jüngsten Generation angeregt, ihre Art, Gefühle auszudrücken, und ihre Fähigkeit, Schmerzen zu ertragen.

Der größte Unterschied zwischen asiatischen und europäischen oder amerikanischen Filmen ist der Glaube. Einige Menschen glauben an etwas und einige Filme sind Ausdruck eines Glaubens, aber in China sind solche Filme selten.

Wenn wir sagen, Filme einer bestimmten Kultur seien »gut«, sprechen wir meines Erachtens nicht nur über den Film. Am Film können wir den Zustand einer ganzen Kultur ablesen. Wie viel Mut und Leidenschaft besitzt sie? Welche Illusionen nährt sie? Was für Beschwernisse müssen die Menschen erdulden? Chinesische Filme, können nicht ausdrücken, in welcher Zeit wir leben und was diese Zeit charakterisiert.

Chinesische Filme können in ihrer Ästhetik und Weltanschauung fanatisch und sogar verwirrt sein. Die Frage, ob der chinesische Film vor einem Aufschwung steht, möchte ich jedoch mit Ja beantworten. China ist schließlich ein Land, das sich gern ausdrückt – man denke nur an Karaoke. Ich halte es geradezu für krankhaft, wie viele Menschen gern Karaoke singen.

Wären die chinesischen Filme doch wie die Karaoke-Industrie, und könnten doch alle ihre eigenen Filme drehen! Ich bin von Menschen aus der Filmindustrie umgeben. Sie bekommen vom System anscheinend keinerlei Unterstützung und suchen deshalb anderswo nach Hilfe. Filmfestivals im Ausland sind nur ein Beispiel. Zugleich können diese Menschen nur wenige Filme drehen, mit stärkeren Partnern arbeiten oder in diesem Geschäft einen Gewinn erzielen.

Wer unter unfairen Bedingungen arbeitet, kann nur missgestaltete Dinge schaffen. Unter solchen Bedingungen werden letztlich zwei Arten von Menschen hervorgebracht: Opfer ihrer Umgebung im weiteren Sinn und Opportunisten. Es gibt keine kulturtragende Schicht, die aufgeklärt und rechtschaffen ist. Jeder sucht nur den eigenen Vorteil. Das ist der Zustand der Kultur in China: Alle sind so, es gibt keine einzige Ausnahme. Junge Regisseure streben oft zu eifrig nach schneller Anerkennung und machen sich damit nur lächerlich. Der gegenwärtige Zustand der Kultur ist ohnehin schon desolat. Wer will trotzdem die Anerkennung dieser Leute? Der Gemüsemarkt ist verwüstet worden. Wer klaut trotzdem einige auf den Boden gefallene Früchte? Es ist peinlich, wenn jemand so unreif ist, dass er das alles nicht durchschaut.

Wenn ich einen Film über das Leben drehen wollte, würde ich der Wirklichkeit mehr Beachtung schenken. Die Wirklichkeit ist grausam, aber man darf sie nicht ausklammern. Ich habe schon gesagt, dass sich in mir alle Fehler meiner Zeit spiegeln. Wenn ich einen Film machen würde, wäre ich skrupellos. Schämst du dich für dein Leben? Oder willst du nach den Maßstäben von anderen leben? Wir sollten nicht auf gesellschaftliche Tabus achten, sondern darauf, was getan werden muss. Regen wird vom Himmel fallen, aber was wirst du tun?

Ich sehe mir Filme genauso willkürlich an, wie ich auf einem Bankett esse oder Essen zum Mitnehmen bestelle. Für mich ist alles dasselbe. Im Allgemeinen sehe ich mir einen Film nicht allein an, sondern zusammen mit Freunden. In New York ist das ein öffentliches Ritual. Man steht gemeinsam in der Schlange an und plaudert, bis man eingelassen wird. Zu Hause eine DVD anzusehen ist etwas ganz anderes: Man kann sich an einem Abend zehn Filme ansehen, man kann vorspulen oder gleich in der Mitte eines Films anfangen. Man kann die Filme in sein wirkliches Leben einbeziehen. Diese Art des Sehens hat die Erzählweise von Filmen und unser Verständnis von Filmen verändert.

Man muss Filme nicht unbedingt im Kino sehen. Sie müssen auch nicht unbedingt unterhaltsam sein. Wenn das so wäre, wäre die Welt schrecklich langweilig. Beeinflusst der Publikumsgeschmack die Kultur oder beeinflussen die Filme den Publikumsgeschmack? Darauf kann es nicht nur eine Antwort geben. Mir gefallen Filme, die man ohne Anstrengung versteht, aber noch besser gefallen mir »schwierige« Filme. Von den Filmen, die ich in letzter Zeit gesehen habe, hat mich *The Sun Also Rises* von Jiang Wen am meisten beeindruckt. Alle sagen: Der Film verkauft sich schlecht – Regisseur Jiang Wen ist erledigt. Aber mit derselben kruden Logik sage ich, allein dadurch, dass ein »alter« Regisseur wie Jiang Wen einen solchen Film dreht, hat er sich meinen Respekt verdient. Als Künstler steht er im Rampenlicht, und das Publikum zahlt nur einige wenige Renminbi für das Recht, über ihn herzufallen.[5]

---

5 Jiang Wen, chinesischer Schauspieler und Regisseur (geb. 1963), ist ein bekannter Schauspieler und Regisseur und lebt in Peking. Berühmt wurde er 1986 für seine Rolle als Filmpartner von Gong Li in dem Film *Rotes Kornfeld* (Regie Zhang Yimou). Außerdem führte er in *Devils at the Doorstep* (2000), der bei den Filmfestspielen von Cannes den Großen Preis der Jury gewann,

Die reine Unterhaltung spielt in unseren Filmen eine immer größere Rolle. Sobald die Massen ins Kino strömen, läuft den Regisseuren vor Freude das Wasser im Mund zusammen.

Vor Kurzem habe ich *Dodesukaden von* Akira Kurosawa gesehen. Ich glaube, den meisten Menschen würde der Film auch gefallen. Vor fünfzehn Jahren habe ich Hou Hsiao-hsiens *Geschichten einer fernen Kindheit* in einem New Yorker Kino gesehen. Seine Art des Erzählens, seine persönlichen Erinnerungen und sein strenger Stil wirken sehr realistisch und zogen mich in den Film hinein. Wenn ich mir neue Filme ansehe, vergesse ich die Handlung oft sofort.

Tarkovsky: alle Welt redet immer wieder von Tarkovsky, aber ich meine trotzdem, er ist der Beste. Seine Filme sind alle gut, egal ob *Nostalghia* oder *Der Spiegel.* Er verschmilzt individuellen Glauben, Literatur, Dichtung und die Sprache des Kinos zu einem schlüssigen Ganzen. Viele Regisseure haben eine dieser Qualitäten erreicht, aber es ist schwierig, so viele auf einmal zu erreichen. Tarkovsky hat es geschafft.

## Ein Wort des Dankes

■ **GEPOSTET AM 14. FEBRUAR 2008**

Wenn man es erzählt, klingt es wie die Tat eines Menschenschmugglers. Ich möchte mich zunächst bei *Southern Weekly* bedanken und bei den 1001 tapferen Chinesen, die die Reise

---

Regie und spielte auch die Hauptrolle. Die ineinander verflochtenen Geschichten seines Films *The Sun Also Rises* (2007) spielen in einem Dorf in Yunnan, in der Wüste Gobi und auf einem College-Campus. Jiangs Experimente mit einem magischen Realismus kamen beim Publikum nicht gut an und wurden auch von der Kritik in China überwiegend negativ aufgenommen.

gewagt haben und auch so mutig waren, zurückzukehren.[6] Es ist offensichtlich, dass China gegenwärtig eine kulturelle Depression durchläuft, in der es an jeder Art von schöpferischer Neugier mangelt. Niemand kann das bestreiten, und ich hoffe, dass alle dieser Wahrheit gelassen ins Gesicht sehen können. Ich schäme mich dafür.

Kreativität ist in der Welt der Kunst ein Tabuwort, man spricht am besten nicht über sie. Dem ganzen Land fehlt es in jeder Hinsicht an Kreativität: der Politik, der Kultur und der Gesellschaft. Die Unterhaltungsindustrie ist keine Ausnahme, sie kann sich nicht mit Hollywood messen. Es ist wie eine Art Muskelermüdung, die den ganzen Körper erschlaffen lässt.

Auch den Olympischen Spielen, auf die sich alle Aufmerksamkeit konzentriert, fehlt jeder kreative Inhalt. Das Design der Fackel, die Maskottchen, genannt die »Freundlichen Fünf«, und der dem Schriftzeichen für »Harmonie« ähnelnde Weg, dem die Fackel in China folgen soll … alles ist von Routine durchdrungen. Wer über sich reden will, braucht eine Geschichte, aber niemand hat darüber nachgedacht, was eigentlich unsere Geschichte ist.

Wer die Zeitung aufschlägt, liest von Massenmigration, Schneekatastrophen und der Fernsehgala zum Frühlingsfest – von den verschiedensten Dingen, über die ohne jeden Stil und jede Inspiration berichtet wird. Auch der Bericht über die jährliche Galaveranstaltung von *Southern Weekly* ist keine Ausnahme – sind Bühnendekoration oder Beleuchtung etwa neue Inhalte? Wer sieht sich das, was im Fernsehen kommt, wirklich an? In Peking wehen während des Volkskongresses dieselben alten Fahnen wie immer, weil dieses System nicht mit anderen Menschen und nicht einmal mit sich selbst kommunizieren kann.

Dem liegt zugrunde, dass langfristig gesehen Initiative und

---

6 Dieser Text wurde zuerst in *Southern Weekly* veröffentlicht. Die »1001 tapferen Chinesen« waren die Menschen, die im Rahmen von Ai Weiweis *Fairytale* auf der documenta 12 (2007) nach Kassel reisten.

persönliches Bewusstsein gelitten haben. Persönliche Rechte und Pflichten müssen unmissverständlich geschützt oder deutlich gemacht werden. Die Menschen fühlen sich, was soziale Rechte und Pflichten betrifft, nicht mehr verantwortlich und haben nicht einmal mehr zu den grundsätzlichsten Fragen eigene Ansichten. Die Behörden wollen an dieser Situation nichts ändern und haben die Kultur fest im Griff. Aber wenn alles stabil ist, warum dann noch alles beaufsichtigen? Wenn man die Erde täglich mit Pestiziden besprüht, was kann da noch wachsen?

## Federleicht

■ GEPOSTET AM 17. FEBRUAR 2008

Vor zwanzig Jahren verließ Andy Warhol versehentlich seine Stadt und die ihm so vertrauten Menschen, die Klänge, Farben und das Klima. Im Augenblick seines Verschwindens veränderte sich die Welt: Nicht ein Pfeil war von einem Bogen abgeschossen worden, sondern der Bogen (und die ihn stützende Umgebung) fiel in diesem Augenblick vom Pfeil ab und trennte sich für immer von ihm.

Alles in Andys Leben schien von Anmaßung geprägt, von einem Kaleidoskop aus Farben und Extravaganzen. Wie bei einem Propheten, der durch die Grenzen der Zeit sieht, lange bevor die von ihm vorausgesagte Epoche tatsächlich eintritt, wurde alles, worauf sein Blick fiel, vergrößert und endlos vervielfältigt und dadurch emotional gebrochen und leer. Zeit wie Menschen sind gleichermaßen großartig und außergewöhnlich, können aber zugleich auch vollkommen belanglos sein.

Andy fühlte sich zu dieser Welt der Unsicherheit hingezogen, obwohl diese Welt ihm gleichermaßen misstraute. Bis zum letzten Ende teilten sie eine wechselseitige Abneigung, die schwer zu erklären ist. Sie waren zeitweise verbunden und doch für immer getrennt, ähnlich einer höchst originellen Verlautbarung, die bekannt gegeben und sofort wieder kassiert wird. Zurück blieb nur Verwunderung.

Absurderweise kam Andy durch einen Zufall an einem Tag im November 1982 in dieses fremde Land. Die Menschen hier waren noch benommen von den Gaukeleien eines kommunistischen Regimes, und ihre Gesichter zeigten alle dieselbe naive Scheu. In diesen geografischen Breiten interessierte sich niemand für den Künstler. Niemand erkannte das maskenhafte Gesicht, das im Rest der Welt so berühmt-berüchtigt war.

Andy hat zahllose Porträts berühmter Persönlichkeiten geschaffen, aber das bekannteste davon war ironischerweise die archetypische Darstellung des Anführers dieses Landes, den er viele Hundert Mal gemalt hat. In China galt Mao Zedong wegen seiner allgegenwärtigen Porträts als Gott. In Andys Wiedergabe dagegen wurde die allegorische Kraft zu etwas Konventionellem. Die enorme Größe und endlose Vervielfältigung neutralisierte das Porträt zu einem alltäglichen Gegenstand und nahm ihm seinen moralischen Wert und jegliche ästhetische Relevanz.

China war für Andy eine fremde Welt mit einem Leben, das er nicht verstand. Er war zur falschen Zeit am falschen Ort. Er konnte lediglich über die Länge der Chinesischen Mauer staunen; im uniformähnlichen »Look« der Massen sah er sogar die von ihm erstrebte ideale Mode. Doch glaubte er nie, dass man in einer Welt ohne McDonald's heimisch werden könnte – und in den Augen eines Kindes konnte ein Ort ohne McDonald's nicht gut sein, egal was es dort sonst noch geben mochte. In einer Zeit, in der Tischtennis und Pandabären höchste Verehrung genossen, fehlte gewiss vieles: Es gab keinen Lippenstift, keine Popmusik, kein Neonlicht, keine Nachtklubs, keine Homosexualität, keine privaten Autos oder Wohnungen und natürlich auch keinen Luxus und keine Korruption – der auserwählte Teil der Bevölkerung war noch nicht zu Wohlstand gelangt.

Die heutige Welt und die Welt zur Zeit Andys sind im Wesentlichen gleich, genauso erstaunlich schön, geschmackvoll oder angenehm und ähnlich vollkommen. Der Unterschied besteht darin, dass jemand wie Andy hier nicht leben könnte, ein Megastar aus einer durchschnittlichen, konventionellen Familie mit demokratischen und humanitären Werten.

Angesichts einer täglich fremder werdenden Welt erzählte er immer wieder dieselben gleichgültigen Geschichten: »Überlege dir gut, um was du bittest, du könntest es bekommen.«

*Geschrieben am 21. Januar 2008*[7]

## Der Riss zwischen Wirklichkeit und Ideal: Zhao Zhao

■ **GEPOSTET AM 20. MÄRZ 2008**

Was können wir noch tun, außer ironische und absurde Gespräche zu führen?

Es gibt eine bestimmte Art von Verhalten, das die Aufmerksamkeit der Menschen auf neue Möglichkeiten und andere Ergebnisse lenkt. Ähnlich einer absichtlich abweichenden Ausdrucksweise hat ein solches Handeln ein klares Ziel, nämlich die Menschen auf ihre verborgene und absurde Seite aufmerksam zu machen. Inmitten kleinster Bewegungen, einer fast schon arroganten Beharrlichkeit und aufrichtigen Bemühens freuen die Menschen sich, wenn sie einmal von den eingefahrenen Wegen abkommen und an eine neue Gabelung gelangen.

Sobald wichtige historische Ereignisse und Vorfälle auf »angemessene« Weise der Öffentlichkeit dargestellt und in ihrer »endgültigen Bedeutung« erfasst worden sind, tauchen Lücken

---

7 »Federleicht« wurde zuerst als Vorwort zu Christopher Makos', *Andy Warhol in China* veröffentlicht (Hongkong 2008).

auf. Unaussprechliche neue Möglichkeiten und Methoden tun sich auf und es entstehen Risse und Lecks.

Die Welt ändert sich. Das ist eine Tatsache. Künstler arbeiten angestrengt daran, sie nach ihren Vorstellungen zu verändern. Kunst ist nur der Ausdruck der persönlichen Welt ihres Schöpfers. Wenn Menschen vor Tatsachen stehen, die sie nicht glauben, verwandeln sie diese Wirklichkeit mit ihren Blicken und Berührungen in etwas, das sie eher erkennen und verstehen können.

Man kann die Welt nur mit Begriffen beschreiben, die einem vertraut sind, eine andere Sprache steht einem nicht zur Verfügung. Sprache wird in dem Augenblick möglich, in dem man zu sprechen beginnt, in dem die ausgesprochenen Worte zu einem Teil der Wirklichkeit werden, zu einer möglichen Verbindung zwischen Realität und Ideal, einem Mittel der Kommunikation zwischen materieller und geistiger Welt.

Im Kampf ums Überleben kommt es zu spontanen Handlungen, die zum Hauptinhalt des Selbstbewusstseins werden, während sie sich vollziehen. Sie sind möglich, haben aber darüber hinaus keine weitere Bedeutung. Man könnte auch sagen, dass sie andere Möglichkeiten ausschließen und sich dadurch unweigerlich selbst ad absurdum führen. Diese Absurdität wiederum wird zur Grundlage der Möglichkeit ihrer eigenen Existenz.

»Kultureller Terrorismus« ist wie der Terrorismus selbst eine Auflehnung gegen Macht, Politik und gesellschaftliche Ordnung. Zugrunde liegen ihm der Konflikt mit Strukturen der Macht und ihren Vertretern und das Misstrauen gegen sie. Seine Wirksamkeit zeigt sich in dem Raum für Fantasie, der sich nach dem Zusammenbruch der Macht auftut, und in dem unaussprechlichen Vergnügen, das er seinem Urheber bereiten kann.

Selbstbewusstsein entsteht aus der Konfrontation mit Ignoranz und Preisgabe. Eine selbstbewusste Tat ist immer eine Manifestation ihrer Durchführbarkeit und Rechtfertigung aus der Sicht ihres Urhebers. Sie verweist auf eine andere Art von

Wirklichkeit – eine rationale, geordnete Wirklichkeit, die weitverbreiteten Vorstellungen widerspricht. Diese neue Wirklichkeit ist so unbeschwert, furchtlos und geordnet, wie unsere gegenwärtige Welt bedrückend, abstrus und chaotisch ist.

Die neue Wirklichkeit ähnelt einer genau beschrifteten Karte mit Straßen und Flüssen, einer Welt, von der noch niemand gehört hat, einem Ort oder Land, das noch niemand betreten hat. Man fühlt sich in ihr zweifellos fremd, doch sie erscheint einem zugleich vertraut. Sie verkörpert den engagierten Versuch eines Menschen, zu kommunizieren, und sein Gefühl der unüberwindlichen Entfremdung und Ohnmacht.

Was sagst du da? Kann man das auch verständlich sagen? Sagst du wirklich, was du denkst? Warum so umständlich? Oder stimmt es, dass die wirkliche Bedeutung meilenweit von den Fakten und der Wahrheit entfernt ist? Wenn ja, wohin führt sie uns dann?

Die Handlungen eines Kunstwerks sind der Hauptinhalt seiner »Selbst-Struktur«; sie sind zugleich die einzige lesbare Darstellung dieser Struktur. Seine Einzigartigkeit besteht in der Umwandlung seiner praktischen Anwendung, die das Überleben einer modernen Kultur des Geistes ermöglicht.

Zhao Zhao lebt seit fast vier Jahren hier in Caochangdi, einem Dorf am Rand der fünften Ringstraße, fast zwanzig Kilometer vom Stadtzentrum von Peking entfernt, und arbeitet als Assistent im Atelier eines Künstlers. Die in dieser Ausstellung gezeigten Arbeiten hat er in seiner Freizeit zu seinem Vergnügen geschaffen.[8] Einige sind unbeschwert, andere schwermütig, aber sie haben alle Humor und stecken voller Übermut und Schalk.

In einer Welt, in der alles danach strebt, schneller, größer und stärker zu werden, brechen diese Werke eine Lanze für das Kleinere, Langsamere und Schwächere. In den Augen Gottes gehören Spiele zu den wenigen Dingen, die alle Menschen erfreuen.

---

8 »Daquangou, Zhao Zhao Solo Exhibition« wurde vom 5. April – 5. Mai 2008 im China Art Archive & Warehouse gezeigt.

## Orakel und Demokratie

■ GEPOSTET AM 29. MÄRZ 2008

Bei einem offiziellen Essen kam das Gespräch auf die ethnischen Konflikte der letzten Zeit.[9] Ein älterer Teilnehmer sagte: »Vor fünfzig Jahren haben die religiösen Anführer der Tibeter bei wichtigen Entscheidungen tatsächlich noch Orakel zurate gezogen. So rückständig ist man dort.«

Das stimmt zwar, aber ich frage mich, warum ich mir ernsthaft wünsche, ich könnte die Führer unserer Ethnie genauso

9 Am 10. März 2008, dem 49. Jahrestag eines gescheiterten Aufstands der Tibeter gegen die chinesische Herrschaft 1959, kam es in Lhasa zu Demonstrationen. Etwa dreihundert Mönche versammelten sich friedlich vor einem Tempel und forderten die Freilassung einiger Mönche, die seit dem vorangegangenen Herbst in Haft saßen. Die Demonstration wurde gewaltsam aufgelöst und die Mönche wurden verhaftet, was weitere Proteste auslöste, bis es am 14. März in der ganzen Stadt zu einem Aufstand kam. Der chinesische Premierminister Wen Jiabao beschuldigte den Dalai Lama, den Aufstand angezettelt zu haben, und Regierungsfunktionäre machten separatistische Bestrebungen für die Unruhen verantwortlich. Der Dalai Lama sagt dagegen, der Aufstand sei durch die anhaltende Unzufriedenheit der ethnischen Tibeter ausgelöst worden; Gewalt sei jedoch kein Mittel zur Lösung der Tibetfrage.
Laut Bericht der Nachrichtenagentur Xinhua haben die Aufständischen »623 Menschen verletzt, darunter 241 Beamte der Polizei und der bewaffneten Polizei, und 18 getötet. Sie zündeten außerdem über 300 Gebäude an, darunter vor allem Privathäuser, Läden und Schulen, zerstörten Fahrzeuge und beschädigten öffentliche Einrichtungen.« Die Gewalt scheint sich vor allem gegen Han-Chinesen und die muslimische Minderheit gerichtet zu haben. Außerdem soll der Mob auch ethnische Chinesen auf der Straße angegriffen haben. Die Unruhen riefen in ganz China nationalistische Gefühle hervor, die zusätzlich noch durch die angeblich »antichinesische« Einstellung von Nachrichtensendern wie CNN geschürt wurden. In widersprüchlichen Einschätzungen der Lage wurden die unterschiedlichen Perspektiven chinesischer und westlicher Nachrichtenquellen deutlich. Während einige westliche Medien Verständnis für die Tibeter zeigten, wiesen chinesische Medien auf feudalistische Strukturen und die Existenz von Sklavenarbeit vor der »Befreiung« Tibets hin und verurteilten die Unruhen als undankbare Hintertreibung des Versuchs, den chinesischen Westen zu entwickeln. Die Reaktionen auf die Unruhen zeigen jedenfalls, wie sehr China und der Westen in der »Tibetfrage« kulturell gespalten sind.

bewundern wie die der Tibeter, auch wenn diese in den vergangenen fünfzig Jahren ein oder zwei Mal Orakel zurate gezogen haben.

Leider kann ich das nicht. Wie sich unsere »Befreier« – die Menschen, die sich geschützt durch ihre ideologische Rüstung mutig der historischen Verantwortung stellen wollen – in den letzten Jahren verhalten haben, ist ehrlich gesagt nicht viel besser als das archaische Verhalten der Tibeter. Das Böse ist immer schlechter als bloße Ignoranz. Borniertheit und Engstirnigkeit sind nicht besser als eine rückständige Zivilisation.

Die Schuld daran trägt allein ihre mangelnde Fähigkeit, in die Zukunft zu sehen. Dieser Mangel ist so groß, dass wir einen Fehler nach dem anderen machen. Es ist schwer, schlechte Gewohnheiten zu ändern, und jeder Schritt führt uns näher an einen geistigen und moralischen Abgrund. Niemand versteht geheimnisvolle Anspielungen, niemand macht den Versuch, rätselhafte Sprachen oder Zeichen zu deuten, niemand beobachtet den Nachthimmel oder lauscht auf den Wind, und niemand erklärt die absolute Bedeutung von Leben und Tod. Wir achten weder auf Warnungen noch auf Prophezeiungen oder Ermahnungen. Wir sind eine gewaltige Masse unerschrockener Menschen, die historischen Tatsachen keinen Wert beimessen, die Geschichte nicht achten und die Ängste und Hoffnungen der Menschheit nicht zur Kenntnis nehmen.

In einer Zeit, in der Orakel nichts gelten, wird die geistige Welt verachtet und der Glaube geschmäht und mit Füßen getreten.

Eine gewaltige Demonstration der Stärke, sogar eine Rebellion fand statt. Aber treten wir einen Schritt zurück: Kann eine Nation, die sich zum Materialismus bekennt und von einer der größten Armeen der Welt und einer nicht minder großen Polizeimacht beherrscht wird, das Schicksal dieser Sklaven verändern? Diese Nation hat ein neues Jahrhundert wachsenden Wohlstands und wachsender Stärke eingeläutet, eine eintönige Wüste beispielloser Harmonie. Zeigt das nicht zumindest unsere Heuchelei, unser Wunschdenken und unsere Fehleinschätzungen, was die religiösen Methoden dieser ethnischen Gruppe angeht?

Einige »Raufbolde« und »gesetzlose Schläger« haben ohne Vorwarnung einige Hundert Soldaten und bewaffnete Polizisten verletzt. Außerdem kam eine größere Anzahl friedlicher Menschen aus der unschuldigen Bevölkerung zu Schaden. Wenn das stimmt, wird es für unsere »Söhne und Brüder in der Volksbefreiungsarmee« schwierig, ihre Aufgabe in der für sie typischen Art auszuführen.

Die Berichte der ausländischen wie nationalen Nachrichtenmedien sind immer weit von der Wahrheit entfernt. Das liegt daran, dass Menschen, die nicht an die Kunst der Prophezeiung glauben, gleichermaßen Angst vor der Wahrheit wie vor unvorhersehbaren Ereignissen haben. Intellektuelle Trickserеien, die notorisch die Tatsachen verzerren und Misstrauen und Unfrieden stiften, sind viel leichter zu ertragen als die bittere Wahrheit.

Das Treiben unaufgeklärter Menschen hat die ganze Welt zur Ignoranz verurteilt. Um diesen Zustand aufrechtzuerhalten, muss die öffentliche Meinung überwacht und manipuliert werden.

In den Augen vieler ist jene ferne Hochebene kein Ort mehr, an dem eine friedliche ethnische Minderheit lebt. Genauso wenig ist sie ein Tourismusgebiet mit einer prächtigen Landschaft, noch das Paradies, in dem Kleinbürger und Bohemiens nach Shangri-La oder Liebe suchen. Verlasst eure geistige Heimat auf dem Tiananmen-Platz, in eurem Kreis oder in eurem Einkaufszentrum! Ihr könnt einen Ort entstellen, den ihr nicht versteht, und dabei vielleicht reich und wohlhabend werden, aber das unbestechliche Herz eines Mönches gewinnt ihr niemals.

Zurück zum Thema. Weil uns etwas so Albernes wie die Gabe des Wahrsagens fehlt, haben wir keine Chance und müssen weiter im Dunkeln tappen.

Das Orakel ist eine primitive Form der Demokratie. Zumindest steht die Demokratie dem Willen Gottes näher, denn sie ähnelt einer modernen Form des Orakels. Sie führt zu Entscheidungen, die auf dem Willen der Massen basieren, nicht auf dem eines Dorfältesten. Sie ist ähnlich zielführend wie ein Orakel und ähnlich absurd und verzwickt. Wir haben umso mehr Grund, an den unberechenbaren und geheimnisvollen Willen der Massen zu glauben.

Solche Themen erfordern keinen großen Verstand, weil sie nur mit dem Volk zu tun haben.

Betet für eure Stammesführer, betet darum, dass sie sich ein wenig in der Kunst des Wahrsagens üben, wenigstens einmal. Soll doch die tiefe und unvorhersehbare Leere dieser Kunst über das Schicksal und die Zukunft der Massen bestimmen. Wenigstens ist sie den Geistern überlegen, auf die wir uns gegenwärtig verlassen, denen Verstand und Kreativität abgehen.

Unter Berufung auf Praktiken wie Orakel und Leibeigenschaft in Tibet, die vor der »Befreiung« des Landes durch die Kommunisten weit verbreitet waren, haben die chinesischen Medien die Tibeter als rückständig und mittelalterlich dargestellt. Die Soldaten der Volksbefreiungsarmee wurden als Befreier gefeiert, die einer altertümlichen Gesellschaft das »Licht der Zivilisation« brachten – dies und die Vorstellung, Tibet gehöre unbestreitbar zu China, sind im heutigen China weithin akzeptierte Meinungen.

## Trauer

■ **GEPOSTET AM 22. MAI 2008**

Ruhe bitte. Keinen Lärm. Lasst den Staub sich setzen und die Toten ruhen.[10]

Den Notleidenden die Hand zu reichen, den Sterbenden beizustehen und den Verletzten zu helfen sind humanitäre Handlungen, die nichts mit patriotischer Liebe zu einem Land oder einem Volk zu tun haben. Schmälert den Wert des Lebens nicht; ihm eignet eine allgemeinere, für alle gleiche Würde.

Die Menschen brauchen in diesen Tagen der Trauer nicht dem Vaterland und seinen Helfern zu danken, denn das Vaterland konnte sie nicht besser schützen. Es war letzten Endes auch nicht sein Verdienst, dass die Glücklicheren unter den Kindern aus den einstürzenden Schulgebäuden entkommen konnten. Auch die Regierungsbeamten brauchen nicht gelobt zu werden, denn die dahinsiechenden Menschen benötigen wirksame Hilfsmaßnahmen viel dringender als Beileidsbekundungen und Tränen. Noch weniger braucht der Armee gedankt zu werden, denn das hieße ja, die Soldaten hätten bei ihrem Einsatz etwas anderes getan, als ihre Pflicht zu erfüllen.

Trauert! Leidet! Fühlt es in der Tiefe eures Herzens, in der menschenleeren Nacht, an all den dunklen Orten. Wir trauern nur, weil der Tod ein Teil des Lebens ist, weil die vom Beben Getöteten ein Teil von uns sind. Aber die Toten sind dahin.

---

14 Am Montag, dem 12. Mai 2008 um 14.28 Uhr Ortszeit erschütterte ein zwei Minuten dauerndes Erdbeben der Stärke 7,9 die Provinz Sichuan. Epizentrum war der Kreis Wenchuan 80 km nordwestlich der Provinzhauptstadt Chengdu, weshalb man auch vom Erdbeben von Wenchuan spricht *(Wenchuan da dizhen)*. Die offiziellen Zahlen zum Zeitpunkt der Abfassung dieser Anmerkung sprechen von 69 225 Toten, 374 640 Verletzten und 17 939 Vermissten. Infolge der Katastrophe verloren geschätzte 4,8 Millionen Menschen ihr Zuhause, einige Schätzungen sprechen sogar von bis zu 11 Millionen. Es handelt sich um die größte Erdbebenkatastrophe in China seit dem Erdbeben von Tangshan 1976.

**3.3** Ai Weiwei filmt die Erdbebentrümmer der verwüsteten Stadt Yingxiu in der Provinz Sichuan, 30. Mai 2008.

Erst wenn die Lebenden in Würde weiterleben, können die Toten in Würde ruhen.

Lebt offen und ehrlich, achtet die Geschichte und seht der Wirklichkeit ins Auge. Hütet euch vor denen, die Richtig und Falsch verwechseln: vor den heuchlerischen Nachrichtenmedien, die geschickt Gefühle manipulieren und die Menschen in Versuchung führen, den Funktionären, die aus der Tragödie Kapital für Politik und Nationalismus schlagen, und den Geschäftemachern, die die Seelen der Toten für den gepanschten Wein ihrer Moral verkaufen.

Wenn die Lebenden den Sinn für Gerechtigkeit verlieren, wenn ihr Erbarmen sich in dürren Worten und ein paar Tränen erschöpft, dann wird der letzte würdevolle Atemzug der Sterbenden nicht geachtet. Dieser Zusammenbruch des Willens und diese geistige Leere machen aus dem Grenzbereich zwischen Leben und Tod etwas Teuflisches.

Die Leere des kollektiven Gedächtnisses und die Verzerrung der öffentlichen Moral treiben die Menschen in existenzielle Verwirrung.

**3.4** Soldaten, die in der chemischen Kriegführung ausgebildet sind, machen während der Aufräumarbeiten eine Pause, 30. Mai 2008.

Wer genau ist bei dem noch größeren Erdbeben vor dreißig Jahren umgekommen? Wer wurde bei den politischen Kämpfen der jüngeren Vergangenheit fälschlich angeklagt, welche Arbeiter wurden in den Kohlebergwerken verschüttet? Welchen Menschen hat man die Behandlung einer schweren Krankheit verweigert? Welche Schmerzen haben sie in ihrem Leben erduldet, welche Trauer rufen sie jetzt hervor, da sie tot sind? Wo sind die Überlebenden, die wirklich zu ihnen gehören?

Bevor wir Tränen unseren ohnehin schon verschwommenen Blick trüben lassen, müssen wir uns dem stellen, wie es auf der Welt wirklich zugeht. Das eigentliche Unglück der Toten besteht in der Ohnmacht und Lähmung der Lebenden, in der Ignoranz des Wertes des Lebens bei denen, die nur durch das Leben treiben, in unserer Abstumpfung gegenüber dem Recht auf Leben und Ausdruck und in der durch uns verursachten Deformation von Gerechtigkeit, Gleichheit und Freiheit.

**3.5** Soldaten marschieren eine zerstörte Straße in Yingxiu entlang, 30. Mai 2008.

Wir leben in einer Gesellschaft ohne Bürger. Wer keine wirklichen Rechte hat, ist in seinem moralischen Empfinden und seinem Menschsein beeinträchtigt. Welche Verantwortung, welche Pflichten kann ein Mensch in einer Gesellschaft wie der unsrigen übernehmen? Welche Deutungsmöglichkeiten stehen ihm für Leben und Tod zur Verfügung? *Samsara,* der ewige Kreislauf von Werden und Vergehen in diesem Land – steht er in irgendeiner Verbindung zum Wert des Lebens im Rest der Welt?

Was die vielen Organe der Kultur und Propaganda angeht, die diesem Land das Blut aussaugen – beruht ihre Prunksucht nicht auf Diebstahl? Niemand will die Wohltätigkeit von Parasiten. Ihre größte Wohltat bestünde darin, sich selbst aufzulösen, je früher desto besser.

## Ein stummer Feiertag

■ **GEPOSTET AM 1. JUNI 2008**

Wenn es je einen Tag geben sollte, an dem reine und unschuldige Kinder anfingen, der Welt zu misstrauen und den Glauben an die Menschen zu verlieren, dann wäre das heute.[11] Vor zwanzig Tagen hat eine traumatisierende Naturkatastrophe Tausende von Schulzimmern zum Einstürzen gebracht und geschätzte sechstausend Schüler wurden unter Ziegeln und Beton begraben.

Jeder Bewohner noch des kleinsten Dorfes innerhalb des Erdbebengebiets kann mit der Hand auf Orte zeigen, an denen einst Kindergärten, Grund- und weiterführende Schulen standen. Womit sich kein Überlebender, kein Helfer, kein Freiwilliger oder Soldat von nah und fern abfinden kann: Diese Kinder sind von uns gegangen. Warum hat es ausgerechnet sie getroffen? Neben Reihen von eingestürzten Schulgebäuden und Schülerwohnheimen stehen zahlreiche völlig unbeschädigte Gebäude.

Heute bedecken Ruinen die Leichen von Kindern, die Helfer haben ihre Suche schweren Herzens und ohne Hoffnung abgebrochen. Vielleicht wäre es besser gewesen, wenn diese Kinder nie geboren worden wären, aber jetzt schlafen sie friedlich unter den Betontrümmern ihren letzten Schlaf und werden nie wieder vom Lärm gestört. Um sie ist jetzt nur noch Grauen, Angst, Verzweiflung und Dunkelheit.

Verkündet ruhig lauthals, dass Katastrophen das Land stärken und zu einer »beispiellosen Geschlossenheit« führen, und gebraucht keine schönen Worte, um die kalten, harten Fakten zu vernebeln. Zuerst zieht die verstümmelten Kinder aus den Trümmern, säubert sie und begrabt sie an einem ruhigen Ort tief unter der Erde.

---

11 »Ein stummer Feiertag« wurde am 1. Juni gepostet, der in China, Russland und vielen anderen ehemaligen kommunistischen Ländern als Kindertag gefeiert wird.

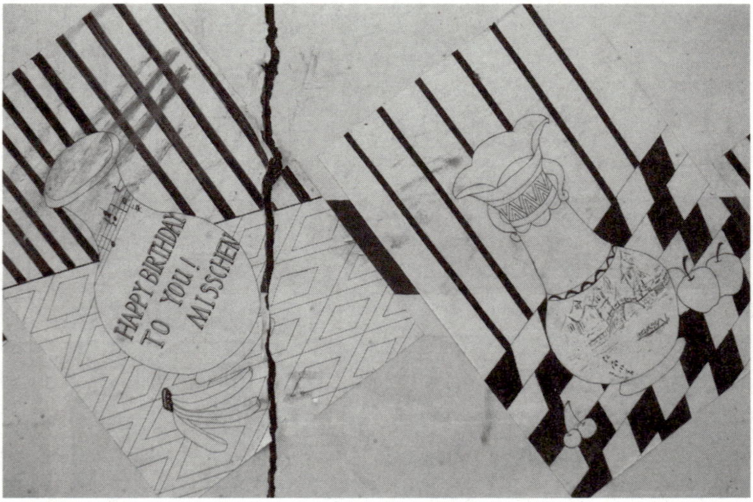


**3.6, 3.7** Schülerzeichnungen in zerstörter Schule an den Wänden der Juyuan-Mittelschule, einer der Schulen der »Tofu-Architektur«, die beim Erdbeben von Wenchuan einstürzten, 29. Mai 2008.

Zwanzig Tage sind seit dem Erdbeben vergangen, und es gibt immer noch keine Liste mit den Namen der vermissten Kinder und keine genaue Statistiken über die Opfer. Die Öffentlichkeit weiß immer noch nicht, wie die Kinder heißen, wer ihre Familien sind, wer es versäumt hat, die Schulen mit Stahl zu verstärken, und wer beim Bau minderwertigen Beton für Fundamente und Stützpfeiler verwendet hat.

Die Menschen haben genug Tränen für ein ganzes Leben vergossen. Was sie jetzt quält, ist der Gedanke, dass sie alles zum Schutz ihrer Kinder getan und ihr Leben für das verlorene ihrer Kinder gegeben hätten.

Heute ist ein schrecklicher Feiertag. An diesem Kindertag muss sich jeder lebende Erwachsene, der noch einen Rest von Anstand hat, eingestehen, dass er vor diesen Kindern versagt hat, diesen fernen Kindern, die der Welt nun ewig misstrauen werden. Ihr Schicksal ist das Schicksal unseres Landes, ihr Herz das Herz unseres Landes. Ein anderes kann es nicht geben.

Mögen die Verantwortlichen den Rest ihres Lebens in Schimpf und Schande verbringen. Egal welche Stellung und welchen Rang ihr bekleidet, steht wenigstens einmal in eurem Leben auf und übernehmt Verantwortung. Handelt, als hättet ihr ein Gewissen, und nehmt die Schuld auf euch. Aber es wäre immer noch nicht genug, unsere Schmach zu lindern.

Nicht nur die maroden Schulgebäude sind eingestürzt, mit ihnen stürzten auch das gute Gewissen und die Ehre eines ganzen Landes ein. An diesem Tag ist die Schönheit zugrunde gegangen. Merkt ihr nicht, dass so viele lachende Stimmen fehlen?

Diese Kinder haben uns verlassen, bevor sie lernen konnten, gleichgültig zu sein und zu betrügen. Man wird dies einmal als abscheulichen Verstoß gegen Sitte und Anstand betrachten, als Fabel, in der Lügen über die Wahrheit siegen. Man wird es nicht vergessen.[12]

---

12 Laut der chinesischen Regierung sind beim Erdbeben von Wenchuan 6898 Schulgebäude eingestürzt. Viele Eltern machten dafür Baumängel verantwortlich. In den Medien machte für den Pfusch am Bau das Wort von der »Tofu-Architektur« *(dofuzha gongcheng)* die Runde. Schon bald wurden

# Opfer

■ **GEPOSTET AM 4. JUNI 2008**

Alle wissen, dass heute der 4. Juni ist.[13]

Welche Not müssen wir noch ertragen, ehe unsere Herzen anfangen zu leiden? Welches Leid kann uns Erleuchtung bringen? Weder sorglose Überheblichkeit noch leichtfertige Ignoranz sind hier richtig. Was bedeutet schon ein kleines Unglück? Es wird vorübergehen und vergessen werden; jene Menschen wird man als den Zweig ansehen, der abgestorben ist. Wenn der Tod eine unvermeidliche Fußnote des Lebens ist, wo sind diese Leben dann geblieben?

Zu wenige glückliche Schicksale stehen in China zu viele unerlöste und schwere Schicksale gegenüber. Und diese Nation wäscht sich bei jeder Katastrophe, wie groß sie auch sein mag, am Ende stets in »beispielloser Einigkeit« selbst rein. Wir vertrauen darauf, dass die Einigkeit unweigerlich die Katastrophe abwenden wird. Den revolutionären Parolen der letzten Jahrzehnte wie »Kraft in der Einigkeit«, »je größer das Hindernis, desto größer unser Wagemut« und »Katastrophen erfüllen eine Nation mit neuem Leben« haftet ein gelassener Mut an, nach dem Motto: »je schrecklicher desto besser«. Darauf folgt die befriedigende und absolute Zelebrierung des Erfolges, der Preis der »zutiefst bewegenden, großartigen Errungenschaf-

---

Korruptionsvorwürfe gegen das Erziehungsministerium von Sichuan und Bauunternehmer laut. Sie sollen mitschuldig daran sein, dass staatliche Auflagen beim Bau der Schulen nicht eingehalten wurden, und den dadurch entstandenen Gewinn eingesteckt haben. Trauernde Eltern und Journalisten wiesen darauf hin, dass Hunderte von Schulen einstürzten, während Gebäude in unmittelbarer Nachbarschaft oft überhaupt nicht beschädigt wurden. Der Verlust der Kinder war für die Eltern aufgrund der chinesischen Ein-Kind-Politik besonders schmerzhaft. Da ein Skandal drohte, wurden viele Eltern zum Schweigen gebracht. Einige hielt man gewaltsam von den Trümmern fern, andere wurden verhaftet oder mussten Erklärungen unterschreiben, die ihnen untersagten, mit Journalisten zu sprechen oder Untersuchungen im Zusammenhang mit den eingestürzten Schulen zu fordern.

13 Der Jahrestag des Massakers auf dem Tiananmen-Platz, 4. Juni 1989.

ten« und »entscheidenden Siege«. Menschen wollen den Leidenschaften in der Realität meist ausweichen und wehren sich gegen die Emotionen, die in der Natur des Menschen liegen, aber jede Spezies, die allzu lange in einem exzessiven Leiden gefangen bleibt, wird eine besondere Form von Emotionen und Charaktereigenschaften und zugleich alternative Methoden und Kapazitäten entwickeln, um die Summe ihrer Eindrücke zu verarbeiten.

Eine Nation ohne spirituelle Überzeugungen ist eine furchtlose Nation, und jetzt gerade mangelt es uns Chinesen an echter Trauer. Es gibt kein Elend, von dem sich diese Nation nicht selbst frei machen kann, aber auch kein moralisches Verantwortungsbewusstsein und keine ethischen Zweifel. Die unablässige Simulation von Frieden und Wohlstand, die blindwütig angepriesen werden, während man zugleich die Wahrheit schamlos verhehlt, werden letztlich eine ernüchternde Benommenheit und Ignoranz hervorbringen, und die alles durchdringende Heuchelei wird schließlich zu einem ruchlosen und harten Teil unserer Lebenswirklichkeit werden. Bis zu dem Tag, an dem ein Unglück zur Norm wird, wird dieses Land nie wieder so eine Katastrophe erleben; das Unglück hat sich bereits in den Herzen jedes Einzelnen tief eingebrannt. Dieses Land ist selbst schon eine Katastrophe.

Wenn die Zeit kommt, in der die Menschen eine Spur Trauer empfinden, werden die Toten für immer vergangen sein, und sie können ihnen nicht antworten. Gleichgültigkeit und Wahnsinn haben sich verfestigt und sind vernachlässigt worden, und sie werden nicht mehr verstanden oder verziehen. Die Verstorbenen scheren sich nicht mehr darum, ob die Gesellschaft stabil ist oder ob Frieden in den Herzen der Menschen wohnt. Das Aufputschmittel des Nationalismus kann weder den Verlust des öffentlichen Vertrauens einer Gesellschaft noch die Krise des Gewissens wettmachen, denn die morbide Realität eines fiktiven Nationalismus ist eine Behandlungsmethode, die weit schlimmer ist als die Entziehungskur.

Auf der Straße leben Massen von Menschen, die moralische Wertmaßstäbe abschaffen, und zwar unter völliger Missachtung der persönlichen Aufklärung; korrupte, unfähige Autokraten und jene Selbstbetrüger und Blender der Menschen, die jene anpreisen, rennen blind umher: Wohin geht die Reise?

## Die Vergeltung des Karmas für das Karma

■ **GEPOSTET AM 8. JUNI 2008**

Ms. Sharon Stone sagte einige ernüchternde Dinge, und alle verstanden, was sie meinte, obwohl einige so taten, als würden sie es nicht verstehen.[14] Die andere Person, um die es hier geht, heißt Yu Qiuyu[15], und wenn man ihn einen degenerierten Intellektuellen oder den Abschaum des Abschaums nennen würde, wäre das nicht übertrieben. Die bloße Tatsache, dass

---

14 Nur wenige Wochen nach dem verheerenden Erdbeben von Wenchuan sagte die amerikanische Schauspielerin Sharon Stone in einem Interview auf dem roten Teppich während der Filmfestspiele von Cannes 2008: »Ich weiß nicht, wie wir mit dem Olympischen Spielen umgehen sollen, weil die Chinesen nicht nett zum Dalai Lama sind, der ein guter Freund von mir ist.« Anschließend sagte sie: »Dann passierte das mit dem Erdbeben, und ich dachte, ist das Karma? Dass dir etwas Schlimmes zustößt, weil du nicht nett warst?« Ihre Bemerkung stieß in den chinesischen Medien auf heftige Kritik, und Filme mit der Schauspielerin wurden aus den chinesischen Kinos verbannt.

15 Yu Qiuyu, chinesischer Autor und Intellektueller (geb. 1946), ist ein prominenter chinesischer Autor, Intellektueller und Kulturkritiker. Kurz nach dem Erdbeben von Wenchuan veröffentlichte er einen kontroversen Artikel unter dem Titel »Was wir den trauernden Eltern der Schulkindern mit Tränen in den Augen raten«. Er schlug darin vor, die Eltern sollten darauf verzichten, die Regierung für die »Tofu-Architektur« verantwortlich zu machen, um nicht zu Werkzeugen westlicher Medien zu werden. Die Eltern sollten sich mit Kritik zurückhalten, da sonst die »antichinesischen Medien«, die nach Gelegenheiten zur Kritik an China suchten, die Vorwürfe gegen das chinesische Volk wenden und seine Regierung in den Schmutz ziehen könnten. Der Artikel löste Kritik aus und wurde später aus den Online-Quellen entfernt.

ein so unwürdiger Gelehrter völlig ungehindert weiterschwafeln darf, ist ein Wunder.

Diese zwei Menschen haben emotionale Stellungnahmen über das Erdbeben abgegeben und beide haben buddhistische Gedanken zitiert.

Ms. Stone ist eine Anhängerin des Dalai Lama. Das »Karma«, von dem sie sprach, beinhaltet, dass jede Handlung unweigerlich eine Folge nach sich zieht und jedes Gefühl eine Reaktion hervorruft. Deshalb ist alles, was wir uns verdient haben, ob Glück oder Unglück, eine Folge des Karmas. Dazu gehört nicht notwendig eine Bestrafung im weltlichen Sinn. Ms. Stone sagte: »Dann passierte das mit dem Erdbeben und ich dachte, ist das Karma? Dass dir etwas Schlimmes zustößt, weil du nicht nett warst?« Das ist eine unzulässige Vereinfachung, die der Sache nicht annähernd gerecht wird. Wenn sie aber an eine weltliche Strafe denkt, irrt sie schlicht, denn dass in diesem Land Menschen und Institutionen, die schwere Zerstörungen angerichtet haben wie Yu Qiuyu oder das schändliche Erziehungsministerium von Sichuan, zur Rechenschaft gezogen werden, ist völlig ausgeschlossen. Entgegen unserer Hoffnung trifft das Unglück unweigerlich die unschuldige Bevölkerung. Wenn Ms. Stone das nächste Mal mit dem Dalai Lama spricht, kann sie ihn fragen, warum das so ist.

Der Intellektuelle Yu Qiuyu aus Shanghai glaubt nicht an Karma. Mit Tränen in den Augen rät er den Eltern Tausender unschuldig ums Leben gekommener Kinder allen Ernstes: »Bewahrt Ruhe, regt euch nicht auf.« Und er sagt weiter: »Euer beispielhaftes Verhalten bei der Katastrophe hat euch bereits die Hochachtung des gesamten chinesischen Volkes eingebracht … Es ist wichtig für uns, dass ihr nicht den Mut verliert und keine unnötige Aufregung verursacht.« Vor allem Letzteres erfüllt mich mit einer ganz besonderen Hochachtung vor den Intellektuellen Chinas.

Heute hörte ich ihn Folgendes sagen: »Antichinesische Organisationen, die China seit Jahrzehnten mit Missfallen betrachten, warten nur darauf, dass wir Fehler machen. Ihr dürft euch nicht zu ihren Werkzeugen machen lassen.« Das sind Worte einer unglaublichen Menschenverachtung und Schamlosigkeit, das ist das dreiste, dumme Geschwätz eines Lakaien. Natürlich wird es trotzdem keine Vergeltung geben. Dann plapperte Yu die Worte eines kahlköpfigen Mönchs nach: Die unschuldig umgekommenen Kinder seien »alle zu Buddhas geworden, die für immer über China wachen und das Land segnen werden«. Haha! Außerdem sagte er: »Unabhängig von den schlecht gebauten Schulen war das Erdbeben letzten Endes eine Naturkatastrophe. Bei einem Erdbeben der Stärke sieben oder acht kann theoretisch jedes Haus einstürzen.« Was sollen wir darauf antworten? Wir haben »Hochachtung« vor dir und deinen kahlen Schafsköpfen, und ihr könnt euch selber segnen.

Ich begreife jetzt, dass das Ausbleiben der Vergeltung des Karmas auch schon eine Strafe ist – und dass der Fortbestand Chinas die eigentliche Bestrafung darstellt.

## Die Art von Lehrer Fan und die Moral des Erziehungsministeriums

■ GEPOSTET AM 16. JUNI 2008

Etwas Gutes zu tun, ist deshalb schwer, weil die Grundsätze, nach denen man es tut, entweder zu einfach sind oder zu unpräzise. In Wahrheit kann man etwas Gutes aber nur konkret tun.

Wenn wir vor dem Start eines Flugzeugs darüber belehrt werden, was wir im Notfall tun sollen, heißt es, wir sollten uns zuerst um uns selber kümmern und uns die Sauerstoffmasken überziehen, und danach Kindern und älteren Menschen helfen. Das ist vernünftig. Ich glaube nicht, dass ein hilfloser Mensch, eine hilflose Partei oder ein hilfloses Land anderen wirkungsvoll und zuverlässig helfen können. Alle ethischen und moralischen Fundamente haben ihren Ursprung in der Beziehung zwischen dem Leben des Einzelnen, seinem Willen und der Natur. In dieser Beziehung steht das Selbst immer an erster Stelle. Auch wenn wir ein persönliches Opfer bringen, liegt ihm doch unsere persönliche Entscheidung zugrunde. Deshalb ist die moralisch klingende Vorstellung, wir sollten den Wert unseres persönlichen Lebens von unserem persönlichen Willen trennen, unverantwortlich und falsch.

Fan Meizhong hängt am Leben und unterrichtet gern, und er wagte es, die Wahrheit zu sagen.[16] Würden wir behaupten, Fan Meizhong habe sich moralisch falsch verhalten, dann könnten wir genauso gut sagen, dass die Leben bestimmter Menschen unbedeutend seien und die Erhaltung von Leben an Bedingungen geknüpft sei. Das widerspricht aber der Vorstellung von der Gleichwertigkeit allen Lebens und dem Grundsatz, dass niemand diskriminiert werden darf, wenn es um die Erhaltung von Leben geht. Außerdem könnte man sagen, dass ein Lehrer, der sein eigenes Leben schützt, damit auch ein nationales Kulturgut schützt. Man mag das Verhalten von Fan Meizhong nicht gutheißen, aber auch dann hat er eine so heftige Kritik nicht verdient. Das Erziehungsministerium ist für ein Gebiet zuständig, in dem Hunderte von Schulen eingestürzt sind, und die ganze Welt ist über den Tod von Tausenden von Schülern schockiert. Trotzdem regt sich keiner über die Korruption und Pflichtvergessenheit des Ministeriums auf, geradezu als sei nichts passiert. Aber wir sind nicht bereit, einen

16 Fan Meizhong (rennender Lehrer Fan) unterrichtete bei Ausbruch des Erdbebens gerade Literatur. Er rief »Erdbeben«, rannte aus dem Klassenzimmer und ließ die Schüler sitzen. Konfrontiert mit Medienberichten über das heldenhafte Verhalten anderer während des Erdbebens bekannte der berühmt gewordene »rennende Lehrer Fan« *(Fan paopao)* sich in Interviews zu seinem Verhalten, obwohl er dafür im ganzen Land heftig kritisiert wurde. Er sagte: »Ich rannte so schnell zur Treppe, dass ich stolperte und hinfiel. Als ich auf dem Fußballplatz ankam, war ich der Erste. Keiner meiner Schüler war mir gefolgt.« Seine Erklärung für sein Verhalten war einfach: »Ich habe einen starken Selbsterhaltungstrieb … Ich war nie besonders mutig und sorge mich eigentlich nur um mich.«

Mittelschullehrer aus der Verantwortung zu entlassen, der aus Panik um sein Leben gerannt ist. Das ist wirklich ein Witz mit einer sozialistischen Pointe.

## Hört auf

■ **GEPOSTET AM 21. JUNI 2008**

Gibt es Karma tatsächlich in unserer Welt? Ich zumindest glaube nicht daran. Wenn es Karma gäbe, wäre die Vergeltung längst gekommen, und es hätte sich nicht alles so lange hingezogen. Man kann sich weder auf Schicksal noch auf Leistung verlassen. Wenn es Karma gäbe, würde es sich irgendwie zeigen, wenigstens ein bisschen, und nicht zulassen, dass über zehn Millionen Menschen auf einigen Millionen Quadratkilometern kollektiv in totale Verzweiflung gestürzt werden. Das Konzept ist viel zu vage und ungenau, und taugt nur, den wankenden Glauben eines Skeptikers weiter zu zersetzen.

Der Schluss liegt nahe: Wir leben in einer Welt gänzlich ohne Karma. Ich habe das Licht gesehen, jetzt ist mir wohler, und so vieles hat sich geklärt. Man braucht gar nicht auf längst vergangene Ereignisse zurückzugreifen. Erst Anfang dieses Jahres setzten verheerende Schneefälle Zigmillionen Heimreisende beißender Kälte und Hunger aus.[17] Noch bevor der

---

17 In den vierzig Tagen vor und nach dem chinesischen Frühlingsfest fahren Wanderarbeiter, Studenten und andere nach Hause, um die Ferien bei ihren Familien zu verbringen. Die daraus folgende Belastung des Transportwesens wird *Chunyun* genannt, wörtlich »Frühlingstransport«. Diese Binnenwanderung von wahrhaft epischen Ausmaßen umfasst allein innerhalb der Volksrepublik geschätzte zwei Milliarden Einzelreisen, gleichsam als wäre ein Drittel der Weltbevölkerung unterwegs. 2008 kam es auf dem Höhepunkt des *Chunyun* zu heftigen Schneestürmen in Mittel-, Ost- und Südchina. Die eingeschneiten Provinzen waren aufgrund mangelnder Ausrüstung hart betroffen, und die Heimreisenden saßen tagelang auf Bahn-

Schnee geschmolzen war, brachen in Tibet Unruhen aus. Zugleich drängten sich Scharen von Menschen um eine Flamme, die um die Welt reiste, ohne sie sehen zu können. Wenn unsere Brüder in Nordkorea nicht wären, könnte man meinen, alle Welt habe sich gegen uns verschworen. Und dann werden auch noch ständig unsere Gefühle verletzt.[18]

Die Proteste gegen den Fackellauf reiben ständig aufs Neue Salz in unsere Wunden und erschüttern unsere Welt. Dann kamen noch die Überschwemmungen dazu und die Börsenunruhen … und es ist erst Juni, bis zu den Olympischen Spielen werden noch einige Wochen vergehen. Der Himmel folgt seinen eigenen Gesetzen, und in einer Welt ohne jedes Karma tritt alles mit tragischer Wucht ein und entfernt sich gemessenen Schrittes und ohne jede Eile.

Ihr könnt so skrupellos und willkürlich sein, wie ihr wollt, aber erklärt bitte genau, was der »Sozialismus chinesischer Prägung« sein soll.[19] Eine nationale Fluggesellschaft kann

---

höfen fest. Stromausfälle und Sperrungen von Gleisen und Straßen erschwerten die Unterbringung, Versorgung und medizinische Betreuung der angeblich über 77 Millionen gestrandeten Passagiere. Am 2. Februar gab das Büro für Öffentliche Sicherheit in Guangzhou einen tragischen Unfall bekannt. Eine im Bahnhof von Guangzhou eingeschlossene junge Frau war zu Tode getrampelt worden.

18 Der Olympische Fackellauf, eine 136000 Kilometer lange »Reise der Harmonie«, dauerte vom 24. März bis zum 8. August. Die chinesischen Medien berichteten ausgiebig über das mit großer Spannung erwartete Ereignis. Nach der Entzündung im griechischen Olympia durchlief die Fackel alle Kontinente und symbolische politische Stationen wie St. Petersburg, Pjöngjang, Taiwan und Tibet (dort wurde sie auf den Gipfel des Mount Everest getragen, der in China Mount Qomolangma genannt wird). In den chinesischen Städten am Weg der Fackel drängten sich die Menschen schon Stunden im Voraus an den Straßen. Die meisten bekamen die Fackel gar nicht zu Gesicht.
Der Fackellauf wurde zu einem Gegenstand des nationalen Stolzes, als er in Paris und London von Bürgerrechtlern und Demonstranten für die Unabhängigkeit Tibets gestört wurde. In Paris wollten Demonstranten dem im Rollstuhl sitzenden Fackelträger Jin Jing die Fackel entreißen und sie löschen. Der Vorfall wurde wie viele andere als schwere Kränkung des Nationalstolzes empfunden, als »Verletzung der Gefühle« des chinesischen Volkes.

19 Der »Sozialismus chinesischer Prägung« oder die »sozialistische Marktwirtschaft« wurde von Deng Xiaoping eingeführt und hat in China nach und

gleich in mehreren Flugzeugen Geiseln nehmen, als sei es das Normalste der Welt[20]; das Kulturministerium kann den Markt mit minderwertigen Methoden kontrollieren und monopolisieren und künstlich den Anschein kulturellen Wohlstands erwecken; und wir spielen alle die Narren. Tausende von Schulen, bei deren Bau gepfuscht wurde, stürzten ein, und Tausende von Schülern starben einen viel zu frühen Tod, aber mit dem Erziehungsministerium hat das absolut nichts zu tun; starke Erdbeben haben eben solche Folgen. Man braucht nicht erst darüber nachzudenken, warum etwas so ist, denn das Leid ist schon lange eine unerschöpfliche geistige Quelle der »Erneuerung des Landes«. Aus Tränen und »Zwangsspenden« durch Jahrtausende von Katastrophen hindurch ist endlich ein beispielloses »Glück« erwachsen.[21] Seit Jahren werden aus den Scharen von Toten »glückliche Geister«.[22] Wenigstens brauchen sie nicht noch einmal einen so jähen Tod zu sterben.

In diesem Land passiert nichts Überraschendes. Nichts hat eine Bedeutung, Ursache und Wirkung bedingen sich hier nicht zwangsläufig. Die Ursache ist die Wirkung und die Wir-

---

nach die Planwirtschaft ersetzt. Man spricht zuweilen auch von »Sozialismus mit chinesischen Charakteristika«. Laut *People's Daily* »verbindet der Sozialismus chinesischer Prägung die Grundprinzipien des wissenschaftlichen Sozialismus mit den nur in China geltenden Tatsachen des sozialistischen Aufbaus«.

20 Am 31. März kehrten 18 in Kunming, der Hauptstadt der Provinz Yunnan, gestartete Flugzeuge der Fluggesellschaft China Eastern um, bevor sie ihr Ziel erreicht hatten, und flogen nach Kunming zurück. Aufgrund des Luftstreiks saßen über tausend Passagiere auf dem Flughafen fest. Am 1. April kehrten weitere Flüge unerwartet nach Kunming zurück. China Eastern begründete das mit schlechtem Wetter, aber ein wahrscheinlicherer Grund war die bereits seit Langem bestehende Unzufriedenheit der Piloten mit ihrem niedrigen Gehalt.

21 Bei Naturkatastrophen werden in den meisten chinesischen Arbeitseinheiten »Zwangsspenden« erhoben, so auch beim Erdbeben von Wenchuan. Obligatorisch waren 50 Renminbi. Nach oben gibt es keine Grenze.

22 Der Leiter des Schriftstellerverbands von Shandong, Wang Taoshan, nannte die Opfer des Erdbebens von Wenchuan in einem Gedicht »glückliche Geister«. Der Ausdruck wurde von chinesischen Netzbürgern kritisiert.

kung die Ursache. Von welchem Karma soll man da sprechen? Wer bemisst die Vergeltung? Menschen zeichnen sich seit jeher durch die Fähigkeit aus, Gegenwart und Zukunft in die Vergangenheit zu stecken. Die Zukunft ist ungewiss, die Vergangenheit kann nach Belieben verändert werden. Es gibt keine Schwierigkeiten, die unser heroisches Volk nicht überwinden könnte.

Die Verbrechen totalitärer Regime fangen damit an, dass sie den Wert des einzelnen Lebens bestreiten, der Realität ausweichen und jede Verantwortung ablehnen. Anders ausgedrückt, behaupten sie, das Leben sei unwichtig, minderwertig, es sei ebenso wertlos wie hoffnungslos.

Aber hört endlich auf! Ihr habt keine andere Zukunft als euch selbst und euer weder besonders langes noch besonders kurzes Leben. Dieses Leben ist alles, was ihr habt, ein besseres bekommt ihr nicht. Egal ob es in dieser Welt freundlich oder kalt und abweisend zugeht, zugrunde liegt ihr die Gleichgültigkeit. Ihr lebt in einer Welt, in der das Leben des Einzelnen nichts zählt, aber immer wieder Helden ausgerufen werden. Sie erwecken Eifer durch Liebe, schmeicheln mit hoher Gesinnung und stellen ihre Schamlosigkeit offen zur Schau, und das alles nur, um ihre Legende zu bewahren. Dies ist eine falsche Welt ohne Gerechtigkeit, in der Ignoranz und Gier einer kleinen Minderheit gedeihen können, eine Welt, die auf Betrügereien und erschlichenen Profiten beruht.

## Papiertiger und Papierjäger

■ **GEPOSTET AM 29. JUNI 2008**

Am 29. Juni, über ein halbes Jahr nach dem angeblichen Auftauchen des Südchinesischen Tigers, gab die Regierung der Stadt Xi'an dem Druck der Öffentlichkeit nach und legte ihre

Ermittlungsergebnisse zu den entsprechenden Fotografien offen.[23]

Dies ist ein Sieg der öffentlichen Meinung. Nach langen Streitigkeiten hat sich endlich die Wahrheit gegen den Betrug durchgesetzt. Die Lüge wurde entlarvt, und falsch bleibt falsch. In einem Land, in dem kaum jemand etwas weiß und in dem die Medien kein Gewissen und keine Grundsätze haben, gilt, was immer die Regierung sagt. In einem Land, in dem das Pferd unweigerlich vom Schwanz her aufgezäumt wird, ist das ganz gewiss kein kleiner Sieg. Es beweist, dass heute alles, was die Wahrheit verdeckt und der öffentlichen Meinung entgegensteht, nur ein Papiertiger ist. Die Sache mag furchterregend wirken, ist aber in Wirklichkeit nur lächerlich.

Bei diesem Kräftemessen verkannte die eine Seite trotz ihrer Fehleinschätzungen weiterhin das eigentliche Wesen der Wahrheit. Sie bediente sich eines zweckmäßigen Bauernopfers, um den Turm zu retten, streute der Öffentlichkeit weiter Sand in die Augen und verbarg die Wahrheit in einem tiefen virtu-

---

23 Am 12. Oktober 2007 kündigten Forstbeamte der Provinz Shaanxi »Beweise« dafür an, dass der gefährdete Südchinesische Tiger im Bezirk Zhenping gesehen worden sei, wo er eigentlich schon als ausgestorben galt. Sie legten zwei Fotos vor, aufgenommen von Zhou Zhenglong, einem Bauern und ehemaligen Jäger, der behauptete, den Tiger nach monatelanger Suche auf Film festgehalten zu haben. Doch wurde die Echtheit der Fotos sofort von Bloggern und dem Botaniker Fu Dezhi von der Nationalen Akademie der Wissenschaften bezweifelt. Fu Dezhi zufolge handelte es sich um eine Fälschung. Der Vorfall führte zu einer Kontroverse über Wahrheit und Glaubwürdigkeit, die unter dem Namen Tiger-Skandal bekannt wurde. Der Regierung des Bezirks Zhenping wurde vorgeworfen, sie wolle mit den Bildern des seltenen Tieres in ihren Wäldern nur den Tourismus ankurbeln, und wütende Netzbürger verlangten nach weiteren Beweisen. Zhou beharrte darauf, dass die Fotos echt seien, beschrieb ausführlich seine Suche und den Ort, an dem er die Fotos gemacht hatte, und sagte sogar, der Tiger habe beim Auslösen des Blitzes gebrüllt.
Unter dem wachsenden Druck der Öffentlichkeit gaben Kreisbeamte schließlich am 29. Juni 2008 zu, dass sie Zhou für die Bilder 20000 Renminbi (2900 US-Dollar) gezahlt hatten. Dreizehn Beamte der Regierung in Shaanxi wurden gefeuert, Zhou wurde im September wegen Betrugs verurteilt. Der Ausgang des Tiger-Skandals gilt als Sieg der Bürger im Kampf um Rechenschaftspflicht und Wahrheit.

ellen Abgrund. Trotzdem erkannten die Menschen, dass dieser Tiger eine Fälschung ist und dass sogar Papiertiger ihre Beziehungen zu Einflussreichen spielen lassen können, um andere einzuschüchtern.

Wenn wir genauer fragen würden, wen man verantwortlich machen müsste, so sollten das zunächst die Beamten der nationalen Forstverwaltung und der Regierung der Provinz Shaanxi sein. Genau das sind die Behörden, die sich so vage ausdrücken, den Tatsachen ausweichen und Betrüger decken. Wenn sie sich weigern, Verantwortung zu übernehmen, besteht ihre ganze sogenannte Verwaltung nur aus Täuschung der Öffentlichkeit durch die Unterschlagung wichtiger Tatsachen. Wenn wir meinen, so hoch entwickelte Organisationen unserer Gesellschaft achten zu müssen, sollten sie dann nicht wenigstens Verantwortungsbewusstsein und Schamgefühl zeigen?

Zhou Zhengdong ist entweder ein Bauer oder ein Jäger, aber auf keinen Fall der Drahtzieher einer Verschwörung. Er steht zwar im Zentrum der Aufmerksamkeit, ist aber nicht der eigentliche Betrüger, dazu hat er bei näherem Hinsehen kein ausreichendes Motiv. Wenn nicht örtliche, profitgierige Organisationen ihn manipuliert und beauftragt hätten, hätte er gar nicht die Möglichkeit gehabt, andere zu betrügen, es sei denn, wir glauben, dass ein Papiertiger den Jagdinstinkt dieses Jägers hätte wecken können.

Die Organe der Öffentlichen Sicherheit gehen mit einem solchen »Papiermenschen« nicht zimperlich um, wenn sie es für notwendig halten.[24] Aber man vergesse nicht: Die Macht zu missbrauchen, um zur Komplizenschaft gezwungene Mittäter rechtswidrig zu bestrafen und die Hauptschuldigen gleichzeitig zu verschonen, heißt, das Recht im Namen der Strafverfolgung erneut mit Füßen zu treten. Dieser Fall wurde nie öffentlich verhandelt, sondern in geheimen Prozessen abgewickelt. Was für eine Wahrheit wird hier vertuscht?

---

24 Gemeint ist, dass das Büro für Öffentliche Sicherheit die kleinen Leute hart bestraft und bei den Mächtigen Milde walten lässt.

Wir haben keine Angst vor Papiertigern, weil sie niemanden fressen. Doch dieser »Papiertiger« hat das ganze Land über ein halbes Jahr in Atem gehalten. In einer Welt voller falscher Hunde und Katzen, in der alles falsch ist, ist natürlich auch die Jagd auf einen falschen Tiger ein schwieriges Unterfangen. Man merkt schnell, dass nicht nur der Tiger falsch ist, sondern auch sein Erfinder, der Jäger Zhou Zhenglong. Die Jagd dauerte ein halbes Jahr, und alles, was mit diesem Tiger zusammenhängt, beruht auf Fehlinformationen. Wo sollen wir im Kampf gegen diese umfassende Fehlinformation ansetzen?

## Gewalt und Brandschatzung

■ GEPOSTET AM 1. JULI 2008

Am 29. Juni berichtete der Online-Nachrichtendienst von Xinhua, am Nachmittag des 28. Juni habe im Kreis Weng'an der Provinz Guizhou eine aufgebrachte Menge Büroräume der örtlichen Regierung durch »Gewalt und Brandschatzung« zerstört.

In dem Bericht hieß es: »Ein aufrührerischer Mob hat Räume der Polizei, der Regierung und der Bezirksverwaltung angegriffen.« Und weiter: »Einige Aufrührer haben bei diesen Vorfällen Büros und mehrere Fahrzeuge zerstört und angezündet.«[25]

---

25 Die Unruhen von Weng'an brachen am 28. Juni 2008 im Kreis Wenig'an im Südwesten der Provinz Guizhou aus. Einige Tausend Bürger verwüsteten Regierungsgebäude und setzten Polizeiautos in Brand. Anlass des Protests war der Vorwurf an die Polizei, den Tod einer Schülerin zu vertuschen. Die Leiche der 16-jährigen Li Shufen hatte man am frühen Morgen des 22. Juni aus dem Fluss geborgen. Li war zuletzt in Gesellschaft zweier junger Männer aus prominenten Funktionärsfamilien gesehen worden. Familie und Freunde des Opfers behaupten, Li sei vergewaltigt und ermordet worden, anschließend habe man die Leiche in den Fluss geworfen. Die Regierung bestritt das

Im Unterschied zu den jüngsten Vorfällen mit tibetischen Unabhängigkeitskämpfern, bei denen von »Gewalt, Raub und Brandschatzung« die Rede ist, geht es in Guizhou also nur um »Gewalt und Brandschatzung«.

Wegen der auffälligen Unterschiede zwischen den beiden Fällen können wir mit Sicherheit ausschließen, dass etwa die tibetischen Aktivisten in Guizho zum Kampf um die Unabhängigkeit aufgerufen hätten oder eine Abspaltung der Provinz vom Mutterland drohe.

Angesichts der durchweg niedrigen moralischen Standards der »Aufrührer« aus dem Kreis Weng'an konnten die anderen nationalen Nachrichtenmedien, die über kein Insiderwissen verfügen, nichts Neues zu den Vorfällen berichten. Wir sollten uns dazu beglückwünschen, dass das »antichinesische« CNN und die »verantwortungslosen« deutschen Medien nur lang-

---

und erklärte, die beiden jungen Männern entstammten Familien örtlicher Bauern. In den ersten Polizeiberichten stand, das Mädchen sei in den Fluss gesprungen, um Selbstmord zu begehen, und im Wasser ertrunken.

Lis Angehörige beschuldigten die Polizei der Schlamperei und Korruption. Einige hundert Freiwillige halfen ihnen, die Leiche zu bewachen, aus Furcht, die Polizei könnte Beweismaterial verschwinden lassen. Am Tag nach Auffindung der Leiche protestierten etwa fünfhundert Schüler vor der Polizeiwache, sie wurden aber gewaltsam vertrieben. Auch Li Shufens Onkel soll geschlagen worden sein, als er Polizisten befragte. So führte eins zum anderen, bis schließlich am 28. Juni eine aufgebrachte Menge Autos umkippte und Regierungsgebäude anzündete, darunter die lokale Parteizentrale. Associated Press berichtete, 30000 aufgebrachte Bürger seien durch die Straßen gezogen. Die Unruhen hätten sieben Stunden gedauert, es habe 150 Verletzte gegeben, über 100 Regierungsgebäude seien beschädigt und fast 50 Polizeiautos angezündet worden. Berichte und Fotos über die Unruhen im Internet wurden sofort gelöscht, über Li Shufens Familie wurde »zum Schutz der nationalen Sicherheit« Hausarrest verhängt. Schließlich wurde der Familie von der Regierung eine Zahlung von 9000 Renminbi angeboten (1300 US-Dollar); jeweils 3000 Renminbi stammten von den beiden Verdächtigen. Die trauernde Familie wollte das Geld nicht annehmen und sprach von einem bösen Handel.

In den chinesischen Medien war nicht von »Unruhen« die Rede, sondern verharmlosend von »Gewalt und Brandschatzung«. Wiederholt wurde behauptet, die Gewalttätigen handelten in »Unkenntnis der Tatsachen«. Angesichts des Einsatzes von rund 1500 Polizisten handelt es sich um einen der größten Vorfälle dieser Art der letzten Jahre.

sam reagierten und allmählich das Interesse an solchen Berichten verlieren. Ein solcher Mangel an Interesse ist inzwischen zum Standard der internationalen Berichterstattung geworden. Und er entlarvt ganz deutlich die Parteinahme westlicher Medien für die Verschwörung der tibetischen Freiheitskämpfer. Es muss an dieser Stelle gesagt werden, dass dadurch die Gefühle des chinesischen Volkes zutiefst verletzt wurden. In Anbetracht der sich wandelnden internationalen Situation sollten wir unbedingt einen klaren Kopf behalten und uns an folgende Regel halten: »Wenn die westlichen Medien darüber berichten, werden wir nicht überreagieren; wenn sie nicht darüber berichten, sind wir nicht überrascht.«

»Gewalt und Brandschatzung« in Weng'an waren schwerwiegende Vergehen. Dank der unglaublich maßvollen und geduldigen Schlichtung durch die Regierung konnte das Problem zufriedenstellend gelöst werden, und inzwischen ist wieder Normalität eingekehrt. Die Öffentlichkeit ist von Zuversicht erfüllt und freut sich auf die Teilnahme an den heutigen Feiern zum Jubiläum der Kommunistischen Partei Chinas. Der Vorfall stellt eine weitere eindrucksvolle Lektion für Bevölkerung und Kader dar: Der Reform- und Öffnungsprozess ist nicht einfach und die Macht der Regierung wächst stetig. Es war nicht leicht, die heutige Eintracht der Gesellschaft herbeizuführen. Solange wir der entschlossenen Führung der Kommunistischen Partei Chinas folgen, werden unrechtmäßige Versuche der Abspaltung vom Mutterland und auch kriminelle Handlungen, die derlei gar nicht wollen, letztlich scheitern.

## Yang Jia, der Ungesellige und Seltsame

■ **GEPOSTET AM 4. JULI 2008**

Wenn die Medien über Yang Jia sprechen, heißt es immer, er sei ungesellig und seltsam.[26]

Manchmal sind solche Menschen schüchtern oder vielleicht kommen sie einfach nicht mit den Menschen in ihrer Umgebung zurecht. Solche Menschen können vollwertige Bürger sein, sie können der Gesellschaft und anderen nützen und in einer normalen Gesellschaft könnten sie ihr Leben lang ungesellig und seltsam bleiben. Was spricht dagegen? Verursacht euch auch das noch Unbehagen?

Yang Jia wurde im August 1980 in Peking als Sohn einer Arbeiterfamilie geboren. Beide Eltern waren berufstätig. Er

30 Yang Jia (1980–2008) wurde in Peking als Sohn einer Arbeiterfamilie geboren. Seine Eltern ließen sich scheiden, als er noch ein Kind war, und er lebte mit seiner Mutter in Peking. Bei einem Besuch in Shanghai fuhr er ein Fahrrad ohne Zulassung. Streifenpolizisten aus dem Stadtbezirk Zhabei hielten ihn an und verhörten ihn wegen Fahrraddiebstahls. Weil er nicht kooperativ war und sich weigerte, Ausweis- oder Fahrradpapiere vorzuzeigen, wurde er auf die Polizeiwache gebracht. Dort wurde er seiner späteren Aussage zufolge verprügelt und anschließend freigelassen. Nach seiner Rückkehr nach Peking versuchte er mehrmals, die Polizei für die Misshandlung zur Rechenschaft zu ziehen, doch vergeblich. Am 1. Juli überfiel Yang Jia das Polizeipräsidium der Polizei von Zhabei. Er soll vor dem Eingang acht Molotowcocktails gezündet haben und mit einem Messer neun Polizisten niedergestochen haben. Sechs Polizisten starben, vier wurden schwer verletzt. Zu Yang Jias Ausrüstung gehörten außerdem ein Hammer, eine Staubmaske und Tränengas-Spray. Er wurde sofort festgenommen und am 27. August in einem Prozess hinter geschlossenen Türen des vorsätzlichen Mordes schuldig gesprochen und zum Tode verurteilt. Am 26. November 2008 wurde er durch eine Giftspritze hingerichtet. Ai Wei Wei drehte zwei Dokumentarfilme über den Fall.
Die Öffentlichkeit war trotz des Verbrechens empört über die Zensur der Medien und vermutete, dass Ereignisse, die dem Anschlag vorausgegangen waren, sowie der Tathergang, vertuscht werden sollten. Der Fall zog vor allem in den Chatrooms und Foren des Internets rasch Scharen von Sympathisanten an, die Yang Jia immer häufiger mit der Person des Wu Song aus dem chinesischen Klassiker *Die Räuber vom Liang-Schan-Moor* verglichen. Wu Songs Bruder wird von einem Tiger gefressen, und Wu Song rächt ihn, indem er den Tiger mit bloßen Händen tötet.

war ein begeisterter Leser. Sein Vater erinnert sich an ihn als »einen Jungen, der sich anständig benahm und an die Vorschriften hielt«. In Shanghai wurde er schwer gedemütigt, und er beschloss, Gerechtigkeit für sich einzufordern, indem er selbst gewalttätig wurde. Der Vorfall erinnert uns wieder einmal daran, dass man sich von allem Unglück so weit wie möglich fernhalten soll, doch wenn man das Schicksal herausfordert, ist man selbst schuld. Wer das Unglück anderer nicht achtet, begegnet den bösen Geistern zuletzt selber. Der andere sagt dann: »Jetzt weiß ich mir nicht mehr zu helfen, aber ich will Gerechtigkeit für meine Schmach, auch wenn ich dafür in Schande sterben muss.«

Yang Jia war schon vor Aufnahme der Ermittlungen als Verbrecher abgestempelt. Wird man als Verbrecher geboren? Wie oft in seinem Leben hat ein hilfloser oder gutmütiger Mensch mit einem ausgeprägten Sinn für Gerechtigkeit die Chance, ein Verbrecher zu werden? Und wie oft kann sich ein ganz normaler Mensch, der jeder List und Intrige abhold ist, Selbstachtung erlauben?

Wenn jemand für Gerechtigkeit eintritt, ist der Angriff auf Polizeibeamte nicht unbedingt ein Verbrechen. Denn auch wenn sie eine Art persönlicher Gerechtigkeit auf ihrer Seite haben, kann es doch in dieser Welt keine Gerechtigkeit geben, die nur Einzelnen gehört. Wer dem Staat widerspricht, sei unweigerlich ein Verbrecher? Was ist das für eine Logik? Wenn das stimmt, dann bestand die ganze Kommunistische Partei vor 1949 nur aus Schurken, und die Volksrepublik China wäre nun ein Schurkenstaat. Das wäre eine CNN-Logik, abgeleitet von einer einzelnen Macht und nicht von der Gerechtigkeit.

Warum sollte an einem so grausamen Ort das Kind einer alleinerziehenden Mutter, einer Familie, die von einem Arbeitergehalt leben muss, nicht ein wenig ungesellig und seltsam sein? Auf den Rat von Psychologen hin beschloss die Polizei von Shanghai, im Umgang mit solchen Eigenwilligen vermehrt vorbeugende polizeiliche Maßnahmen einzusetzen. Aber da so viele Menschen zu dieser Kategorie gehören, bräuchte man zur Umsetzung dieser Vorgabe eine Atombombe.

So viele hilflose Menschen, die von der Bürokratie und von den Gerichten schikaniert, eingeschüchtert, zurückgewiesen und ignoriert worden sind, wissen nicht, ob sie darauf mit Gewalt antworten oder einfach alles vergessen sollen. Einige wenige Extremisten unter ihnen, die sich noch nicht mit der Unabwendbarkeit ihres Schicksals abgefunden haben, werden immer wieder versuchen, sich mit juristischen Mitteln Recht zu verschaffen. Doch auf diese unglückselige Minderheit wartet keine Gerechtigkeit, sondern eine verständnislose, ungerechte Gesellschaft. Man muss die Gerechtigkeit selbst in die Hand nehmen.

Die Polizisten von Zhabei verdächtigten einen auswärtigen Touristen, ein Fahrrad gestohlen zu haben, und schlugen ihn daraufhin zum Krüppel. Wenn das stimmt, sollten sie bestraft werden und in Zukunft solch übertrieben harte Maßnahmen unterlassen. Reibt euch die Augen und lernt, die Wahrheit zu erkennen. Die Shanghaier sollten mit ihrem Scharfsinn wirklich ein wenig mehr über ihre eigene Sicherheit nachdenken und das Verhältnis von Kosten und Nutzen verbessern.

Von den Vorfällen, bei denen übermäßige Polizeigewalt eingesetzt wurde, ist dieser ganz besonders schlimm. Diese Menschen sind Abschaum. Sie befriedigen mit dem Missbrauch ihrer Macht niedrige Gelüste. Doch diesmal hat niemand angeboten, einen Preis mit ihnen auszuhandeln, und wenn Einzelne dann das Recht in die Hand nehmen, werden solche Taten bestraft. In unserem Fall hat Yang Jia nicht nur Polizisten getötet, die er nicht kannte oder die unhöflich zu ihm waren, sondern er hat sich über eine Gesellschaft lustig gemacht, die gegenüber sozialer Ungerechtigkeit blind ist. Doch all die Schikanen, all der Mangel an Mitgefühl und Gerechtigkeitssinn können natürlich nie an einem einzigen Tag ins Lot gebracht werden. In einer harmonischen Gesellschaft müssen die Rechte und Interessen aller Mitglieder respektiert werden. Wenn ein Mitglied zum Verbrecher wird, zahlt die ganze

Gesellschaft den Preis dafür. Wenn ein Mitglied grausam umgebracht wird, stehen letzten Endes alle vor Gericht.

Man kann die Wahrheit vertuschen, aber eine Wahrheit wird nie ausgelöscht werden: die Wahrheit des Yang Jia aus Peking, eines jungen Mannes, der in den 1980er-Jahren geboren wurde und sechs Polizisten der Polizeiwache von Zhabei tötete. Auf eines sei noch hingewiesen: Er tat keiner einzigen Polizistin etwas zuleide.

Wenn der Einzelne sich aufgrund seines Gewissens gezwungen sieht, selbst Gerechtigkeit zu schaffen, wird die Gerechtigkeit selbst verletzlich und kraftlos.

Wenigstens wird dieser Vorfall die Polizei von Shanghai warnen: schikaniert nicht Leute wie Yang Jia, misshandelt nicht gedankenlos Ungesellige und Seltsame, vor allem nicht die aus dem Norden, genauer aus Peking, und schon gar die, die in den 1980er-Jahren geboren wurden.

Sechs Beamte vom Revier Zhabei des Shanghaier Büros für Öffentliche Sicherheit sind tot. An Yang Jia, den Ungeselligen und Seltsamen, wird man sich stets erinnern.

## Über das Vogelnest

■ **GEPOSTET AM 9. JULI 2008**

**Business Week China**[27]**:** Sie haben am gesamten Entstehungsprozess des »Vogelnests« vom Entwurf bis zur Ausschreibung mitgewirkt. Was hat Sie dabei am meisten bewegt?

**Ai Weiwei:** Im Großen und Ganzen ist alles sehr glücklich verlaufen. Fast zwanzig Länder haben Entwürfe eingereicht, und das »Vogelnest« kam auf den ersten Platz. Wäre der zweitplat-

31 Die Reporter der Zeitschrift *Business Week China (Shangye zhoukan),* die das Interview führten, waren Yuan Ying, Wu Jinyong und Yu Liqi.

zierte Vorschlag realisiert worden, wäre das Ergebnis in aller Unbescheidenheit gesagt nicht so glücklich gewesen. Das Vogelnest hatte nach seiner Auswahl mit vielen Hindernissen, ja Schikanen zu kämpfen. Der ursprüngliche Entwurf wurde ständig verändert, weil zwischen nationalen Interessengruppen und Anfechtungen einiger Politikern vermittelt werden musste. Das Projekt wurde zu einem Forum der Suche nach Ausgleich. Mit dem Design haben die Änderungen nichts zu tun. Die Planer sträubten sich dagegen. Auch nur ein wenig nachzugeben hätte das ganze Projekt kippen können.

**BWC:** Nachdem Sie zu Herzog & de Meuron und deren Planungsteam stießen, wurde der Entwurf dramatisch verändert. Wie kam es dazu, und inwiefern hing das mit Ihrer Teilnahme zusammen?

**AWW:** Ich habe nur meine Meinung zu einigen Punkten gesagt. Als ich in die Schweiz kam, hatte das Büro bereits zwei Entwürfe ausgearbeitet. Herzog und de Meuron, einige wichtige Architekten ihres Büros und vier Partner der Firma waren anwesend. Ich schloss daraus, dass dieses Projekt für sie enorm wichtig war. Ich sprach mit ihnen über meine Gedanken zu den beiden Entwürfen, zunächst auf einer grundsätzlichen Ebene. Es ging dabei etwa darum, ob das Stadion erhöht oder ebenerdig gebaut werden sollte, wie das Dach geöffnet werden konnte, und um dessen Konstruktion. Ich mache eine solche beratende Tätigkeit sehr gern. Die beiden Entwürfe wurden dann gestoppt. Kurz danach haben wir ein Brainstorming zu Konstruktion und äußerem Erscheinungsbild gemacht. Ein wichtiges Thema war damals das »Schiebedach«, ein fußballfeldgroßes Dach, das man zurückschieben konnte und das für die beteiligten Planer eine enorme Herausforderung darstellte. Einige meiner Vorschläge flossen in den Entwurf ein, und nach einem anstrengenden Tag hatten wir einen möglichen neuen Entwurf und Anweisungen zu seiner Realisierung ausgearbeitet.

Damals sagte Herzog begeistert zu dem ehemaligen Schweizer Botschafter Uli Sigg: »Als wir Ai Weiwei einluden, hofften wir, einen Schritt nach vorn zu tun. Wir hätten nie erwartet, dass es gleich zwei sein würden.« Als ich mich am folgenden Tag zur Abreise fertig machte, kam er und sagte: »Wir haben mit unserem Entwurf übrigens schon gewonnen.« Waren die Veränderungen für den Sieg wichtig? Herzog sagte außerdem: »Wenn Sie die verschiedenen Entwürfe sehen, werden Sie feststellen, das neun von zehn gleich sind, unserer hingegen in jeder Beziehung herausragt.«

**BWC:** Gab es bei Ihren Gesprächen auch Streitpunkte?

**AWW:** Die Gespräche gingen sehr schnell, und es wurde von der Grundform des Gebäudes bis zu den Eingängen für das Publikum über alles heftig diskutiert. Wir kamen sehr gut voran, und die Arbeitsatmosphäre war großartig, freizügig und unverkrampft. Jeder sagte einfach, was er für gut und was er für schlecht hielt, und niemand hatte Zeit, sich auf eine bestimmte Bauform zu kaprizieren. Ich habe noch nie ein so angenehmes Arbeiten erlebt.

In einigen Punkten gab es Probleme, zum Beispiel war unklar, wie wir die »Form« des Vogelnests festlegen sollten. Anfangs erinnerte sie noch an eine »Laterne«. Alle europäischen Fußballstadien des Büros haben diese Form einer leuchtenden Laterne, was sehr schön aussieht. Ich meine jedoch, dass Kreise keine Orientierung geben. De Meuron fragte: »Wie kann eine runde Form trotzdem Orientierung vermitteln?« Ich antwortete: »Es ist möglich«, und hob zwei Seiten der Kreisform an und senkte die anderen beiden ab. Nach einigen weiteren Veränderungen entstand daraus die heutige Form des Stadions.

**BWC:** Für einige waren Sie der »chinesische Berater« des ausländischen Architekturbüros. Ist damit gemeint, dass Sie chinesische Elemente in den Entwurf eingebracht haben?

**AWW:** Das ist Unsinn. Bei unseren Überlegungen war nie die Rede von angeblich »chinesischen Elementen«. In Wirklichkeit ist es ganz einfach: Ich bin Chinese und in meinem Denken und Argumentieren der Kultur verhaftet, in die ich hineingeboren worden bin. Nach Fertigstellung des Entwurfs hieß es, man müsse, bevor man ihn zum Wettbewerb einreicht,

**3.8** Das Olympiastadion Peking (Vogelnest) am 4. Juni 2006. C-Print, Auflage 100 Stück, 100 x 142 cm.

einige chinesische Elemente darin benennen. Damals war das notwendig, wir sprachen also über das Muster der Krakelüren in der Glasur von Keramik oder die Muster, mit denen alte Tongefäße bemalt sind. Ich kenne mich da sehr gut aus. Auch in dem Entwurf ist davon die Rede, von einem sogenannten »geordneten Chaos« und von Vorstellungen wie der »vollkommener Gefäße«, die an die klassische chinesische Kultur anknüpfen. Aber das alles diente nur als Vorwand.

**BWC:** Die Einheit von Konstruktion und Form gilt als wichtiges Merkmal des Vogelnests. Wie verstehen Sie das aus der Perspektive des Gestalters?

**AWW:** Für das Design spielt diese Einheit eine sehr wichtige Rolle. Das Nationalstadion wird auch »Vogelnest« genannt, was auf eine Formulierung, mit der das Projekt beim Wettbewerb vorgestellt wurde, zurückgeht: »Äußere Erscheinung und Konstruktion bilden eine Einheit ähnlich wie bei einem Vogelnest.« Übrigens nennen es nicht alle so. Die größte Errungenschaft besteht in der Ganzheitlichkeit des Bauwerks. Darin unterscheidet es sich von anderen Stadien. Warum wollten wir etwas Ganzheitliches schaffen? Weil das riesige Dach mit enormen Kräften abgestützt werden muss. Wir mussten also überlegen, wie wir die Stützen möglichst schlank gestalten und damit die Sicht der Zuschauer auf die Wettkämpfe optimieren konnten.

Zweitens bestand das Problem der Ausrichtung. Die gewebeartige Struktur ist überall gleich: Egal wo man während eines Wettkampfs sitzt, man hat immer das Gefühl, zentral zu sitzen. Es ist leichter, die Spiele zu verfolgen, weil keine Hindernisse die Sicht verstellen. Das ist nicht nur eine Frage der Ästhetik, sondern ist verflochten mit Funktionalität, was sich in der vollständigen Funktionalität zeigt .

**BWC:** Spielten die Möglichkeit und Schwierigkeit einer Realisierung bei der Planung von Anfang an eine Rolle?

**AWW:** Theoretisch lässt sich jede konstruktive Form verwirklichen. Das Architekturbüro Herzog & de Meuron verfügt über viel Erfahrung, und man weiß dort, wie man ein gewünschtes Ergebnis erzielt. Design ist ein Produkt, nicht nur eine Hülle. Es hat wie ein Mensch ein Herz, eine Seele und einen Kreislauf, es schließt alle diese Elemente in sich ein. Was die Möglichkeit der baulichen Verwirklichung anging, hat die Firma Arup aus Großbritannien sehr viele Untersuchungen und Tests durchgeführt. Ohne die bautechnische Beratung einer solchen Firma hätte man das Vogelnest nicht bauen können. Niemand sonst verfügt über ein ähnlich professionelles Urteil, und die Firma hatte den letzten Entwurf bereits vor seiner Einreichung beim Wettbewerb einer professionellen Analyse unterzogen und abgesegnet. Später arbeiteten über zehn hervorragende Schweizer Architekten mehrere Jahre lang in China, um die unendlich vielen Detailfragen des Designs zu klären.

**BWC:** Zu Beginn der Ausschreibungen traf das Vogelnest auch bei Profis auf viele Zweifel. Was sagen Sie heute im Rückblick über diese Zweifel und diese Kritik?

**AWW:** Der Widerstand und die Zweifel hätten das Vogelnest fast unter sich begraben. Zu Anfang konnte man sich nur schwer vorstellen, wie das Ganze ausgehen würde. Architekten der Volksrepublik kritisierten das Projekt damals in einem kollektiven Brief als »koloniale« Architektur. Sie behaupteten, China sei zum »Experimentierfeld ausländischer Architekten« geworden, und sprachen von einer Verschwendung von Mitteln usw. Bei dem Wettbewerb, bei dem Herzog & de Meuron gewonnen hatte, war alles mit rechten Dingen zugegangen. Zur Finanzierung standen vier Milliarden Renminbi zur Verfügung, die geschätzten Kosten des Vogelnests beliefen sich auf 3,8 Milliarden, was im Rahmen des vorgesehenen Etats lag. Die Medien übten sich 2005 hauptsächlich in Kritik. Dann wurden andere professionelle Stimmen laut, die meinten, mit einer Änderung des »vorgeschriebenen« Entwurfs könne man viel Geld sparen, man solle »auf die Hülle verzichten und nur das eigentliche Stadion bauen«. Chinesische Akademiker sagten das – man weiß ja, was das heißt.

Es gab viele Einwände, und die chinesische Regierung traf nur zögerliche Entscheidungen. Dann kursierte plötzlich das Gerücht, dass ein ganz anderer Entwurf gewählt werden solle. Ich weiß noch, wie der Parteisekretär von Peking damals sagte: »In der Frage der olympischen Architektur werden die Prinzipien der Öffnung und Reform beibehalten.« Womöglich hat diese Aussage zur Rettung des Projekts beigetragen. Im Endeffekt wurde dann das im Entwurf vorgesehene Schiebedach weggelassen. Das ursprüngliche Design diente dazu, dieses Dach zu tragen. Ohne das Dach bekam die ganze Form einen anderen Charakter. Hinzufügen kann man jetzt nichts mehr. Der Stahl wurde auf das notwendige Minimum reduziert.

**BWC:** Haben Sie sich das fertige Vogelnest angesehen? Was entspricht Ihren Erwartungen oder übertrifft sie womöglich?

**AWW:** Der Aufbau ist insgesamt gut und entspricht unseren Vorstellungen und Erwartungen. Es gibt allerdings nichts, das meine Erwartungen übertroffen hätte. Anderes ist dahinter zurückgeblieben, aber das ist kein grundsätzliches Problem. Gutes Design in Verbindung mit einer überzeugenden Idee muss nicht perfekt ausgeführt werden. Ich habe die Baustelle dreimal besucht, einmal im vergangenen Jahr, als wir uns die

Farben ansehen und entscheiden wollten, welches Rot am besten passte. Gegen Ende der Bauarbeiten waren wir noch einmal da, um den Einbau der Sitze und die Einrichtungen für Prominente zu begutachten. Herzog und de Meuron waren damals hochzufrieden. Tatsächlich hat man an einigen Stellen zwar zu ungenau gearbeitet, aber Architekten sehen so etwas nicht. Sie finden, dass solche Stellen als handwerkliche Spuren eine eigene Schönheit besitzen.

BWC: Herzog zeigte sich einmal besorgt, China könnte das Vogelnest »mit seinen eigenen Methoden bauen«. Er meinte, zwischen ausländischen und chinesischen Architekten bestünden viele Unterschiede und Konflikte. Stimmt das?

AWW: Anfangs wären die Architekten fast darüber verzweifelt. De Meuron musste als Hauptverantwortlicher für das Projekt an zahlreichen Treffen teilnehmen, bei denen er verschiedenen Funktionären Bericht erstattete. In einem nicht ausgereiften Regierungssystem wird man häufig mit solchen Problemen konfrontiert und ist dann unweigerlich mit seiner Weisheit am Ende. Sie wissen nicht, wer über Ihr Schicksal entscheidet, weil es durchaus sein kann, dass irgendjemand plötzlich ein rätselhaftes Problem anspricht oder eine rätselhafte Frage aufwirft und dann keiner mehr weiterweiß.

In letzter Zeit waren solche Unterschiede und Konflikte nicht mehr so wichtig. Nach Meinung der Architekten ist vor allem die Frage wichtig, ob ein Projekt Anklang in der Bevölkerung findet. Ob sie selbst namentlich genannt werden, ist demgegenüber zweitrangig. Sie finden, dass es extrem schwierig war, zusammen mit so vielen Menschen an der Fertigstellung eines solchen Projekts in so kurzer Zeit zu arbeiten. Ich bin ebenfalls sehr glücklich. Schon jetzt spielt das Vogelnest für die Olympischen Spiele in Peking eine große Rolle. Ein solches Bauwerk kann für die Stadt von großer Bedeutung sein.

BWC: Sehen wir einmal von dem Gebäude selbst ab. Glauben Sie, dass das Vogelnest auch im Hinblick auf seine Entstehungsgeschichte einen Meilenstein in der Öffnung Chinas für die Architektur der Außenwelt darstellt?

**AWW:** Das Vogelnest ist Ausdruck des Ehrgeizes und der widersprüchlichen Ideale unserer Zeit. Es konnte nur in einer globalisierten Welt entstehen, zugleich aber auch nur unter dem existierenden chinesischen System mit seiner hohen Wertschätzung der Leistung. China wird Gastgeber der Olympischen Spiele sein und hat der Welt ein Versprechen gegeben. Jetzt muss man dessen Einhaltung überwachen. »Reform« und »Öffnung« sind in China nicht bloß gängige Schlagwörter. »Reform« bedeutet die Änderung unschöner Gewohnheiten, »Öffnung« die Einführung anderer Arten des Denkens und der Technik. Dieser Prozess wird unweigerlich schmerzhaft sein. Das öffentliche und transparente Verfahren, das zur Auswahl des Vogelnests führte, wurde in Übereinstimmung mit globalen Standards durchgeführt.

**BWC:** Wie viel Zeit haben Sie in dieses Projekt insgesamt investiert, und was ist Ihr nächstes Projekt?

**AWW:** Insgesamt nur zwei Monate. Die spätere Gestaltung der Umgebung des Stadions beruhte auf Ideen von mir, etwa die vom Stadion ausgehenden Wege, ein tiefergelegter öffentlicher Platz mit Eingängen usw. Das Ergebnis war allerdings enttäuschend, und vieles wurde nicht verwirklicht. Im kommenden September werde ich wieder mit Herzog & de Meuron zusammenarbeiten, diesmal an einer architektonischen Installation für die Architektur-Biennale in Venedig.

## Nicht zu fassen

■ **GEPOSTET AM 10. JULI 2008**

Wenn wir über irgendetwas die Wahrheit erfahren wollen, spüren wir intuitiv, dass das unmöglich ist. Dies bedrückt uns schon lange. Jeden Hinweis auf die Grundelemente und Widersprüche unserer gegenwärtigen Situation zu vermeiden oder sich vor Verantwortung zu drücken, nützt angeblich denen, die das Sagen haben. Doch widerspricht das jeder Vernunft, da eine Lösung sich erst dann gleichsam von selbst ergeben kann, wenn die wahren Umstände eines Ereignisses vollkommen aufgedeckt sind. Ähnlich werden die wahren Tatsachen nur dann verschleiert, wenn die Art, in der sich eine Situation von selbst entwickelt, unerwünscht ist. Schon seit Langem werden bei fast jedem wichtigen Ereignis die Tatsachen verschleiert und entstellt; es ist unmöglich, die Wahrheit öffentlich zu machen.

Ein gewohnheitsmäßiger Mangel an Selbstvertrauen und Schwäche ist hier am Werk, außerdem ein Automatismus des Selbstschutzes und der Prävention. Als Folge hegt die Öffentlichkeit ein grundsätzliches Misstrauen gegen die Macht und kann sich überhaupt nur schwer vorstellen, dass es eine legitime Macht geben könnte. Demokratie und Gerechtigkeit sind keine einfachen politischen Ideale mehr, obwohl sich beide im Existenzkampf der Menschheit für den Fortschritt der Mehrheit als sehr nützlich erwiesen haben. Man spielt mit dem Schicksal eines Volkes und eines Landes ein Spiel, wenn man unter Vorspiegelung diverser Ausflüchte die Entwicklung der Demokratie zu bremsen oder die Entstehung einer Zivilgesellschaft zu verhindern versucht – und das alles für den kurzfristigen Profit eines kleinen Teils der Bevölkerung. Das ist sehr leicht zu durchschauen.

Eine ideale Zivilgesellschaft würde dem Willen einer zentalisierten Macht widerstehen und ihn überwinden. Sie würde bestehende Machtstrukturen zerschlagen. Aufgrund der Einschränkung der politischen Rechte haben Vereinigungen, Gewerkschaften und religiöse Organisationen in China keine wirkliche Bedeutung. Ohne eine ausgewogene Verteilung oder Begrenzung der Macht und ohne regimekritische Stimmen kehren wieder sowjetische Verhältnisse ein, und völlige Korruption und Lähmung sind die Folgen. Menschenrechte werden mit Füßen getreten, eine Kultur der Ideale bricht zusammen. Als Ergebnis zeigt China im Wettbewerb nicht die

Courage, Verantwortlichkeit, Begeisterung und Persönlichkeit, die ein so großes Land eigentlich besitzen müsste.

Erst wenn es eine mit menschlichen Interessen und Werten vereinbare persönliche Würde gibt, kann aus solchen ehrenwerten oder schändlichen Gefühlen so etwas wie »Patriotismus« werden. Hier stoßen wir allerdings auf eine Schwierigkeit. Es gibt in unserer Welt keine vollkommen unabhängigen Interessen. Da kein Teil der Menschheit für sich leben kann, ist das Schicksal des Einzelnen unweigerlich mit den Werten anderer verbunden. Engstirniger Patriotismus beruht auf Kurzsichtigkeit und Minderwertigkeitskomplexen. Ihm liegt mangelndes Verständnis zugrunde. Man darf die Begriffe Nation, Volk und Herrscher nicht durcheinanderbringen. Denn das hieße, die Ehre des Landes zu besudeln und die Rechte und den Willen der Öffentlichkeit zu missachten und zu verraten.

Wenn die Kritik an wunde Punkte rührt, wird behauptet, »die Gefühle des chinesischen Volkes« seien »verletzt worden«. Das klingt sowohl rein sprachlich wie lebenspraktisch infantil, als sei das »chinesische Volk« eine törichte, verschmähte Frau. Eine zunehmend der Verzweiflung anheimfallende Gesellschaft dagegen, Bürgerrechte, die mit Füßen getreten werden, die Zerstörung unseres Ökosystems, ein rückständiges Bildungswesen, eine korrupte und unfähige Bürokratie – nichts auf dieser Welt könnte für die Gefühle des chinesischen Volkes wichtiger sein oder sie tiefer kränken, wenn sie jemandem wirklich etwas bedeuten sollten und vorausgesetzt, das chinesische Volk hätte überhaupt noch Gefühle.

Kulturelle Schwäche, widersprüchliche Konzepte und eine undurchsichtige Informationspolitik werden diese Gesellschaft letztlich in eine unangenehme, von Panik geprägte Schieflage bringen. Der Mangel an Transparenz und Kontrolle durch die öffentliche Meinung, der Mangel an öffentlicher Kommunikation und rationaler Erkenntnis werden zu einer abartigen, verzerrten Politik führen. Der Preis, den Land und Volk dafür zahlen müssen, ist letztlich schwer einzuschätzen.

Kein System ist vor dem Irrtum gefeit. Wenn es aber nur

den Irrtum kennt und mit allem, was es tut, in die Irre geht, sollte das Volk sich dann nicht auf sein Verhältnis zur Wirklichkeit besinnen, auf die exakten Fakten, die Vernunft der Sprache und die Wirksamkeit politischer Maßnahmen? Egal ob es sich um ein internationales oder internes Problem handelt, solange man es nicht löst, bleibt der Missstand bestehen. Ohne ausdifferenzierte Werte kann dieses System auch nicht auf reale Veränderungen und den Zusammenprall verschiedener Wertesysteme reagieren. Das Verlangen nach Werten, das sich auf immer neue Weise ausdrückt, wird ignoriert.

Sogar die Kritik trägt zum Fortschritt der Gesellschaft und ihrer Transparenz und Unvoreingenommenheit bei. Das Gegenteil davon sind Medien wie das chinesische Staatsfernsehen CCTV, das Fakten entstellt und die öffentliche Meinung auf heuchlerische Weise manipuliert und sich damit zum Sprachrohr einer politischen Doktrin macht. Den Bedürfnissen einer modernen Gesellschaft genügt es ganz eindeutig nicht. Solche Medien bedrohen uns mit ihrer Macht. Sie täuschen uns, gaukeln uns gesellschaftliche Fortschritte vor, bis wir daran glauben, und sie sind ganz offensichtlich verantwortlich für die Verschleierung von Informationen. Die Geschichte wird das klarstellen. Wenn in diesen Medien die »irrige Behauptung« eines anderen Landes oder einer bestimmten Person kritisiert wird, etwa der Exilregierung des Dalai Lama oder der »ausländischen Imperialisten«, werden zugleich mit allen möglichen zweifelhaften und unseriösen Mitteln die am stärksten belastenden Teile der ursprünglichen Aussage unterschlagen; dadurch wird die eigentliche Stoßrichtung der Kritik verfälscht.

In einer Gesellschaft, die Widersprüchen ausweicht und sich selbst nicht zu rechtfertigen vermag, sind keine öffentlichen Themen erlaubt, es gibt keinerlei Diskussion, und alle Antworten verschwinden unweigerlich in einem riesigen schwarzen Loch. Bezahlt wird das mit einem Verlust an Grundvertrauen und Verantwortung der Öffentlichkeit und der ungehinderten Ausdehnung eines mächtigen und korrupten Systems. Die

Weiterentwicklung von Volk und Land wird skrupellos verhindert.

Wenn die Rechte und der Wille des Volkes so extrem beschnitten werden, muss zuletzt jede Einforderung dieser Rechte als Bedrohung der Macht oder als Ergebnis unliebsamer gesellschaftlicher Faktoren erscheinen. Ein schon lange fehlendes Regulativ der Macht selber und die fehlende kritische Befragung ihrer Legitimität haben zu misslichen politischen Maßnahmen und Situationen geführt und zur Ausschließung aller anderen Möglichkeiten. Die Regierung handelt deshalb entweder überhaupt nicht oder falsch. Wie lange kann dieses Machtgefüge noch erhalten werden? Dreißig Jahre nach der Politik der Reform und Öffnung und sechzig Jahre nach dem »neuen China« weicht man grundlegenden Fragen wie der nach der Legitimierung von Macht und ihrem angemessenen Gebrauch immer noch aus und hat keine Antworten.

Nur durch die Wiederentdeckung der Möglichkeiten und Anforderungen der Entwicklung, die Anerkennung der gemeinsamen Werte der heutigen Zeit und die Suche nach einem neuen System der geistigen Zivilisation können wir uns Achtung verschaffen und einen kulturellen Diskurs einleiten. Wenn die Regierung einräumt, dass sie nur eine Akteurin in einem größeren Drama des sozialen und geschichtlichen Fortschritts ist, wird sie auch Kritik zulassen. Eine Regierung, die demokratische Rechte und den Willen des Volkes ablehnt, kann man nur kriminell nennen. Dass eine solche Regierung sich angesichts der Geschwindigkeit und Art der weltweiten Entwicklung überhaupt halten kann, ist wirklich nicht zu fassen.

*Geschrieben am 18. April 2008*

## Wunschträume

■ **GEPOSTET AM 12. JULI 2008**

Die Olympischen Spiele sind nicht mehr weit, und wir hören schon die Schritte der Fackelträger nahen. Gestern Abend beim Essen sprachen einige Ausländer über die jüngst durch die Spiele verursachten Unannehmlichkeiten. Sie waren alle fassungslos.

Ein Vater hatte zusammen mit seinem sechsjährigen Sohn, der keinen Ausweis hatte, ein Botschaftsgebäude besuchen wollen. Beiden wurde der Zutritt verwehrt. Eine Diskussion war nicht möglich. Ähnlich wurden Visa abgelehnt. »Ich wohne seit elf Jahren in Peking«, sagte ein Ausländer, »und jetzt muss ich gehen.« Einem Bericht der *Beijing News* zufolge wurden an den Straßen, die vom benachbarten Hebei nach Peking führen, 26 Kontrollpunkte gebaut, an denen Beamte den Ausweis jedes einzelnen Besuchers der Stadt überprüfen. Es ist so, als gelte es, einen Todfeind abzuwehren. Ein einziger verdächtiger Ausweis genügt, und das Auto wird mit allen Passagieren zurückgeschickt. Land, Meer und Himmel sind unter Verschluss. Kampfflugzeuge werden in Bereitschaft versetzt, Taucher suchen das Wasser ab und juristisch geschulte Soldaten bewachen das Land. Wen sollen sie einschüchtern? Hat das Kind sich selbst erschreckt?

In einer unsicheren, bedrohlichen Welt voller Schliche sehen die »Freundlichen Fünf« unweigerlich aus wie Nachbarschaftswächter.[28] Es ist dies eine große Welt mit großen Träumen und das Gesicht der Chinesen war zu lange verborgen – man kann natürlich die Schminke abwaschen, aber man braucht nicht gleich die Haut mit abzuschrubben.

Wir müssten doch wissen, dass die Nerven schon blank liegen, ist es also notwendig, die Menschen endlos mit solchen

---

32 Die »Freundlichen Fünf« waren die Maskottchen der Olympischen Spiele von Peking, vgl. Anm. 1 der Texte aus dem Jahr 2007.

Dingen zu drangsalieren? Ein totalitärer Staat kann niemals hoffen, jemals dem Glück der Massen zu dienen. Trotz des vielen gekünstelten Lächelns und der weißen Zähne wird Peking Pjöngjang immer ähnlicher. Kann es ein größeres politisch instrumentalisiertes Spektakel geben? Es wird sein wie immer. Man wird unseren Regisseur aus Shaanxi quälen[29], der seine ganzen alten Tricks hervorholt und doch nur den Spott der Welt ernten wird. Wenn man ihn einfach machen ließe, was er wollte, wäre das Ergebnis erheblich besser. Vergesst die Politik und militarisiert alles, das ist doch unsere Stärke. Die Besucher aus dem fernen Ausland wollen bei den Olympischen Spielen nur sehen, wer am schnellsten läuft. Es geht nicht um Leben und Tod.

Eine Gesellschaft, der die Demokratie fehlt, kann der Bevölkerung keine wirkliche Freude machen. Wenn wir nur ein Tausendstel der Mittel für Sichuan verwendet hätten, wären die Schulen dort nicht eingestürzt. Mit ein wenig gutem Willen bliebe uns die unserer Gesellschaft innewohnende Gewalt erspart. Mit ein wenig Aufrichtigkeit wäre ein blutiger Zwischenfall wie der mit Yang Jia in Shanghai nie passiert. Das ist eure Welt – erwartet nicht, dass andere euren Traum teilen. Die Träume von anderen haben natürlich nichts mit eurer Welt zu tun. Angesichts der vielen markigen Sprüche wäre es geradezu unmöglich, etwas Menschliches zu tun, selbst wenn ihr es wirklich wolltet.

Verschiedene Welten, die »einen Traum« teilen?[30] Träumt weiter.

---

29 Anspielung auf den aus Shaanxi gebürtigen Filmemacher Zhang Yimou (geb. 1951, Regisseur von *Rote Laterne* und *Leben!)*, den Regisseur der Eröffnungszeremonie der Olympischen Spiele von Peking 2008.

30 »Eine Welt, ein Traum« war das Motto der Olympiade von Peking 2008.

## Liegestütze machen

■ **GEPOSTET AM 15. JULI 2008**

Im Bericht des stellvertretenden Leiters des Büros für Öffentliche Sicherheit von Guizhou vom 13. Juli heißt es über den Vorfall »6/28« in Weng'an: »Am 12. Juli wurden 217 Personen wegen Beteiligung am Vorfall ›6/28‹ festgenommen. Insgesamt 355 Personen wurden gründlich überprüft, 90 davon können als Mitglieder örtlicher Banden identifiziert werden. Unter den 100 inhaftierten Personen befanden sich 39 Bandenmitglieder. Gegen weitere, krimineller Machenschaften verdächtige Personen wird gegenwärtig ermittelt.«

Angesichts solcher Zahlen, die fast die der Taliban übertreffen, fragen sich die Menschen unwillkürlich, wie viele Verbrecher es in einem kleinen Kreis wie Weng'an eigentlich geben soll. Laut der amtlichen Version gibt es in China neben Menschen mit »Hintergedanken« nur noch Menschen, die »die Wahrheit nicht kennen«. Diese Menschen kann man nicht belehren – selbst wenn man es hundert Jahre lang versuchte, es wäre vergeblich, weil sie sich zu allem anstiften lassen und auf alles hereinfallen.

Die Regierung will das Gesicht wahren, aber wenn sie ständig wild um sich schießt, ist das kontraproduktiv. Wenn man der Bevölkerung droht, bei jeder Gelegenheit gleich hundert Personen einzusperren, warum sollten diese Menschen und ihre gleichermaßen »ignoranten« Freunde und Angehörigen sich dann freiwillig auf die Seite der Regierung stellen?

Heute wurde bekannt gegeben, dass sich in einem Polizeirevier im Kreis Yuhuan der Provinz Zhejiang ein ähnlicher Überfall oder »Vorfall 7/10« ereignet hat.[31] Die Polizei sprach

31 Die dreitägigen Unruhen begannen am 10. Juli 2008 in dem an der Küste gelegenen Kreis Yuhuan, in der Provinz Zhejiang. Zuvor hatte ein Wachmann einen Wanderarbeiter zusammengeschlagen, der sich eine Aufenthaltserlaubnis ausstellen lassen wollte. Als der Arbeiter später in Begleitung einer Gruppe weiterer Arbeiter gegen den Wachmann klagen wollte, der

von einer »ernsten Behinderung der Organe der öffentlichen Sicherheit bei der Ausübung ihrer Pflichten. Angriffe des organisierten Mobs auf Organe der öffentlichen Sicherheit sind ein schweres Vergehen, das gründlich untersucht und mit unnachsichtiger Strenge bestraft werden wird.« Sprechen wir nicht davon, wer recht hat und wer unrecht. Alle haben doch dieser Tage ihre Probleme, warum müssen die Leute der Polizei also das Leben so schwer machen? Sie hat sich doch immer noch nicht von dem schrecklichen Vorfall in Shanghai erholt, kann man sie denn nicht in Ruhe lassen? Jetzt, bei näherem Nachdenken, fällt mir auf, dass nicht einmal beim Kampf der Roten Armee gegen die »japanischen Teufel« so viele Siege vermeldet wurden!

Es ist wirklich zum Lachen, wenn man sich solche Vorfälle ansieht. Polizei, Staatsanwaltschaft und Justiz kämpfen mit vereinten Kräften, »greifen hart durch und bestrafen streng«. Genau diese Missachtung des Gesetzes und diese Geringschätzung der bürgerlichen und Menschenrechte haben zu dem unentwirrbaren Wust von Ungerechtigkeiten, Winkelzügen und Fehleinschätzungen geführt. Die Widersprüche werden immer größer und die Kontroversen häufiger, und das Ideal der Verwirklichung einer harmonischen Gesellschaft rückt in immer weitere Ferne.

Der Grund dafür ist eigentlich ganz einfach, denn unsere alternden Funktionäre haben im Lauf der Jahre nur zweierlei gelernt: Wenn sie ihren Vorgesetzten oder der Bevölkerung erklären müssen, wie sich etwas in Wirklichkeit verhält, können sie nur »Liegestütze machen«.[32] Aber sobald sie damit fer-

ihn im örtlichen Polizeirevier zusammengeschlagen hatte, wurde er festgenommen. Auf diesen Vorfall hin protestierten Hunderte wütender Wanderarbeiter vor dem Revier und zerstörten Autos und Motorräder. Angeblich trafen 300 Beamte der Militärpolizei in der Stadt ein, um die Lage zu stabilisieren, und 30 Wanderarbeiter wurden verhaftet. Man spricht in diesem Zusammenhang vom Vorfall »7/10«, obwohl die Medien kaum darüber berichteten.

32 »Liegestütze machen« *(fuwocheng)* wurde nach den Unruhen von Weng'an zu einer im Internet häufig gebrauchten Wendung. Sie stammt ursprünglich aus

tig sind, drehen sie sich um, recken die Fäuste und greifen hart durch.

## Öffentlicher Prozess

■ GEPOSTET AM 17. JULI 2008

Der »Amoklauf« Yang Jias liegt bereits einen halben Monat zurück. Die Polizei von Shanghai steht im Verdacht, die Wahrheit zu vertuschen und die Fakten zu manipulieren, und das hat zu einer merkwürdigen Situation geführt, die das Vertrauen der Öffentlichkeit erschüttert. Alles, was von den letzten beiden Wochen übrig ist – abgesehen von dem einen spannenden Vorfall, als die offizielle Website der Shanghaier Polizei plötzlich geändert wurde und diverse Pressekanäle in verantwortungsloser Weise von konfusen Informationen und zerstückelten Wahrheiten berichteten –, ist die Bekanntgabe detaillierter Fakten des Überfalls am 7. Juli. Die öffentliche Verlautbarung der Polizei steckte voller Widersprüche. Es scheint an der Zeit, dass die Regierung von Shanghai überprüft, ob die Aufsichtskommission der Polizei von Zhabei überhaupt Verantwortung übernehmen kann.

Sollte nicht die Polizei von Shanghai, die sich einer beispiellosen Tradition moralischer Integrität rühmt, die Tatsachen im Zusammenhang mit dem Prozess Yang Jias neu darstellen? Sollte es nach unerwarteten Verlusten in der Schlacht nicht

einem offiziellen Polizeibericht. Dort hieß es: »Das Mädchen [Li Shufen] bekam Streit mit einem Klassenkameraden, der mit ihm am Flussufer war. Später schien sie sich ein wenig zu beruhigen, und der Junge begann neben ihr Liegestütze zu machen. Er hatte gerade die dritte gemacht, da sprang das Mädchen plötzlich in den Fluss.« Die Wendung »Liegestütze machen« wurde schnell zu einem Euphemismus für absurde Ausflüchte und die Verantwortungslosigkeit offizieller Stellen.

weniger Schönfärberei und stattdessen mehr Fakten geben? Es ist schön und gut, nicht den Helden zu spielen, aber man braucht doch nicht gleich den taubstummen Idioten zu geben. Das verursacht den vielen Menschen, die euch so sehr ins Herz geschlossen haben, viel Kummer, und sie können euch dann nicht mehr helfen, eure Bürde von Sorgen und Leid zu tragen.

Ihr habt ohne jede einleuchtende Erklärung einen Touristen verhaftet und verhört, der nie ein Fahrrad gestohlen hat. Ihr seid nicht vor der Anstrengung zweier langer Reisen zurückgeschreckt und seid zwei Mal zu Zwecken der Vermittlung und juristischen Auswertung in Peking gewesen. Wie kommt es, dass ihr jetzt, wo die Blicke des ganzen Landes auf euch gerichtet sind und man von euch Mut und die Präsentation vertrauenswürdiger Fakten erwartet, auf einmal einknickt? Alle haben so viel gelitten, und ihr wollt trotzdem nicht sagen, was bei dem Überfall wirklich passiert ist – die Menschen machen sich deshalb Sorgen um euch. Was in Shanghai passiert, ist wirklich unfassbar.

Egal wie der Prozess gegen Yang Jia ausgeht, er hat schon jetzt gezeigt, dass Jahrzehnte einer Politik der Reform und Öffnung China der Demokratie und Rechtsstaatlichkeit nicht wesentlich näher gebracht haben. Tatsächlich muss das Land die schmerzhaften Auswirkungen seiner bürokratischen, institutionellen und rechtlichen Korruption erst noch überwinden.

Im Fall Yang Jias liegt auf der Hand, dass man in Shanghai wichtige Fakten zumindest teilweise vertuscht hat, um der Verteidigung jede Möglichkeit zur Entlastung des Täters zu nehmen. Die Shanghaier Polizei hat sich letztlich in ihrem eigenen Netz gefangen. Gesetzesmissachtung und Machtmissbrauch haben die Regierung in die gegenwärtige missliche Lage manövriert und Rückschläge für Justizreform und Rechtsstaatlichkeit gebracht. Staatsmacht, Ansehen der Regierung und die Würde des Gesetzes sind beschädigt worden.

Infolge des gewohnt törichten Verhaltens der Polizei wurde im Fall Yang Jias aus einem ganz gewöhnlichen Strafprozess ein historisches Ereignis, das an die Unabhängigkeit von Recht und Rechtssystem rührt. Die Reform der Justiz ist ein unabdingbarer Bestandteil des Kampfes um soziale Gerechtigkeit und Gleichheit.

Wenn es jemanden gibt, der noch glaubt, dass Gleichheit und Gerechtigkeit die Grundlagen eines starken Staates bilden sollten: heute könnt ihr dazu beitragen, indem ihr Yang Jia einen öffentlichen Prozess ermöglicht. Schafft in seinem Leben Klarheit und erklärt uns seinen Tod.

## Der Prozess

■ **GEPOSTET AM 19. JULI 2008**

Am 17. Juli wurde Xiong Liesuo, dem Anwalt aus Peking, den Yang Jias Vater für seinen Sohn engagiert hat, der Zutritt zum Shanghaier Untersuchungsgefängnis verweigert. Herr Xiong konnte nicht klären, ob Yang Jia einen eigenen Anwalt wählen durfte, und kehrte ratlos nach Peking zurück. Das zeigt, dass die Shanghaier Behörden sich über den rechtmäßigen Verfahrensablauf hinwegsetzen und Yang Jia sein Recht auf einen Anwalt vorenthalten. Sie zeigen keinen guten Willen und kein Gewissen und bestehen auf ihren eigenen Methoden, um das Verfahren möglichst schnell abzuschließen.

Man sollte sie an eines erinnern: Auch wenn das eure Art ist, mit den Problemen umzugehen, auch wenn ihr über euren Verlust tiefe Trauer empfindet und auch wenn ihr eures Erfolges immer sicher seid, ihr habt doch meiner Meinung nach die Situation diesmal falsch eingeschätzt und werdet unweigerlich noch größere Probleme bekommen. Yang Jia verübte den Anschlag am 1. Juli, dem 87. Jahrestag der Gründung der Kommunistischen Partei Chinas, und zwar in Shanghai, der zivilisiertesten chinesischen Großstadt. Er drang in das Gebäude einer Behörde der nationalen Regierung ein. Bei dem Anschlag wurden sechs Beamte getötet und vier weitere verletzt. Der Fall geriet sofort in den Blickpunkt des öffentlichen Interesses, weil man die Unabhängigkeit der Justiz gefährdet sah. In keinem anderen Fall wird der Mangel an Transparenz und souveränem Handeln der Regierung so deutlich.

Gerichtsverfahren sind ein Instrument der Gesellschaft, ein Arm des Staatsapparates und die konkrete Verkörperung einer sozialen Ethik, die mit staatlichen und nationalen Interessen in Einklang steht. Im Fall Yang Jias geht es bereits um viel mehr als nur ein Strafverfahren wegen Verdachts auf Fahrraddiebstahl, Gewalt gegen Polizeibeamte und Mordes aus Rache. Die Polizei von Shanghai hat die Wahrheit verschleiert, bei ihrer Arbeit gepfuscht und Fakten unterschlagen und verheimlicht. Das alles führte in Verbindung mit einer langen Geschichte der Täuschung der Öffentlichkeit dazu, dass aus dem Fall vom 1. Juli eine Untersuchung des Staates und der Unabhängigkeit seiner Behörden und Gerichte wurde. Er wird zum Meinungsbild der Gesellschaft über die wiederholten Versuche der Regierung, ihre Effizienz zu verbessern und ihrer abstürzenden Glaubwürdigkeit aufzuhelfen, und zum Test der Willenstärke, mit der die Öffentlichkeit ihre Rechte einfordert. Er ist ein Barometer, an dem wir ablesen können, wie diese »harmonische Gesellschaft« unsere Bürger- und Menschenrechte achtet.

Heute hoffen alle, dass der Prozess Yang Jias öffentlich sein wird. Nur dann können die wahren Fakten klargestellt werden, und nur dann können wir uns Klarheit über Ursachen und Verlauf verschaffen und darüber, warum sechs Polizisten getötet und vier verletzt wurden. Nur ein öffentlicher Prozess kann verhindern, dass der Fall auf die falschen Behauptungen reduziert wird, durch die unsere Republik gedemütigt wurde. An die Beamten der Behörden und Gerichte: »Tut, was ihr müsst«[33], um diesen Fall aufzuklären. Das ist es doch, was ihr

33 »Tut, was ihr müsst« *(Ni kanzhe ban ba)* war eine Äußerung von Premierminister Wen Jiabao vor Soldaten, die zu Rettungsarbeiten in der Erdbeben-

am besten könnt, tut es, um weiteres Unglück zu vermeiden. Denkt an eure Zukunft.

Eine angemessene und unparteiische Anwendung des Rechts ist ein notwendiger Schritt in der Entwicklung einer legitimen Gesellschaft. Transparenz ist der Prüfstein für Gerechtigkeit und Unparteilichkeit und eine grundlegende Voraussetzung für die gesunde und stabile Entwicklung einer Gesellschaft. Wer das im Unklaren lässt und durcheinanderbringt, begeht ein schweres Verbrechen gegen die Gesellschaft. Einfache Fälle wie dieser führen hier seit Jahrzehnten immer wieder zu Blutvergießen und zum Tod von Menschen. Wir erkennen daran, dass die Unparteilichkeit des Rechts in China noch auf einer primitiven Ebene verharrt, dass Ethik und Moral der Gesellschaft sich immer noch nicht vom Albtraum obsoleter Ideologien befreit haben und dass die politische Führung beim bloßen Schutz persönlicher Interessen stehen geblieben ist. Die Anfänge des Sozialismus chinesischer Prägung sind durch Missachtung öffentlicher Rechte und Interessen, Missachtung des sozialen Reformprozesses und Missachtung der öffentlichen Meinung gekennzeichnet.

Im Kampf um seine Daseinsberechtigung muss China Gerechtigkeit und Unparteilichkeit wieder zu Prüfsteinen seiner sozialen Ethik machen. Und was die Beamten der Behörden und Gerichte von Shanghai betrifft, welche die Öffentlichkeit behindern, täuschen und hintergehen: Kommt ihr euch nicht selbst lächerlich vor?

Berichten zufolge war Yang Jias Mutter, eine Bürgerin, die sich seit Jahren nichts zuschulden hat kommen lassen, in schrecklicher Verzweiflung und ohne jede Rechtsmittel. Nach der Verhaftung ihres Sohnes ließ die Polizei von Shanghai sie verschwinden. Sie sollte »bei den Ermittlungen helfen«. Ihr Aufenthaltsort ist bis heute unbekannt. Ähnlich ist die Fami-

---

zone eingesetzt wurden. Aufgrund ihrer Zweideutigkeit kam sie Ai Weiwei vor wie die Äußerung von jemand, der keinen Plan für die Zukunft und keine Voraussicht hat.

lie von »Tigerjäger Zhou« in Shaanxi[34] nach seiner Verhaftung und Verurteilung bis heute nicht über seine Strafe informiert worden. Nach den Unruhen von Weng'an und Yuhuan begann die Polizei erneut, »hart durchzugreifen«. Behörden und das Rechtssystem Chinas befinden sich in einem desolaten Zustand. Absolute Macht ist zu absoluter Korruption verkommen, und dies ist die eigentliche Ursache der anhaltenden sozialen Unruhen. Es liegt auf der Hand, also tut nicht so, als würdet ihr es nicht sehen.

Wenn es noch Mitglieder der Kommunistischen Partei Chinas gibt, die nach Gerechtigkeit streben: Auch wenn ihr nur dieses eine Mal die Stimme erhebt, haltet einen öffentlichen Prozess ab. Achtet den Willen der Öffentlichkeit. Achtet die Bürgerrechte.

## Der olympische Virus

■ **GEPOSTET AM 26. JULI 2008**

Ich war in den vergangenen Tagen zwei Mal in der Stadt. Mir klingen noch die Ohren von den endlosen Klagen der Taxifahrer, und was man durch die Scheiben der Autos sieht, ist wirklich trostlos.

Es gibt eine Unmenge neuer Sicherheitsbestimmungen. Wir brauchen sogar eine Reiseerlaubnis, um in unser Dorf zu fahren. Was die globalen Maßnahmen gegen den Terrorismus angeht, haben wir die Amerikaner schon eingeholt oder sogar übertroffen. Der im Namen des Kampfes gegen den Terror errichtete Polizeistaat ist zur größten Bedrohung einer harmonischen Zivilgesellschaft geworden. Abgesehen von den

---

34 Zhou Zhenglong, später »Tigerjäger Zhou« genannt, war eine Schlüsselfigur im Skandal um den Südchinesischen Tiger, vgl. oben Anm. 23.

Menschenleben und anderen Opfern, die ein Sieg von Terroristen kosten könnte, besteht ein noch größerer Preis in der daraus folgenden Bedrohung der kollektiven Psyche der Gesellschaft und der Störung des friedlichen Lebens der Bevölkerung. Das ist die eigentliche Grausamkeit und Rückständigkeit.

Wie viele Bürger werden im Namen der nationalen Sicherheit weitere Einschränkungen ihrer Rechte hinnehmen müssen? Die Menschen zahlen dafür bereits einen hohen Preis. Ist er das Merkmal eines demokratischen Landes oder das Fundament einer totalitären Diktatur?

Wir haben so viele Jahre über Kultur und Kreativität diskutiert und zuletzt die ganzen Ressourcen unseres Landes auf die Gestaltung der Olympiade verwendet. Die Olympiade wäre eine seltene Gelegenheit gewesen, dem Land ein Gesicht zu geben, und wer wollte kein Gesicht haben? *Haha!* Diesmal haben wir viel Gesicht verloren! Legt uns die Ergebnisse zur Beurteilung vor, genau dazu sind doch Transparenz und öffentliche Enthüllungen so gut. Jedes gestalterische Detail, vom Mummenschanz, der in Peking getrieben wird, bis zu den Taxis, den Maskottchen, Medaillen, Fackeln, Fahnen, Plakaten, Kostümen, Emblemen, Schriften, Farben und Piktogrammen der einzelnen Sportdisziplinen … Vor einigen Jahren trafen sich die Fachleute und verprassten unendlich viel Geld. Das Ergebnis ist ein Kompromiss, der noch viel schlechter ist als die sämtlicher Vorläufer und der selbst die bisher bekannte Untergrenze noch unterschreitet. Es gibt in diesem wunderbaren und riesigen Land Massen von Designern, aber kein einziges Projekt oder Erzeugnis verdiente es, vorgezeigt zu werden.

Die kulturelle Kreativität stagniert. Millionen von Parteimitgliedern wurde alles Geld der Welt gegeben, aber sie konnten der Kreativität trotzdem nicht aufhelfen. Sie sind unverbesserlich. Unsere Gesellschaft war nie für eine Begegnung mit dem Wahren, Guten und Schönen gedacht. Sie ist schmutzig, lehnt die Kreativität des Einzelnen ab, verachtet Kultur und wird von einem korrupten System beherrscht, dessen ganzes Bestreben letztlich auf eine Pervertierung kultureller Ideale und Wahrheiten hinausläuft. Das olympische Design ist heute eine Schande vor der ganzen Welt – merkt jemand, wie er rot wird?

Phänomene wie Begeisterung in dieser Gesellschaft beruhen zwangsläufig auf Lügen und Täuschungen, und eine Gesellschaft ohne Integrität hat zwangsläufig schamlose Lakaien. Chinesische Nationalisten wollten das vom Schweizer Architekturbüro Herzog & de Meuron entworfene Nationalstadion als »chinesisches Produkt« verkaufen. Obwohl einige Menschen wissen, von wem es in Wirklichkeit stammt, sehen die Vogelnester, die überall in der Stadt auftauchen, allmählich ein wenig schuldbewusst aus.[35] Ich habe schon unmoralisches Verhalten erlebt, aber noch nie eine solche Dummheit. Man stelle sich vor, man würde die Ersparnisse dreier Generationen für den Kauf eines BMWs verschwenden und dann hartnäckig darauf bestehen, eine billige Kopie gekauft zu haben – wer könnte so dumm sein? In diesem Fall verstehe ich, warum schamlose Menschen die Wahrheit fürchten und sie manipulieren. Der Grund ist ihre hoffnungslose Unfähigkeit und ihr tief verwurzeltes Minderwertigkeitsgefühl.

Ihr habt mich viele Male einen »Berater« genannt, der »die chinesische Seite vertritt«. Ich sage es noch einmal mit allem Nachdruck: Ich habe mit »der chinesischen Seite« nichts zu tun. Ich habe nie auf eurer Seite gearbeitet.

In all den Gemeinschaftsunternehmen, die mit der sogenannten »chinesischen Seite« zusammenarbeiten, betätigen sich nur Amateure auf Arbeitssuche. Sie strömen scharenweise in die Stadt und erzählen den Menschen bei ihrer Rückkehr ins Dorf, ihnen gehöre die ganze Stadt.

Und was die betrifft, die den Kopf hoch tragen, nachdem

35 Bereits 2008 tauchte überall in Peking ein vom Vogelnest angeregtes – oder genauer ein von dem charakteristischen, unregelmäßigen Netz seiner stählernen Stützen abgeschautes – Design auf. Entsprechende Muster fanden Eingang in Diskotheken, Restaurants und Polizeirevieren und schmückten Seifenschalen, Plastikschuhe und andere Produkte. Ai Weiwei beriet das Architekturbüro Herzog & de Meuron beim Entwurf des Nationalstadions.

man sie zu den wichtigsten chinesischen Designern gekrönt hat: Womöglich ist sich die Öffentlichkeit über das Gewicht eurer großen Bedeutung noch nicht ganz im Klaren. Warum steigt ihr nicht einfach auf die Waage? Wir stellen euch eine Leiter hin, und ihr steigt hinauf. Jedenfalls sind sowohl die Massen wie die Geschichte Narren. Ihr seid zum »Umfallen« müde vor Arbeit und könnt »nicht schlafen«?[36] Das ist nichts, aber vor der ganzen Welt naiv und unwissend aufzutreten, einen Trotzanfall wie ein Kind vorzutäuschen, andere frech nachzuahmen und trotzdem den großen Designer zu spielen – ihr habt nicht nur einen »kaputten Geist«, sondern obendrein ein Charakterproblem. Ihr solltet »euer Spiegelbild in einer Pfütze eurer eigenen Pisse betrachten«, wie man in Hebei sagt. Oder man könnte fragen: »Was für Unkraut wächst auf dem Grab eurer Vorfahren?« Ihr seid mit eurem nichtswürdigen Antlitz bereits zu einem Stützpfeiler der Gesellschaft geworden, seid ihr also zufrieden mit euch? Ihr liebt euer Land wirklich über die Maßen, so sehr, dass ihr es gar nicht erwarten könnt, sein Gesicht mit Dreck zu beschmieren.

Ein falscher militärischer Befehlshaber, der Befehle brüllt, Feuer legt, die Damen des Hauses kneift und einige Mädchen vernascht, während er hinter den japanischen Invasoren herzieht, bereichert sich schon genug auf Kosten anderer. Wer plötzlich damit angeben würde, er sei Yamamoto Isoroku[37], würde der nicht Streit suchen? Und wann hat die kaiserliche Armee Japans kapituliert? Auch eure Tage sind gezählt. Ihr prostituiert euch im Bordell dieses Landes, hängt an seinem Tropf und füttert den Feind unter dem Tisch. So werdet ihr profitieren, egal wer gewinnt. Euren Fähigkeiten nach zu ur-

---

36 Anspielung auf die in den Medien zitierte Aussage eines chinesischen Ingenieurs, der am Nationalstadion arbeitete und (wahrscheinlich als Demonstration seines Patriotismus) sagte, er arbeite so viel, dass er nachts nicht schlafen könne, und sei zum Umfallen müde.

2 Admiral Yamamoto Isoroku (1884–1943) war im Zweiten Weltkrieg der Oberkommandierende der Vereinigten Flotte Japans und führte den Angriff auf Pearl Harbor und die Schlacht um Midway.

teilen hättet ihr schon längst anfangen sollen, Weihrauch zu verbrennen.

Schwarz zu Weiß zu machen und Richtig mit Falsch zu verwechseln ist das Wesen des Sozialismus chinesischer Prägung und das Fundament und der Geist eines despotischen Staates und eines Volkes von Feiglingen.

## Hat das Land eine Liste?

■ **GEPOSTET AM 28. JULI 2008**

Die Schlagzeile heute Morgen lautete: »Wenchuan will ein Denkmal des Erdbebens schaffen«.

Der Vietnamkrieg erschütterte die Vereinigten Staaten schwer und hinterließ tiefe, schmerzhafte Wunden. Zehn Jahre nach seinem Ende wurde auf einer Wiese in Washington, D. C. eine Gedenkstätte mit den Namen von über 58 000 gefallenen oder vermissten Soldaten errichtet. Bei uns gibt es in einem solchen Fall nur eine Verlautbarung von oben wie die eben zitierte und das aufgeregte Geschrei eines Haufens von Experten. Wie man sich denken kann, wird dieses Denkmal nicht an das erinnern, was wirklich passiert ist. Die historischen Fakten wurden verfälscht, noch bevor sie vollständig dokumentiert waren. Noch undenkbarer wäre es, einen Gedenkgottesdienst für die Opfer abzuhalten, die als Folge der Schlamperei ums Leben gekommen sind. Stattdessen wird auf den Hauptgang der Katastrophe ein Dessert aus Lobreden und Vertuschung der Fehler serviert. Es gibt unendlich viele Opfer. Nur ein »zähes« Schwein tauchte nach vierzig Tagen noch lebend aus den Trümmern auf. Niemand stellt Fragen nach schlampiger »Tofu-Architektur«. Stattdessen überhäufen wir den »rennenden Lehrer Fan« mit Vorwürfen.

Nationalismus ist nur ein Feigenblatt für Dummköpfe, eine

List, die verhindern soll, dass jemand das ganze Bild sieht. Wer in einer solchen Katastrophe zugrunde geht, wird vergessen, schändlich vergessen, obwohl diese Schande eigentlich die verdient haben, die noch leben. Gerechtigkeit wird nur in einzelnen Fällen gewährt, Tränen dürfen nur zu bestimmten Zeiten fließen. Heuchlerische und übertriebene Tränen sind weitere mildtätige Gaben, ohne dass sie die durchdringende Betäubung und Unwissenheit, die mit dem Leben einhergeht, aufheben könnten. Sie können die Heuchelei der Verantwortlichen nicht vergessen machen, die erbärmlichen Verhaltensweisen, die ihnen in Fleisch und Blut übergegangen sind.

Wie viele Menschen wurden bei dem Erdbeben von Wenchuan tatsächlich getötet und verletzt? Wie kamen sie ums Leben und wer ist daran schuld? Diese Fragen wollen die zuständigen Ministerien für Bildung und Architektur nicht beantworten, lieber stellen sie sich bis in alle Ewigkeit tot.

Die Eltern der Schulkinder sind ohnmächtig, obwohl inzwischen alle wissen, was geschehen ist und warum diese Kinder sterben mussten. Alles war vorherbestimmt, es ist ihre Wirklichkeit, die einzige, die sie haben. Zu dieser Wirklichkeit gibt es keine Alternative, keine andere Stimme oder Hand, die ihnen auch nur zu ein wenig Gerechtigkeit verhilft. Die Eltern sagen immer wieder: »Es war nicht nur eine Naturkatastrophe«, aber wer hört ihnen zu? Sie bekommen zur Antwort: Wir haben uns zur rechten Zeit die Augen ausgeweint, wir haben nach Kräften gespendet, was wollt ihr noch?

Schmerz und Leid rühren nicht nur vom Verlust von Menschenleben, sie können auch durch eine gleichgültige Welt verursacht werden, die nicht helfen will, oder durch eine von Heuchelei verseuchte hierarchische Gesellschaft. In dieser Hierarchie sind persönliche Gefühle eine zu vernachlässigende Größe, und sie werden einer Notwendigkeit geopfert, die in keiner Beziehung zur Schwere des Verlusts steht. Aus der Missachtung und Geringschätzung persönlicher Gefühle, der öffentlichen Meinung, der Moral, der Gerechtigkeit und des Rechtsstaats entsteht Hilflosigkeit.

**3.9** Ai Weiwei und Xiao Ke am 9. August 2008, dem ersten Tag der Olympischen Spiele in Peking, vor dem Tor des Tiananmen-Platzes.

**3.10** Zhao Zhao am 9. August 2008, dem ersten Tag der Olympischen Spiele in Peking, vor dem Tor des Tiananmen-Platzes.

Es gibt in dieser Welt nur zwei Arten von Geschichte und Wirklichkeit, zwei Arten von Behörde und Regierung: die ethische und die unethische. Wie man beides bewertet, hängt von der jeweiligen Lebenshaltung ab. In einer Gesellschaft ohne Demokratie haben die Massen kein Mitspracherecht und keine Möglichkeit sich zu schützen – eine Wirklichkeit der Täuschung und des sittlichen Verfalls ist die Folge. Die Massen brauchen nach einer solchen Katastrophe kein Mitleid, sondern eine starke Einrichtung, die sie schützt. Sie müssen die Fakten wissen, sie brauchen konkretes Handeln, die Möglichkeit der Teilnahme und des Widerspruchs.

Man kann ganz leicht sagen, dass Demokratie gut ist: Sie schützt die Schwachen. In keinem anderen System genießt die schwache Bevölkerung, die die Mehrheit stellt, diesen Schutz. Nur in einer demokratischen Gesellschaft kann man den Schwachen und Armen Macht und Würde zurückgeben. Entscheidet nicht im Namen des Volkes, lasst das Volk selbst tätig werden. Den Menschen ihre Rechte zurückzugeben heißt verantwortlich zu handeln und ihnen wieder zu ihrer Würde zu verhelfen.

Wer beantwortet für China die Frage, wie viele Schüler genau infolge der mangelhaft gebauten Schulen starben? Und was die Verbrecher in Sichuan angeht: Muss man aus ihren Namen wirklich ein Staatsgeheimnis machen? Ist es wirklich so schwer, die Wahrheit zu sagen, sogar in diesem Fall?

## Abschließend zur Eröffnungszeremonie

■ **GEPOSTET AM 8. AUGUST 2008**

Diese inkompetenten Idioten haben die Eröffnungszeremonie der Olympiade pervertiert und zu einem Paradebeispiel für unsinniges, falsch verstandenes »Brauchtum«, einen blasphemischen »Geist der Freiheit« und einen visuellen Misthaufen aus falscher Herzlichkeit und salbungsvoller Heuchelei gemacht. Ungezügelte Lärmbelästigung und monarchische Selbstdarstellung feierten in Form des Varietés Auferstehung. Genau so sieht die Kultur in einer zentralisierten Staatsmacht aus. Geistige Knechtung wurde in allen Einzelheiten vorgeführt. Bevor wir aufrecht stehen dürfen, müssen wir uns wieder einmal tief bücken.

Wir haben den Beifall und den guten Willen der ganzen Bevölkerung einem wertlosen Fantasiegebilde geopfert, einer seelenlosen politischen Schönfärberei und einer hoffnungslos humorlosen, jämmerlichen Selbstinszenierung. Es wurde eine kulturelle Blüte vorgetäuscht, die der Wirklichkeit in keiner Weise entspricht.

Diesmal wagt niemand, euch etwas anzutun. Ihr könnt euch in eurer Macht sonnen, Feiern und Orgien der Selbstbefriedigung abhalten, doch das alles ist seltsam leer. Ihr verdient euch damit nicht den geringsten Respekt und werdet keine verlässlichen Freunde gewinnen.

Ich habe schon einmal gesagt, was ich von der Vorstellung dieser Regisseure und ihrem pervertierten Sinn für öffentliche Moral halte: Es ist, als lasse man sich den Geschmack einer Fliege auf der Zunge zergehen – einer lästigen, aufdringlichen Hausfliege.

Das ist euer unabwendbares Schicksal. Das ist euer Gesicht mit dem abstoßenden Lächeln, und man wird sich an eure schändliche Hinterlassenschaft erinnern.

## Das Olympische Komitee

■ GEPOSTET AM 18. AUGUST 2008

Es gibt in dieser Welt keine grundlose Liebe und keinen grundlosen Hass. Wenn ihr nicht einmal das wisst, werdet ihr vieles nicht verstehen. Jemand hat euch übervorteilt, und ihr helft ihm jetzt, das Geld zu zählen. Warum sehen die Mitglieder des hochheiligen Olympischen Komitees eher aus wie Waffenhändler oder Mafiosi und warum klingen sie auch so? Und warum hindern sie andere zunehmend daran, das auszusprechen, warum schirmen sie sich so eifrig ab und rechtfertigen sich, während sie zugleich die Wahrheit mit noch größeren und lächerlicheren Lügen verbiegen? Das ist keine Denksportaufgabe, die Antwort ist einfach und mit einem Wort gegeben: Profit.

Die Welt hat sich wirklich verändert, und es wäre falsch zu sagen, sie sei kleiner geworden. Sie ist schmutziger geworden. In den Schlachten unserer Welt geht es nicht mehr um Glaubensinhalte und Ideologien. Gekämpft wird in Wirklichkeit um Profit, nackten Profit. Der Profit übergreift Regionen und Länder und Gruppierungen. Im Traum der modernen Globalisierung geht es immer wieder um die Neuverteilung des Profits durch Kapitalisten und globale Mächte. In diesem Sinn stellt ihr fest, dass ihr womöglich auf derselben Seite des Profits kämpft wie euer Gegner, weil ihr alle damit rechnen müsst, dass ein Keil zwischen euch getrieben wird.

Das ist nicht schwer zu verstehen, denn es wird unter den Ländern immer die Bösen geben, die Rabatz machen und euch zu Boden drücken, während andere auf euch einschlagen oder euch dreist anlügen. Das internationale Komitee besteht aus lauter Wölfen im Schafspelz. Was sie verdienen, hängt davon ab, wie überzeugend sie versichern können, dies sei die beste Olympiade, die sie je erlebt hätten, mit der reibungslosesten Organisation und der saubersten Luft.

Wir leben alle zusammen, deshalb muss es hin und wieder

Krach geben. Konflikte und Verletzungen sind nun einmal unvermeidlich. Doch wenn die Hausierer der olympischen Idee in fernen Ländern laut nach einem olympischen Geist rufen, wollen sie nur eine falsche Medizin verkaufen. Ihre Worte, Handlungen und Blicke dienen allesamt nur dem einen Ziel des größten Profits.

Traut den internationalen Heuchlern nicht. Sie sind noch fürchterlicher als die grimmigsten Nationalisten, und das Leben oder die Rechte ihrer Freunde in den benachbarten Ländern sind ihnen im Grunde herzlich egal. Um des Profits willen würden sie sogar mit dem Universum spekulieren. So geht es in Wirklichkeit auf der Welt zu.

Daraus folgt eine weitere, bemerkenswerte Wahrheit: Die Welt besteht nicht mehr nur aus dir und deinen Nachbarn – dein Haus, die Straßen und Städte und das Land werden gerade verkauft oder sind schon verkauft worden. Wenn du dann aufwachst und die Augen öffnest, ist es vielleicht schon hundertmal mehr wert, als du ursprünglich bezahlt hast.

Freude und Kummer sind nicht mehr Folgen von Richtig und Falsch. Ob jemand gut oder schlecht ist oder Schwarz von Weiß unterscheidet, hängt nur noch vom gnadenlosen Konkurrenzkampf ab. Dieser Kampf steht noch über der Religion, ist stärker als der Glaube und triumphiert über Nation und Staat. Sind die Chinesen darauf vorbereitet, oder geraten sie etwa nur aus der Höhle des Tigers in die des Wolfes?

Genau deshalb sollten wir die jahrtausendealten ideologischen Auseinandersetzungen vergessen, endlich den Tatsachen ins Auge sehen und lernen, in dieser schmutzigen Welt Geschäfte zu tätigen. Alles andere hieße, unsere Kochtöpfe zu zerschlagen und als Alteisen zu verkaufen. Wenn man dann alles verkauft hat, zeigen die Leute lachend auf einen und sagen: »Seht euch diesen sozialistischen SB chinesischer Prägung an.«[38]

Vergesst für einen Augenblick den Kampf zwischen Tyran-

---

3 SB ist eine Abkürzung im Internet für *shabi,* eine obszöne Beleidigung.

nei und Bürgerrechten, vergesst den Traum von Volksbefragung und Bürgervotum. Wir sollten um den grundlegendsten und kleinsten Teil der Macht kämpfen, der wirklich unverzichtbar ist: um Redefreiheit und Rechtsstaatlichkeit. Gebt den Menschen die Grundrechte zurück und der Gesellschaft ihre Würde, nur dann können wir unsere gemeinsamen Probleme mit Zuversicht und Verantwortung in Angriff nehmen. Nur die Rechtsstaatlichkeit kann Gleichberechtigung herstellen, und nur dann können die Menschen sich beteiligen und einen außerordentlichen Beitrag leisten.

Und was unsere Freunde in den fernen Ländern angeht, so sollten wir ihnen tiefer und häufiger in die Augen sehen.

## Obama

■ GEPOSTET AM 5. NOVEMBER 2008

In einigen Stunden werden die Amerikaner einen neuen Präsidenten wählen und damit hoffentlich ein neues Kapitel der Geschichte aufschlagen.

Ich bin kein Bürger der Vereinigten Staaten, freue mich aber trotzdem für sie. Selbst wenn der schlimmste Fall eintritt, hoffe ich doch, dass es letztlich zu interessanten Entwicklungen kommt und ein gewisser Wandel stattfindet. Ich erwarte ganz naiv, dass vielleicht Menschen zur Rechenschaft gezogen werden … denn manchmal haben auch Flüche aus den Mündern der Unglücklichen eine Wirkung. Die Schande sollte abgewaschen werden, die schwächeren Länder werden reifen, alles wird einfacher werden und der Preis der Ignoranz und die Macht der öffentlichen Meinung werden sichtbar werden. Ignoranz ist sehr teuer.

Meine Freunde in Oakland können sich hoffentlich freuen, den Champagner öffnen und feiern. Meine Brüder in New

York brauchen sich hoffentlich nicht mehr ständig zu beklagen und können sich von der Zeit verabschieden, in der sie sich im Stich gelassen, vergessen und vernachlässigt fühlten. Ich hatte egoistisch gehofft, sie würden nicht tun, was sie versprochen hatten, nämlich die Vereinigten Staaten verlassen und zu mir nach Peking kommen.

Ich hoffe, dass die sogenannte Macht der Bürger auch in der breiten Bevölkerung Einzug hält, den Kindern auf der anderen Seite der Welt zuliebe, die ihre Milch nur zögernd trinken[39], und den Seelen der Schüler zuliebe, die uns bei dem Erdbeben verlassen haben. Wir sollten wirklich daran glauben, dass wir nicht nur die Gefahren teilen und dass nicht nur der Terror so unverhofft zuschlägt. Auch Freude und Hoffnung können Zeit und Raum überwinden. Das ist für Yang Jia und seine Mutter sehr wichtig, denn Missbrauch und Demütigung sind in ihrer Heimat, in der Ignoranz und das Böse vorherrschen, seit Langem alltäglich, und auch für unsere Bergarbeiter, die benommen vor Erschöpfung einem Schicksal anheimfallen, dem sie kaum entgehen können. Auch für die streikenden Taxifahrer von Chongqing ist das wichtig, denn das Proletariat hat immer noch keine Heimat, und die Straßen von Chongqing können genauso leer sein wie die von Kalifornien.

Heute Abend habe ich vor Aufregung Herzklopfen, denn ich hoffe, dass Obama morgen gewinnt. Ich hoffe, dass die Vereinigten Staaten morgen einen »nicht-amerikanischen« Präsidenten haben, einen farbigen Amerikaner mit Akzent, der wie Yang Jia bei einer alleinerziehenden Mutter aufgewachsen ist, der jung, unerfahren und mager ist, auch wenn ein demokratisches Verfahren, an dem ich nicht teilnehmen kann, nicht ganz so mitreißend ist. Ich hoffe, dieser neue Fremde gewinnt.

---

4 Anspielung auf den Sanlu-Skandal vom Sommer 2008, als mit giftigem Melamin verseuchtes Milchpulver bei Tausenden von Säuglingen Nierenschäden verursachte und unter Milchtrinkern und Eltern große Angst auslöste. Siehe unten, Anm. 43.

## Diese Liu Yaling

■ **GEPOSTET AM 13. NOVEMBER 2008**

Liu Yaling, dieser Namen klingt irgendwie vertraut. Für einen Menschen ist der Name das einzige und letztgültige Symbol seiner irdischen Existenz.

Der eben genannte Name steht auf Wang Jingmeis Unterlagen zur »Zwangstherapie«, die am 2. Juli begann. Ab diesem Tag hieß Yang Jias Mutter nicht mehr Wang Jingmei, sondern Liu Yaling.[40]

Ein Name ist die erste und letzte Kennung, an der die Rechte des Einzelnen festgemacht werden können, das einzig Feststehende in der sich ständig verändernden Welt der Menschen. Ein Name ist gleichsam unser primitivstes Menschenrecht: Jeder lebende Mensch hat einen Namen, egal wie arm oder reich er ist, und mit diesem Namen sind alle möglichen Segenswünsche in der Hoffnung auf ein gutes, rechtschaffenes Lebens verbunden.

Ein Name kann genauso klar oder unklar sein wie das Leben selbst; manchmal ist er auch Teil eines Fluchs.

»Liu Yaling« steht für etwas anderes: Etwas soll vergessen, gewaltsam umgeschrieben oder ausgelöscht werden. Der Name ist ein Produkt der Dummheit der Dummen, der Gewalt der Gewalttätigen und der Grausamkeit der Grausamen. Er ist heute Wang Jingmeis Schicksal.

An dem Abend, an dem sie vorgeladen wurde, an dem sie durch eine List dazu gebracht wurde, mitzukommen und eine Aussage zu machen, hörte sie bereits auf, ein Individuum zu sein. Wer hätte sich vorstellen können, dass man jemanden unwissentlich und unter Zwang durch eine Namensänderung seiner persönlichen Freiheit berauben kann? Was für ein Land ist das, in dem man nicht weiß, was man bekommt und was

5 Siehe den Blog-Eintrag »Yang Jia, der Ungesellige und Seltsame« oben. Yang Jias Mutter, deren wirklicher Name Wang Jingmei ist, wurde nach der Verhaftung ihres Sohnes in ein psychiatrisches Krankenhaus zwangseingewiesen. Zu dieser Praxis siehe auch Anm. 6 der Texte aus dem Jahr 2009.

man verliert? Wahre Gewalt äußert sich nicht darin, dass ein Leben beendet wird, sondern in dem Zwang, ein fremdes Leben führen zu müssen.

Sun Zhigang starb, weil er sich gegenüber den Behörden nicht rechtzeitig ausweisen konnte.[41] Die Menschen in China führen einen ständigen Kampf: Einmal haben sie eine Identität, dann wieder haben sie keine. Identität hat mit der Legitimität eines Volkes und eines Regimes zu tun. Bei Revolutionen und Restaurationen geht es immer um den Kampf um Legitimität zwischen Herrscher und Bevölkerung. Als Wang Jingmei vom Staat vergewaltigt wurde, verlor sie ihren Namen, der ihr seit 53 Jahren gehörte, und der ihr das letzte Recht und einen Schutz bot.

Als ihre Schwester sie besuchte, sagte sie ihr: »Es ist unerhört: Man hat mich durch eine List hierher gebracht und in ein kleines, dunkles Zimmer gesperrt, ich muss stehen und schweigend essen. Sogar meinen Namen haben sie geändert. Sie sagen, ich heiße jetzt Liu Yaling. Was hat das alles zu bedeuten?« Wang Jingmei ist verzweifelt und traurig. Ihr Land fordert ohne Erklärung das Leben ihres Sohnes, sie selbst wurde verschleppt und zum Schweigen gebracht. Jetzt ist sie nicht einmal mehr sie selbst. Die Partei und der Staat sagen: Du bist krank, Liu Yaling, wir werden dich heilen, nimm dieses Medikament.

Liu Yaling ist im Norden ein häufiger Frauenname, aber wenn man einfach so genannt wird, wird es Nacht auf der Welt und es gibt überhaupt keine Gerechtigkeit mehr.

Liu Yaling ist kein unbekannter Name mehr: Alle Chinesen kennen ihn jetzt, alle sorgen sich um dich, denn wir tragen denselben Namen wie du. Vom Tag unserer Geburt an heißen wir alle Liu Yaling.

In den Augen einer illegitimen Regierung sind alle hier geborenen und aufgewachsenen Menschen illegitim. Man kann beliebig über uns verfügen. Das ist unsere nacholympische Wirklichkeit.

Gute Nacht, Liu Yaling.

---

6 Zu Sun Zhigang siehe Anm. 44 der Texte aus dem Jahr 2006.

## Warum Gewalt?

■ **GEPOSTET AM 22. NOVEMBER 2008**

Steinzeitliche Techniken sind wieder einmal vermehrt zum Einsatz gekommen. Welch eine Würde und was für eine Moral müsse Menschen haben, wenn sie mit Steinen auf ein geladenes Maschinengewehr werfen?[42]

Menschen, die von der Verfassung nicht geschützt werden, haben keinen rechtlichen Status. Wie sollten diese Menschen sich dann »rechtlicher Mittel« bedienen? Sie bluten, nur weil sie sich Zugang zu »rechtlichen Mitteln« verschaffen wollen – wenn sie auf etwas warten, dann auf den Tag, an dem es diese Mittel für sie gibt. Wenn es sie bereits gäbe, würden sie nicht demonstrieren.

Ihr sagt, es ist eine Gewalttat, Autos anzuzünden, Steine zu werfen und Fenster einzuschlagen, und dass Yang Jia gewalttätig sei. Aber man kann das Leben dieser schwachen, ohnmäch-

---

7 Am 17. November gab die Regierung der Stadt Longnan in der Provinz Gansu bekannt, dass die Büros der Stadtverwaltung verlegt werden sollten. Sie löste damit zweitägige Unruhen aus. Grund der Entscheidung war Berichten zufolge die geografische Lage Longnans in einer Störungszone. Das Erdbeben von Wenchuan im Mai hatte auch in der Provinz Gansu, die nördlich an Sichuan angrenzt, über 300 Todesopfer gefordert. Die Einwohner Longnans befürchteten offenbar, die Regierung lasse sie im Stich, ohne sich um Maßnahmen zum Schutz der Bevölkerung zu kümmern. Anderen Berichten zufolge wurden die Unruhen durch wirtschaftliche Probleme, eine grassierende Korruption und mangelnde Transparenz der örtlichen Kommunistischen Partei verursacht.
Einer Erklärung der Stadtverwaltung zufolge begannen die Unruhen damit, dass sich über 30 Einwohner, deren Häuser beim Erdbeben beschädigt worden waren, vor dem Parteigebäude der Stadt versammelten, um gegen den Umzug zu protestieren. Beamten zufolge begannen die Bürger, Funktionäre und Polizisten mit Steinen und Metallstäben anzugreifen. Zuletzt griffen sie auch das Gebäude an, warfen Fenster ein und zündeten alles an, was ihnen in die Finger kam, darunter Motorräder und Fahrräder. Unbestätigten Augenzeugenberichten zufolge dauerten die Unruhen zwei volle Tage. Angeblich nahmen über 10 000 Menschen daran teil. Berichte sprechen von 74 Verletzten. Ai spielt in seinem Text auf ein Foto an, auf dem die Protestierenden mit Steinen auf Polizisten werfen.

tigen und hoffnungslosen Menschen nicht gegen »rechtliche Mittel«, wie ihr sie nennt, austauschen.

Ihr behauptet, öffentliche Unterdrückung und geheime Prozesse seien kein Gewaltakt und die Knüppel in den Händen der Polizisten auf dem Tiananmen-Platz seien Ausdruck der Fürsorge; das kollektive Schweigen der Medien sei ein Zeichen der Harmonie, die Zensur von Bildern und die Löschung von Informationen seien ebenfalls keine Gewalt. Genauso wenig sind das Milchpulver von Sanlu, noch die dadurch verursachten Nierensteine der Kinder oder die Verzweiflung der Mütter Gewalt[43], auch nicht die Entführung der wehrlosen Mutter Yang Jias und ihre Zwangseinweisung oder das Schweigen der Familien von rund 19 000 Schülern, eine Zahl, die erst noch bestätigt werden muss. Die Hüter der Volksrepublik behandeln ihre Landsleute grausamer und tyrannischer als die barbarischen Invasoren der Vergangenheit, aber das alles ist keine Gewalt.

Es mangelt der Welt nicht an »rechtlichen Mitteln«, Verfassung und Demokratie gehören etwa dazu, aber beides scheint euch nicht besonders zu interessieren. »Rechtliche Mittel« bedeuten Demokratie und ein Ende der Gewalt, eine andere Welt als die, die ihr kennt.

---

8 Im Sommer 2008 wurde entdeckt, dass Milchnahrung für Säuglinge, Milch und weitere Milchprodukte routinemäßig mit giftigem Melaminpulver versetzt wurden. In Produkten der Firma Sanlu fand sich die höchste Konzentration. Melamin wird zur Herstellung von Kunststoffen und Düngemitteln verwendet. Setzt man es Nahrungsmitteln zu, täuscht es einen höheren Proteingehalt vor, verursacht aufgrund seiner Giftigkeit aber Nierensteine und Nierenversagen.
Viele Menschen glauben, dass man die Nachricht von dem giftigen Milchpulver vertuscht hat, um eine Panik während der Olympiade zu vermeiden. Am 15. September, fast einen Monat nach Vorliegen konkreter Beweise für die schädliche Wirkung des Milchpulvers, musste Sanlu endlich die Produktion einstellen. Rund 9000 Tonnen des Produkts wurden zurückgerufen. Außerdem wurden weitere 21 Molkereien schuldig gesprochen, die Melamin zugesetzt hatten. Mindestens sechs Kinder starben, 300 000 erkrankten. Melamin wurde später auch in Eiern, Schokolade und Milchbonbons gefunden. Dutzende von Angestellten wurden verhaftet, einige ehemalige Sanlu-Mitarbeiter zu lebenslänglichen Haftstrafen verurteilt und zwei Lieferanten des Pulvers hingerichtet.

**3.11, 3.12** Versuch, ein Fahrrad in kleine Stücke zu zersägen, 29. Oktober 2008.

Was für »rechtmäßige, legitime Mittel« kann eine Regierung, die nicht von den Bürgern gewählt wurde, für die Bevölkerung schaffen? Wenn es solche Mittel gäbe, würde euch niemand beachten und niemand würde sich die Mühe machen, mit Steinen auf euch zu werfen. Dort, wo die Menschen das Recht haben zu sprechen, will niemand seinen Arm überanstrengen.

Überall wo es tyrannische, einfältige und maßlose Anführer gibt, wird es auch Steinewerfer geben. Das war in der Vergangenheit so, ist jetzt so und wird in alle Ewigkeit so sein, bis die Menschen keine Arme mehr haben oder keine Steine mehr verfügbar sind.

Es wird der Tag kommen, an dem das Volk des vielen Blutvergießens überdrüssig ist und man notgedrungen »rechtliche Mittel« schaffen muss. Wenn das Volk sie eines Tages hat, braucht man euch dann überhaupt noch?

Gegen Gewalt, deren Ziel es ist, Opposition und Widerstand zu brechen, helfen keine Steine. Kein Stein kann die staatliche Gewalt der bewaffneten Polizei überwinden. Die Menschen, die Steine werfen, sind jämmerliche Geschöpfe. Um es mit den Worten eines Freundes von Sina.com auszudrücken: »Sie wollen offenbar nicht leben.«

## Tötet, aber nicht im Namen der Gerechtigkeit

■ **GEPOSTET AM 26. NOVEMBER 2008**

Nur zu, tötet, wenn ihr wollt, tötet nach Herzenslust. Niemand wird euch daran hindern, habt also keine Sorge und macht munter weiter. Löscht ein Leben aus, es wäre nicht das tausendste und auch nicht das zehntausendste und es wird auch nicht das letzte sein. Kein Einziger von euch hat mit der Wimper gezuckt, als die Panzer über junge Menschen rollten.

Weil schon längst bekannt ist, dass Verbrechen keinerlei Strafe nach sich ziehen, weil ihr euch nur durch Lügen am Leben haltet und weil das Gras der Gerechtigkeit in diesem öden Land nie wachsen wird, gibt es nichts mehr, was euch aufhalten könnte. Der Einsatz »rechtlicher Mittel«, die Präsentation »konkreter Fakten« vor den höchsten Zivilgerichten und das Gerede von »Recht und Anstand«, das alles ist so lächerlich, als wollte man mit einem Tiger um dessen Fell feilschen. Kann uns jemand sagen, worin heutzutage der Unterschied zwischen dem Staat und Verbrechern besteht? Wenn wir sagen, die Organe der öffentlichen Sicherheit seien Huren, wäre das eine Beleidigung der Arbeiterinnen des horizontalen Gewerbes.

Euch gehören alle Macht und aller Reichtum, die Flüsse und die Berge, alle materiellen Dinge dieses Fleckens Erde, aller Ruhm und alle Freude – warum seid ihr so niedergeschlagen? Nehmt euch, was ihr wollt, tötet, bis ihr zufrieden seid, alles im Namen der großartigen Vision einer langen, Hunderte oder Tausende von Jahren dauernden Stabilität. Ihr braucht nicht zu wiederholen, wie viele Tibeter ihr befreit habt, dass die Beute größer geworden ist, einige Milliarden, und dass es »einen transparenten demokratischen Prozess« geben muss. Wer glaubt diesen Schwachsinn noch? Hier sind, von der abscheulichen Macht abgesehen, alle anderen SB.[44] Das ist eine vollständigere Version der Geschichte unserer Republik.

Nur zu, tötet, aber nicht im Namen der Gerechtigkeit. Das würde alles der Schande preisgeben. Kein Regime will, dass man sich seiner mit Verachtung erinnert.

## Schwachsinn ist gratis

■ **GEPOSTET AM 18. DEZEMBER 2008**

Sowohl gesellschaftliche wie persönliche Veränderung, alles, was mit Wandel zusammenhängt, ist nicht umsonst zu haben. Es ist mit Kosten verbunden. Deshalb fangen die Menschen, an zu diskutieren und die Kosten zu berechnen, sobald der Wandel anfängt. Der Kostenvoranschlag geht in die Höhe und

44 Siehe oben Anm. 38.

man muss verhandeln. Betrachtet man die chinesische Gesellschaft aus diesem Blickwinkel, kommt einem jeder Optimismus abhanden. Wenn man immerzu Demokratie und Gerechtigkeit fordert, geht es nicht um nutzlose Worte, sondern um grundlegende Werte der Gesellschaft. Wenn alle einen Vorteil haben, müssen aber auch alle dafür zahlen. Was wäre das Ganze ansonsten wert?

Hat China eine strahlende Zukunft? Wenn ja, woher kommt sie? Welche Menschen werden welchen Preis dafür zahlen? Das sind die Fragen, die wir uns stellen müssen.

Darauf zu vertrauen, dass Einzelne den Preis zahlen, heißt, die Auffassung zu teilen, dass Geschichte von Helden gemacht wird. Es hat in der Geschichte Chinas nicht an mutigen Menschen gefehlt, aber die Mutigen sind in der Minderheit. Die Übrigen sind entweder berechnende und erfahrene Zuschauer oder schadenfrohe Unwissende.

Menschen, viele Menschen, aber sie bilden kein Volk: keine gemeinsamen Gefühle, kein gemeinsamer Wille oder gemeinsame Werte. Es fehlen Mitgefühl, Sinn für Güte und Rechtschaffenheit, was die menschliche Welt braucht. Aus diesem Grund lehnen einige Menschen »universale Werte« ab und untergraben Ansätze zur Freiheit, Demokratie und Brüderlichkeit.[45] Die Vorstellung gemeinsamen öffentlichen Raums gibt es in China nicht. Sobald ein Einzelkämpfer festgenommen wird, endet sein Kampf auf den Ehrenlisten diverser ausländischer Menschenrechtsorganisationen, und früher oder später wird man ihn in seinem eigenen Land vollständig vergessen. Aber streng genommen ist auch das übertrieben – seine Landsleute werden von seinem Kampf überhaupt nichts mit-

---

45 Die Geltung »universaler Werte« *(pushi jiazhi)* wurde von chinesischen KP-Intellektuellen infrage gestellt. Sie hatten das Gefühl, dass Werte wie Demokratie, Freiheit, Menschenrechte und Gleichheit China vom Westen aufgezwungen würden. Im Streit um die »objektive« oder »relative« Gültigkeit dieser Werte verweisen sie auf Themen, bei deren Beurteilung sich westliche und chinesische Betrachter deutlich unterscheiden, etwa die Frage der Unabhängigkeit Tibets oder die Geschichte Taiwans.

bekommen. Das klingt eher nach der Wahrheit. Die Einzelkämpfer mögen sich Fantasien von Aufsehen erregenden Taten hingeben, doch ihre Pläne lösen nur in ihren Köpfen einigen chemischen Nervenkitzel aus und scheitern, noch bevor sie sie aussprechen können. Wir dürfen also nicht auf die Opfer Einzelner hoffen, schon gar nicht in einem totalitären Staat. Wenn es anders wäre, wäre die Menschheit heute nicht in diesem Zustand.

Wenn wir sagen, Leiden zu ertragen führe zu Erkenntnis, dann geht es uns heute entweder so gut wie nie zuvor und besser als allen anderen, oder unser Leid reicht noch nicht als Ansporn aus um das Licht der Erkenntnis herbeizuführen, oder die Zeit, in der Erklärungen gefordert werden, ist noch nicht da. Und selbst wenn dieser schmerzhafte Moment kommt, rechnet nicht mit einem Ergebnis. Es wird nur einige Tote und Verletzte geben, dem Image des großen Reiches schadet das nicht.

Der Einzelne sollte von anderen kein Mitleid erwarten. Wenn die Menschen erst so weit wären, dass sie über das Leid anderer Tränen vergießen, müssten sie nicht vor lauter Weinen sterben? Das ist ganz offensichtlich eine unrealistische Hoffnung.

Die verbleibenden Kosten werden sich nach der Wärme bemessen, die man von seiner Familie, seinen Kindern bekommt. Wenn professionelle Denker oder Aktivisten ihre persönlichen Gedanken vortragen wollen, sollten sie dies gegen die Sicherheit ihrer reinen und unschuldigen Frauen und Kinder abwägen. Die Vorstellung eines Handelns zum Nutzen anderer wird es in dieser Welt nie geben. Ich habe schon zweimal eine Petition unterschrieben[46], aber nie mit einem Erfolg gerechnet, weil

46 Am 10. Dezember 2008, dem 60. Jahrestag der Allgemeinen Erklärung der Menschenrechte, wurde ein an die chinesische Regierung gerichtetes Manifest mit dem Titel »Charta 08« veröffentlicht. Angeregt von der »Charta 77« tschechoslowakischer Bürgerrechtler von 1977, forderte die Charta 08 *(lingba xianzhang)* politische Reformen, Demokratisierung und Religions- und Redefreiheit. 303 chinesische Intellektuelle und Menschenrechtler

ich nie viel von den kollektiven Aktionen der Bevölkerung dieses Landes gehalten habe. Die Erfahrung lehrt mich, dass Güte und Mut nur in Geschichten existieren, die man Kindern zu lesen gibt. Unterschriftsaktionen und Petitionen dienen seit je den Gelehrten dazu, junge Mädchen hinters Licht zu führen. Doch ich bin letzten Endes nur ein Mensch und egal, was ich anstelle, ob ich erfolgreich oder unglücklich bin, es betrifft kaum die Sicherheit eines anderen und ist deshalb nicht so wichtig. Ich bin so erbärmlich, dass ich kaum einen Grund finde, nicht auf diesem Weg fortzufahren. Mein niedrigstes, belanglosestes Bewusstsein gilt meiner eigenen »Existenz«. Es ist so erbärmlich, dass wir um so grundlegende Dinge kämpfen müssen, dass ich kaum Gründe finde, auf diesem Weg fortzufahren.

Werden die Kostenträger von Demokratie und sozialer Gerechtigkeit – das Volk – die Kosten der Reformen aus eigener Initiative schultern? Eindeutig nein. Eine Ansammlung von Menschen ohne eigene Merkmale hat mit einem wirklichen Volk noch nichts gemein. Die Eltern einiger Hunderttausend Säuglinge, die Opfer der giftigen Milch geworden sind, wurden zwar nicht liquidiert, aber sie haben de facto geschwiegen. Viele Tausend Kinder mussten als Folge von Pfusch am Bau von einem Augenblick auf den anderen sterben, doch die Menschen sitzen wie hölzerne Hühner weiter vor ihren Fernsehern. Solange das Leben weitergeht, werden die hohen Kosten an persönlichem Leid im Verhältnis zu den Kosten, die den

---

haben die Charta unterzeichnet, darunter Ai Weiwei, der sich später aber wieder davon distanzierte. Viele davon wurden anschließend verhaftet und verhört.

Seit der Veröffentlichung der Charta haben über 10000 Menschen in China und außerhalb des Landes sie unterzeichnet, obwohl die vielleicht bedeutendste Folge des Manifests bisher die strenge Bestrafung eines ihrer Verfasser war, des Menschenrechtlers Liu Xiaobo (geb. 1955), der schon bei den Studentenprotesten auf dem Tiananmen-Platz eine wichtige Rolle gespielt hatte. Am 25. Dezember 2009 wurde er wegen »Anstiftung zur Untergrabung der Staatsgewalt« zu elf Jahren Haft verurteilt, eine für ein solches Vergehen selten harten Strafe. Die Urteilsverkündung am Weihnachtsmorgen sollte angeblich eine ausführliche Berichterstattung der westlichen Presse verhindern.

Fortbestand des Landes sichern, nie erörtert werden. Sie sind nur das tragische Schicksal, das unser Land für seinen Wohlstand erdulden muss.

Wird der Staat oder die Partei Verantwortung übernehmen? Das ist eigentlich eine dumme Frage. Die Antwort lautet: Gier und Korruption sind in diesem Land unendlich groß; wir kaufen und verkaufen Funktionärsposten, es gibt Transaktionen und Investoren und die, die mittendrin aussteigen, wir können uns Schweigen kaufen, es gibt Profite und Freud und Leid – das Einzige, was uns fehlt, ist eine Offenlegung der Rechnungen, die wir zahlen müssen, aber natürlich gibt es die sogenannten Kosten gar nicht.

## Blick nach innen

■ **GEPOSTET AM 30. DEZEMBER 2008**

Eingriffe in Blogs und die Zensur von Einträgen sind eindeutige Hinweise darauf, wer der Betreiber dieser Plattform wirklich ist. Der Regierung kann man keinen Vorwurf machen, auch wenn sie weder liberal noch anständig ist. Dass wir keine Meinungsfreiheit und keine Redefreiheit haben, entspricht alten Gewohnheiten; leider machen sie das Bloggen einfach etwas weniger interessant.

Der Friede gedeiht, und außer auf Feder und Gewehr[47] zu vertrauen, können Diktatoren nur noch das Leben der Bevölkerung täglich etwas weniger schön machen, jeden Tag nur ein

---

47 Zu Anfang seiner politischen Karriere machte Mao Zedong folgende berühmte Äußerung: »Kommunisten müssen in der linken Hand ein Flugblatt halten und in der rechten Kugeln, wenn wir den Feind besiegen wollen.« Sein Leben lang maß Mao den »beiden Schäften« der Literatur und des Militärs große Bedeutung bei – dem Lauf des Gewehrs und dem Kiel der Schreibfeder.

wenig. Die Aushöhlung und Zersetzung von Freiheit, Würde, Gleichheit, Transparenz und Offenheit hat auf die unschuldige menschliche Natur und den freien Willen übergegriffen und zerstört unsere inneren Überzeugungen, unseren Mut und unsere Rechte. Diktatoren haben keinen Humor und sind zwanghaft steril.

Von einem einzelnen Menschen ist noch nie eine wirklich schlimme Tat begangen worden.

Yang Jia verschwand aus diesem Land, das er vor über einem Monat so verhöhnte, und seine Mutter Wang Jingmei, die über vier Monate lang unter dem falschen Namen Liu Yaling eingesperrt und zwangstherapiert wurde, hat bis heute seine Asche nicht bekommen. Ihr fürchtet lebende Menschen und auch tote. Ihr lasst lebende Menschen verschwinden und auch die sterblichen Überreste von Menschen. Das sollte als seelisches Leid zählen.

Stellen wir uns vor, die Vertreter des Volkes würden nicht mehr rauchen und keine Uhren mehr tragen, wenigstens nicht die neusten Modelle, dann könnten Anreize für die Binnennachfrage nur bedeuten, den Blick nach innen anzuregen.[48]

48 Im Dezember 2008 ließ Zhou Jiugeng (geb. 1960), Leiter des Baudezernats des Bezirks Jiangning in Nanjing, einige unangebrachte Bemerkungen gegenüber der Presse fallen, worauf die »Suchmaschine nach menschlichem Fleisch«, eine »Netzpolizei«, bestehend aus einer losen Gruppe von Bürgern, die im Internet nach Informationen über bestimmte Personen suchen, Recherchen über ihn anstellte. Heraus kam, dass Zhou Markenzigaretten rauchte, die pro Stange 1500 Renminbi kosteten (220 US-Dollar), und eine ausländische Armbanduhr im Wert von sage und schreibe 100000 Renminbi trug (14000 US-Dollar). Beide Entdeckungen erregten großes öffentliches Interesse und lösten eine Untersuchung von Zhous Vergangenheit aus, in deren Folge er schließlich wegen Bestechung zu elf Jahren Gefängnis verurteilt wurde.

# Texte aus dem Jahr 2009

**4.1, 4.2** »Ai Weiwei: New York Photographs, 1983–1993«, Ausstellungseröffnung in Three Shadows Photograpy Art Center, Peking, 2. Januar 2009.

## Shanzhai-Ideale

■ **GEPOSTET AM 4. JANUAR 2009**

Es ist eine verbreitete Annahme, dass jedes Volk die Regierung bekommt, die seinem politischen Bewusstsein entspricht. Man könnte auch sagen, dass die Ideale eines Landes in der Gestaltung seiner politischen Institutionen zum Ausdruck kommen. Wenn dem so sein sollte, dann gibt es nicht viel, worüber sich China im Jahr 2009 wundern müsste.

Am Beispiel der in Leitartikeln und Schulbüchern verwendeten Parole »China verstehen«[1] lässt sich das Problem sehr schön illustrieren. Nebulöse Gedanken, obskure Ideale, lethargische Forderungen und kindische Inspirationen sind Methoden der Masturbation, die eigentlich Möchtegernliteraten und verdrießlichen Gelehrten vorbehalten sind.

Auch heute noch eignen sich Zeilen aus einem Dokument vom 4. Juli 1776, um die Dämonen auszutreiben. Einer der universell anerkannten Grundwerte der Menschheit besteht darin, dass abweichende Meinungen nicht unterdrückt werden dürfen und dass man seine Prinzipien nicht opfern darf. Die tragische Realität der Gegenwart kommt in der Fron unserer spirituellen Existenz zum Ausdruck: Wir haben kein Rückgrat und können nicht aufrecht stehen.

Sehen wir uns diese Textstelle noch einmal an:

Wir gehen davon aus, dass folgende Wahrheiten unanfechtbar sind: dass alle Menschen gleich geschaffen sind, dass sie von ihrem Schöpfer mit bestimmten unveräußerlichen Rechten ausgestattet wurden, darunter das Recht auf Leben, Freiheit und das Streben nach Glück. Um diese Rechte zu schützen, geben sich die Menschen Regierungen, deren gerechte Gewalt auf

1 Die chinesische Regierung versucht unter dem Motto Zudong Zhongguo (China verstehen) mithilfe aller möglichen Medien von Kindheit an, mit ihrer Ideologie vertraut zu machen.

der Einwilligung der Regierten beruht. Wann immer eine Regierungsform diesen Zielen schadet, hat das Volk das Recht, sie zu verändern oder abzuschaffen und eine neue Regierung einzusetzen, die auf Grundsätzen und einer Organisation der Macht beruht, die in den Augen des Volkes am ehesten geeignet sein werden, seine Sicherheit und sein Glück zu gewährleisten.

– Amerikanische Unabhängigkeitserklärung

In 30 Jahren der Reformen mit »besonderen Merkmalen« entstand lediglich eine Shanzhai-Version[2] heuchlerischer Regierungsideale, die die politische und moralische Krise des Landes erbarmungslos auf die Armen abwälzt. Wenn wir weiterhin mit universellen Werten wie Gleichheit und Freiheit herumpfuschen, können wir uns auf die nächste Welle der Zerstörung vorbereiten.

15 Der Begriff *Shanzhai* wird zur Bezeichnung von Imitationen, Fälschungen und Produktpiraterie verwendet. In seiner klassischen Bedeutung bezog sich der Terminus auf Zufluchtsorte von Räubern oder Kriegsherren, die sich der Kontrolle der Regierung entzogen; wörtlich übersetzt bedeutet er »Bergfestung«. In der modernen Verwendung bürgerte sich der Begriff zunächst in den kantonesischsprachigen Gebieten von Shenzhen ein, wo er vor allem zur Bezeichnung von Piraterieprodukten wie Mobiltelefonen und elektronischen Geräten verwendet wurde (beispielsweise wurde das iPhone vor der Einführung auf dem Festlandmarkt in verschiedenen Inkarnationen als »myPhone« und »*AiFeng*« verkauft. Die Namen werden ähnlich ausgesprochen; beides waren *Shanzhai*-Versionen). Später setzte sich der Begriff zur Beschreibung aller für den chinesischen Markt adaptierten Produkte durch.
Im Januar 2009 begann sich das Wort im Internet zu verbreiten. *Shanzhai* wurde nun für eine Vielzahl von neu aufgebauten einheimischen Unternehmen verwendet: zu den *Shanzhai*-Marken und -Ketten zählten »KFG«, »Haagon-Bozs«, »Pizza Huh«, »Buckstar Coffee«, »addidas«, »LW« und »Guggi«. *Shanzhai*-Produkte kosten nicht nur einen Bruchteil der Originale, sondern werden oft abgewandelt, um sie den Erfordernissen des chinesischen Marktes anzupassen. Beispielsweise kann man in chinesische Mobiltelefone zwei SIM-Karten einlegen, und MP4-Player werden mit mehreren Anschlussbuchsen für Kopfhörer produziert.

## Abstruse Anklagen, maßlose Strafen

■ GEPOSTET AM 23. JANUAR 2009

Die Gerichte der mittleren Ebene in der Stadt Shijiazhuang haben zum Fall des Sanlu-Milchpulvers ein Urteil gefällt.[3] Der Vorsitzende des Unternehmens Sanlu, Tian Wenhua, ist der Herstellung und des Verkaufs gefälschter und minderwertiger Produkte für schuldig befunden und zu einer lebenslangen Haftstrafe verurteilt worden. In meinen Augen handelt es sich um abstruse Anklagen und eine maßlose Strafe.

Mit dem Vorwurf, Sanlu habe »gefälschte und minderwertige Produkte erzeugt und verkauft«, drückt der Staat sich um seine Verantwortung für die Sicherheit der Lebensmittel, vertuscht die Wahrheit und ignoriert die Gefahren für das Leben der Menschen. Dennoch muss die Anklage als Fortschritt bewertet werden. Allerdings waren die Herstellung und der Verkauf gefälschter Produkte in den vergangenen 30 Jahren die Grundlage für die Macht dieses Landes. Daher ist es nicht unproblematisch, diesen Vorwurf zu erheben und jemanden nach Maßgabe der entsprechenden Gesetze zu verurteilen.

Wie jedermann weiß, ist Sanlu einer der Riesen der chinesischen Nahrungsmittelindustrie. Dieses Schlüsselunternehmen, das eine nationale Institution ist, wurde mit dem »1. Mai«-Arbeits-Preis für besondere Verdienste ausgezeichnet. Es zählt zu den »fortschrittlichen nationalen Basisorganisationen der Partei« und zu den führenden Leichtindustrieunternehmen des Landes. Es ist ein »Vorreiter der Qualitätssicherung«, ein »wissenschaftlich und technologisch kreativer, aufstrebender Betrieb« und eines von 200 Unternehmen der chinesischen Nahrungsmittelindustrie, die sich einer ehrenvollen Erwähnung wegen herausragender Leistungen rühmen können. Seinen

---

3 Im Sanlu-Milchpulverskandal im Jahr 2008 ging es zum die Vergiftung zig-Tausender Säuglinge durch Melaminpulver in chinesischen Milchprodukten. Vgl. Texte aus dem Jahr 2008, Anmerkung 43.

Erfolg verdankt dieses viel gepriesene nationale Flaggschiff der Tatsache, dass es auf den weisen Rat der Partei hört, und in Anbetracht der strengen Aufsicht des Managements, der lokalen Behörden und der Medien und des Vertrauens der Verbraucher in das Unternehmen kommt der Vorwurf, es habe gefälschte und minderwertige Produkte hergestellt und in Umlauf gebracht, einem Angriff auf die Nation gleich.

Herstellung und Verkauf »gefälschter und minderwertiger Produkte« in der Milchwirtschaft sind nicht auf Sanlu beschränkt; Mengniu, Yili und mehr als zwanzig andere Molkereien gehören ebenfalls auf die Liste der Unternehmen, die solche Praktiken anwenden. Die Schande gebührt der Milch verarbeitenden Industrie der Volksrepublik – warum also muss Sanlu die Schuld allein auf sich nehmen?

Die meisten Opfer waren Säuglinge. Ihre Mütter leisteten den Verbrechen Vorschub, indem sie sich weigerten, ihre Kinder zu stillen, und es war unbedacht von ihnen, für ihre noch nicht entscheidungsfähigen Kinder einheimisches Milchpulver zu kaufen, denn sie mussten wissen, dass der chinesische Markt mit verfälschten und minderwertigen Produkten überflutet wird. So leisteten sie einen indirekten Beitrag dazu, diese Verbrechen zu ermöglichen.

Es stimmt, dass 30 000 Kleinkinder durch Melaminpulver geschädigt wurden, aber man darf nicht vergessen, dass China über 1,3 Milliarden Einwohner hat. In diesem riesigen Land kommen jährlich fast 15 Millionen Babys zur Welt, und die Kindersterblichkeit liegt bei etwa 50 pro 1000 Geburten. Jedes Jahr sterben also etwa 70 000 Kleinkinder, ohne dass man sie mit Flaschenmilch hätte füttern müssen. Nur sechs Todesfälle wurden direkt durch das Melaminpulver verursacht; dieses Verhältnis entspricht dem Pro-Kopf-Anteil der Einwohner am chinesischen Eisenbahnnetz: Auf jeden Chinesen kommt ein Gleisstück von der Länge einer Zigarette.

Wir sollten die Probleme aus angemessener Distanz betrachten und einen politischen und wissenschaftlichen Zugang zur Beurteilung der Fragen suchen.

## Die Bockmiststeuer

■ GEPOSTET AM 1. FEBRUAR 2009

Um »die Luftqualität zu erhalten und die Stadt lebenswert zu machen«, wird Peking eine Abgassteuer auf Motorfahrzeuge erheben. Dies ist eine weitere kreative Abgabe mit sozialistischen Charakteristika. Bei 3,5 Millionen Autos auf den Straßen der Stadt wird die Emissionsteuer von 300 Renminbi jährlich 1,3 Milliarden Renminbi in die Staatskasse spülen. Dies ist der erste Versuch zur Ankurbelung der Binnennachfrage im Jahr des Ochsen.[4]

Als Einwohner dieser Stadt mache ich mir Sorgen um die Regierung und möchte einen Beitrag zu ihrem Wohlergehen leisten. Ich schlage daher vor, dass die nachstehend genannten Wirtschaftszweige und Berufsgruppen den praktischen Nutzen der folgenden Abgaben studieren, um die gravierendsten Probleme Pekings zu lösen.

### Verkehrsüberlastungsabgabe

Das einzigartige politische Umfeld Pekings und sein Status als Metropole bringen es mit sich, dass der Verkehr in der Stadt wegen der zugewanderten Bevölkerung unter wachsenden Druck geraten ist. Um die psychische Gesundheit und die Sauberkeit Pekings zu erhalten, schlage ich vor, von allen Personen, die nicht in der Stadt geboren sind, eine »Verkehrsüberlastungsabgabe« zu kassieren.

### Gebühr für die Benutzung des Schienen- und Straßennetzes

Da die zugewanderten Arbeiter und Hochschulstudenten in Peking die alte Tradition pflegen, in den Ferien rund um das Frühlingsfest zu ihren Familien heimzukehren, sind die Eisenbahn und das Straßennetz in dieser Zeit vollkommen überlas-

---

4 Nach dem chinesischen Kalender war das Jahr 2009 das Jahr des Ochsen.

tet, und es ist schwierig, Fahrkarten zu bekommen. Um den Druck auf das Verkehrsnetz zu verringern, sollte von den Reisenden eine »Abgabe für die Benutzung des Schienen- und Straßennetzes« eingezogen werden.

### Gebühr für die Teilnahme am Parteitag und an den »Zwei Kongresse«

Die alljährlich stattfindenden »Zwei Kongresse«[5] und die verschiedenen Kongresse der Parteivertreter stören regelmäßig das Leben der Bürger Pekings, die obendrein unter den exzessiven Sicherheitsmaßnahmen leiden. Diese Kongresse wirken sich sehr nachteilig auf den Verkehr, das Erscheinungsbild und das kulturelle Leben der Stadt aus und verwandeln Peking in einen unwirtlichen Ort. Es wird vorgeschlagen, von den Volksvertretern, die an den »Zwei Kongresse« teilnehmen, Gebühren zu erheben, um die Beziehungen zwischen Partei und Staat zu verbessern.

### Abgabe der »Acht Ehren und acht Schanden«

In Anbetracht der wachsenden Kosten der staatlichen Propaganda, der Kosten der Aktualisierungs- und Optimierungsstrategien für die verschiedenen Propagandakampagnen und in Anbetracht der wachsenden Bedeutung und des verpflichtenden Charakters der Propaganda wird eine »Abgabe der acht Ehren und acht Schanden« vorgeschlagen.

### Gebühr für die Teilnahme am Flaggenhissen auf dem Platz des himmlischen Friedens

Täglich versammeln sich zahlreiche Besucher der Hauptstadt auf dem Tiananmen-Platz, um zuzusehen, wie die Flagge feierlich gehisst wird. Die Zahl der Zuschauer überschreitet die Grenze der gesetzlich erlaubten Größe von Versammlungen,

5 Die »Zwei Kongresse« (*lianghui*) sind der Nationale Volkskongress und die Versammlung der Politischen Konsultativkonferenz des chinesischen Volkes (PKKCV), die jeden März in der Großen Halle des Volkes abgehalten werden.

und es besteht die Gefahr, dass die Zeremonien in pöbelhafte, antiwissenschaftliche Kulthandlungen ausarten. Daher wird vorgeschlagen, für das Betreten des Tiananmen-Platzes eine Eintrittsgebühr zu erheben.

**Beschwerdegebühr**

Aufgrund der langjährigen Untätigkeit und der schlechten Arbeit der lokalen Regierungen strömen zahlreiche Bürger in die Hauptstadt, um bei den Zentralbehörden Beschwerden vorzubringen. Diese Beschwerdeführer sind oft sehr aufgebracht und daher schwer im Zaum zu halten: Sie treiben sich in der Stadt herum, schlafen auf der Straße und belegen Betten in den psychiatrischen Kliniken.[6] Ihre Anwesenheit wirkt sich nachteilig auf die intellektuell ansprechende und zivilisierte Atmosphäre in Peking sowie auf das internationale Ansehen der chinesischen Nation aus. Daher wird empfohlen, den Provinz- und Gemeinderegierungen entsprechend der Zahl der Bittsteller aus ihrem Zuständigkeitsgebiet eine »Gebühr für Gesuche und Beschwerden« aufzuerlegen.

6 Die Misshandlung von Bittstellern (*shangfang zhe*), geschädigten oder unzufriedenen Bürgern aus den Provinzen, die nach Peking kommen, um Hilfe bei der Zentralregierung zu suchen, hat sich in ein gravierendes Problem verwandelt, denn die Beschwerden stellen die lokalen Parteiführungen bloß. Ende des Jahres 2008 deckten die Medien auf, dass Bittsteller illegal in psychiatrischen Krankenhäusern festgehalten wurden. Ein schockierendes Beispiel für diese Praxis war die Geschichte von Sun Fawu aus der Provinz Shandong. Sun wurde drei Monate lang in einer psychiatrischen Anstalt eingesperrt, mit Medikamenten gefügig gemacht und gezwungen, eine Vereinbarung über den Verzicht auf weitere Bittgesuche zu unterschreiben. Erst dann ließ man ihn gehen. Steigt die Zahl der Bittgesuche und Beschwerden in einer Provinz, so gilt dies als Hinweis auf eine schlechte Regierung. Um ihre »Petitionsraten« im nationalen Einstufungssystem zu senken, beschäftigen die Provinz- und Stadtregierungen Kopfgeldjäger, die nach Peking reisen, um dort Bittsteller aus dem Zuständigkeitsgebiet ihrer Auftraggeber aufzuspüren. Um die Bürger daran zu hindern, ihre Petitionen einzureichen, bedienen sich die Kopfgeldjäger vielfältiger Mittel; eine Methode besteht darin, Beschwerdeführer in psychiatrischen Anstalten einsperren zu lassen.

### Gebühr für Reisen in die Hauptstadt zwecks Geschenkübergabe

Die Gepflogenheit der Lokalregierungen, in den Ferien Funktionäre der Zentralregierung und verschiedene Einrichtungen in Peking aufzusuchen, um sie mit Festessen und Geschenken zu verwöhnen, hat dazu geführt, dass die Einkaufszentren der Hauptstadt mit gewaltigen Mengen an kostspieligen Luxusgütern überschwemmt worden sind. Trotz wiederholter Versuche, diese Praxis zu verbieten, ist es nicht gelungen, die Korruption zu unterbinden. Hinzu kommt, dass die Privatfahrzeuge der Funktionäre der Provinzregierungen die bereits überlasteten Straßen der Stadt zusätzlich verstopfen. Daher sollte von Vertretern der Provinzregierungen, die in den Ferien im Auto in die Hauptstadt kommen, um den Tribut zu entrichten, eine Gebühr erhoben werden.

### Abgabe für Seeohren (Abalonen) und Vogelnester

Eigentlich sollten der Verzehr von Seeohren und Vogelnestern längst verboten sein[7], aber nach einer gründlichen Auseinandersetzung mit den harten Lebensbedingungen in unserem Land und mit der dringenden Notwendigkeit, die Binnennachfrage anzukurbeln, wird vorgeschlagen, den Verkauf dieser Produkte an Einzelpersonen mit einer hohen Steuer zu belegen; darüber hinaus sollte eine Liste mit den Namen der Konsumenten veröffentlicht werden.

### Abgabe für verschmutztes Saunawasser

Die Sauna, eine importierte Mode, führt offensichtlich zu sanitären Problemen. Um die gesunde Entwicklung der städti-

---

7 Diese beiden chinesischen Delikatessen, Seeohren- und Vogelnest-Suppe, werden wegen ihrer medizinischen Wirkung geschätzt, sind jedoch wegen ihrer Seltenheit extrem teuer. Bei den Seeohren (*baoyu*) handelt es sich um genießbare Meeresschnecken, deren Fleisch vorzugsweise ungekocht aus der Schale gegessen wird. Das »Vogelnest«, das aus Teilen des mit dem Speichel der Vögel verklebten Schwalbennests besteht, zählt zu den teuersten Nahrungsmitteln tierischer Herkunft. Die Nester haben eine gelatineartige Textur, wenn sie in Wasser aufgelöst und zu einer Suppe verkocht werden.

schen Wirtschaft zu gewährleisten, wird empfohlen, eine hohe Abgabe für die Entsorgung verschmutzten Saunawassers zu erheben. Da zu erwarten ist, dass eine bestimmte Sorte von Unternehmern das verunreinigte Wasser als Trinkwasser abfüllen oder als aufbereitetes Wasser wieder an die Stadt verkaufen wird, schlage ich vor, die Höhe dieser Abgabe anhand der Differenz zwischen der in die Sauna gepumpten Wassermenge und der noch nicht abgepumpten Menge zu berechnen.

**Gebühr für das erste Mal**

In Anbetracht der Tatsache, dass Gangster illegale Sex-Etablissements schützen und dass die Möglichkeit zur Entjungferung junger Frauen zu einem knappen Gut auf dem illegalen Sexmarkt geworden ist, hat die Nachfrage nach Jungfrauen zu gravierender psychischer Instabilität bei den unberührten Mädchen und zu nagenden Minderwertigkeitsgefühlen bei vielen Männern geführt, die ihr Leben lang darunter leiden, dass ihnen die Erfahrung des »ersten Mals« vorenthalten wurde. Daher wird eine hohe Gebühr für den Kauf des »ersten Mals« mit unverheirateten Frauen vorgeschlagen. Die Einnahmen sollten in die Renten für Frauen und in die Erforschung von Geisteskrankheiten bei Männern fließen.

**Gebühr zur Eliminierung der Pornografie**

Da die geistige Kultivierung der Bürger unserer Stadt so viel langsamer vorankommt als die allgemeine wirtschaftliche Entwicklung, muss die jährliche staatliche Kampagne zur »Eliminierung von Pornografie und illegalen Publikationen« ausgeweitet werden. Es wird empfohlen, das Alter jener Häftlinge zu ermitteln, die Strafen wegen Sexualdelikten verbüßen, um ausgehend von den gesammelten Daten eine entsprechende Gebühr von der nicht inhaftierten männlichen Bevölkerung dieser Altersgruppe zu erheben. Die Einnahmen können zur Finanzierung von Renten oder Krankenversicherungen für Personen verwendet werden, die tugendhaft sind und das Risikoalter überstehen, ohne derartige Straftaten zu begehen.

Der Regierung wird davon abgeraten, diese Einnahmen an der Börse zu investieren.[8]

**Gesangsabgabe**

Diese Steuer zielt in erster Linie auf spirituelle Pilger, auf jene Art von Leuten, die Räucherstäbchen verbrennen und beten. Diese Abgabe wird für die Inanspruchnahme von immateriellem Raum erhoben.

**Amenorrhoe-Abgabe**

Das Ausbleiben der Menstruation zählt zu den Hauptursachen für Angststörungen verheirateter Frauen. Diese Abgabe sollte vor dem Eintreten der Frauen ins mittlere oder hohe Alter erhoben werden. Die Einnahmen sollten für die Erforschung der psychischen Störungen von Menschen mittleren Alters und alten Menschen verwendet werden.

**Menopause-Steuer**

Diese Steuer sollte aus ähnlichen Gründen erhoben werden wie die zuvor erwähnte Abgabe und setzt genauere Studien von Wissenschaftlern und Experten voraus. Sie könnte auch gemeinsam mit der zuvor genannten Abgabe erhoben werden.

**Steuer auf die Unterdrückung von Zeitungen und Zeitschriften**

Die Medien haben Ähnlichkeiten mit der Pornoindustrie, wenn sie auch nicht gleichwertig sind. Da die Bestrebungen, Journalisten zum Schweigen zu bringen, keine marktwirtschaftlichen Gründe haben, wird empfohlen, jeden Fall und seine Umstände gesondert zu bewerten, um die Abgaben sorgfältig den jeweiligen Beweggründen anzupassen.

---

8 Im Jahr 2006 wurde der »Rentenskandal von Shanghai« aufgedeckt: Die Rentenfonds hatten gesetzwidrig in Immobilienprojekte und öffentliche Bauvorhaben in Shanghai investiert. Infolge des Korruptionsskandals mussten zahlreiche staatliche Funktionäre zurücktreten, darunter hochrangige Parteimitglieder.

Aufgrund der zeitlichen Beschränkungen kann die Reihenfolge der Anordnung dieser Abgaben und Gebühren zu einem späteren Zeitpunkt nach unserem Gutdünken festgelegt werden. Ich habe hier nur einige wenige Ideen zusammengefasst; zahlreiche weitere Möglichkeiten wurden nicht berücksichtigt. Ich hoffe, dass meine dilettantischen Versuche den Anstoß zu einer substanziellen Diskussion geben werden.

Zusätzlich zu den zuvor genannten sollllten auch folgende Steuern entrichtet werden: Gebühr dafür, dass man seine Leiche auf einem öffentlichen Platz ›parken‹ darf, Gebühr für die Aufrechterhaltung der öffentlichen Ordnung während der Olympischen Spiele, Gebühr für große Fußabdrücke und Playback-Singen, von Wanderarbeitern zu zahlende Gebühr für die Inanspruchnahme öffentlichen Raums, Gebühr für Kindermädchen, die Kleidung und Bettzeug waschen, Gebühr für Wachmänner, die Bürger schikanieren, Abgabe für schreiende Babys, Steuer für Farbenblinde, die keine roten Plakatparolen lesen können, Gebühr für den Aufenthalt tibetischer Verräter in der Hauptstadt, Steuer auf kontaminiertes Obst und Gemüse, Gebühr für Studenten, die sich auf der Straße aufhalten, Demenzsteuer für alte Menschen, Steuer auf nicht diagnostizierbare Geisteskrankheiten, Steuer auf postharmonische Meinungsverschiedenheiten. Mit Steuern und Abgaben sollten auch belegt werden: Personen, die nicht Auto fahren, Leichen, die nicht zur Beseitigung von Abfällen in der Lage sind, Personen, die zu selten das Haus verlassen, verknotete Drachenschnüre, Verschmutzung mit Streichhölzern, Strahlung von Mobiltelefonen, der Konsum gefälschter Markenzigaretten, Nüchternheit nach dem Konsum gepanschten Alkohols, die Verstopfung von Abflussrohren mit Erbrochenem sowie die Eintreibung sinnvoller und sinnloser Abgaben.

Allem Anschein nach ist die Zahl der Abgaben und Gebühren, die der Staat einheben könnte und sollte, unbegrenzt. Daher hier noch ein letzter Vorschlag, der zugleich der wirkungsvollste sein dürfte: Wir sollten zu dem Abgabensystem zurückkehren, das vor den Reformen und der Öffnung galt, zur Abgabe der »Diktatur des Proletariats«. So könnten wir zumindest auf die Erhebung einer Bockmiststeuer verzichten.

## Zwei Witze

■ GEPOSTET AM 4. FEBRUAR 2009

**Nummer eins:**
Das Ministerium, das am wenigsten von Kultur versteht, ist jetzt für den Kunstmarkt zuständig. In den vergangenen Tagen wurden in Peking, Shanghai und anderen Großstädten bei diversen Kunstgalerien jene Plaketten entfernt, die bestätigten, dass es sich um eine »Zuverlässige Galerie« handelte. Ihr seid unkultiviert, aber ihr überwacht entschlossen die Kultur. Erst kommt ihr auf die Idee mit den Plaketten für »zuverlässige Galerien«, und dann macht ihr die Aktion rückgängig. Die Vorgehensweise ist von Anfang bis Ende vollkommen absurd.

Eine Galerie ist ein Ort, an dem Geschäfte gemacht werden. Ein Gemälde im Besitz eines Malers ist ein Gemälde. Im Besitz einer Galerie ist es eine Ware. Wer ein Bild verkauft, verkauft keine Kultur, und das Kulturministerium hat kein Urteilsvermögen dazu, ob ein Bild gut oder schlecht, teuer oder preisgünstig ist. Das Ministerium für Ozeanische Angelegenheiten hat nichts damit zu tun, wie frisch unsere Nahrungsmittel aus dem Meer sind. Der Frauenverband hat nichts damit zu tun, wie viel Druck eine Masseuse auf die Muskeln ihres Kunden ausübt. Das Kulturministerium war sehr verwirrt, als es beschloss, Zertifikate für »zuverlässige Galerien« auszustellen; diese Initiative brachte den Markt durcheinander. Ihr wisst nicht, wer ihr selbst seid, aber ihr zwingt anderen Standards auf – ein häufiger Fehler großer Staatsapparate. Solltet ihr es immer noch nicht wissen: Euer Ministerium ist eines von denen, die verboten werden sollten.

**Nummer zwei:**
Das Ministerium, das am dringendsten ein wenig Bildung nötig hätte, hält das englische Akronym »CCTV« (China Central Television) für illegal und verlangt, es durch ein chinesisches oder die »gesetzmäßige Pinyin-Transliteration« zu ersetzen.[9] Ob »CCTV« nun illegal ist oder nicht, das Logo des Fernsehsenders wird stets absolut legal sein. Doch das Bildungsministerium, das nicht in der Lage ist, die Verantwortung für jene Angelegenheiten zu übernehmen, für die es eigentlich zuständig ist, hat leider beschlossen, sich mit dieser Frage zu beschäftigen. Wenn man seiner Logik folgt, müsste dieses Ministerium »CXMZZYRMGHGJYB« heißen. Natürlich wird sein Kosename immer »SBJYB« bleiben.[10]

Übernehmt die Verantwortung für das, was ihr eigentlich regeln solltet. Sorgt beispielsweise dafür, dass Nahrungsmittel nicht von Inspektionen ausgenommen werden, macht der Produktion gefälschter Medikamente ein Ende, zählt die beim Erdbeben getöteten Schüler richtig und untersucht, warum Schulen einstürzen. Und haltet euch ansonsten heraus.

9 Hanyu Pinyin, das »Programm zur Fixierung der Laute im Chinesischen«, wurde im Jahr 2000 als Standardumschrift des Hochchinesischen eingeführt. Würde man das Akronym der staatlichen chinesischen Fernsehanstalt (gegenwärtig »CCTV«) mit Pinyin umschreiben, so erhielte man »ZGZYDST«.

10 Ai vergleicht das chinesische Bildungsministerium mit dem Nordkoreas (der Demokratischen Volksrepublik Korea), dessen Pinyin-Transliteration *chaoxianminzu renmin gongheguo* ist, das er durch die Pinyin-Umschrift von »Bildungsministerium« (*jiaoyu bu*) ersetzt. Der »Kosename« würde dasselbe *jiaoyu bu* samt des vorgestellten Akronyms »SB« sein. (»SB« ist das Internetkürzel für *shabi,* ein sehr vulgäres Schimpfwort, das sich auf die weiblichen Genitalien bezieht.)

## Überzeugung, Kühnheit, ein Schuh

■ GEPOSTET AM 7. FEBRUAR 2009

Eine Nation ist geschockt, und das nur, weil ein Ausländer öffentlich seine persönliche Meinung kundgetan hat.[11] Man verwünschte den Demonstranten und deutete an, seine persönliche Ansicht sei mit weit hergeholten nationalen Interessen verknüpft. Und dann folgten die weinerlichen Entschuldigungen, der Täter wurde der Universität verwiesen und bestraft; sogar die Stellungnahmen der Staatschefs wurden verzerrt wiedergegeben.[12]

Das ist unsere einzige Möglichkeit, unser Gesicht zu wahren, obwohl wir nie eines gehabt haben, und eine Freundschaft zu erhalten, die nie existiert hat.

Stattdessen sollten wir uns über den Mut des 27-jährigen Doktoranden aus Cambridge freuen, der mit seiner bewundernswerten Anklage alles riskierte. Natürlich wäre für einen solchen Menschen im »harmonischen Reich unter dem Himmel« kein Platz. Nein, er wurde mit Rechten geboren und genießt den Schutz der Gesetze eines anderen Landes: Niemand kann ihn zwingen, seinen Wunsch nach politischer Willens-

---

11 Am 2. Februar 2009 wurde der chinesische Ministerpräsident Wen Jiabao bei einem Vortrag über die Weltwirtschaft an der Universität Cambridge von Martin Jahnke unterbrochen, der in eine Trillerpfeife blies und die Universität beschuldigte, sie »prostituiere« sich, indem sie einem »Diktator« als Bühne diene. Anschließend warf der 27-jährige Doktorand einen Schuh nach Wen Jiabao und rief dem Publikum zu: »Wie könnt ihr euch das widerspruchslos anhören?« Die Pro-KP-Chinesen waren empört, aber Wen wiegelte öffentlich ab und forderte die Universitätsleitung auf, von einer Bestrafung Jahnkes abzusehen, wobei er ein chinesisches Sprichwort zitierte: »Es ist mehr wert als Gold, wenn ein junger Mann umkehrt und seine Fehler gutmacht.« Der Student wurde wegen Erregung öffentlichen Ärgernisses angeklagt, jedoch am 3. Juni 2009 von einem Gericht in Cambridge freigesprochen.

25 Der britische Premierminister hat sich nie offiziell für den »Schuhwurf« von Cambridge entschuldigt, sondern lediglich sein »tiefes Bedauern« über den Vorfall ausgedrückt.

**4.3, 4.4, 4.5** »Bao Bao, der hier ist für dich!« Ai wirft einen seiner Schuhe in Richtung des britischen Parlamentsgebäudes, 5. März 2009.

bekundung zu opfern. Wenn er wollte, könnte er sein unziemliches Verhalten fortsetzen, ohne in einer staatlichen psychiatrischen Anstalt zu verschwinden, weil er eine abweichende Meinung geäußert hat.

Man sehe sich die Überzeugung und die Kühnheit an, mit der dieser Schuh flog!

## Das Staatsfernsehen steht in Flammen

■ **GEPOSTET AM 10. FEBRUAR 2009**

Gestern Abend gegen 20.20 Uhr brach im Nordteil des neuen Hauptquartiers des chinesischen Zentralfernsehens, im Volksmund »die Große Unterhose« genannt[13], ein Feuer aus. Dieser Komplex – das »Notzelt« – war das kulturelle Zentrum des vaterländischen Staatsfernsehens und beherbergte auch ein Luxushotel mit einer Fläche von mehr als 60 000 Quadratmetern. Der Bau hatte mehr als 600 Millionen gekostet. Es war schwierig, das Feuer unter Kontrolle zu bringen, es erfasste das gesamte Gebäude. Noch um zwei Uhr morgens schlugen Flammen in den Nachthimmel.

Freunde in den Medien haben mir berichtet, dass sämtliche nationalen Medien vor Mitternacht von den Behörden informiert wurden: »Niemand wird die Aufregung über diesen Vorfall schüren. Verwenden Sie die von der Nachrichtenagentur Xinhua bereitgestellten Informationen, um die Harmonie zu wahren.« Natürlich.

---

26 Die Einwohner Pekings haben dem CCTV-Turm von Rem Koolhaas den Namen »Große Unterhose« gegeben. Wenn man sich die beiden Türme, auf denen das Gebäude ruht, als »Beine« denkt, versteht man die Metapher. Eine eher anzügliche Anspielung vergleicht das Gebäude mit einer hockenden Frau. Gelehrte und Architekten machten ihrem Ärger im Internet Luft und beschuldigten Koolhaas, er habe diese sexuelle Konnotation beabsichtigt.

Ihr habt das Feuer doch nicht gelegt, warum müsst ihr es dann harmonisieren?

Ich konnte es mir nicht erklären: Warum musstet ihr die Nachrichten harmonisieren, wenn ihr das Feuer nicht gelegt hattet? Aber mittlerweile sind die Dinge so vertrackt, dass alles, was man sagt, in eine Wahrheit verwandelt werden kann.

Heute haben gut informierte Quellen bestätigt, dass ihr diese gewaltige Feuersbrunst tatsächlich selbst verursacht habt: Als im Rahmen von Filmaufnahmen von der explosiven Begeisterung beim Vollmondfest am fünfzehnten Tag des ersten Mondmonats ein Feuerwerk entzündet wurde, kam es zu einem Unfall.[14] Das Dach und das Stockwerk darunter fingen Feuer. Man hatte aus verschiedenen Blickwinkeln die Explosionen gewaltiger Feuerwerkskörper filmen wollen – eines der pyrotechnischen Pakete hätte bei der Detonation eine riesige Kuh in den Nachthimmel zeichnen sollen –, aber stattdessen bekamen wir nur die Einäscherung von gewaltigen Investitionen zu sehen. In diesem Fall können wir den Behörden keinen Vorwurf daraus machen, dass sie sich hastig um eine Informationssperre und um die Harmonisierung bemühten: Wir möchten nicht, dass das gemeine Volk vor Aufregung völlig aus dem Häuschen gerät.

Aber wie kam es, dass die Steuerzahler beim Anblick ihres verbrannten Geldes tatsächlich glücklich waren? Weil das Zentralfernsehen, dieser riesige Eunuch, stets ein verabscheuungswürdiges Monster gewesen ist. Wie heißt es so schön: »Die Ungerechten sind zum Untergang verurteilt.« Und dieses eine Mal wurde Gerechtigkeit geübt.

Obwohl es immer heißt, der Mond am Fünfzehnten sei

---

27 Die Feiern anlässlich des chinesischen Neujahrs nach dem Mondkalender dauern 15 Tage, beginnend am ersten Neumond des Jahres. Den Abschluss der Neujahrsfeiern bildet 15 Tage nach dem Neujahrstag das Laternenfest. An diesem Tag findet traditionell ein großes Feuerwerk statt. Im Jahr 2009 wurde in Peking eine Vorschrift erlassen, der zufolge der Tag des Laternenfests auch der letzte ist, an dem in der Hauptstadt Feuerwerke veranstaltet werden dürfen.

**4.6** Ein Wachmann vor dem brennenden Gebäude der staatlichen Fernsehanstalt, 9. Februar 2009.

außergewöhnlich rund, war der gestern Nacht beobachtete Mond der rundeste seit 52 Jahren.[15]

## Herzlos

■ **GEPOSTET AM 11. FEBRUAR 2009**

Es ist Jahrzehnte her, dass die an der medizinischen Front kämpfenden »Dr. Bethunes« menschliche Organe für Transplantationen verkauften. Heute ist China der größte Markt für menschliche Organe.[16] Der Grund dafür ist nicht, dass die chi-

15 Nach Berechnungen chinesischer Astronomen war die Vollmondphase im Februar 2009 die längste in 52 Jahren, wobei der Mond der Erde am nächsten war; zugleich fand eine totale Mondfinsternis statt.

16 Der kanadische Arzt Henry Norman Bethune wurde durch seinen heroischen Einsatz im Spanischen Bürgerkrieg und im Zweiten Chinesisch-Japa-

nesischen Menschen besonders billig sind; dass man billig leben muss, bedeutet nicht, dass man als Toter billig sein wird. Die Frage, warum ein Mensch billig sein sollte, ist eine philosophische Frage, die nicht Gegenstand dieses Essays ist.

An dieser Stelle möchte ich mich mit rein technischen Fragen beschäftigen.

Die Verwendung der Organe hingerichteter Krimineller ist Diebstahl. Das ist ein öffentliches Geheimnis. Selbst wenn sie dich töten, sollten deine sterblichen Überreste dir gehören, sogar im Tod. Dieses Eigentum schließt auch die Kugel mit ein, die man in dich hineingejagt hat, was vermutlich der Grund dafür ist, dass die Familie des Hingerichteten die Patrone bezahlen muss.[17]

Vor nicht allzu langer Zeit wurden »Konterrevolutionäre« durch die Straßen getrieben, und das Volk strömte in Scharen zu den Hinrichtungsplätzen. Die Leute unterhielten sich darüber, welche Hingerichteten ein »glückliches Schicksal« gehabt hatten: Wenn eine Kugel nicht genügte, um den Delinquenten zu erledigen, mussten Lederstiefel eingesetzt werden, um die Arbeit zu vollenden, da man der Nation »die Kosten für eine zusätzliche Patrone ersparen« wollte.

Die Unterschiede zwischen jener Epoche und der unsrigen sind nicht allzu groß. In dieser Frühlingsgeschichte wird die Teilnahme der Öffentlichkeit an den Hinrichtungen nicht

---

nischen Krieg berühmt. Bethune führte bedeutsame technische Neuerungen bei Notoperationen an der Front ein und entwickelte die erste mobile Bluttransfusionseinheit. Er starb im Jahr 1939 an der chinesischen Front, lebt jedoch als heroische Figur und Revolutionär in der chinesischen Geschichte und Literatur weiter.

17 Die Todesstrafe wird in China heute vorwiegend mit Schusswaffen vollstreckt, nur ein kleiner Teil der Verurteilten wird mit Giftspritzen hingerichtet. In den 1950er-Jahren wurde eine symbolische Gebühr für die bei der Hinrichtung verwendete Patrone eingeführt (*zidan fei*). Zwar wurde diese Gebühr anscheinend noch in den 1980er-Jahren erhoben (in Online-Quellen ist die Rede davon, dass es die Gebühr noch bei den Massenhinrichtungen in der ersten »Harte Hand«-Kampagne gab), aber heute müssen die Angehörigen eines Hingerichteten die Patrone nicht mehr bezahlen, wenn sie die Leiche abholen.

mehr gefördert[18]. Wenn man mit dem Exekutierten noch einen Ertrag erzielen will, muss man den Eintrittspunkt der Kugel sorgfältig wählen. Sie soll töten, aber keine Schäden anrichten. Am Hinrichtungsplatz steht gut sichtbar für den Delinquenten eine Ambulanz bereit, und sobald der Schuss ertönt, springen die Engel in Weiß herbei, um die noch warme Leiche zu bergen und die Transplantate zu kühlen.

Die Hälfte aller Hinrichtungen in aller Welt wird in China vollstreckt; der erschütternde Jahresdurchschnitt liegt hier bei 4000 Menschen. Dies ist ein Verdienst von zwei Jahrzehnten der »harten Hand« im Kampf gegen die Kriminalität.[19] Seine Grundrechte und seine Menschenwürde verliert der Verurteilte nicht erst bei der Hinrichtung. Im Fall von Yang Jia, der großes Aufsehen erregte[20], wurden weder der Verurteilte selbst noch seine Familie über seine bevorstehende Exekution informiert, und als seine Mutter, die heimlich in einer psychiatrischen Klinik eingesperrt worden war, die Anstalt für einen Be-

---

18 Die »Frühlingsgeschichte« (*Chuntian de gushi*) ist ein Propagandalied, in dem Deng Xiaopings große Reformen gepriesen werden. Gegenstand der Verse sind Dengs im Frühjahr 1978 verkündete Wirtschaftsreformen und ihre Erfolge bis zu seiner berühmten »Reise durch den Süden« im Frühjahr 1992. In den 1990er-Jahren und vor allem nach Dengs Tod im Jahr 1996 wurde das Lied unentwegt gespielt und ist den meisten Festlandchinesen vertraut.

19 Die »Harte Hand«-Kampagnen beinhalten aggressive Maßnahmen zur Verbrechensbekämpfung. Die erste derartige Kampagne leitete Deng Xiaoping im Jahr 1983 ein, um einem deutlichen Anstieg der Kriminalität entgegenzuwirken. Eine zweite Kampagne begann im Jahr 1996, eine dritte im Jahr 2000 beinhaltete Verbrecherjagden unter Nutzung des Internets. Im März 2009 begann im Vorfeld des 50. Jahrestags des ersten tibetischen Aufstands eine »Harte Hand«-Kampagne in Tibet, und im November 2009 folgte in Reaktion auf ethnische Unruhen in der Provinz Xinjiang eine weitere derartige Unterdrückungsmaßnahme. Die offizielle Begründung für die »Harte Hand«-Kampagnen lautet, China könne die im Westen üblichen »leichten Strafen« nicht anwenden, sondern müsse härter gegen die Kriminalität vorgehen. Während der Kampagnen verdoppelt sich die Zahl der Urteile, die unverzüglich vollstreckt werden. Auch die Zahl der Hinrichtungen steigt im Verlauf der »Harte Hand«-Kampagnen, weshalb diese von Menschenrechtsgruppen als »Hinrichtungsräusche« bezeichnet werden.

20 Der 27-jährige Yang Jia tötete im Juli 2008 auf einer Polizeiwache in Shanghai mehrere Polizisten. Vgl. Texte aus dem Jahr 2008, Anmerkung 26.

such bei ihrem Sohn verlassen durfte, hatte sie keine Ahnung, dass sie seinem »letzten Augenblick« beiwohnen sollte.

Wang Jianrong, stellvertretender Leiter für Politik und Rechtsvorschriften im Gesundheitsministerium, hat bestätigt, dass mehr als 600 Krankenhäuser in China die für Organtransplantationen erforderliche Technologie einführen. Mehr als 160 von ihnen verfügen bereits über die erforderliche Qualifikation. Militärkrankenhäuser und illegale Einrichtungen sind in diesen Zahlen nicht berücksichtigt.

Als durchschnittlicher Hingerichteter wirst du feststellen, dass du, einmal zerlegt und verkauft, sehr teuer geworden bist. Wenn dich jemand nach deinem Dahinscheiden aufschneidet und deine Ersatzteile verkauft, bist du sehr viel mehr wert als zu deinen Lebzeiten als vollständiger, atmender Organismus. Auf dem chinesischen Festland kostet eine Niere, eine Leber oder ein Herz mindestens 140 000 bis 150 000 Renminbi, doch der Preis kann auch auf mehr als 400 000 Renminbi steigen. An Ausländer werden Organe für ein Vielfaches dieser Preise verkauft.

Sehen wir uns die Situation auf dem Weltmarkt an: In der Türkei kosten menschliche Bestandteile etwa 5000 Dollar, in Indien 3000 Dollar, im Irak zwischen 700 und 1000 Dollar und auf den Philippinen durchschnittlich 1500 Dollar. Wie Sie sehen, steht der Preis in direkter Beziehung zum Grad an Harmonie oder Disharmonie in dem jeweiligen Land und hängt davon ab, ob die Organspender gelitten haben.

In China trifft der Grundsatz »Alle Menschen sind gleich geboren« vor allem nach dem Tod zu: Die Innereien des stellvertretenden Gouverneurs Hu Changqing und des stellvertretenden Vorsitzenden des Volkskongresses, Cheng Kejie, waren genauso viel wert wie die der Mörder Qiu Xinghua und Ma Jiajue.[21]

---

21 Hu Changqing (1948–2000) war ein hochrangiger Parteifunktionär in der Provinz Jiangxi, der wegen Korruption zum Tode verurteilt und am 8. März 2000 hingerichtet wurde. Er war das bis dahin höchstrangige Parteimitglied, das in der Volksrepublik China zum Tode verurteilt wurde. Nur sechs Monate später musste er diese Ehre an Cheng Kejie (1933–2000) aus der Provinz

Nachdem das Melamin im Milchpulver die Nieren von Säuglingen geschädigt hatte, erhielten die Familien der besonders schwer betroffenen Kinder eine Entschädigung von bis zu 30 000 Yuan, während sich jene, die geringe Schäden davongetragen hatten, mit 2000 Yuan zufriedengeben mussten. Das ist sehr viel Geld für gebratene Nieren. Den Familien von Opfern des Erdbebens in Beichuan wurde mitgeteilt, sie sollten »Rücksicht auf die Schwierigkeiten der Regierung« nehmen, 60 000 Yuan einstecken und den Mund halten. Wer sich weigert, dieser Vereinbarung zuzustimmen, wird keinen müden Heller sehen, und es droht ihm sogar die Verhaftung.

Das mit dem Preis ist wirklich eine verteufelte Sache.

Der Marktpreis für chinesische Herzen, Lebern und Lungen ist nicht der niedrigste auf dem Weltmarkt. Warum gibt es also einen internationalen Markt für Chinas Produkte? Der Grund ist, dass China ein harmonisches Land ist; es hat eine starke Armee, und der Staat sorgt für Stabilität. Das Angebot an frischen Organen ist groß, und die Wahrscheinlichkeit, in diesem großen Sortiment das geeignete Produkt für jeden Empfänger zu finden, ist groß. Vor Kurzem berichtete die japanische Nachrichtenagentur Kyodo, 17 Bürger des Landes hätten sich in China neue Nieren und Lebern geholt und dafür durchschnittlich 8 Millionen Yen bezahlt, was etwa 500 000 Yuan entspricht. Jede dieser Operationen kurbelte die Nachfrage weiter an.

Chinesische Regierungsvertreter, denen das Eingeständnis peinlich ist, dass ihr Land mit menschlichen Organen handelt, reagieren auf westliche Medienberichte stets mit der Erklärung, es handle sich um »heimtückische Anschuldigungen«,

---

Guangxi abtreten, der wegen Bestechung verurteilt und am 14. September 2000 exekutiert wurde. Ma Jiajue (1981–2004), ein Student an der Universität Yunnan, tötete vier Studienkollegen mit einem Hammer und versteckte ihre Leichen in ihren Schränken. Für dieses Verbrechen, das die chinesische Öffentlichkeit schockierte, wurde er am 18. Juni 2004 hingerichtet. Qiu Xinghua (1959–2006), der den Spitznamen »Tempelschlächter« erhielt und vermutlich geistesgestört war (vgl. Texte aus dem Jahr 2006, Anmerkung 70), wurde am 28. Dezember 2006 hingerichtet.

und hinter den »antichinesischen« Berichten steckten »verborgene Beweggründe«. Aber sie werden oft auf frischer Tat ertappt. Im Jahr 2007 wurden »Vorschriften für Transplantationen menschlicher Organe« veröffentlicht, aber sie stehen nur auf dem Papier, wie andere Gesetze in der VR China.

Im Verlauf der herzlosen Reformen und Öffnungsschritte wurde praktisch alles verhökert, das verkäuflich und nicht verkäuflich war. Entwicklung ist das Einzige, was zählt.[22] Wenn du nichts zu verkaufen hast, hast du ein Problem.

Bald können die Chinesen den Menschen in aller Welt stolz in die Augen sehen – gut möglich, dass die anderen ein chinesisches Herz in der Brust tragen.

Diese schlauen Leute in Shanghai wussten, dass sie Yang Jias Organe besser nicht an die Japaner verkaufen sollten. Sollte mit seinen Organen auch nur ein bisschen von seinem Mut auf die Japaner übergehen, so würde man allzu viele Krieger brauchen, um auch nur einen von ihnen zu besiegen.

## Das staatliche Fernsehen inspiriert China

■ **GEPOSTET AM 14. FEBRUAR 2009**

Um die chinesische Bevölkerung zu inspirieren[23], müssen sich die Leute beim Zentralfernsehen nicht länger auf der Suche nach neuen Gags den Kopf zerbrechen, und das Fernsehen

---

22 »Die Entwicklung ist das Einzige, was zählt« (*fazhan shi yingdaoli*) war eine der zentralen Thesen, die Deng Xiaoping während seiner berühmten Inspektionsreise durch Südchina verfocht.

23 China Inspirieren (*Gandong Zhongguo*) ist ein Fernsehprogramm, das seit 2002 alljährlich während des Frühlingsfests ausgestrahlt wird. Jedes Jahr werden zehn herausragende Chinesen ausgewählt und als inspirierende Persönlichkeiten und vorbildliche Bürger geehrt. Unter diesen Personen sind Politiker, Sportstars und Literaten, aber auch durchschnittliche Menschen, die außergewöhnliche Leistungen vollbracht haben.

muss sich auch nicht mehr beim »geeinten chinesischen Volk« einschmeicheln. Der Mond in der fünfzehnten Nacht dieses ersten Mondmonats war so vollkommen rund und so strahlend wie seit 52 Jahren nicht mehr; die ganze Welt schien der Vollkommenheit zuzustreben, als diese geheimnisvollen und wunderbaren Kräfte erneut in Erscheinung traten und die Krone des Unglücks auf das Haupt des Zentralfernsehens setzten.

Das Schicksal des Zentralfernsehens und die böse Wirklichkeit normalisieren unablässig Demütigung und Ablehnung, um sie zu alltäglichen Erfahrungen zu machen.

Doch endlich ist der Tag gekommen: Endlich hat das Zentralfernsehen einmal mit Livebildern die Wahrheit gesagt: Der Palasteunuch hat sich selbst verstümmelt. Zwar waren weder Mut noch Beharrlichkeit die Beweggründe, aber zumindest entsprach die Berichterstattung des Zentralfernsehens dieses eine Mal der Wirklichkeit.

In einem Augenblick der Unaufmerksamkeit wurde der Grundsatz »Medien sind Wahrheit« verwirklicht und verwandelte sich in eine realistische Realität. Es klingt sonderbar, aber in der Praxis ist es extrem schwierig, dies zu bewerkstelligen. Um es noch einmal zu wiederholen: Zum ersten Mal habt ihr Licht und Wärme eingesetzt, um das höchste Ideal der Medien dieser Welt zu verwirklichen, und dabei habt ihr unabsichtlich eine realistische Realität geschaffen.

Vor nicht allzu langer Zeit musstet ihr euch noch den Kopf über Liveübertragungen von riesigen Fußabdrücken und fliegenden Schuhen zerbrechen, aber das Feuer der Demütigung ist endlich gelöscht. All die Menschen, die China inspirieren, wurden einmal mehr vom chinesischen Zentralfernsehen inspiriert, vom Produzenten von *China inspirieren.*

Die Ehre gebührt euch: Eure großartige Veranstaltung lenkte die Aufmerksamkeit der ganzen Welt auf Chinas Fortschritt, und die Menschen konnten inmitten einer sich Schritt für Schritt verschlimmernden globalen Krise erhobenen Hauptes dieses Feuer der Hoffnung betrachten. Ihr habt der Welt verkündet, dass die Reise der Hoffnung nicht in Europa beginnt, nicht in Großbritannien, nicht in Cambridge, sondern gleich in unserer Nachbarschaft in der Hauptstadt Chinas, auf einem Platz, der nicht allzu weit vom Tiananmen entfernt ist.

Ihr habt euch voll und ganz der brennenden Welt verschrieben, Zögerlichkeit und Unentschlossenheit abgeschüttelt und mit dem letzten Funken des heiligen olympischen Feuers das Versprechen der Selbstverbrennung eingelöst, um die Welt zu erleuchten. Ihr habt die großen Vorzüge des »Sozialismus mit besonderen Merkmalen« genutzt, und zum ersten Mal können die Bürger darauf vertrauen, dass uns die Zukunft größere Möglichkeiten eröffnen wird, wenn ihr – gestützt auf eure Intelligenz und Kreativität sowie euren heroischen Geist und eure Fähigkeit zu wohlüberlegtem Handeln – eine Szene sendet, die über die Tricks und technischen Möglichkeiten jeder Livesendung hinausgeht.

Hier wird nicht länger ein falsches Spiel in den Produktionsräumen gespielt: Die Bühne für die Produktion ist das Leben, die Realität ist auf der Bühne. Da wird nicht geschnitten, es gibt keine Kulissen, keine Beleuchtungseffekte, keine Korrekturen, keinen Regisseur, keine Aufnahmeleitung, keine Zensur. Ihr seid nicht nur selbstlos, nein, ihr befindet euch tatsächlich im Zustand des Anātman[24], und obwohl die Menschen außer sich vor Freude sind über euer Verschwinden, bleibt ein wenig Bedauern: Denn wer wird euren Ruhm ernten? Und die Welt wird einsam sein ohne euch.

Ihr habt China inspiriert, und ihr allein verdient die Ehre dafür. Diese Ehre wird euch verspätet zuteil, aber einmal mehr habt ihr Ruhm für eure Genossen und den Parteistaat errungen. Sie standen kurz vor der Auslöschung, beschäftigten sich nur noch mit Raketen und Lenkwaffen, aber nun hüpfen sie jubelnd herum und freuen sich über ihre Waffenbrüder. Natürlich machen sie sich auch ein wenig Gedanken über die Prä-

---

24 Der buddhistische Begriff Anātman (Sanskrit) ist ein Adjektiv zur Beschreibung der Abwesenheit eines unveränderlichen Selbst (der Seele), sodass man sich im Zustand der Selbstvergessenheit befindet.

zision der Nation, die das Schießpulver erfunden hat, aber der Erfolg hat alle hinderlichen Bedenken verscheucht, und es gibt viele andere Dinge, über die sie sich Sorgen machen sollten.

Angesichts eurer Leistungen wirkt Osama bin Laden geradezu kümmerlich. Gäbe es eine Eilpost für Flüchtige, so würdet ihr innerhalb kürzester Zeit seine Glückwünsche erhalten, die etwa so lauten würden: »Liebe Führer der Nation, im zentralen Geschäftsviertel der Hauptstadt eurer Nation haben die Verantwortlichen eurer Medien – ohne jegliche Ausbildung und ohne eine einzige Patrone zu vergeuden – eine unabhängige Operation durchgeführt, welche die ganze Welt in ihren Bann geschlagen hat: Sie haben den winzigen Penis in der vom kapitalistischen Architekten Koolhaas geschaffenen ›Großen Unterhose‹ vernichtet …« Wir müssen die ausschweifende und schwer verständliche Tirade des rasenden Eiferers einschließlich des Geschwafels darüber, dass dieses Ereignis Teil des Kampfs der Muslime ist, nicht fortsetzen. Es wäre leicht, seine verrückten und blödsinnigen Verkündigungen zu entlarven; Unsinn aus dem Mund eines Mannes, der nicht einmal seinen eigenen Aufenthaltsort auf einer Karte bestimmen könnte, dürfen wir getrost ignorieren.

Zurück zum Thema: Den Ruhm und die Ehre, die euch heute gebühren, habt ihr euch damit verdient, dass ihr so viele Jahre Böses getan habt – ihr erinnert euch noch an die Olympischen Spiele, an Yang Jia, an Tibet, an Beichuan und an das Sanlu-Milchpulver? Ihr ahnt nicht, wie schwer ihr euch an der Realität versündigt habt; euer Unglück ist das große Glück der Massen, ein Freudentag für alle Menschen. Aufgrund eurer Kenntnis der Medien solltet ihr wissen, dass diese visuellen Liveeffekte sehr viel besser sind als »Livesendungen«. In der Szene, in der sich das Zentralfernsehen selbst in Brand setzt, übernahmen die Bürger die Liveübertragung und inspirierten augenblicklich ganz China.

Eines Tages werden der gegenseitige Betrug, die Lügen, die Täuschung, die Gier und alle Facetten eurer Existenz samt aller damit verbundenen Verkommenheit verschwinden. Das wird wirklich ein Freudentag sein. Mit jedem weiteren Tag eurer Existenz wird dieser Freudentag um einen weiteren Tag verschoben; nur P-Bürger[25] sind dumm genug, um ihr Glück am letzten Tag der totalitären Macht festzumachen, und obwohl ein gewisses Maß an Schwierigkeiten unvermeidlich ist, wird dieser Tag zwangsläufig kommen.

Die P-Bürger sind dumm, aber die SB-Bürger haben nie eine Entschuldigung für Freude, Leid, Trauer und Glück gebraucht. Heute freuen sich die SB-Bürger für euch, denn eure Ignoranz genügt, ihre Fantasie zu inspirieren. Euer Unglück lässt sie von größeren Feuern und höheren Temperaturen, von einem umfassenderen Zusammenbruch und einer rascheren und heftigeren Zerstörung träumen.

Den seit Langem gelähmten Schwächlingen ist es ein wenig peinlich, mit der Ehre konfrontiert zu werden. Aber seid unbesorgt: Die P-Bürger werden euch weiterhin Glück wünschen, und von heute an werdet ihr jeden Tag sanft gemurmelte Glückwünsche von ihnen hören, bis der Tag des Gerichts für euch kommt.

## Was ist eigentlich das Zentralfernsehen?

■ GEPOSTET AM 17. FEBRUAR 2009

Es schneit. Am frühen Morgen taumeln zarte Schneeflocken herab, eine nach der anderen, geräuschlos. Der Schnee ist die-

25 P-Bürger« (*pi min*) ist ein Internet-Terminus, der in Mode kam, nachdem ein Parteifunktionär von einer Überwachungskamera aufgenommen worden war, als er erklärte, er könne tun, was immer er wolle, und die Personen in seiner Umwelt als »*Pi*-Bürger« beschimpfte. »*Pi*-Bürger« bedeutet wörtlich übersetzt »furzende Bürger«; der Ausdruck wurde im Internet auf »P *min*« verkürzt und wird ironisch verwendet. »SB« ist die im Internet gebräuchliche Abkürzung für den vulgären Ausdruck *shabi*.

ses Jahr spät gekommen, aber bald wird die Welt weiß sein. Die Natur lehrt uns viel über die Wirklichkeit; eines Tages wird sich die Welt verändern, nur weil es diese Wahrnehmung gibt, so wie heute der Schnee fällt.

Das Zentralfernsehen hat unter den Augen des Landes fünf Milliarden Renminbi verbrannt, innerhalb von sechs Stunden wurde ein Betrag vernichtet, für den man zwei Nationalstadien hätte errichten können. Die feierlichen »geschäftstüchtigen Spiele« im vergangenen Jahr waren wirklich ein Ereignis, aber niemand kümmert sich darum, wenn du das Geld anderer Leute verbrennst. Das ist die absolute Wahrheit.

Es war eine bombastische Feier anlässlich des 60. Jahrestags, obwohl sie ein wenig verfrüht stattfand. Aber immer noch besser als nichts.[26]

In 30 Jahren der Reformen und der Öffnung haben wir keinen Pieps über die Bösartigkeit des Zentralfernsehens gehört. Es gab keinen einzigen amtlichen Bericht, in dem die Öffentlichkeit darüber informiert worden wäre, wer das Publikum war, keine einzige Reportage in den Medien, in der erklärt wurde, welcher Vorgesetzte welche Memos an seine Untergebenen schickte, um ihnen zu sagen, was sie zu tun und zu lassen hatten. Es ist unklar, ob sie alle tot sind oder ob wir es mit einem dunklen Fall von Korruption zu tun haben. Wie dem auch sei, diese Nation kann Ernsthaftigkeit nur vortäuschen. Das ganze Land und seine gesamte Bevölkerung täuschen Ernsthaftigkeit vor, was für eine Produktion ist das? Verbrecher haben die Frauen des Hauses vergewaltigt, und alle sitzen auf ihren Händen, als wäre nichts geschehen.

Wir müssen die Erinnerung bemühen. Von welcher Art von »nationalem Nutzen« ist die Rede: vom Wohlstand der Bevölkerung, von den Prinzipien der Partei? Es versteht sich von selbst, dass alle Welt verantwortungslose Kommentare abgibt,

---

26 Für den 1. Oktober 2009, den 60. Jahrestag der Gründung der Volksrepublik China, waren extravagante offizielle Feiern geplant. Ais Bemerkung ist satirisch gemeint.

nur wird angenommen, niemand habe etwas gesehen, alle hätten sich geweigert, sich zu äußern, und jedermann habe sich tot gestellt.

Die patriotischen Schurken kommen in Scharen aus ihren Höhlen, und zweifellos ist die Regierung in diesen Zeiten in den Händen von Plünderern. Eine rätselhafte Fackel manipulierte die ganze Nation, als hätte sie mystische Macht; ein fliegender Schuh stellte beinahe die nationale Politik auf den Kopf – warum bekommt ihr diesmal den Hintern nicht hoch?

Das Feuer im Zentralfernsehen wurde zweifellos von einem Abteilungsleiter gelegt. Das Zentralfernsehen hat unendlich viele Abteilungen, und ihre Leiter hören weder auf Rat noch bitten sie jemals einen Vorgesetzten um Anweisungen. Sie entscheiden stets eigenmächtig, verstoßen gegen das Gesetz und missachten die Vorschriften. Jedes Jahr gehen Hunderttausende durch ihre Hände wie Feuerwerkskörper oder Geld, das verbrannt werden soll. In den Ferien fahren sie nicht nach Hause, am Fünfzehnten versammeln sie sich nicht, sie hören einfach gerne das Getöse von Explosionen.

Natürlich kann der Stadtverwaltung keine Schuld gegeben werden, das Ansehen des Zentralfernsehens ist zu groß und Peking zu klein: Sie könnten nie eine direkt der Zentralregierung unterstellte Abteilung leiten. Die Stadtverwaltung von Peking kann nur zusehen und warten.

Die Polizei ist nicht verantwortlich, sie sieht zu, wie das Eigentum des Volkes zerstört wird, und obwohl sie sagt, es tue ihr von Herzen leid, kann sie nur ihre Wut hinunterschlucken und mit Tränen in den Augen Abbitte leisten, wenn sie nicht die Uniformen abgeben will.

Die Feuerwehr kam tatsächlich und opferte sogar einen Märtyrer, aber niemand wagt es, allzu laut zu weinen.[27]

Warum wagt niemand, die Bande von Gaunern und Hu-

27 Beim Brand in der Zentrale des Staatsfernsehens verlor ein Feuerwehrmann sein Leben, sieben weitere Personen mussten ins Krankenhaus eingeliefert werden, darunter sechs Feuerwehrmänner und ein Bauarbeiter.

ren, die sich Zentralfernsehen nennt, unter Kontrolle zu halten oder zu disziplinieren? Bevor man einen Hund schlägt, sollte man herausfinden, wer sein Herr ist, aber das Zentralfernsehen betrachtet sich offenbar nicht als gewöhnlichen Hund. Der Köter wäre fast in der Tierkörperverwertung gelandet, aber bisher wagt ihn niemand anzurühren, denn dieser Hund verteidigt den süßen Traum und den Status seines Herrn. Man könnte sagen, dass das Zentralfernsehen der Militärpolizei entspricht. Also könnte man die Sache auch so betrachten: Wenn man den Herrn schlagen will, sollte man sich zuerst seinen Wachhund ansehen: Dieser hier ist eine grimmige Tibetanische Dogge.

Zumindest in der Realität, mit der wir konfrontiert sind, ist die Menschheit ignorant. Die meisten Menschen sind verzweifelt, haben zu wenig Potenzial, täuschen sich selbst und andere. Es kann keinen Schnee geben, der wie diese weißen Flocken des Erbarmens herabrieselt.

## Beste Grüße an eure Mutter

■ **GEPOSTET AM 27. FEBRUAR 2009**

Was war der jüngste Medienrummel um die Bronzefiguren des Hasen und der Ratte? Viel Lärm um nichts.[28] Es ist, als

28 Nach dem Tod von Yves Saint Laurent im Juni 2008 gab sein Lebensgefährte Pierre Bergé die Absicht bekannt, die Kunstsammlung des Modeschöpfers im Februar 2009 bei Christie's zu versteigern. Die Sammlung beinhaltete zwei Bronzefiguren aus der Qianlong-Zeit, einen Hasen- und einen Rattenkopf, die ursprünglich zu einem Satz von zwölf Tieren aus dem chinesischen Tierkreis in einer Wasseruhr im Alten Sommerpalast (Yuanmingyuan) gehört hatten. Die Figuren waren im Jahr 1860 von plündernden britischen und französischen Soldaten gestohlen worden; die Brandschatzung des Sommerpalasts wird von den Chinesen noch heute als Verletzung ihres Nationalstolzes betrachtet. Daher bringt die Auseinandersetzung um diese Bronzefiguren patriotische Leidenschaften zur Wallung und weckt den brennenden

hätte jemand das Grab des Stammvaters einer großen Nation geplündert, und einmal mehr winden sich die patriotischen Spitzbuben vor Schmerzen.

Die Nationalisten sind nicht nur dumm, sondern auch vergesslich: Nachdem man ein paar Tage lang die Muskeln hatte spielen lassen, fragte niemand mehr nach den »Tofu-Konstruktionen« – kein Mensch weiß, wo sich jene Anwälte verkrochen haben, um zu sterben. 300 000 Säuglinge wurden vergiftet, und niemand berichtete darüber, die Medien sind taub und stumm, und die Bürgerrechtsanwälte sind Dienstmägde. Die Sicherheitsorgane sind korrupt, und natürlich protestiert niemand, weil die Anwälte Teil des Korruptionsnetzes sind. Die Kohlegruben stürzen über den Armen zusammen, und natürlich zeigen die Anwälte kein Interesse an ihrem Schicksal, genauso wenig wie am Leid Zehntausender Aids-Opfer.

---

Wunsch nach Wiedergutmachung. Die Bestrebungen, diese Bronzefiguren sowie weitere geraubte Kunstgegenstände nach China zurückzuholen, fanden ein großes Echo in den Medien. Anfangs versuchten verschiedene chinesische Organisationen, die Versteigerung der beiden Tierköpfe mit gerichtlichen Verfügungen zu verhindern, aber die französischen Gerichte wiesen die chinesischen Besitzansprüche auf die Gegenstände sowie spätere Forderungen nach einer Rückgabe der Bronzefiguren zurück. Ein Team von Rechtsanwälten versuchte vergeblich, Bergé und Christie's an der Auktion im Februar zu hindern. China wollte die Kunstgegenstände nicht einfach zurückkaufen, sondern pochte darauf, dass diese »von Plünderern geraubten Objekte« nach Maßgabe der Unidroit Convention on Stolen or Illegally Exported Cultural Objects von 1995 (Unidroit-Konvention über gestohlene und illegal ausgeführte Kulturgüter), die sowohl von China als auch von Frankreich unterzeichnet worden war, zurückgegeben werden müssten. Bergé fachte die Wut der Chinesen zusätzlich an, indem er vor der Versteigerung erklärte, er werde die Figuren zurückgeben, wenn China »die Menschenrechte respektiert und Tibet in die Freiheit entlässt«. Am 25. Februar wurde die Sammlung von Yves Saint Laurent bei Christie's versteigert; der Hase und die Ratte wurden für insgesamt 31 Millionen Euro an einen anonymen Bieter verkauft, der sich telefonisch an der Auktion beteiligte. Kurze Zeit später stellte sich heraus, dass es sich bei diesem Bieter um Cai Mingchao handelte, einen Berater des chinesischen National Treasures Fund. Cai hatte weder die Absicht noch das nötige Geld, um die Bronzefiguren zu bezahlen; vielmehr erklärte er, er habe die Auktion aus moralischen Gründen und Patriotismus absichtlich sabotiert. Bergé entschloss sich später, die Figuren nicht an den Bieter zu verkaufen, der den zweithöchsten Preis geboten hatte, sondern behielt sie in seinem Besitz.

Wo waren die Anwälte, als Chinas Schiff von den Russen versenkt wurde, wo waren sie im Fall von Yang Jia, oder während der »Liegestützen« oder des »Versteckspiels«[29]? Sie erschrecken beim Geräusch ihrer eigenen Fürze. Sie können nicht einmal die Führung ihres eigenen Berufsverbands wählen – diese Jungs haben wirklich jegliche Selbstachtung verloren. Das Zentralfernsehen ließ mehr als fünf Milliarden in Flammen aufgehen, genug Geld, um damit tonnenweise griechische, römische und indische Kulturgüter zu erstehen, genug, um sich eine anspruchsvolle internationalistische Kultur zu kaufen, genug, um viel von der eigenen Demütigung und Würde und der anderer Leute zurückzukaufen – und ihr lasst nicht mal einen Pups hören. Sind eure Arschlöcher verklebt? Ihr wurdet in der Mülltonne geboren und könnt noch immer nicht furzen, wenn euch danach zumute ist, aber die Orte, an denen ihr die Pobacken zusammenkneifen solltet, habt ihr mit eurem Scheißgeschwätz überschwemmt. Die chinesischen Rechtsanwälte sind wirklich keinen Pferdeapfel wert.

Die Bronzefiguren jenes Hasen und jener Ratte aus dem Alten Sommerpalast sind keine chinesischen Kulturgüter, und sie haben keinen künstlerischen Wert. Patriotismus hat nichts mit der Liebe zum Fürstengeschlecht der Aisin Gioro zu tun, und wie können zwölf Spielzeuge aus westlicher Manufaktur die Quintessenz der chinesischen Kultur sein?[30] Der wirkliche

---

29 Die chinesische Bezeichnung für das Versteckspiel, »Der Katze ausweichen« (*duo maomao*), wurde zu einem der explosivsten Internet-Meme, nachdem der 24-jährige Li Qiaoming in einem Gefängnis in Jinning in der Provinz Yunnan unter ungeklärten Umständen gestorben war. Li Qiaoming erlag am 12. Februar schweren Kopfverletzungen, die er nach Angaben der örtlichen Polizei erlitten hatte, als er »beim Versteckspiel« von einem anderen Häftling »gegen eine Mauer gestoßen« worden sei. Der ausgesprochen unwahrscheinliche Tod infolge eines »Stoßes gegen eine Mauer« löste heftige Reaktionen der chinesischen Netizens aus, und der Ausdruck »Der Katze ausweichen« gesellte sich zu Bezeichnungen wie »Liegestützen machen« (für amtliche Vertuschungsaktionen) und »die Sojasauce holen gehen« (für das Abschieben der Verantwortung).

30 Das Geschlecht der Aisin Gioro herrschte als Qing-Dynastie von 1644 bis 1911. Die Qing waren nach der von den Mongolen begründeten Yuan-

Raub besteht darin, dass das gesamte Tafelsilber der P-Bürger verhökert wird. Was für ein Sklave muss das sein, der die Peitsche liebt, mit der er geschlagen wurde? Die Chinesen sind seit so vielen Generationen niederträchtig, dumm und heimtückisch, dass sie bis auf die Knochen verrottet sind. So einfach diese Wahrheit ist, so scheint sie doch diesen ignoranten, verwirrten, inkompetenten Anwaltsfurzpatrioten und den beschissenen Medien verschlossen zu bleiben.

Dazu kommt, dass sich der alte Sommerpalast nicht nur durch die Schuld der westlichen Invasoren heute in diesem traurigen Zustand befindet. Die Beiträge unserer Landsleute zu seinem Niedergang sind nicht zu unterschätzen. Bis in die 1980er-Jahre beherbergte der Palast Schweineställe, und zu jener Zeit gab es in der Nachbarschaft niemanden, der den reich verzierten weißen Marmor nicht verwendet hätte, um Steine für sein Haus daraus zu machen.

Was für ein Gesindel ist das in den Medien? Diese Leute als Huren zu bezeichnen, wäre eine Beleidigung für die Damen des horizontalen Gewerbes. Sie als Vieh zu bezeichnen, wäre eine Kränkung der Tierwelt. Es handelt sich einfach um den langweiligsten und erbärmlichsten Menschenschlag, um die ignorantesten Vertreter unserer Spezies.

Müssen chinesische Auslandsstudenten ignorant sein? Sind die Auslandschinesen durchweg patriotische Fanatiker? Sind unsere Rechtsanwälte wirklich allesamt vertrottelte Hohlköpfe? Die Antwort ist Ja. Zumindest nach dem zu urteilen, was man zu sehen bekommt.

Selbst wenn man bereit wäre, die Rechnung für eine derart demütigende und kriminelle Kultur zu bezahlen, stellt sich die Frage, wie viel die paar Kilo, die paar Gramm, die man übernehmen könnte, wirklich wert wären.

---

Dynastie die zweite »ausländische« Dynastie, die China regierte. Das Wort *aisin* bedeutet in Mandschu »Gold«, und *gioro* steht für »Sippe«. Die zwölf Tierköpfe wurden von dem italienischen Jesuiten Giuseppe Castiglione (1688–1766) entworfen, der am Hof von Kaiser Qianlong lebte und die Anfertigung der Figuren beaufsichtigte.

In den ersten paar Jahrzehnten des »neuen China« habt ihr im Namen der Revolution und während der Kulturrevolution im ganzen Land und in Tibet im Namen des Volkes und der Partei und in eurem eigenen Namen zahllose Kulturgüter zerstört. Ihr habt zahllose Tempel verwüstet, Abertausende Buddha-Statuen zerschlagen, Wagenladungen von vergoldeten Buddhas eingeschmolzen. Wer tritt heute vor, um ihren Wert zu schätzen? Damals konntet ihr all das gar nicht schnell genug vernichten.

Hat man einmal verstanden, dass die Rechtsanwälte Schwindler sind, dass man auf das Gesetz nicht bauen kann, dass die Medien nichts wert sind und dass unser System blödsinnig ist, so begreift man, warum die Chinesen lügen und welcher Natur diese Lügen sind. Diese Nation ignoriert die Fakten und plustert sich schamlos auf. Habt euren Spaß, nehmt euch Zeit.

Da eine Hundertschaft, eine Tausendschaft Anwälte für den Dienst am Imperium abgestellt sind, solltet ihr euch mehr um eure Mutter kümmern; überlasst es nicht andauernd uns, das für euch zu tun.

## Bürgeruntersuchung

■ GEPOSTET AM 20. MÄRZ 2009

**Wahrheit. Verantwortung. Rechte.**

Vor 300 Tagen reiste ich in das Erdbebengebiet im Kreis Wenchuan in der Provinz Sichuan. Dort sah ich schreckliche Zustände und unendliches Leid.

Noch heute wissen wir nicht, wie viele Menschen bei dem Erdbeben gestorben sind. Wir wissen nicht, warum all diese Kinder gestorben sind und wie sie gestorben sind. Wir werden nie erfahren, was sie empfanden, als sie unter dem Schutt lagen und warteten.

Während der Katastrophe streckte ich meine Hand nicht aus. Ich muss gestehen, dass es über meine Kräfte ging.

Sie sagen, sie hätten nichts mit dem Tod der Schulkinder zu tun. Sie sagen, die Katastrophe sei unvermeidlich gewesen, die Experten hätten es bewiesen. Sie vertuschen die Wahrheit und sprechen nicht über die Korruption, sie vermeiden es, sich zu den Tofu-Konstruktionen zu äußern. Sie verbergen die Fakten, und im Namen der »Stabilität« verfolgen, bedrohen und verhaften sie die Eltern der toten Kinder, weil diese Menschen die Wahrheit wissen wollen. Sie verstoßen offen gegen die Verfassung und treten die Grundrechte der Menschen mit Füßen.

Die Kinder, die bei dem Erdbeben starben, sind keine unbekannte Masse, sie sind nicht das Ergebnis der »Stabilisierung« einer Nation.

Diese Kinder hatten Eltern, sie hatten Träume, sie konnten lächeln. Jedes von ihnen hatte einen Namen, der ihm gehörte. Ihre Namen werden ihnen auch noch in drei, in fünf, in achtzehn oder neunzehn Jahren gehören; ihre Namen sind das Einzige, was von ihnen bleiben wird, das Einzige, was in Erinnerung gerufen werden kann.

Wehrt euch gegen das Unvermögen zu erinnern, wehrt euch gegen die Lügen. Um der Toten zu gedenken, Sorge um die Lebenden zu zeigen, Verantwortung zu übernehmen und die Möglichkeit des Glücks für die Überlebenden aufrechtzuerhalten, leiten wir eine »Bürgeruntersuchung« ein. Wir werden die Namen aller verschwundenen Kinder herausfinden, und wir werden dieser Kinder gedenken.

Denen, die sich Illusionen über uns Bürger machen, sei gesagt: Diese Kinder werden nicht verschwinden, solange wir nicht aufgeben. Dies ist Teil des Grunds zu leben, und wir werden ihn uns nicht nehmen lassen.

Wer Interesse an der Bürgeruntersuchung hat, kann unter folgender Adresse seine Kontaktdaten hinterlassen: xuesheng512@gmail.com

Deine Handlungen erschaffen deine Welt.

4.7 *Remembering* (2007), Installation, Haus der Kunst, München. Die mit bunten Rucksäcken an der Fassade der Ausstellungshauses dargestellten Schriftzeichen bedeuten übersetzt: »Sie lebte sieben Jahre lang glücklich in dieser Welt.« Oktober 2009.

## Brief einer Mutter aus Beichuan

■ **GEPOSTET AM 20. MÄRZ 2009**

»...die sieben Jahre lang glücklich in dieser Welt lebte.«
»Heute fand ein Treffen statt, sie redeten davon, die öffentliche Ordnung müsse aufrechterhalten werden. Sie sagen, dass mehr als 1500 Kinder gestorben sind. Sie sagen, dass wir die öffentliche Ordnung in Beichuan stabilisieren, wenn wir unsere Familien stabilisieren. Aber ich will, dass mehr Menschen von meinem kleinen Engel hören, von meiner Tochter ..., die sieben Jahre lang glücklich in dieser Welt lebte.«

Um jene »Stabilität« zu wahren, nach der sich die Regierung von Beichuan sehnt, habe ich mit Zögern den Namen dieser kleinen Tochter ausgelassen. Aber nur auf diese Art kann ich ihrer Mutter ersparen, als erste »stabilisiert« zu werden.

## Gäste aus allen Winkeln der Welt

■ GEPOSTET AM 24. MÄRZ 2009[31]

**Frage:** Welches ist das größte Problem, auf das Sie bei der Arbeit an der Opferliste gestoßen sind?

**Ai Weiwei:** Sobald man beschlossen hat, etwas zu tun, wird man sich selbst zum größten Hindernis. Wir haben dieses Problem nicht: Wir sind bereit, das hier zu tun, wir sind bereit, die Dinge aufzuklären, so schwierig es auch sein mag. Viele Menschen wollen ihre Identität nicht preisgeben, wenn wir vor Ort Nachforschungen durchführen und Fragen stellen. Sie leben in Furcht, viele wurden inhaftiert oder bedroht. Die Leute wagen nicht, die Wahrheit zu sagen oder einfache Tatsachen zu benennen. Das ist unser größtes Problem.

**Frage:** Bei einer Online-Suche findet man folgende Schlagzeile: »Die Liste der Erdbebenopfer in Wenchuan enthält 19065 Namen. Die Zahl der Toten wird noch untersucht.« Das bedeutet, dass die Regierung eine ähnliche Arbeit macht. Warum wollen Sie immer noch eine Liste der Namen erstellen?

**Ai Weiwei:** Wir haben diese Nachrichten auch gesehen und sind von diesen Informationen ausgegangen. Wir haben mehrere Regierungsstellen in Sichuan kontaktiert und mehr als 150 telefonische Anfragen gemacht, um eine Liste der 19065 Namen zu erhalten. Wir werden hingehalten und haben immer nur unklare Antworten erhalten. Niemand weiß, wo

---

31 »Guests from All Corners of the Earth« war ein frei zugängliches Online-Interview, in dem sich Ai Weiwei am 23. März 2009 Fragen zu seiner »Bürgeruntersuchung« stellte.

diese Liste der Opfernamen veröffentlicht oder wie sie erstellt wurde, und sie ist nie auf einer offiziellen Website erschienen. Mittlerweile sind mehr als 300 Tage vergangen, und wir haben immer noch keine Zahl, die den Menschen glaubwürdig scheint. Die Regierung sollte die Namen der Opfer, ihr Alter, ihren Wohnort sowie Todesursache und Ort des Todes veröffentlichen. Diese grundlegenden Informationen können für Lebende und Tote nur unter Aufsicht der Regierung gesammelt werden und sollten jederzeit verfügbar sein. Wir begannen unsere Untersuchung, weil die Vorgehensweise der Regierung undurchsichtig war.

Unser Ziel ist es, den Verstorbenen ein Mindestmaß an Respekt zu zollen. Das fundamentalste Bürgerrecht ist das Recht jedes Menschen auf einen Namen, der ihm einen Wert verleiht. Der Name ist die kleinste, grundlegendste Einheit, die das Dasein einer Person bestätigt. Wenn bei unserem Tod unsere verschwundene Person durch eine arabische Zahl ersetzt wird, nimmt man unserem verlorenen Leben jegliche Würde. Unter den gegebenen Umständen fehlen grundlegende Informationen, und sie werden auch in naher Zukunft nicht verfügbar werden. Als Bürger sollten wir Verantwortung übernehmen, die nötigen Fragen stellen – das ist eine Voraussetzung für den gesellschaftlichen Fortschritt. Dies war unser Beweggrund für die Einleitung der »Bürgeruntersuchung«.

**Frage:** Dürfen wir fragen, warum Sie die Veröffentlichung einer Liste der Opfer fordern? Welchen Sinn hat es, derartige Informationen zu veröffentlichen?

**Ai Weiwei:** Das Erdbeben war eine nationale Katastrophe. Der Staat hat die Pflicht, die Zahl der Toten zu ermitteln, eine Liste zu erstellen und die Nation über solche Ereignisse zu informieren. Das Recht auf einen Namen gehört zu unseren grundlegenden Rechten, die Namen der Toten verleihen ihnen eine grundlegende Bedeutung und Würde. Die Veröffentlichung sämtlicher vorhandenen Informationen über öffentliche Ereignisse erhöht die Transparenz und Glaubwürdigkeit des Staates und stärkt das Recht der Öffentlichkeit auf Aufklärung. Eine

Öffentlichkeit, die kein Recht auf Information hat, wird keine Verantwortung übernehmen, und ein Staat, der nicht transparent ist, wird nie fair und gerecht sein können.

**Frage:** Wie viele Personen sind an der »Bürgeruntersuchung« beteiligt?

**Ai Weiwei:** Es arbeiten mehr als zehn Personen daran. Wir haben vor mehr als zwei Monaten mit der Untersuchung begonnen. Zuvor besuchten wir Sichuan, und seit dem Erdbeben beschäftige ich mich mit dem Thema. Nachdem wir uns mit dem Vorhaben der Bürgeruntersuchung an die Öffentlichkeit gewandt hatten, meldeten sich mehrere Hundert Freiwillige, die mitarbeiten wollten. Das bestärkte uns in der Überzeugung, dass wir diese Arbeit gut und gründlich machen könnten.

**Frage:** Wie haben Sie die Namensliste erstellt?

**Ai Weiwei:** Wir hatten Zugang zu drei wichtigen Informationskanälen. Einer existierte bereits: Im Internet findet man zahlreiche Statistiken, und viele Freiwillige meldeten nach dem Erdbeben statistische Daten. Und dann gab es die Besuche vor Ort, die Informationen, die wir in Gesprächen mit Hinterbliebenen sammelten. Drittens erhielten wir Daten von Personen, die seit längerer Zeit Nachforschungen in dem Gebiet anstellten und uns Daten zur Verfügung stellten, nachdem wir uns mit der Bürgeruntersuchung an die Öffentlichkeit gewandt hatten.

**Frage:** Bei wie vielen Schulen handelte es sich Ihres Wissens um Tofu-Konstruktionen?

**Ai Weiwei:** Gegenwärtig befassen wir uns nicht mit der Frage der Tofu-Konstruktionen. Diese Frage muss technisch überprüft werden. Ich denke, die Fakten, die ans Tageslicht gekommen sind, sprechen eine deutliche Sprache, und dasselbe gilt für die Zahl der Toten. Aber zuerst muss die Liste der Namen fertiggestellt werden. Ausgehend von der Liste können dann weitere Aspekte untersucht werden. Wenn wir die Namen der Opfer kennen, werden Schritt für Schritt auch andere Dinge klar werden. Das ist meiner Meinung nach auch der Grund dafür, dass die örtlichen Verwaltungen diese Namen nicht preisgeben oder ihre eigenen Untersuchungen verschleppen.

**Frage:** Welche Erkenntnisse haben Sie im Verlauf dieser Untersuchung gesammelt? Was ist Ihrer Meinung nach der wahre Grund dafür, dass die Regierung die für den Baupfusch verantwortlichen Personen nicht zur Rechenschaft zieht? Liegt es daran, dass die Politik in die Verbrechen verwickelt ist und selbst die Verantwortung übernehmen müsste, oder hat es andere interne Gründe? Eigentlich ist es doch extrem dumm, dass das gesamte System die Zeche für einige korrupte Personen zahlen muss.

**Ai Weiwei:** Im vergangenen Jahr konnten wir bei zahlreichen öffentlichen Zwischenfällen sehen, dass sich das System darum drückt, die Verantwortung für seine korrupten Vertreter zu übernehmen. Dies ist der gewaltige Preis, den wir heute für die gesellschaftliche Veränderung in China zahlen.

**Frage:** Gegenwärtig sind wir mit zahlreichen Naturkatastrophen und mit vom Menschen verursachten Katastrophen konfrontiert. Was können Normalbürger wie wir tun? Wie können wir die Verluste durch Katastrophen verringern?

**Ai Weiwei:** Eine neue Ära der Globalisierung und der Information hat begonnen. In dieser Ära werden die Bürger gefordert sein, aktiv zu werden und Verantwortung zu übernehmen, denn diese Ära bringt neue Pflichten mit sich.

**Frage:** In jüngster Zeit wurden Vorbereitungen für den Bau eines Tempels in der Nähe der Mittelschule von Beichuan getroffen, und die Mönche wurden aufgefordert, die Seelen der Kinder und anderer Opfer aus dem Fegefeuer zu holen. Ich halte das für vollkommen unnötig, und ich wüsste gerne, was Sie darüber denken. Was bezweckt die Regierung damit?

**Ai Weiwei:** Die Stadtverwaltung von Beichuan scheint ihre rechte Hand nicht von der linken unterscheiden zu können. Han Han ist bereits mit seinen Luxus-SUVs dort gewesen[32],

32 Nach dem Erdbeben widmeten die chinesischen Medien den Spenden verschiedener Prominenter große Aufmerksamkeit. Der Autor und Blogger Han Han, der immer wieder gefragt wurde, wie viel Geld er gespendet habe, reagierte verärgert darauf, dass die Spendenfreudigkeit als Maßstab für die Vaterlandsliebe herangezogen wurde, und entschloss sich, das Spendensystem

und jetzt arbeiten sie an weiteren miserablen Ideen. Beispielsweise wollen sie das Katastrophengebiet in eine Touristenattraktion verwandeln und den Dingen einen mystischen Anstrich geben. Sie setzen bedenkenlos alle Mittel ein, um das Land der Bauern in ihren Besitz zu bringen. Ihre Besessenheit macht sie blind.

**Frage:** Sind Sie ebenfalls dem Druck ausgesetzt, der auf die lokale Bevölkerung ausgeübt wird?

**Ai Weiwei:** Die lokale Bevölkerung wird unfair behandelt, und besonders schlimm ist das Verhalten gegenüber den Familien der getöteten Kinder. Die Gesellschaft sollte das nicht hinnehmen, denn nicht nur der Verlust geliebter Menschen, sondern auch die Gleichgültigkeit der Gesellschaft, die Weigerung, die Fragen der Hinterbliebenen zu beantworten, hat katastrophale Auswirkungen. Man hat sie bereits vergessen. Wenn wir Nachforschungen anstellen, erklären viele Behördenmitarbeiter am Telefon: »Um die Privatsphäre der Hinterbliebenen zu schützen, wird die Liste der Namen nicht veröffentlicht.« Aber wir wissen alle, dass das Proletariat kein Recht auf eine Privatsphäre hat. Die Familien der Opfer wollen unbedingt, dass die Außenwelt sie versteht und dass sie nicht vergessen werden. Wir haben mit Hunderten Familien gesprochen und zahlreiche Daten aufgenommen; wenn es notwendig ist, sind wir bereit, all diese Informationen zu veröffentlichen. Es handelt sich um eine psychologische, emotionale und intellektuelle Bestandsaufnahme der Menschen, die am Ort der Katastrophe leben. Die Fakten sind derart schockierend, es ist unvorstellbar.

**Frage:** Welche Methoden wenden Sie bei Ihrer Untersuchung an? Haben Sie nur per E-Mail und telefonisch mit den Leuten gesprochen, oder haben Sie auch Personen vor Ort, die

---

vollkommen zu boykottieren. Stattdessen reiste er in das Katastrophengebiet, um herauszufinden, welche Spenden nützlicher sein könnten als Geld. Seine Expedition wurde von verschiedenen Sponsoren unterstützt, darunter Automobilhersteller, die ihm für den Transport von Hilfsgütern SUVs zur Verfügung stellten.

die Familien besucht haben? Wie kann die Richtigkeit der Namensliste überprüft werden?

**Ai Weiwei:** Es gibt verschiedene Informationsquellen. Es kann Probleme mit dem Erhebungszeitraum und der Zuverlässigkeit der Daten geben. Da es sich nicht um eine systematische Erhebung handelt, kann es immer Probleme geben, und wenn man solche Probleme vermeiden will, muss man sehr sorgfältig vorgehen. Eigentlich sollte eine sachkundige öffentliche Einrichtung diese Aufgabe übernehmen. Es ist extrem schwierig für Bürger, eine solche Untersuchung selbst durchzuführen, und dennoch ist diese Arbeit nötig. Wir weigern uns zu warten, wir finden uns nicht mit der Verschleppungstaktik und den Ausweichmanövern ab. Wir hoffen, am Ende eine weitgehend vollständige Liste der Namen und genauere Informationen zu den Opfern zu erhalten. Wir hoffen, die Würde der Opfer Stück für Stück wiederherstellen zu können.

**Frage:** Gibt es angesichts einer so erschütternden Liste etwas, das Sie bedauern?

**Ai Weiwei:** Die Liste ist nicht unser Endziel. Sobald diese Kinder vergessen sind, sind sie wirklich tot, und vergessene Kinder können, egal wo sie sind, nie wieder glücklich sein. Ich glaube, es ist die Verantwortung der Lebenden gegenüber den Toten, das nicht zuzulassen. Wenn die Lebenden dieser Verantwortung nicht nachkommen, werden die Seelen der Opfer nie Ruhe finden. Die Unvollständigkeit dieser Liste zeigt, warum die Seelen der Chinesen wie Tofu-Konstruktionen sind.

**Frage:** Was ist Ihre Botschaft an die Eltern der toten Kinder?

**Ai Weiwei:** Ich möchte ihnen sagen, dass sie ein Teil der Gemeinschaft sind, dass ihr Leid das Leid der ganzen Gesellschaft ist und dass wir sie hören. Die Gesellschaft hat ihnen gegenüber eine Verpflichtung, der sie sich nicht entziehen darf. Diese Eltern haben bereits zu viel verloren. Wir sollten sie nicht länger warten lassen. Wir dürfen nicht zulassen, dass sie weiteres Leid ertragen müssen.

**Frage:** Gedenken wir der Opfer nur um des Gedenkens willen? Sollten wir nicht die tieferen Ursachen untersuchen?

**Ai Weiwei:** Das Gedenken hat eine eigene Funktion, unter anderem dient es der Gerechtigkeit, und es hilft, das Unrecht wiedergutzumachen, das den Toten angetan wurde.

**Frage:** Was ist Ihrer Meinung nach die Ursache dafür, dass das chinesische Volk verlogen und moralisch verkommen ist? Haben Sie noch Hoffnung für die Zukunft Chinas?

**Ai Weiwei:** Wenn man dafür, dass man die Wahrheit sagt, einen höheren Preis bezahlen muss als für die Lüge, wird das gute Geld natürlich durch schlechtes ersetzt. Würden von heute an alle die Wahrheit sagen, so würden sich die Dinge ändern.

**Frage:** Werden Sie diese Bürgeruntersuchung bis zum Ende durchstehen? Was empfinden Sie, wenn Sie bei den Nachforschungen mit dem Schicksal von Kindern konfrontiert werden, die aus bekannten Gründen ums Leben gekommen sind? Gibt es Kräfte, die versuchen, Sie an der Fortsetzung der Untersuchung zu hindern? Wenn ja, wie gehen Sie damit um? Wird Ihre Untersuchung die angestrebten Ziele erreichen? Welche Ergebnisse erwarten Sie?

**Ai Weiwei:** Sofern ich morgen früh am Leben bin, wird die Untersuchung morgen früh fortgesetzt. Wenn nur eines dieser Kinder in Vergessenheit gerät, ist dies eine Schande für die Menschheit. Wir Lebenden müssen die Fakten klären und die Verantwortung akzeptieren. Es hat bisher keine offenkundigen Versuche gegeben, die Untersuchung zu unterbinden, obwohl wir viele Enttäuschungen erlebt haben. Niemand kann das nächste unschuldige Vorhaben vereiteln; ich weigere mich, ebenfalls ein Opfer zu werden. Meine Untersuchung hat bereits einige unerwartete Wirkungen gehabt: Der Kinder wird gedacht, man kümmert sich um die Eltern, die Gesellschaft fordert Gerechtigkeit und Grundrechte ein, und die miserablen Tofu-Konstruktionen stoßen auf Kritik.

**Frage:** Sind die Spannungen in den persönlichen Beziehungen der Chinesen Folgen eines Mangels an gegenseitigem Vertrauen? Ist das traditionelle hierarchische Denken der Chinesen der eigentliche Grund für die Geringschätzung des Lebens der einfachen Menschen?

**Ai Weiwei:** Das Schlimmste am fehlenden Vertrauen ist, dass die Menschen handlungsunfähig werden. Und besonders tragisch am Verlust der Handlungsfähigkeit ist der Verlust der Wahrnehmungsfähigkeit.

**Frage:** Wir wissen alle, dass die katastrophalen Auswirkungen des Erdbebens in der Provinz Sichuan zumindest zum Teil Folgen menschlichen Versagens sind. Wie können wir dergleichen in Zukunft vermeiden? Wie können wir bestimmte Leute zur Rechenschaft ziehen? Wie können wir erreichen, dass Fehlverhalten und Korruption aufgedeckt werden, und wie können wir dafür sorgen, dass die Verantwortlichen angemessen bestraft werden?

**Ai Weiwei:** Wir müssen nach der Verantwortung fragen. Wir müssen alles tun, um unsere Regierung zur Rechenschaft zu ziehen, wir müssen ihr misstrauen, sie überwachen. Strafen sind nicht das Wichtigste; wir müssen den Verantwortlichen die Möglichkeit zu Fehlverhalten und Korruption nehmen. Wir müssen offene, faire und überparteiliche Mechanismen einführen, Lügen anprangern, das Zentralfernsehen kritisieren.

**Frage:** Ich habe folgende Frage: Tun Sie das hier, weil Sie der nächsten Generation etwas hinterlassen möchten?

**Ai Weiwei:** Wir haben keine Zeit, um über die nächste Generation nachzudenken, und wir können nicht über die vorangegangene Generation nachdenken. Wir können uns kaum angemessen um uns selbst kümmern.

**Frage:** Die zuständigen Stellen waren nie bereit, die Namen der toten Kinder zu veröffentlichen, sondern nannten nur eine Zahl. Bei jeder Katastrophe passiert dasselbe: Sie nennen keine Namen, und wenn wir versuchen, Namen herauszufinden, werden wir behindert. Ich würde gern wissen, weshalb die Verantwortlichen so vorgehen.

**Ai Weiwei:** Die notorische Vertuschung ist das Resultat der notorischen Korruption und Degeneration.

**Frage:** Hallo, Herr Ai. Sie haben gesagt, die Menschen »leben in Furcht, viele wurden inhaftiert oder bedroht. Die Leute wagen nicht, die Wahrheit zu sagen oder einfache Tatsachen zu benennen.« Ich möchte wissen, was das für Tatsachen sind und warum Menschen ins Gefängnis gesteckt und bedroht wurden.

**Ai Weiwei:** Dass die leidgeprüften Familien verhört wurden, könnte einen der folgenden Gründe haben:

1. Es gab ein Problem mit der Stabilität der Strukturen der Schulgebäude; die örtlichen Behörden haben bis heute nicht erklärt, wie die Kinder starben und warum sie starben.

2. Es gab ein Problem mit der Effizienz der Rettungskräfte.

3. Es gab ein Problem mit den Entschädigungen für die Erdbebenopfer.

4. Es gab Probleme mit der Umsiedlung und mit den Lebensbedingungen der Opfer nach dem Erdbeben.

Alle Familien, die Fragen stellten, wurden in unterschiedlichem Maß bedroht und unter Druck gesetzt, einige wurden sogar inhaftiert oder festgehalten.

**Frage:** Hallo, ich arbeite als Grafikdesigner in Shandong. Gibt es etwas, was wir tun können? Brauchen Sie Freiwillige?

**Ai Weiwei:** Fangen Sie gleich an! Sie können eine Nationalflagge entwerfen!

**Frage:** Warum haben die sogenannten Mainstream-Medien nicht über die Familien berichtet, die ihre Kinder verloren haben? Gibt es nichts, was diese Familien sagen wollen, möchten sie nicht ihre Trauer und ihr Leid ausdrücken?

**Ai Weiwei:** In China gibt es keine Mainstream-Medien, sondern nur tote Medien.

**Frage:** Guten Tag. Ich möchte fragen, warum die staatlichen Stellen angesichts einer Naturkatastrophe ein Interesse daran haben sollten, die Zahl der Toten geheim zu halten? Und wollen Sie mit der Sammlung der Namen der Opfer wirklich nur den Toten Respekt zollen, oder haben Sie noch andere Ziele?

**Ai Weiwei:** Alle meine Ziele sind andere Ziele.

**Frage:** Hallo, Herr Ai. Ich möchte sagen, dass ich Ihre Bemühungen unterstütze. Aber wenn man die Wahl hat, ob man der Toten gedenken oder den Lebenden Hoffnung geben will –

was ist Ihrer Meinung nach wichtiger? Ich lebe im Katastrophengebiet, und ich habe den Eindruck, dass viele Menschen in den betroffenen Gebieten keinerlei Hoffnung haben!

**Ai Weiwei:** Für die Lebenden ist es wichtiger, der Toten zu gedenken. Für die Toten ist es wichtiger, den Lebenden Hoffnung zu geben.

**Frage:** Die Zeiten ändern sich, das Volk erwacht, die Regierung verharrt in Untätigkeit oder verhält sich rückschrittlich, und die Interessengruppen weigern sich, auf ihre Privilegien zu verzichten. Wie können wir Ihrer Meinung nach in einer Zeit, in der die Rechte und Interessen der Bürger und der Ethnien beharrlich missachtet werden, die Regierung dazu bewegen, sich selbst zu prüfen, die Lage des Landes zu bewerten und Fortschritte zu erzielen?

**Ai Weiwei:** Der Wandel könnte einer neuen Logik gehorchen: Schreiten wir voran, und sehen wir uns an, was geschieht.

**Frage:** Die Amerikaner haben Obama gewählt, aber China behauptet, das fortschrittlichste Gesellschaftssystem der Welt zu haben. Halten Sie es für die Schuld des Volkes, dass wir immer noch eine Politik wie im Kaiserreich haben?

**Ai Weiwei:** Man könnte meinen, dass es sich bei allen Fehlern um Fehler des Volkes handelt, denn unsere Regierung ist die Regierung des Volkes.

**Frage:** Hallo, Herr Ai! Seit dem Erdbeben quält mich ein Verdacht, und ich möchte Folgendes fragen: Wie hoch ist Ihres Wissens der Anteil der Minderjährigen an den Todesopfern des Erdbebens (oder Vermissten)? Ich habe gehört, dass in den am schwersten getroffenen Gebieten mehr als 90 Prozent der Schulen einstürzten. Stimmt das? Es gibt auch Gerüchte darüber, dass in manchen Gebieten die gesamte nächste Generation (oder ein Großteil davon) ausgelöscht wurde. Ist das richtig? Wie hoch ist Ihres Wissens der Prozentsatz der Schulen, die eingestürzt sind? Und wie hoch ist der entsprechende Prozentsatz bei anderen Gebäuden?

**Ai Weiwei:** Das sind genau die Fragen, denen wir nachgehen. Irgendwann werden wir in der Lage sein, sie zu beantworten.

**Frage:** Ich möchte fragen, ob die örtlichen Regierungsvertreter Ihrer Meinung nach die Spenden der Menschen aus aller Welt in die eigene Tasche gesteckt haben.

**Ai Weiwei:** Würde ich behaupten, dass es keine Korruption gegeben hat, so würde mir kein Mensch glauben. Würde ich sagen, dass alle korrupt sind, so würde mir auch kein Mensch glauben.

**Frage:** Zunächst möchte ich sagen, dass ich Ai Weiwei unterstütze. Zweitens möchte ich noch einmal auf die Frage der Geldspenden zurückkommen: Was denken Sie persönlich über die Zuteilung der Mittel usw.?

**Ai Weiwei:** Die Geldspenden sind nur ein Aspekt des Probems. Es kommt auch darauf an, wer das Geld entgegennimmt und wie er es verwendet.

**Frage:** »Viele Menschen wollen ihre Identität nicht preisgeben, wenn wir vor Ort Nachforschungen anstellen und Fragen stellen. Viele wurden inhaftiert oder bedroht, und sie fürchten sich. Die Leute wagen nicht, die Wahrheit zu sagen oder einfache Informationen weiterzugeben. Das ist unser größtes Problem.« Warum fürchten sich die Menschen? Warum werden sie inhaftiert und bedroht, und wer tut ihnen das an?

**Ai Weiwei:** Die von der Katastrophe betroffenen Familien in Gujiangyan sagen uns, dass jeder, der einen Verdacht in Bezug auf die Opferzahlen oder die Tofu-Konstruktionen äußert, Gefahr läuft, seinen Arbeitsplatz und seine Existenz zu verlieren. In den am härtesten getroffenen Gebieten wurden viele Familienoberhäupter vorübergehend in Gewahrsam genommen oder ins Gefängnis gesteckt. Die wichtigste Aufgabe der Büros, die Sicherung der öffentlichen Ordnung, besteht darin, die Familien davon abzuhalten, über ihre toten Angehörigen zu sprechen.

**Frage:** Diejenigen unter uns, die aktiv werden wollen, fragen sich, was sie tun können. Manchmal haben wir das Gefühl, dass wir nicht mehr tun können, als unserer Frustration Luft zu machen, weil wir kaum Möglichkeiten haben. Herr Ai, bitte geben Sie uns einen Rat.

**Ai Weiwei:** Machen wir alle zusammen unserer Frustration Luft.

**Frage:** Meine Frage ist, ob es sich lohnt, alles aufzugeben, um nach der Wahrheit zu streben. Die Geschichte spielt uns immer neue Streiche: Wir gehen durch eine Tür hinein, aber kommen durch eine andere heraus. Einst zählten einfache Menschen wirklich etwas, aber die ehemaligen Fürsprecher des Proletariats sind mittlerweile zu Despoten. Viele Menschen, die einst die Herrschenden unterstützten, die Verteidiger der herrschenden Klasse, haben sich zu Befürwortern der Bürgerrechte gewandelt. Bertrand Russell sagte einmal: »Ich würde nie für meine Überzeugungen sterben, denn es könnte sein, dass ich mich irre.« Im Augenblick wollen wir nicht über Richtig und Falsch diskutieren, aber ich möchte Herrn Ai fragen, ob wir, wenn wir alles für die Suche nach der Wahrheit aufgeben, das angestrebte Ziel erreichen werden?

**Ai Weiwei:** Wer nach der Wahrheit sucht, hat sich bereits entschlossen, alles aufzugeben.

**Frage:** Heute gibt es akute gesellschaftliche Konflikte. Einige Freunde schüren online die Unzufriedenheit mit der Regierung, und sie greifen ein kleines gesellschaftliches Problem auf und benutzen die Demokratie oder die Meinungsfreiheit, um die Regierung anzugreifen.

**Ai Weiwei:** Die politischen Führer müssen sich der Verantwortung stellen. Wenn sie zu erschöpft oder frustriert sind, sollten sie ersetzt werden.

**Frage:** Herr Ai, was sagen Sie zu dem »kleinen Teil« der Jugend, der die Hoffnung für die Nation und die Gesellschaft verloren hat?

**Ai Weiwei:** Die Hoffnung für die Gesellschaft gibt dem Leben einen Sinn. Dies ist ein übergeordnetes Prinzip.

**Frage:** Ich danke Ihnen dafür, dass Sie Ihren Einfluss nutzen und die Probleme ansprechen. Viele Eltern verloren bei dem Erdbeben ihr einziges Kind, was zur Folge hat, dass die Ein-Kind-Politik überdacht werden muss. Ich war ein Befürworter dieser Politik, doch ich habe erkannt, dass sie zu vielen unmoralischen und unmenschlichen Handlungen wie Kindstötungen, erzwungener Geburtenkontrolle und Zwangssterilisationen führt. Aber es ist sonderbar: Kaum jemand hat Einwand gegen diese unmenschlichen Praktiken erhoben. Wie denken Sie darüber?

**Ai Weiwei:** Die Familienplanung sollte eine Entscheidung der Eltern sein.

**Frage:** Sie haben meine Unterstützung. Ich möchte fragen, ob Sie sich Sorgen darüber machen, wohin das Geld für die Katastrophenhilfe fließt?

**Ai Weiwei:** Die Katastrophenhilfe und die Spendengelder sind Wasser im selben Fluss.

**Frage:** Was ist der wirkliche Grund für die Verzögerung der Freigabe der Opferliste? Erstens: Ist die geringe Effizienz der Verantwortlichen nur ein vorgeschobener Grund? Welches sind die tieferen Gründe, und wer fürchtet sich davor, dass sie öffentlich gemacht werden? Zweitens: Nicht einmal das Blut und die Tränen der Katastrophe führen zu Reflexion oder Selbstkritik, geschweige denn zu einer Untersuchung und Strafen für die Verantwortlichen; alles geht in den triumphalen Verkündigungen über die Erfolge der Rettungsmannschaften unter. Warum blühen auf unserem Boden immer diese Blumen des Bösen?

**Ai Weiwei:** Ein Volk, das die Wahrheit ablehnt, hat sich bereits für den Tod entschieden.

## Der Tag der wahren nationalen Wiedergeburt

■ **GEPOSTET AM 13. APRIL 2009**[33]

Ihr löscht andauernd meine Beiträge, also stelle ich sie einfach erneut ins Netz. Worte kann man löschen, aber die Fakten bleiben bestehen. Dieser Vorgang wird sich noch viele Male wiederholen, bis zu jenem Tag, an dem wir uns so weit entwickelt haben, dass die Wahrheit für das Alltagsleben nicht mehr wichtig sein wird. Dann können wir nach Belieben vergessen.

Es ist nicht schwer zu erkennen, dass die endlosen Katastrophen in diesem Land alle eines gemein haben: Jedes Mal werden Tatsachen vertuscht. Das chinesische Volk hat sich keiner anderen Aktivität so gewissenhaft und erfolgreich gewidmet wie der Verzerrung und Unterschlagung grundlegender Fakten – was geschehen ist, wie es geschehen ist, warum es geschehen ist. Die Wahrheit ist immer schrecklich, zur Zurschaustellung ungeeignet, unaussprechlich und schwer zu bewältigen; die Wahrheit zu sagen, käme einer »Unterwanderung des Staates« gleich. Vertuschung und Lüge sind die Lebensgrundlagen unserer Gesellschaft. An dem Tag, an dem die Wahrheit zum Vorschein kommt, wird sich der Himmel aufklaren. Das wird die wirkliche Befreiung sein.[34]

---

33 »Katastrophen machen eine Nation stärker« (*Duo nan xing bang*) ist ein patriotischer Slogan, der die Nation angesichts von Tragödien anspornen soll, die Probleme zu meistern. Das Konzept kann bis zur Chronik *Frühling und Herbst in der Überlieferung des Zuo* (*Zuozhuan*) aus dem 4. Jahrhundert v. Chr. zurückverfolgt werden und wurde von General Li Hongzhang (1871–1895) in der späten Qing-Periode verwendet, um den Widerstandsgeist gegen die ausländischen Invasionsstreitmächte zu wecken. Ministerpräsident Wen Jiabao zitierte die Redensart nach dem Erdbeben bei einem Besuch in einer Schule in Sichuan. Die Oberschüler fürchteten das bevorstehende *Gaokao*-Examen, das über die Hochschulzulassung entscheidet. Sie erhielten einige Wochen mehr Zeit für die Vorbereitung, und Wen schrieb den Slogan an die Tafel, um sie anzuspornen.

34 Die Machtübernahme der chinesischen Kommunisten im Jahr 1949 wird als »Befreiung« (*jiefang*) bezeichnet. Eine analoge linguistische Idiosynkrasie machte auch aus dem Einmarsch in Tibet im Jahr 1953 eine »Befreiung«.

Wie ein durch ein Erdbeben entstandener See besteht jede Katastrophe aus dem Zusammenfluss des Wassers kleinerer Desaster; sie sind die Grundlage dieser »wiedergeborenen Nation«. Ist dieses Fundament einmal ausgehoben, wird es keine Katastrophen mehr geben, womit eine Wiedergeburt der Nation schwierig wird. Man könnte sagen, dass all die vertuschten Tatsachen, geänderten Namen, vernichteten Aufzeichnungen, Fotos und Videos, gelöschten Bilder, verstummten Stimmen und die »Stabilität«, die die Wahrheit in Schach hält, einer besseren Zukunft dienen. Oder sie geben uns Kraft für eine noch größere Katastrophe, die zweifellos die lang ersehnte nationale Wiedergeburt bringen wird.

## In diesen Tagen glaube ich nichts mehr, was ihr sagt

■ GEPOSTET AM 7. MAI 2009

Die Regierung der Provinz Sichuan hat erneut erklärt, dass sie die bauliche Qualität der Schulgebäude, die bei dem Erdbeben einstürzten, nicht untersuchen wird. Die Begründung lautet, dass bei Erdbeben von einer Stärke, die über die Belastbarkeit der eingestürzten Gebäude hinausgeht, alle Schäden auf natürliche Ursachen zurückzuführen seien. Diese scheinbar vernünftige Begründung für diesen Standpunkt erlaubt jenen, die für die Tofu-Konstruktionen verantwortlich sind, einen kollektiven Seufzer der Erleichterung auszustoßen – im Namen der »wissenschaftlichen Entwicklung« und der »Übernahme der Macht zum Aufbau einer Partei, die den Interessen des Volkes dient«, haben mehr als 2000 chinesische Architekturexperten ihr weises Urteil in einem wunderbaren Dokument niedergeschrieben.

Für alle, die das nicht verstanden haben, will ich es anders ausdrücken: Wenn Sie auf einem sinkenden Schiff ermordet werden, gibt es keinen Schuldigen, denn Sie wären sowieso gestorben. Ein weiteres Beispiel: Wenn man diese Logik anwendet, waren die Massenvergewaltigungen im Rahmen des japanischen Massakers von Nanking nur eine Form der Entspannung.

Das Urteil der Experten lautet also, dass die »Tofu-Schulen«, die nicht mit Stahlstreben verstärkt waren und mit minderwertigem Beton gebaut wurden, aufgrund der Stärke der Erdstöße in jedem Fall eingestürzt wären. Deshalb erübrige sich eine Untersuchung. Das bedeutet, dass niemand verantwortlich ist. Was für ein wunderbares Beispiel für kriminelle Logik.

Folgendes ist nie erklärt worden: Nur in 14 von mehr als 100 über das zentrale Katastrophengebiet verstreuten Schulen starben mehr als 100 Kinder. Obwohl es sich um ein Erdbeben der Stärke 8 auf der Richterskala handelte, stürzten die übrigen 90 Schulen nicht ein. Bei den 14 Schulen, die zerstört wurden, war kein einheitliches Muster von Schäden festzustellen: größere Räume stürzten ein, und während einige Klassenzimmer nicht beschädigt wurden, stürzten die Schlafsäle ein. Türme, die seit vielen Jahren nicht instand gesetzt worden waren, blieben stehen, während neuere Gebäude den Erdstößen nicht standhielten. Baugleiche Unterrichtsgebäude brachen ein, während Verwaltungsgebäude stehen blieben. In der Umgebung der Mittelschulen von Beichuan und Juyuan, in denen die meisten Schüler getötet wurden, blieben viele Gebäude intakt. Daher ist die Erklärung, ein Erdbeben der Stärke 8 sei eine »scharf gewürzte Suppe« (die Zutaten, die in den Topf kommen, haben unterschiedliche Aromen, aber in der scharfen Suppe schmecken sie alle gleich), wenig überzeugend.

Sie verweisen auch auf die unterschiedlichen baulichen Standards und Erdbebenschutzmaßnahmen in verschiedenen Gebieten. Die Opfer starben in Gebäuden, die nach behördlichen Vorschriften errichtet worden waren, und niemand übernimmt die Verantwortung. Man hat uns nicht erklärt, welche der eingestürzten Gebäude den Standards welchen Gebiets entsprachen. Ist das wirklich so schwer zu klären?

**4.8** Eine trauernde Mutter steht mit einem Foto ihrer Tochter vor den Trümmern der eingestürzten Mittelschule von Juyuan, 29. Mai 2008.

Eine andere offizielle Erklärung lautet, es sei unmöglich, Beweise zu sammeln, da die Rettungskräfte die Trümmer der eingestürzten Gebäude bei den Bergungsarbeiten verstreut hätten. Das ist etwa so, als würde man sagen, ein Vergewaltigungsopfer müsse reglos auf dem Bett liegen bleiben, wenn es seinen Anspruch auf Gerechtigkeit und Genugtuung nicht verlieren will.

Die Provinzregierung von Sichuan hat sich einmal mehr vor dem ganzen Land erniedrigt. Einmal mehr hat sie das hehre Ziel der »wissenschaftlichen Entwicklung« besudelt. Sie setzt sich über die Tatsachen, über Moral und Gerechtigkeit hinweg und verweigert beharrlich jeden Versuch, das Vertrauen der Öffentlichkeit oder ihre verlorene Ehre zurückzugewinnen. Sie zieht es vor, die Wahrheit über eine schreckliche Naturkatastrophe hinter einer fabrizierten Realität zu verbergen.

Auch nach einem Jahr sind die Schüler, die der Katastrophe zum Opfer gefallen sind und deren geschätzte Zahl widerstrebend mit 5335 angegeben wird, weiterhin namenlos. Es werden keine Informationen herausgegeben, die Angaben sind obskur und nicht überzeugend. Sie schieben die Verantwortung weg, vermeiden jede Diskussion und verweigern die Veröffentlichung von Informationen mit der Erklärung, es lägen nur fragmentarische Daten vor – was verbirgt sich wohl hinter diesem unkenntlich gemachten Teil der Wahrheit?

Es ist nicht so, dass ich glauben würde, was ihr sagt. Ich glaube nichts von dem, was ihr sagt – also könnt ihr es ruhig sagen.

Wenn die Erklärungen einer Regierung nicht ausreichen, ihr eigenes Volk zu überzeugen, wenn das Volk die Unwahrheit ablehnt und sich weigert zu vergessen – wer ist dann derjenige, der trauern muss?

## Der paranoide Bürger

■ GEPOSTET AM 10. MAI 2009

Der erste Jahrestag des Erdbebens in Wenchuan rückt näher, und die Regierung hat wiederholt klargemacht, dass die mangelnde Qualität der Schulgebäude nicht zum Einsturz der Schulen und dem Tod der Schüler beigetragen habe. Die Katastrophe habe nichts mit dem zu tun, was die Menschen als »Tofu-Architektur« bezeichnen.

Organisationen, die die Weisheit und Autorität der Regierung vertreten, versuchen gemeinsam mit den Medien, dem Volk einzureden, dass der Einsturz der Schulen und der Tod der Schüler aufgrund der Stärke der Erdstöße unvermeidlich gewesen seien. Und da es der Wille des Himmels war, kann natürlich kein Mensch zur Verantwortung gezogen werden.

Vom Willen des Staates bezwungen, existieren Wahrheit und Tatsachen nicht mehr; eine lange Zahlenreihe hat den Wert des Lebens ersetzt. Bei dieser als wissenschaftlich bezeichneten Forschung handelt es sich lediglich um die Lotterie gefügiger Technokraten, und bei jedem politischen Geschäft in diesem Land hat das gemeine Volk immer die schlechtesten Chancen auf einen Gewinn. Der Grund dafür ist, dass die Mitglieder des Volkes keine »Menschen« im eigentlichen Sinn des Wortes sind; der 60. Geburtstag der Nation rückt näher, aber wir haben immer noch kein Wahlrecht und keine freie Meinungsäußerung. Der Schmerz und die Empörung der Massen werden mit abgeschmackten Festlichkeiten und Feiern übertüncht. Es kann kaum überraschen, dass das Resultat dasselbe ist wie bei den anderen großen Ereignissen in der Geschichte dieses Landes: Der Wille des Staates hat einmal mehr die Tatsachen und das individuelle Leid brutal verdrängt und das Volk in einen Abgrund der Verzweiflung getrieben.

Auf dem 17. Nationalen Volkskongress wurde das »wissenschaftliche Entwicklungskonzept« eingeführt, aber es wird unentwegt gegen die Prinzipien der Wissenschaft verstoßen. Dass Tausende Schüler einen vermeidbaren Tod fanden, lag einfach daran, dass sie Pech hatten: Sie waren zur falschen Zeit am falschen Ort. Das ist der Grund dafür, dass ihr junges Fleisch und Blut mit dem verfliesten Schutt und den mit Sand gestreckten Betonverstärkungen vermengt wurde. Der Gedankengang der Parteiführung ist leicht nachzuvollziehen: Bei einem Erdbeben der Stärke 8 werden Schulgebäude einstürzen und Schüler sterben. Die Schulbildung ist nutzlos, und Wissen kann den Tod nicht verhindern. Je länger man zur Schule geht, desto größer ist die Wahrscheinlichkeit, dass man dort sterben wird, womit das Schicksal noch an tragischer Absurdität gewinnt. Aber in Anbetracht der Tatsache, dass die Mehrheit der Schulgebäude von Erdstößen derselben Stärke nicht zerstört wurde, stellt sich die Frage, was den Tod der Kinder in diesen Schulen verhindert hat. Die einzige Erklärung ist wohl, dass ihre Vorfahren nicht am kaiserlichen Hof dienten, weshalb sie ein gutes Karma hatten.

Es stellt sich folgende Frage: Was ist das für eine Regierung, die die Wünsche und Gefühle des Volkes ignoriert, skrupellos die Realität verfälscht und die Fakten verzerrt, die das Leben

**4.9** Kränze in den Trümmern der Mittelschule von Juyuan. Auf den Spruchbändern wird gefordert, die für die »Tofu-Konstruktionen« verantwortlichen Personen zu ermitteln und zu bestrafen, 29. Mai 2008.

der Menschen oder ihr Eigentum und ihren Wohlstand betreffen? Und weshalb tut die Regierung das? Vielleicht können wir aus ihrem Verhalten folgenden Schluss ziehen: Die Ethik und Moral, auf die sich der Staat stützt, ruhen auf einem Fundament von Lügen, folglich würde die Wahrheit die Grundlagen dieser Gesellschaft erschüttern. Die Machtbasis der Partei kann nur erhalten werden, indem man die Verantwortung negiert und die soziale Gerechtigkeit und Gleichheit opfert.

Dies ist die einzige Erklärung dafür, dass diese Leute auf Täuschung und Heimtücke zurückgreifen, um die Wahrheit vor dem Volk zu verbergen. Ist das nicht dumm? Ja, aber dieses dumme Verhalten entspringt der Hilflosigkeit. Eine Gesellschaft ohne Ideale, die die Grundsätze der Menschlichkeit ignoriert und die grundlegenden Menschenrechte und die Menschenwürde missachtet, kann nur in einer Realität leben, die auf die Wahrheit verzichtet. Sie lebt in einem Raum ohne Gerechtigkeit und Gleichheit.

Unterdrückung und Täuschung sind die Lebensgrundlagen

dieser Gesellschaft; ohne Lügen könnte sie nicht existieren. Die Leute, die in einer solchen Gesellschaft an den Illusionen festhalten, werden schließlich einen hohen Preis dafür bezahlen.

Dies ist nicht die einzige derartige Katastrophe in unserer historischen Erinnerung, und es ist nicht die schlimmste. Wir sind bereits daran gewöhnt, abzuschalten und zu vergessen, und die Lebenden werden alle Einzelheiten dieser Katastrophe vergessen und so tun, als sei nichts geschehen. All diese Katastrophen werden sich schließlich zu einem atemberaubenden Bild dieser Zivilisation zusammenfügen.

Die Regeln dieses uralten Spiels sind offensichtlich, sie beruhen auf ewigen Prinzipien: Lügen werden belohnt, die Erinnerung wird ausgelöscht, die Verursacher von Katastrophen bleiben ungeschoren, die Unschuldigen werden bestraft.

Die Unschuldigen, die unter diesen furchtbaren Bedingungen leben müssen, haben nur eine einzige Möglichkeit, ihr Leid zu lindern und die Missachtung ihrer Rechte zu überwinden: Sie müssen unnachgiebig die Wahrheit fordern und dürfen nicht zulassen, dass weitere Gedächtnislücken entstehen. Versucht es, tut es für die Tochter, die ihr nie wieder sehen werdet, für Yang Xiaowan, die »sieben Jahre lang glücklich in dieser Welt lebte«, für ihre Mutter und für Tausende andere Unglückliche. Stellt weiter Fragen nach den »Tofu-Konstruktionen«, lasst nicht locker, bis eure Probleme Teil der Realität werden, bis sämtliche »Tofu-Konstruktionen« aufgedeckt sind und in sich zusammenstürzen. Wenn wir unter einer extrem paranoiden Herrschaft dennoch ein glückliches und gesundes Leben führen wollen, müssen wir uns in chronisch »paranoide Bürger« verwandeln.

## 12.5. Gedenktag

■ **GEPOSTET AM 12. MAI 2009**

Kann man diese Fakten ändern? Ihre Herzen hörten auf zu schlagen, ihre Gliedmaßen erschlafften, und ihre Schreie verstummten, als ihr Atem zum Stillstand kam. Ist es möglich, sie zurückzuholen? Immer neue gewaltige Propagandawogen des Staatsapparats rollen heran, aber sie können die Erinnerung der Überlebenden nicht ersäufen. Die Schulgebäude ohne Stahlträger, die kraftlos einstürzen mussten, gehören einer Generation unglücklicher Dorfbewohner, und der Staat versucht hartnäckig, die Tofu-Konstruktionen mit großen Feiern vergessen zu machen. Die für das Verbrechen Verantwortlichen wollen die Wahrheit übertünchen und verzerren, um der Verurteilung zu entgehen.

Von welch obszöner Dummheit muss ein Mensch sein, der die Familien der Opfer belügt und Eltern unter Druck setzt, weil sie es wagen, über den Verlust ihrer Kinder und die Zerstörung ihrer Zukunft zu trauern? Die Vertreter des Staates schließen Augen, stopfen Mäuler, zapfen Telefone an, beobachten Bewegungen, stoßen Drohungen aus. Sie bestechen, verhaften, schlagen und verfolgen die einfachen Leute.

Das Glück und das Leben dieser Kinder wurde an dem Ort ausgelöscht, an dem sie die Schule besuchten. Der Boden unter ihren Füßen bestand aus minderwertigem Beton, in der Decke über ihren Köpfen fehlten die Stahlträger. Die für das Schulwesen zuständigen Leute lassen sich nicht dazu herab, über diese Fakten nachzudenken. Die für die Gebäude Verantwortlichen erklären, alles sei so gewesen, wie es hätte sein müssen. Und diejenigen, die von der »wissenschaftlichen Entwicklung« sprechen, hoffen, dass die Ereignisse rasch in Vergessenheit geraten werden.

Kaum waren diese Kinder auf der Welt, da wurden sie achtlos entsorgt. Ihre Körper wurden von Fremden hastig beerdigt. Manche hofften, der schnelle Tod dieser Kinder werde noch schneller völlig in Vergessenheit geraten. Das Leben dieser Kinder war so kurz; es ist, als hätten sie nie existiert.

Wie bei anderen Katastrophen müssen die Rechte dieser jungen Menschen und alle sie betreffenden Fakten den staatlichen, kollektiven oder individuellen Fiktionen untergeordnet werden. Ihr einziger Wert besteht darin, dass sie ihre Bestrafung in diesem brutalen historischen Prozess ertragen und ein winziger Bruchteil einer Zahl werden, die für skrupellose Geldverschwendung steht. Ohne ihre Existenz würde sich dieser Teil der Geschichte in Bosheit, Ignoranz und Barbarei auflösen.

Um es klar zu sagen: Ihr Tod gehorchte den Forderungen und Wünschen unserer Zeit. Sie kamen ohne Wert oder Bedeutung zur Welt und lebten in einer Einöde der Gleichgültigkeit. Ihr Dasein und ihr Verschwinden sind bedeutungslos. Diese abgestumpfte Welt war nie glücklich über ihre Existenz und wird ihren Tod nicht als Verlust empfinden. Und eigentlich ist diese Welt ja auch gar kein so großartiger Ort.

Ihre Eltern haben vor langer Zeit resigniert, und irgendwann werden sie sich an die Zersetzung ihrer Gedanken und an die Zerstörung ihres Glücks gewöhnen, an eine Zukunft, die nichts von ihnen verlangt, sie werden sie keine Sorgen und Ängste mehr haben. Nie wieder werden sie an ihre Kinder denken, wie sie hinter jenem Hügel verschwanden, hinter dem die Schule stand. An jenem Tag wurden sie für immer in den Ruinen des Schulhauses verschüttet, Opfer der vom Schicksal vorherbestimmten Gefahren, die mächtiger waren als jede Verschwörung. Vielleicht werden ihre Eltern über eines der ehrgeizigen Investitionsvorhaben sprechen, über die Blutspuren, die sich in Linien von Grundrissen verwandeln und die Begeisterung eines Beamten wecken, dessen Karriere durch diese wundersame Verwandlung gekrönt wird.

Karamay-Kinder, Fuyang-Kinder, Melamin-Kinder, Aids-Kinder in Henan, Kindersklaven in den Ziegelbrennereien von Shanxi, beim Erdbeben ermordete Kinder – euer Unglück ist der größte Fluch der Nation. Dieser Fluch wird ewig auf dem

Land lasten, es wird diesem Volk nie gelingen, die Schande zu tilgen, die es zum Niedergang verdammt.[35]

Die heutige Welt muss diese Seelen verbrennen, ertränken, betrügen und auslöschen. Ruht in Frieden, bis der Tag kommt. Wenn der Tag kommt, werden die Menschen den Namen von jedem Einzelnen von euch rufen, sie werden sich an die Namen erinnern, die euch gehörten. Wenn sie eure Namen wieder rufen, werdet ihr von den Toten auferstehen und zufriedene Geister sein.

Wir werden uns beharrlich weigern, diesen Verlust hinzunehmen. Wir werden nicht aufgeben, ihr seid nicht verloren. Wohin auch immer jetzt eure Reise geht, ihr werdet immer in Sichtweite sein. Die Gedanken können die Zeit und den Stoff durchdringen, die Entschlossenheit wird schließlich den Verfall und die Korruption wegfegen, so wie der Staub vom Rücken eines Pferdes gebürstet wird, und die Würde und Ehre eures unterbrochenen Lebens wiederherstellen.

Wir lehnen Vergessen, Kooperation und Kompromisse ab. Euer Leid betrifft uns. Das Leben ist einfach, so einfach, dass man daran keinen Zweifel haben kann.

Was ist die Wahrheit? Sie ist alles über uns und alles über sie.

---

35 Im Jahr 1994 brach in einem Theater in Karamay in der Provinz Xinjiang ein Feuer aus. 325 der mehr als 1000 Menschen im Publikum starben. 288 Opfer waren Schulkinder. Es wird angenommen, dass die Zahl der Opfer unter den Kindern so hoch war, weil Schüler und Lehrer den Befehl erhalten hatten, auf ihren Plätzen zu bleiben, während die kommunistischen Parteifunktionäre das Gebäude als Erste verließen. Im Frühjahr 2008 kam es in Fuyang in der Provinz Anhui zu einer unnötigen Ausbreitung der durch den Enterovirus 71 verursachten Hand-Fuß-Mund-Krankheit. Eine Nachrichtensperre und die Verbreitung von Fehlinformationen über die Krankheit führten zu Massenansteckungen. Allein in Fuyang traten mehr als 3000 Fälle auf. Die Epidemie wurde auch als »Mini-SARS« bezeichnet. In der Provinz Henan hat die Verbreitung von Aids katastrophale Ausmaße angenommen: Anfang der 1990er-Jahre wurde die Krankheit durch infizierte Blutkonserven verbreitet. Nach Angaben des Kinderhilfswerks der Vereinten Nationen (Unicef) gab es in China im Jahr 2005 zwischen 70 000 und 80 000 Aids-Waisen (Halbwaisen eingeschlossen). Ein Großteil dieser Kinder lebt in der Provinz Henan, dem am schwersten betroffenen Gebiet in China. Schätzungen zufolge werden Hunderte dieser »Ofenkinder« (Shanxi) als Sklaven an Ziegeleien verkauft.

Die unterdrückte Wahrheit wird schließlich aus der Dunkelheit auftauchen.

Alle Schulden müssen beglichen werden. Was verfälscht wurde, wird berichtigt werden, was verdeckt wurde, wird sichtbar werden. Wenn alle eure Wunden unter den Trümmern geheilt sind, wenn jedes Sandkorn aus eurem Haar gekämmt ist, wenn alle eure Namen klar zu lesen sind, wird alles so klar in Erinnerung sein wie euer verlorener Blick.

## Wie konnten wir so tief sinken?

■ **GEPOSTET AM 16. MAI 2009**

Sie sind so hochmütig zu glauben, ihre angemaßte Autorität könne die Wahrheit oder den Willen anderer verändern. Gleichzeitig sind sie so schwach, dass sie glauben, eine einzige unbotmäßige Stimme könne ihre gewaltige Macht überwinden.[36]

Sie glauben nicht, dass ihre ruchlosen Namen auch nur auf einen einzigen Stimmzettel geschrieben würden, wenn das Volk eines Tages wirklich frei wählen dürfte.

Sie haben den Glauben an sich selbst bereits verloren. Sie versuchen zu verhindern, dass die Stimme des Volkes zu hören ist, dass die Menschen einander zuhören oder entdecken, dass es andere gibt, die so denken wie sie.

Man kann denken, aber man darf nicht sagen, was man denkt. Niemand weiß, was du denkst, und wenn du deinen Schmerz und deine Verzweiflung für dich behältst, bist du keine Bedro-

---

36 Als Ai diesen Blog schrieb, war die »Bürgeruntersuchung« in Gang gekommen. Freiwillige reisten in die Provinz Sichuan und führten täglich von Ais Büro in Caochangdi aus telefonische Recherchen durch. Im Blog wurden Namenslisten der toten Schüler veröffentlicht, die der Betreiber Sohu jedoch auf Drängen der Behörden umgehend löschte. Die gelöschten Blogs wurden unter der Überschrift »Gelöschte Inhalte« rasch wieder in den Blog gestellt.

hung. Aber natürlich wäre es besser für dich, wenn du nicht selbstständig denken könntest: Das wäre sicherer, harmonischer.

Wenn man seine eigenen Lebensumstände nicht verbessern kann, bleibt einem nichts anderes übrig, als die Lebensumstände anderer zu zerstören, um ein Gleichgewicht herzustellen. Selbstverständlich wären wir sehr viel friedlicher, wenn wir nie vom Sanlu-Milchpulver, von Weng'an, Gansu, Tibet oder Beichuan gehört hätten. Würden wir die Welt nicht verstehen, so erschiene sie viel kleiner. Wüssten wir nicht, dass die Erde rund ist, würden wir vielleicht alle Hoffnung aufgeben. Wir verstehen unsere Rechte nicht, daher glauben wir an Befreier. Wir glauben, dass jeder Tod unvermeidlich ist, dass wir für das Leben dankbar sein sollten, dass das Zentralfernsehen nicht niederträchtig und obszön ist und dass nichts in unserem Land schlecht ist. Wüssten wir es, so könnten wir uns eine andere Welt vorstellen. Vielleicht könnten wir uns vorstellen, dass die Bosheit keine unverzichtbare Grundlage der Macht ist.

Denke an alles, was du nicht weißt; die Welt ist alles, was andere dir zu erzählen bereit sind. Sie verkaufen dich, und du bemerkst es nicht; vielleicht hilfst du ihnen sogar dabei, ihre Beute anzuhäufen. Deine Unwissenheit und dein Schweigen sind der Preis, den du für die Sicherheit deines Lebens bezahlst. Sie sind eine Grundlage für dein Leben und der Preis für die Aufrechterhaltung des Status quo in deiner Republik, der großen, gütigen Mutter. Warum auch nicht?

Wenn du nicht sehen oder hören kannst, weißt du überhaupt nichts. Selbst wenn du etwas weißt, bist du unfähig, dich zu Wort zu melden: Öffne den Mund, und du wirst verschwinden. Es ist gleichgültig, ob du leidest, heiter, melancholisch oder fantasielos bist, ob du Mitgefühl empfindest oder den Wunsch und das Potenzial zur Veränderung hast: Du bist ein vorbehaltloser Fürsprecher, du bist das perfekte Beispiel für einen modernen Sklaven. Du wirst der Natur dieser Welt nicht auf den Grund gehen, aber ist das nicht genau das, was du brauchst? Du kannst essen und trinken, Söhne und Töchter ernähren, das Gesetz befolgen und Steuern zahlen. Du unterstützt eine Horde von Menschen, die in dir einen Bestandteil einer furzenden Masse sehen, Menschen, deren wichtigste Aufgabe es ist, deinen Wohlstand durch Korruption zu vergeuden, für strenge Geheimhaltung zu sorgen und dich dazu zu verleiten, dein Unglück selbst zu verewigen. Dein Unglück ist das Glück anderer.

Aber das alles ist ein wenig kompliziert, es ist wahrscheinlich das Beste, wenn du nichts darüber weißt.

Wenn der Einzelne keine Stimme hat und wenn es keinen freien Informationsaustausch gibt, können weder das Volk noch das Proletariat existieren, und es kann keine gemeinsamen Anliegen der Menschheit geben: Man kann so nicht leben. An einem solchen Ort wird es nie einen wirklichen gesellschaftlichen Wandel geben, denn der erste Schritt zur Veränderung der Gesellschaft besteht in der Meinungsfreiheit. Eine Gesellschaft ohne Meinungsfreiheit ist eine dunkle, bodenlose Grube, in der es so finster ist, dass einfach alles, was man zu Gesicht bekommt, zu leuchten scheint.

## »Innere-Sicherheits-Reiskocher«

■ GEPOSTET AM 27. MAI 2009

Um 19.40 Uhr am heutigen Abend verließ ich das Gebäude einer Botschaft, deren Sicherheitsvorkehrungen denen eines Drei-Sterne-Gefängnisses ebenbürtig sind. Dort hatte ich mir das Geschwafel von Nancy »Menschenrechte« Pelosi angehört. Endlich habe ich gesehen, wie viel Geld nötig ist, um aus einer gewitzten Kämpferin eine unterwürfige, charakterlose alte Schachtel zu machen. Noch lachhafter ist, dass die Botschaft der Vereinigten Staaten das große Erbe der Chinesen angetreten hat, zum Kotzen.

Ich hatte mein Handy im Auto gelassen, damit die amerikanischen Marines es mir nicht abnehmen konnten. Als ich zum Wagen zurückkehrte, stellte ich fest, dass meine Mutter angerufen hatte. Ich rief zurück. Sie war nervös und teilte mir mit, dass zu Hause vier Polizisten in Zivil auf mich warteten, die unablässig Fragen nach meinem Haus in der Nähe der Flughafenautobahn stellten. Ich sagte ihr, dass ich sofort kommen würde. Es ist eine Weile her, dass ich sie besucht habe.

Was folgte, hatte Ähnlichkeit mit einem aus dem Ruder gelaufenen absurden Roman: Es waren Leute vom Sicherheitsdienst, und obwohl sie durchaus freundlich waren, konnten sie sich nicht ausweisen, und ich lehne es ab, mit jemandem zu sprechen, dessen Identität unklar ist. Sie sagten, ihr Kollege habe einen Ausweis, und ich antwortete, Bill Clinton sei mein Kumpel. Als sie begannen, an meine Gefühle zu appellieren (mein meistgehasstes Tabu), sah ich mich gezwungen, sie vor die Tür zu setzen. Ich hatte keine andere Wahl, als 110 anrufen.[37] Als die Polizei schließlich auftauchte, versuchten mir diese beiden erbärmlichen Beamten – die sich ebenfalls nicht ausweisen konnten – zu erklären, dass ich selbst sie gerufen hätte. Ich klärte sie darüber auf, dass ich ein Steuerzahler sei, und sie versuchten mir zu erklären, dass ihre Uniformen Dienstnummern trügen und dass ein Streifenwagen vor der Tür stehe. Ich fragte sie, wie sie beweisen könnten, dass sie das Auto nicht gestohlen hätten, und riet ihnen, sie sollten zur Wache zurückkehren und ihre Ausweise holen.

Schließlich fuhren wir gemeinsam zur Wache. Die anderen Polizisten waren ein wenig verblüfft, als sie sahen, dass da Leute vom Sicherheitsdienst gebracht wurden, um ihre Aussagen aufzunehmen. Einer der Beamten übernahm sowohl die Befragung als auch das Protokoll, es war wirklich lächerlich. Aber ich bewies Nachsicht und setzte meine Unterschrift darunter. Doch dann weigerten sie sich, mir eine Bestätigung darüber auszustellen, dass ich Anzeige erstattet hatte. Sie sagten, es habe sich lediglich

37 110 ist die chinesische Notrufnummer.

um eine »Diskussion« gehandelt, was nicht rechtswidrig sei. Ich erwiderte, ich hätte die Nummer des Notrufs nicht zum Spaß gewählt, und rief meinen Rechtsanwalt Hao an. Er war in der Provinz Shanxi und hatte einen schlechten Empfang, weshalb ich stattdessen Liu Xiaoyuan anrief[38], der mir sagte, dass Beamte des Sicherheitsdienstes ihm bei ähnlichen Diskussionen Gesellschaft geleistet hätten. Die Beamten, die meine Anzeige aufnehmen sollten, verschwanden. Ich stürmte empört zur Tür – keine Übertreibung – und brüllte sie an, dass sie das Geld der Steuerzahler verschwendeten und dass sie verlogen und erbärmlich seien. Sollten sie die Tür nicht sofort öffnen, schrie ich, würde diese Polizeiwache gleich keine Tür mehr haben.

Dann fuhr ich nach Hause, um meine Mutter zu beruhigen. Als ich das Haus verließ, lungerten dieselben Männer vom Sicherheitsdienst wieder vor der Tür herum, als hätten sie noch nicht genug zu melden gehabt. Ich sah mich gezwungen, erneut den Notruf zu wählen. Diesmal waren die Beamten professionell und konnten sich als Polizisten ausweisen. Sie ließen die Sicherheitsbeamten aus dem Bezirk Dongcheng gehen und begannen eine freundschaftliche Unterhaltung mit den Sicherheitsbeamten aus dem Bezirk Chaoyang.

Ich sagte ihnen, sie sollten bei ihrem nächsten Besuch Handschellen mitbringen oder zumindest jemanden schicken, der vollständige Sätze formulieren könne. Ich meine es ernst, wir leben mittlerweile in einer anderen Zeit, und die Sicherheitsbeamten sind wie die elektrischen Reiskocher: Auch sie müssen den neuen Erfordernissen angepasst werden.[39] Wem wollt ihr so Angst einjagen?

---

38 Liu Xiaoyuan ist ein Menschenrechtsanwalt in Peking und ein bekannter Blogger, der im Jahr 2007 versuchte, den Host seines Blogs wegen Zensur zu verklagen.

39 Der Titel »Sicherheitsreiskocher« (*dian fanbao*) ist ein Wortspiel mit »Sicherheitsbeamte« (*guobao*). Ai erklärt, dass er den »Reiskocher« gewählt hat, weil dieses Gerät in China in jedem Haushalt zu finden ist. Er ist ein Werkzeug des täglichen Gebrauchs, so wie die Sicherheitsbeamten Werkzeuge des Staates sind. Diese Werkzeuge sollten wie Haushaltsgeräte den sich wandelnden Erfordernissen angepasst werden.

## Macht euch keine Illusionen über mich

■ GEPOSTET AM 28. MAI 2009

Jetzt kommt wieder diese Zeit des Jahres, in der ihr sehr beschäftigt sein werdet.[40] Dass ihr einen von »euren eigenen« Männern zur Polizeidienststelle geschickt habt, war nur ein weiteres Missverständnis.

Es war nur einen Tag her, dass ich zweimal die 110 angerufen und zwei Beamte des Sicherheitsdienstes, die ihre Ausweise vergessen hatten, zur Polizeidienststelle geschickt hatte, damit sie sich dort identifizierten.

Heute habe ich dreimal die 110 angerufen, um Anzeige zu erstatten und die beiden Polizisten in Zivil, die mich beschatteten, zur Polizeidienststelle zu schicken.

Um mich kurz zu fassen: Gleichgültig, ob es sich um Beamte des Sicherheitsdienstes, uniformierte Beamte, Beamte in Zivil, Polizisten im Notdienst oder die Kader auf der Polizeiwache handelt, meine Maßnahme richtete sich nicht gegen sie persönlich, so, wie ihre Handlungen nicht gegen mich persönlich gerichtet sind. Sollten meine Anschuldigungen ihre Würde verletzt haben, so bedaure ich das aufrichtig. Es war ein Missverständnis.

Wenn ihr lediglich amtliche Pflichten erfüllt und es für euch überlebenswichtig ist, kann ich euer Verhalten bis zu einem gewissen Grad verstehen, egal, was ihr gemacht habt.

Was ich sagen will, ist Folgendes: Als Mensch muss ich meine Rechte verteidigen. Niemand sollte mich provozieren. Ich habe hingenommen, dass ihr meinen Blog gelöscht habt, ich habe hingenommen, dass ihr mein Telefon angezapft habt, ich habe hingenommen, dass ihr mein Haus überwacht.

---

6 Gemeint ist der 20. Jahrestag des Massakers auf dem Platz des himmlischen Friedens am 4. Juni. In China sind vor solchen »schwarzen Jahrestagen« Razzien üblich, und die Zensur wird verschärft.

**4.10** Ein Freund hält Zweige vor eine der Überwachungskameras, mit denen Ais Haus beobachtet wird, 6. Juni 2009.

Doch ich kann nicht hinnehmen, dass ihr in mein Haus eindringt und mich vor den Augen meiner 76-jährigen Mutter bedroht. Ich kann nicht dulden, dass mich Beamte in Zivil beschatten und meine Sicherheit bedrohen. Ihr versteht nicht, was Menschenrechte sind, aber von der Verfassung solltet ihr doch schon gehört haben, oder nicht?

Folgendes will ich euch unmissverständlich sagen:

1. Diese Welt gehört euch, daher müsst ihr rechtmäßig und anständig handeln.
2. Ihr müsst euch bei der Durchsetzung des Gesetzes an das Gesetz halten, ihr müsst eure Dienstausweise bei euch tragen. Im Zeitraum von zwei Tagen hatte ich mit fünf Polizisten zu tun, die sich nicht ausweisen konnten. Zwei gaben vor, »Zivilpersonen« zu sein. Haltet euch an die Vorschriften oder sucht einen anderen Beruf.
3. Nicht alle Bürger sind weich wie Dattelpflaumen. Dass ich

heute nicht leicht in Wut gerate, bedeutet nicht, dass ich auch morgen sanftmütig sein werde. Hört auf, an unserem Tisch zu essen und am nächsten Tag so zu tun, als würdet ihr uns nicht kennen.

4. Kommt nicht zu mir, um mit mir zu diskutieren. All eure Erfahrung im »Diskutieren«, die ihr mit anderen Leuten gesammelt habt, wird euch bei mir nichts nützen. Ihr solltet euch weiterbilden und online gehen.
5. Ihr solltet klare Verfahren anwenden und nicht passiv sein. Eure frühere Erfahrung ist völlig wertlos, ihr solltet die Lektionen lernen, die euch Yang Jia in dem Polizei-Präsidium in Shanghai erteilte.
6. Die Polizisten, die meine Notrufe entgegennahmen, waren höflich und sprachen klar. Sie schienen gebildet zu sein. Dafür lobe ich sie, und ich sage ihnen: Ich liebe euch alle. Ihr habt meine Telefonnummer, ihr könnt mich privat anrufen.
7. Die Polizistinnen sind noch besser als ihre männlichen Kollegen. Vielleicht meine ich das auch nur, weil ich eine Schwäche für Frauen habe. Ich habe Vorurteile.
8. Und noch einmal die alte Weisheit: Das ist nur eure Arbeit; tut also nichts, was ihr nicht tun solltet. Wenn die Durchsetzung des Gesetzes unangemessen ist, ist es im Vergleich dazu belanglos, die Arbeit zu verlieren; dem Ansehen der Partei zu schaden, würde den Charakter der Nation verletzen.
9. Noch einmal: Macht euch keine Illusionen über mich.
10. Fortsetzung folgt …

## Ich bin bereit

■ **GEPOSTET AM 28. MAI 2009**

»Sei vorsichtig! Bist du bereit?«

Ich bin bereit. Obwohl es nichts gibt, für das ich bereit sein könnte. Ich habe ja nur mich selbst. Mehr kann niemand haben, und mehr kann ich auch nicht geben. Wenn es sein muss, werde ich nicht zögern und auch keine Ausflüchte gebrauchen.

Wenn einen etwas wehmütig machen kann, dann die Wunder, die das Leben uns schenkt. Sie sind für uns alle dieselben, wie in einem Spiel, in dem alle gleich sind, und genauso die Illusionen und die Freiheit, die sie begleiten. Ich verstehe jede Art von Bedrohung eines Menschenrechts als Bedrohung der Würde und Vernunft des Menschen, als Bedrohung der vielfältigen Möglichkeiten des Lebens. Ich will lernen, mich dagegen zu wehren.

Immer mit der Ruhe, ich lerne schnell, und ich lasse euch nicht im Stich. Unlängst half mir der kollektive Tod dieser Kinder, die ihr Leben verwirkt hatten, die Bedeutung des individuellen Lebens in der Gesellschaft zu erkennen.

Weist Zynismus und Angst zurück, verweigert die Zusammenarbeit und das Teetrinken, es gibt nichts zu besprechen. Es gilt dieselbe alte Redensart: Kommt mich nicht wieder besuchen. Ich werde nicht kooperieren. Wenn ihr unbedingt kommen müsst, bringt eure Folterwerkzeuge mit.

---

Nach diesem Blogeintrag wurde Ai Weiweis Blog gelöscht.

---

## Lasst uns vergessen

■ GEPOSTET AM 3. JUNI 2009

Lasst uns den 4. Juni vergessen, diesen Tag, der keine besondere Bedeutung hat. Das Leben hat uns gelehrt: In einem totalitären Regime sind alle Tage gleich, alle totalitären Tage sind ein einziger Tag, es gibt keinen Tag zwei, kein Gestern und kein Morgen.

Weil das so ist, brauchen wir nur das Kontinuum und keine speziellen Abschnitte der Wirklichkeit, keine Phasen der Gerechtigkeit oder Gleichheit.

Menschen ohne Redefreiheit, ohne Pressefreiheit und ohne Wahlrecht sind keine Menschen und brauchen kein Gedächtnis. Wenn wir aber kein Recht auf ein Gedächtnis haben, wählen wir das Vergessen.

Lasst uns jede Verfolgung, jede Demütigung, jedes Massaker, jede Vertuschung, jede Lüge, jedes Versagen und jeden Toten vergessen, alles, was in der Erinnerung schmerzen könnte, und lasst uns immer auch gleich vergessen, dass wir etwas vergessen. Alles geht mit rechten Dingen zu, sodass sie uns auslachen, als seien sie unbescholtene, anständige Herren.

Vergessen wir die Soldaten, die auf Zivilisten geschossen haben, die Panzer, die mit ihren Ketten die Körper der Studenten zermalmt haben, die Kugeln, die durch die Straßen geflogen sind, und das Blutvergießen, die Stadt und den Platz, wo keine Tränen vergossen wurden. Vergessen wir die endlosen Lügen und die Machthaber, die auf unserem Vergessen bestehen, vergessen wir ihre Schwäche, ihre Tücke und ihre Unfähigkeit. Ihr werdet sie bestimmt vergessen, man muss sie vergessen, sie können nur existieren, wenn man sie vergisst. Um überleben zu können, lasst uns vergessen.

## Ist man noch ein Mensch, wenn man nicht antichinesisch ist?

■ **GEPOSTET AM 3. JUNI 2009**

Die Partei stellt das Volk unentwegt auf die Probe: Unser Internet wird abgeschottet[41], die Bildung ist programmiert, wir werden von den Medien hinters Licht geführt, mit verunreinigter Milch vergiftet und verurteilt, wenn wir arbeitslos werden. Der öffentliche Verkehr wird mit Bomben angegriffen, man raubt uns unser Land, reißt unsere Häuser nieder und verkauft unsere Kinder. Bergleute werden geopfert, junge Frauen überfallen, und alle anderen sind den Wachmännern, der Stadtverwaltung, der Militärpolizei, dem Sicherheitsdienst ausgeliefert, werden stabilisiert oder für geisteskrank erklärt.

Fordert man, Vergewaltiger dingfest zu machen, so heißt es, man sei antichinesisch. Der Versuch, die bauliche Qualität von Schulen zu untersuchen, die eingestürzt sind und Kinder unter sich begraben haben, ist antichinesisch. Es ist antichinesisch, die Verseuchung von Lebensmitteln anzuprangern. Dass ein Zivilist, der misshandelt wurde, Genugtuung von den Behörden verlangt, ist antichinesisch. Es ist antichinesisch, aufzudecken, dass mit Kindern und mit HIV-verseuchten Blutkonserven Handel getrieben wird, dass Menschen zur Sklavenarbeit in Kohlegruben gezwungen und dass Nachrichten gefälscht

---

7 Die Chinesen haben die Software Green Dam Youth Escort (*luba huaji huhang*) entwickelt, die auf privaten Computern installiert werden soll, um die Webinhalte zu kontrollieren und Sites zu blockieren. Im Mai 2009 ordnete die Regierung an, ab dem 1. Juli müsse auf jedem in China verkauften Computer diese Content-Software installiert sein, egal ob er aus heimischer oder ausländischer Produktion stamme. Die Green-Dam-Software ist so programmiert, dass sie eine Liste verbotener Websites laufend automatisch aktualisiert. Die chinesischen Behörden erklärten, die Software diene dazu, Pornografie zu blockieren, aber sie kann leicht eingesetzt werden, um den Zugang zu politisch missliebigen Websites zu verhindern. Die Vorschrift der Vorinstallation auf sämtlichen Computern in China wurde bisher nicht umgesetzt. Schulen sind zur Verwendung verpflichtet, aber Privatpersonen steht es frei, die Software zu installieren.

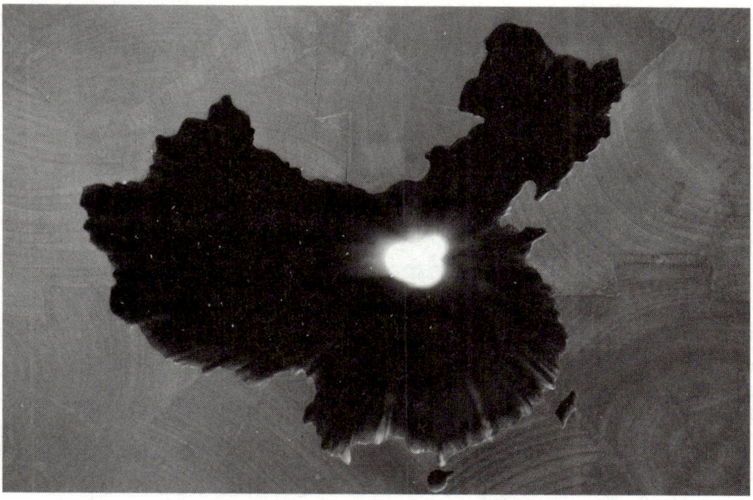

**4.11, 4.12** *China Log* (2005), Tieli-Holz, Fragment eines Tempels aus der Qing-Dynastie, 337 cm lang, 57 cm im Durchmesser.

werden, dass ein Richter das Gesetz bricht, dass Korruption und Gier grassieren, dass von der Verfassung garantierte Rechte verletzt werden, dass im Internet ein »grüner Damm« errichtet wird … Unsere Probleme zur Sprache zu bringen, ist antichinesisch. Kann man menschlich sein, ohne dass dies als antichinesisch ausgelegt wird?

Handelt es sich um einen öffentlichen Protest, so wird er als unerklärlicher Gewaltausbruch und als vom Pöbel ausgelöster Tumult beschrieben. Spricht man Politisches an, gilt man als Aufrührer. Deckt man einen offenkundigen Irrtum auf, heißt es, man habe eigennützige Motive; sind die aufgebrachten Bürger zu zahlreich, heißt es, sie seien aufgehetzt. Werden Missstände international verurteilt, sind subversive antichinesische Kräfte im Ausland am Werk. 60 Jahre sind mittlerweile vergangen, und wir haben noch keine freien Wahlen erlebt. Es gibt keine allgemeine Bildung und keine Krankenversicherung, keine freie Presse, keine Redefreiheit, keine Informationsfreiheit, kein Recht auf freie Wahl des Wohnorts, keine unabhängige Gerichtsbarkeit, keine Einrichtungen zur Wahrung der Bürgerrechte, keine freien Gewerkschaften, keine nationale Armee, keine Mechanismen zur Verteidigung der verfassungsmäßigen Rechte. Das Einzige, was übrig bleibt, ist ein Grasschlammpferd.[42]

---

42 Das »Grasschlammpferd« (*cao ni ma*) ist ein fiktives Tier und Internet-Meme, das im Jahr 2006 in Reaktion auf eine massive staatliche Zensurkampagne im Internet erfunden wurde. Unter dem Vorwand einer »Kampagne gegen Vulgarität« wurden in jenem Jahr die härtesten Zensurmaßnahmen seit Jahren ergriffen. Neben pornografischen Sites wurden auch Online-Diskussionsgruppen, Blogs, Mailboxes und andere Sites, die politischen Fragen und aktuellen Themen gewidmet waren, geschlossen. Die Reaktion der chinesischen Netizens bestand darin, das *cao ni ma* einzuführen, das »Grasschlammpferd«. In einer anderen Betonung ist *cao ni ma* ein vulgärer Fluch (»F… deine Mutter«). Das vom Aussterben bedrohte mythische Grasschlammpferd lebt in der Wüste »Male Gobi« (*ma le ge bi,* was anders ausgesprochen »die F…. deiner Mutter« bedeutet). Der größte Feind des Tiers ist der Flusskrebs (*he xie*); dieses Wort wird ganz ähnlich wie die in der chinesischen Propaganda gebräuchliche »Harmonisierung« ausgesprochen, wobei die »Harmonisierung« eine euphemistische Bezeichnung für die Zensur oder Löschung missliebiger

## Boykott des Internets am 1. Juli, keine Erklärung, keine Berechnung

■ **GEPOSTET AM 23. JUNI 2009**[43]

Die Ursache unserer Misere ist, dass China zu viele kluge Köpfe hat, die immerzu fragen: »Was hat es für einen Sinn, das zu tun? Und was kommt danach?« Plötzlich wird mir klar, dass wir in einer Auseinandersetzung wie dieser nicht nur mit der Macht und der Gewalt konfrontiert sind, sondern auch mit diesen intelligenten, sarkastischen Personen. Sie haben geschmeidige Umgangsformen, sind von berechnendem Scharfsinn und unverhohlen auf ihren eigenen Vorteil bedacht. Sie sind oft ehrenwert und gebildet, beweisen Vernunft und können uns klugen Rat anbieten.

Gemeinsam ist ihnen, dass keiner von ihnen gerne zur Tat schreitet, denn es mangelt ihnen an Fantasie und Sinn für Humor, und hinter ihren Fragen verbergen sich stets geringes Selbstwertgefühl und Selbstverleugnung. Ein Mangel an Selbstwertgefühl sowie Selbstverleugnung und Selbsttäuschung sind charakteristisch für Menschen, die unter der Tyrannei leben, ins innere Exil flüchten und sich selbst Angst einjagen.

Ganz beiläufig lassen diese Propheten ihre Warnungen fallen: Was ihr vorhabt, ist dumm, erklären sie, und es ist zum Scheitern verurteilt. Noch bevor sie den Fehlschlag, den bevorstehenden Untergang voraussagen, verkünden sie, dass wir auf jegliche Bemühung verzichten müssen: Wir sollen ange-

---

Webinhalte ist. Die gefräßigen Flusskrebse machen dem Grasschlammpferd seine Nahrung streitig: das »fruchtbare Gras« (*wo cao,* was in anderer Betonung ein weiterer unflätiger Ausdruck ist, nämlich »F… mich!«). Das Tier erfreute sich bald großer Beliebtheit, und im Internet begannen Lieder und Videos zu zirkulieren. Man gab dem Grasschlammpferd die Form eines Alpakas und brachte Stofftiere und T-Shirts mit diesem Motiv in Umlauf. Als die Behörden hinter das Geheimnis des Grasschlammpferds kamen, fielen alle Hinweise auf dieses Fabeltier rasch der »Harmonisierung« zum Opfer.

43 Am 1. Juli 2009 organisierte Ai Weiwei einen »Tag ohne Internet«, um gegen die Gesetze zu protestieren.

sichts des geringsten Widerstands zum Rückzug blasen und verstummen, noch bevor jemand den Mund aufgemacht hat. Ihre Denkweise lässt sich so beschreiben: Der Fehlschlag ist unvermeidlich, warum sollte man also handeln?

In China hat es nie an Zuschauern dieser Sorte gemangelt. Sie sind die wahren Komplizen der Gewalt, ihre durchtriebene und verkommene Gier fügt sich der Arroganz der Macht. Hat es je ein Blutvergießen gegeben, bei dem diese klugen Leute ihren freundlichen Blick nicht abgewandt hätten, bis das Blut getrocknet war?

Leben die Propheten? Ist das Leben nicht die Spur ungezählter Kämpfe, die zum Tod führen? Ist das Dasein nicht ein Bild unzähliger Fehlschläge? Jeder Mensch kämpft für das Recht, sein Schicksal selbst zu bestimmen, nicht für die obszöne Interpretation des Daseins durch diese Propheten.

Verzichtet auf veraltete Formen und findet eure eigene Sprache, ersetzt alte Vorurteile durch eure eigenen Vorstellungen, wählt neue Ausdrucksformen zur Beschreibung traditioneller Verhaltensweisen. Dies ist ein neues Dasein, denn wir selbst wählen die Methoden.

In allen Krisen, in denen es ums Überleben geht, in allen Krisen, die ihren Ursprung in einem erniedrigten Leben ohne Aufrichtigkeit oder Mut haben, ist ein mangelnder Glaube an die grundlegenden Rechte, auf die jeder von uns in seinem Leben Anspruch hat, der furchtbare Vorbote des Todes.

Die Bedeutung der Welt kommt in der Auflösung und in der Mutation zum Ausdruck: Es gibt keinen vorhersehbaren Sinn. Kuchen werden aus Mehl gemacht, sie fallen nicht vom Himmel. Mit der Demokratie und den Bürgerrechten verhält es sich genauso.

Ihr könnt sagen, dass dieser Kuchen nicht schmeckt, aber wenn das zutrifft, solltet ihr besser einen anderen backen oder gedämpfte Teigtaschen essen gehen.

Dies ist ein unmissverständlicher Appell: Boykottiert das Internet am 1. Juli. Sucht keine Ausflüchte. Denkt nicht über Gewinn und Verlust nach.

## 140 Zeichen

■ **GEPOSTET AM 9. JULI 2009**[44]

Die Gesellschaft kann nur ethisch urteilen, wenn die Menschen die Möglichkeit haben, die Wahrheit zu erfahren, und wenn man davon ausgeht, dass sie imstande sind, sich auszudrücken und zu beteiligen. Das bezeichnet man als Demokratie. Jede Regierungsform, die diese Garantien ausschließt, ist gewalttätig, und alle gesellschaftliche Gewalt ist die Folge politischer Gewalt.

Wie verstehen die beiden Seiten Form und Methode? Auf der einen Seite haben wir verängstigte Uiguren, auf der anderen Seite Soldaten mit gepanzerten Fahrzeugen und schwer bewaffnete Polizisten, von Kopf bis Fuß in Kampfanzüge ge-

---

44 »140 Zeichen« war der Titel eines Tweets, der in einem Mikroblog veröffentlicht wurde, als im Juli 2009 gewalttätige Unruhen in der Provinz Xinjiang ausbrachen. Die Beziehungen zwischen der Minderheit der Han-Chinesen und der einheimischen Mehrheitsbevölkerung der Uiguren im Autonomen Gebiet Xinjiang sind seit Jahrzehnten gespannt und führen immer wieder zu gewalttätigen ethnischen Konflikten. Doch keiner dieser Zusammenstöße war so gravierend wie jener, der China im Juli 2009 aufschreckte. Der unmittelbare Auslöser der Unruhen war der Tod zweier uigurischer Arbeiter in einer Spielwarenfabrik in der Provinz Guangdong am Abend des 25. Juni. Um den Arbeitskräftemangel in der Provinz zu beheben, waren zahlreiche Uiguren in den vorwiegend von Han-Chinesen bewohnten Süden Chinas umgesiedelt worden. In der Fabrik, wo die Arbeiter auf engstem Raum zusammenleben und die Schlafräume teilen, waren die ethnischen Spannungen gewachsen. Der Vorwurf, eine chinesische Arbeiterin sei von einem Uiguren sexuell attackiert worden, löste gewalttätige Unruhen auf dem Fabrikgelände aus, bei denen zwei uigurische Arbeiter getötet wurden; 118 weitere wurden verletzt. Die Fabrikleitung stellte später fest, dass ein verärgerter Arbeiter Gerüchte über eine Vergewaltigung ausgestreut hatte, dass es jedoch keinerlei Hinweis auf einen sexuellen Übergriff gegeben habe. Die Uiguren in Xinjiang gaben sich mit dieser Erklärung nicht zufrieden, und am 5. Juli versammelten sich mindestens tausend Menschen zu einer Protestkundgebung im Zentrum von Ürümqi. Der Protest mündete in einen Gewaltexzess. Uiguren attackierten Angehörige der Han-Minderheit; nach Angaben der staatlichen Nachrichtenagentur Xinhua wurden mehr als 190 Menschen getötet und 1700 verletzt. Bis September 2009 kam es wiederholt zu Gewaltausbrüchen.

hüllt. Die hochmütige Macht ruft nach Repression und Angriff, monopolisiert sämtliche Ressourcen und Informationen einschließlich der Macht, zu kontrollieren, was wir wissen, und des alleinigen Anspruchs auf Gerechtigkeit und öffentliche Meinung. Ist nicht vollkommen klar, was die eigentliche Gewalt ist?

Es gibt viele Meinungen darüber, was Gewalt ist und wie sie kontrolliert werden kann, es gibt zahlreiche Methoden, damit umzugehen, aber diesem Land mangelt es an Respekt für die Verfassung und an einem von der Politik unabhängigen Rechtssystem. Der Staat und die Regierung sind lediglich gewalttätige Gruppen, die als Geiseln gehalten werden. Hat ein solches Land Aussicht auf Frieden?

Aus Sicht des totalitären Staates sind die Ethik und die Methoden, die zur Kontrolle der Gewalt eingesetzt werden, lediglich die Ursachen für den nächsten gewaltsamen Konflikt. Moralische und ethische Mängel und die Debatte über die Legitimität der Macht sind die latenten Ursachen für alle gewaltsam ausgetragenen Konflikte.

Je genauer man diesen Prozess betrachtet, desto unheilvoller erscheint er. Man sehe sich an, wie sich nach 60 Jahren der Geborgenheit in unserer Minderheitenpolitik Tausende unbewaffnete Angehörige einer Minderheit zu einer Protestkundgebung versammeln. Der Staat stellt ihnen Zehntausende Militärpolizisten und Soldaten gegenüber. Es werden Menschen getötet, und Autos gehen in Flammen auf, aber abgesehen von der Behauptung, das alles sei auf ausländische Umtriebe zurückzuführen, gibt es kaum eine Rechtfertigung für das Vorgehen der Behörden.

Ob es sich nun um große oder kleine Unruhen handelt, sie müssen das Ergebnis der Zusammenarbeit mit »feindlichen Kräften im Ausland und Verbrechern im Inland« sein. Aber ist der Marxismus-Leninismus in der chinesischen revolutionären Praxis nicht das beste Beispiel für eine erfolgreiche Zusammenarbeit mit »feindlichen Kräften im Ausland und Verbrechern im Inland«?

Die Zahl der Todesopfer übersteigt bereits unsere Vorstellungskraft, und die einzigen Erklärungen für diese Vorgänge sind Schwäche und Inkompetenz. Die totalitäre Gewalt ist allgegenwärtig, das Leben ist nicht mehr als eine Zahl ohne Fleisch und Blut. Die toten Schüler von Sichuan sind nur ein Beispiel dafür.

Nach der Verschwendung finden Grausamkeit, Vernachlässigung, Niedergang, Plünderung vor deinen Augen statt. Du bist jemand, der es ertragen muss.

Wenn nur wahr ist, was uns nützt, verwandeln wir uns in Attrappen, in bloße Vorwände für unsere Existenz. Die Welt ist nicht zwangsläufig so, wie wir sie sehen: Jeder Mensch betrachtet die Welt mit seinen eigenen Augen.

Ist die Wahrheit noch erforderlich? Sie ist es nicht. Diese Regierung, dieses politische System ist die einzige, unveränderliche Wahrheit. Alle anderen Wahrheiten sind Trugbilder, die wir getrost ignorieren können.

Wenn wir an der Schwelle des Todes stehen, gibt es keine ethnische Zugehörigkeit und keine Standpunkte mehr: Der Tod hebt jegliche irdische Rationalität auf. Einen anderen Menschen zu töten ist eine Sünde, gleichgültig wer dieser Mensch ist oder warum man ihn tötet. Tod und Freiheit sind unvereinbar.

Jene, die durch Gewalt sterben, fallen der Gleichgültigkeit und dem Hass auf das Leben zum Opfer. Das Schlimme ist, dass Gleichgültigkeit und Hass zum alltäglichen Bestandteil unserer Existenz geworden sind.

Es gibt eine sichtbare und eine unsichtbare Gewalt; wir müssen beide Formen erdulden. Wenn wir gegenwärtig nicht auf dem Weg zur Ausrottung sind, solltet ihr nicht länger das Wort »Ausrottung« verwenden, um die Menschen zu bedrohen.

Ich habe 16 Jahre lang in Xinjiang gelebt, ohne je die Gelegenheit gehabt zu haben, Uiguren kennenzulernen. Deshalb verstehe ich sie eigentlich nicht. Das sollte genügen, um das Problem zu verdeutlichen. Ich habe zahllose Han-Chinesen kennengelernt, und ich weiß, wie schamlos einige von ihnen sind und wie sehr sie dich enttäuschen können.

Es ist wie bei einem kranken Menschen, dessen Körper verfällt, nur dass der Tod nicht von innerer Erschöpfung, sondern von äußerer Zersetzung herbeigeführt wird.

Das Maß an Freiheit hängt davon ab, welches Maß an Freiheit eure Gefangenen genießen. Wenn ihr den anderen keine Freiheit gewährt, werdet ihr nie in Frieden leben können.

Die politischen Einrichtungen werden von Regeln und Gesetzen zusammengehalten, die durchaus förderlich sein könnten. Wir sollten zur Regierung sagen: Es ist in Ordnung, an der Macht zu sein, aber man sollte nicht betrügen. Es ist in Ordnung, korrupt zu sein, aber es ist nicht notwendig, völlig die Kontrolle zu verlieren. Ihr könnt stehlen, aber versucht nicht, den Anschein des Anstands zu erwecken.

Die »drei Einflüsse« sind: Terrorismus, ethnische Abspaltung, religiöser Extremismus.[45] Blickt ihr nicht in einen Spiegel?

Gleich welcher Art die Vorfälle sind, die Reaktion ist immer dieselbe: Der Informationsfluss wird unterbrochen, die öffentliche Meinung kontrolliert, Richtig und Falsch werden durcheinandergeworfen. Ist nicht klar, was für eine Welt dies ist?

Xinjiang, Tibet, Wengan, Longnan, Shishou[46], Beichuan …

---

45 Die chinesische Regierung vermutete drei Kräfte hinter den Unruhen in Xinjiang: den religiösen Extremismus, den Separatismus und den internationalen Terrorismus.

46 Im Juni 2009 brachen in Shishou in der Provinz Hubei nach dem mysteriösen Tod eines Hotelangestellten Unruhen aus. Am 17. Juni 2009 wurde die Leiche des 24-jährigen Tu Yuangao auf dem Gelände des Hotels gefunden, in dem er gearbeitet hatte; angeblich hatte sich der junge Mann aus dem dritten Stock in die Tiefe gestürzt. Doch fehlende Blutspuren an der Stelle, an der der Körper aufgeschlagen war, sowie die Berichte von Zeugen, die bei dem Opfer mehrere blutende Kopfwunden gesehen hatten, weckten bei Tus Angehörigen und in der Öffentlichkeit den Verdacht, dass er totgeschlagen und dann aus dem Fenster geworfen worden sei. Der Besitzer des Hotels, ein Verwandter das Bürgermeisters von Shishou, geriet in Verdacht. Der Versuch, die Leiche unter Gewaltanwendung aus dem Bestattungsunternehmen zu holen, um sie zu verbrennen, stieß auf Widerstand

und ihr wollt uns weismachen, dass nur ein paar wenige Menschen gelitten haben? Jedermann muss einen Preis bezahlen, einen ethischen und moralischen Preis, der mit dem Körper und der Seele zu begleichen ist, von den Jungen und den Alten, von Frauen und Kindern. Sonderbar ist, dass niemand der Strafe entgeht.

Das Gefühl der Hilflosigkeit unter der totalitären Herrschaft rührt aus dem Verschwinden der Moral. Der Terror beruht nicht auf unbarmherziger Brutalität, sondern auf der Unterwerfung unter diese Unbarmherzigkeit.

Der Gouverneur des Autonomen Gebiets Xinjiang, Nur Bekri, hat Rebiya Kadeer so beschrieben: »Diese aufsässige, kriminelle, böse Frau, der jegliches Gefühl für die Würde der Nation, jeglicher Charakter und jeder Sinn für das nationale Interesse fehlen, hat die Interessen ihrer Nation und ihres Volkes verraten und ist bereit, den Feinden Chinas im Westen als Lakai zu dienen.«[47] Streicht man das Wort Frau, so wäre dies eine zutreffende Beschreibung der chinesischen Funktionäre.

»Seid tapfer, etwas Großes wird geschehen.« Wenn das ein Beweis für einen vom Ausland ausgeheckten Plan ist, so müssen wir den Schluss ziehen, dass der Einfluss des Auslands nicht annähernd so groß ist wie der Einfluss Fanfous.[48]

---

der Angehörigen, die verhindern wollten, dass die Klärung der Todesursache unmöglich gemacht wurde. Am 19. und 20. Juni versammelten sich mit der Familie des Opfers sympathisierende Einwohner vor dem Hotel. Augenzeugen berichteten von 3000 bis 10 000 Kundgebungsteilnehmern. Die wütende Menge setzte die Fassade des Hotels in Brand und attackierte Polizeifahrzeuge. Es mussten Spezialeinheiten eingesetzt werden, um die Proteste unter Kontrolle zu bringen.

47 Rebiya Kadeer (geb. 1947) ist eine prominente uigurische Menschenrechtsaktivistin und Geschäftsfrau, die beschuldigt wurde, an der Spitze einer Verschwörung zu stehen, die angeblich hinter den Unruhen in Xinjiang steckte. Von Kadeer am 5. Juli 2009 verschickte Nachrichten wurden in den Medien als »Beweis« für ihre Verstrickung in den Aufstand dargestellt. Die fraglichen Botschaften enthielten Aussagen wie »Seid tapfer« und »Etwas Großes wird geschehen«.

48 Fanfou.com war das erste Twitter-Imitat in China, das im Mai 2007 den Betrieb aufnahm. Einen Tag nach den Unruhen in Ürümqi am 5. Juli brachten Schlagwortsuchen von Journalisten Fanfou zum Stillstand; wenige Tage später

## Ich kann es wirklich nicht glauben

**■ GEPOSTET AM 20. NOVEMBER 2009**

Gestern hat ein Mitarbeiter des Ministeriums für Öffentliche Sicherheit den ganzen Nachmittag lang in der Bank of China meine Kontounterlagen geprüft. Die Begründung lautete, ich sei in einen »Betrug« verwickelt.

Was haben sie vor?

Das Ministerium für Öffentliche Sicherheit hat sehr gründlich ermittelt, über drei Stunden lang. Solche Aktionen beweisen, dass man dort nach unten keine moralische und ethische Grenze kennt. Das überrascht mich keineswegs. Als ich hörte, ich sei in einen »Betrug« verwickelt, habe ich gelacht – wenigstens teilen wir diese zweifelhafte Ehre.

Meine Mutter und meine Schwester wurden telefonisch befragt. Zuerst waren sie besorgt und befürchteten alles Mögliche, aber ich teile ihre Befürchtungen nicht. Ich glaube, egal was passiert, nichts kann den historischen Prozess aufhalten, mit dem eine Gesellschaft mehr Freiheit und Demokratie einfordert.

Heute Nachmittag kam meine Familie zusammen, und ich habe ihr über meine »Arbeit« berichtet. Ich erklärte meine Sicht der Dinge und stellte die Situation dar. Alle wissen, dass ich den schlimmsten Fall bereits in Betracht gezogen habe, und sie fühlen sich jetzt viel sicherer.

Was können sie mir schon antun? Sie können mich ausweisen, entführen oder einsperren, auch dafür sorgen, dass ich mich in Luft auflöse. Aber sie haben keine Fantasie oder Kreativität. So eine politische Clique ist erbärmlich.

Begrabt diese Kinder, flößt ihnen Milch ein, von der sie Nierensteine bekommen, und tut, als sei nichts gewesen, überzieht das Land mit Gewalt, aber wagt es nicht, den Tatsachen

---

war es nicht mehr möglich, sich dort einzuloggen, und Fanfou wurde so wie die andere beliebte chinesische Mikroblogging-Site Jiwai.com abgeschaltet.

ins Auge zu sehen … und so wollt ihr euch in dieser Welt behaupten? Ich kann es wirklich nicht glauben.

# Epilog

**Frage:** Wie war Ihnen zumute, als der Sina-Blog geschlossen wurde?

**Ai Weiwei:** Ich kann meine Gefühle kaum beschreiben. Auch wenn es nur ein Blog war, hatte ich doch über drei Jahre damit verbracht. Ich hatte über 2700 Einträge geschrieben und viele Bilder und Texte gepostet. Sogar wenn ich unterwegs war, habe ich täglich gepostet oder meinen Assistenten damit beauftragt. Ich war also viel im Netz und hatte einen sehr dynamischen Blog. Es dürfte auch außerhalb Chinas nur wenige so aktive Blogs geben. Ich habe täglich zwischen zwei und sieben Einträge geschrieben. Seit Schließung des Sina-Blogs habe ich ein Gefühl der Schwerelosigkeit.

**F:** Die Ziele Ihres Blogs haben sich nach und nach entwickelt. Haben Sie das Gefühl, dass auch Ihre persönliche Situation sich dadurch verändert hat?

**AWW:** Bevor ich mit dem Blog anfing, hatte ich keine Erfahrung mit dem Schreiben. Natürlich beschäftigte ich mich in meinem Blog mit Politik und der aktuellen Lage, weil man über Kunst nicht zu viel schreiben sollte. Meine Situation hat sich nicht verändert. Politik hat in meinem Leben immer eine große Rolle gespielt.

Ich glaube, dass es immer mit Politik zu tun hat, wenn ein Künstler oder überhaupt ein Mensch sich mit grundsätzlichen Lebensfragen beschäftigt. Der Blog war für mich ein besonders dynamisches Instrument und ein Ort, an dem ich meine Ausdrucksmöglichkeiten in vollem Umfang nutzen konnte.

**F:** Was war Ihre ursprüngliche Absicht, als Sie den Film *Laoma tihua* gemacht haben?[1] Was sich damals zugetragen hat, hat Ihr Leben verändert. Wie können Menschen außerhalb

1 *Laoma tihua* (75 Min., 2009) ist ein Dokumentarfilm über Ais Reise nach Chengdu im August 2009, wo er für Tan Zuoren aussagte.

**5.1** Ai Weiwei und Zuoxiao Zuzhou werden von zwei Polizisten im Aufzug des Anyi Hotel von Chengdu am 12. August 2009 um fünf Uhr morgens abgeführt.

Chinas das Verhalten der örtlichen Behörden verstehen, und würden Sie heute anders handeln?

**AWW:** Als ich nach Sichuan fuhr, um für Tan Zuoren auszusagen, habe ich Foto- und Videokameras mitgenommen, wie ich das schon seit längerer Zeit immer tue. Ich wollte keinen Film machen. Wir nehmen oft Kameras mit, um ganz verschiedene Dinge zu dokumentieren, ich habe das sogar schon vor *Fairytale* gemacht. Ich habe um 2003 damit angefangen, zu Dokumentationszwecken zu filmen.

Bei unserer Rückkehr aus Sichuan erwies es sich als schwierig zu klären, was dort überhaupt vorgefallen war. Da hatte ich die Idee, aus den Aufnahmen einen Film zu machen. Was in Sichuan geschehen ist, hat mein Leben beeinflusst und eine persönliche Krise ausgelöst. So etwas war mir noch nie passiert, es hatte einen prägenden Einfluss auf mich und meine Umgebung.

Ich glaube, das Verhalten der dortigen Behörden ist wie viele

Dinge, die in China geschehen, für Menschen aus dem Westen nur schwer zu verstehen. Das liegt daran, dass diese Dinge nicht zu denen gehören, die man verstehen kann. Man befindet sich entweder innerhalb einer Situation oder außerhalb, Verstehen ist nur ein Teil der Umstände, es gibt deshalb immer Aspekte, die unverständlich bleiben. Seit der Affäre um Tan Zuoren sind fast fünf Monate vergangen – ich habe für diesen hart arbeitenden Intellektuellen ausgesagt, der sich immer für das öffentliche Wohl eingesetzt hat, und ich bereue nichts. Ich glaube, jeder muss etwas für andere tun, nur so kann man auf der Welt etwas verändern.

**F:** Haben Sie sich auch in letzter Zeit mit Filmen und Dokumentarfilmen beschäftigt? Haben Sie in dieser Richtung weitere Pläne?

**AWW:** Wir filmen schon immer und machen Dokumentarfilme. Wir haben schon vier Dokumentarfilme fertiggestellt, man kann sie alle online sehen.[2] Aber ich habe kein Ziel und keine Richtung, ich bewege mich einfach nur immer weiter.

**F:** Sie haben in letzter Zeit keine längeren Texte mehr geschrieben. Hat das mit dem Vorfall in Sichuan zu tun?

**AWW:** Ich kann mich seit damals nicht mehr so gut konzentrieren, und mein Gehirn hat sich noch nicht erholt. Das Gute daran ist, dass ich gelernt habe, mit Twitter umzugehen. Die Ereignisse von Sichuan und meine Operation in München wurden alle über mein Handy und Twitter ins Netz gestellt. Damit stand mir natürlich eine neue Methode zur Verfügung, durch die ich meine Lage dokumentieren und Stellung zu den Ereignissen nehmen konnte. Ein neues Ausdrucksmittel bot sich an,

---

2 Die vier Filme sind *Hualian ba'r* (78 Min., 2009), eine Dokumentation über das Sammeln von Namen der bei dem Erdbeben in Sichuan getöteten Schüler, *Laoma tihua, 4851* (87 Min.), eine Namensliste der bei dem Erdbeben ums Leben gekommenen Schüler, und schließlich *Feng Zhenghu huijia* (»Komm nach Hause, Feng Zhenghu«, 22 Min., 2009), eine Dokumentation über den aus Shanghai stammenden Menschenrechtler Feng Zhenghu, dem nach einem Japanaufenthalt wiederholt die Wiedereinreise nach China verweigert wurde und der aus Protest den Flughafen Tokyo-Narita nicht verließ, bis er einreisen durfte.

und ich stellte fest, dass es eine Dynamik und Kraft besitzt, die von den Medien und der Öffentlichkeit sehr gut angenommen wird. Zugleich, und das ist noch wichtiger, überwindet es alte Machtstrukturen und veraltete Formen des Diskurses.

**F:** Sie haben auf Twitter bereits 20 000 Follower. Was reizt Sie an Twitter am meisten? Inwiefern hat es Ihre Lebensgewohnheiten verändert? Welche Plattform gefällt Ihnen verglichen mit dem Blog besser?

**AWW:** Twitter zeichnet sich durch seine schnelle Reaktion und Geschwindigkeit aus. Es ist das Gegenteil der Pedanterie und tiefen Betrachtung, um die es in der Literatur geht. Ich denke oft an einen Satz, den Allen Ginsberg einmal zu mir gesagt hat: »Der erste Gedanke ist der beste.« Darum geht es. Er konnte Twitter nie verwenden. Ich bin davon überzeugt, dass Twitter letztlich die Art der menschlichen Kommunikation verändern wird und die Art, in der wir Texte und Informationen übermitteln. Twitter ist für mich am besten geeignet. Im Chinesischen sind 140 Zeichen (Das Chinesische hat 159 Zeichen, die Radikale genannt werden. A.d.Ü.) eine ganze Erzählung und vollkommen ausreichend. Twitter ermöglicht es den Menschen, näher zusammenzurücken.

**F:** Können Sie sich zur Zukunft der menschlichen Interaktion äußern, zu den Beziehungen, wie sie durch das digitale Zeitalter ermöglicht werden?

**AWW:** Wir leben in einer Zeit des Umbruchs, der vor allem in veränderten Ausdrucksmöglichkeiten des Einzelnen sichtbar wird und in Veränderungen der Art, in der wir Informationen empfangen. Wenn aber die Charaktermerkmale des Einzelnen sich ändern, ändert sich damit zugleich das, was Menschheit bedeutet. Die Auswirkungen des Internet-Zeitalters auf die Menschheit sind in ihrer Bedeutung noch nicht absehbar, aber das Internet wird zu dem Instrument werden, das die Menschen am stärksten formt.

**F:** Welche besondere Wirkung hat das Internet auf die chinesische Gesellschaft und die chinesischen Netzbürger?

**AWW:** Man kann diese Wirkung nur schwer einschätzen,

weil China sich derart auf die Blockade von Informationen, auf Überwachung und die Einschränkung der Meinungsfreiheit stützt. Die Überwachungsmethoden und Einschränkungen werden ständig erweitert. Aber zugleich wachsen am Widerstand gegen jede Blockade die technischen Fähigkeiten der Netzbürger und ihre Forderung nach Meinungsfreiheit. Aus dieser Hängepartie in Sachen Internet erwächst eine starke neue Kraft, die sich für Ausdrucksmöglichkeiten und entsprechende Technologien interessiert.

**F:** Was könnte eine digitale oder Internet-Gesellschaft Ihrer Meinung nach idealerweise bewirken?

**AWW:** Sie könnte es den Menschen ermöglichen, die beste Wahl zu treffen, was sie normalerweise aufgrund des Ungleichgewichts an Informationen und Möglichkeiten nicht können. Dadurch könnte eine echte Bürgergesellschaft entstehen. Der vom Internet verursachte soziale Wandel steuert China zurzeit noch schneller in Richtung einer Liberalisierung und freiheitlichen Gesellschaft.

**F:** Was fällt Ihnen noch zum digitalen Zeitalter oder der Freiheit des Internets ein? Erleben wir einen kalten Krieg im Cyberspace? Werden Sie auch in Zukunft Blogs schreiben?

**AWW:** Redefreiheit im Internet ist ein neuer Gedanke, und Hillary Clinton hat die Werte Freiheit und Demokratie in ihrer Rede[3] neu bestimmt und definiert. Vom Schutz der neuen Technologien können alle profitieren. Die Freiheit des Internets bringt autoritäre Politiker in eine sehr schwierige Lage.

Ich werde das Internet weiter nutzen. Als Künstler glaube ich, dass es ein unglaubliches Ausdruckspotenzial enthält. Außerdem verdanke ich ihm einige unglaubliche Erinnerungen.

---

3 Die Ausführungen der amerikanischen Außenministerin Hillary Clinton am 21. Januar 2010 in einer Ansprache im Newseum in Washington, D.C. zur Freiheit des Internets stießen in China auf scharfe Kritik. Clinton verglich die Behinderung der digitalen Information mit der Berliner Mauer. Mit ihrer Forderung nach »Informationsfreiheit« bezog sie sich direkt auf Versuche Chinas und anderer Länder, Informationen zu blockieren. Clintons Rede kam zur richtigen Zeit. Im Januar musste China sich mit der Entscheidung Googles auseinandersetzen, Suchergebnisse hinter der »Great Firewall« nicht zu zensieren.

**Am 3. April 2011 wurde Ai Weiwei am Pekinger Flughafen festgenommen und war danach für zweieinhalb Monate verschwunden.**
**Jetzt steht er unter Hausarrest und darf nicht mehr bloggen oder twittern. Die Ereignisse vom 3. April in einigen Tweets des Tages**

**Tweet vom 3. April 2011 (Assistent)**
»Ai Weiwei wurde am Flughafen Peking von zwei Zollbeamten festgenommen. Sie winkten nur Ai Weiwei und seinen Assistenten heraus. Die beiden Zollbeamten führten sie weg. Ai Weiweis Handy ist ausgeschaltet, und er ist schon 50 Min. nicht mehr erreichbar. Die Situation ist unklar. Bitte seid alle aufmerksam.«
(Anmerkung: Dies schreibt ein Assistent)

**Tweet vom 3. April 2011 von dem Anwalt Liu Xiaoyuan**
»Er ist vielleicht festgenommen worden.«

**Tweet vom 3. April 2011 (Assistent)**
»Vor einer Stunde kam die Polizei mit einem Durchsuchungsbefehl zu Ai Weiweis Atelier in Caochangdi, FAKE 258. 8 Mitarbeiter wurden zur Befragung auf das Polizeirevier Peking gebracht: Xu Ye, Qian Feifei, Dong Jie, Xiao Wei, Xiao Xie, Xing Rui, Jiang Li, Xiaopangs Neffe. Lu Qing ist zu Hause unter Polizeiaufsicht. Es sind jetzt Polizisten vor dem Atelier postiert, niemand darf hinein. Vor drei Stunden wurde Ai Weiwei am Flughafen Peking festgenommen und (wir) konnten ihn seitdem nicht erreichen.«
(Dies schreibt ein Assistent)

**Vier Mitstreiter Ai Weiweis teilten sein Schicksal und kamen erst nach zweieinhalb Monaten frei.**

# Zeittafel

**Ai Weiweis Biografie**

**1910** 27. März: Ai Weiweis Vater Ai Qing (geb. Jiang Haicheng) wird als Sohn eines Grundbesitzers in Jinhua, Provinz Zhejiang, geboren

**1957** 18. Mai: Ai Weiwei wird als Sohn von Ai Qing und seiner Frau Gao Ying in Peking geboren (nach anderen Quellen am 28. August)

Ai Qing wird zum Rechtsabweichler erklärt; die Familie wird nach Beidahuang, Provinz Heilongjiang, umgesiedelt

**1959** Familie wird nach Shihezi, Provinz Xinjiang, umgesiedelt

**1976** Ai Qing wird rehabilitiert; Familie kehrt nach Peking zurück

**1978** Ai Weiwei schreibt sich an der Filmakademie von Peking ein

**1979** Nimmt an der ersten Ausstellung der Gruppe Sterne teil, die ihre Werke außerhalb des Nationalen Kunstmuseums an Zäunen präsentiert

**1981** Übersiedelt nach New York

**1982** Schreibt sich an der Parsons School of Design, Art Students League ein

Ausstellung in der Asia Foundation, San Francisco (solo)

**1988** »Old Shoes, Safe Sex«, Art Waves Gallery, New York

**1989** Tritt in die Gruppe »Solidarity for China« ein und nimmt an achttägigem Hungerstreik in New York teil

**1993** Kehrt nach China zurück

»Die Sterne-Gruppe: 15 Jahre«, Tokyo Gallery, Tokyo (Sammelausstellung)

Künstler ziehen ins East Village am östlichen Stadtrand von Peking um

**1994** Bearbeitet und veröffentlicht Black Cover Book (Heipi shu)

**1995** Bearbeitet und veröffentlicht White Cover Book (Baipi shu)

**1997** Bearbeitet und veröffentlicht Gray Cover Book (Huipi shu)

**1998** Jurymitglied für die Vergabe des ersten Chinese Contemporary Art Award (Preis für chinesische zeitgenössische Kunst)

Gründet mit Hans van Dijk und Frank Uytterhagen das China Art Archives and Warehouse

»Double Kitsch: Painters From China«, Max Protetch Gallery, New York (Sammelausstellung)

**1999** Schließt erstes Bauprojekt ab, Studio-Haus in Caochangdi, Peking

»Innovations I«, China Art Archives and Warehouse, Peking (Sammelausstellung)

48. Biennale in Venedig

»Concepts, Colors, and Passions«, China Art Archives and Warehouse, Peking (Sammelausstellung)

**2000** Mit-Kurator der Ausstellung »Fuck Off« mit Feng Boyi, EastLink Gallery, Shanghai

China Art Archives and Warehouse (Bauprojekt)

Concrete, erste Skulptur auf einem öffentlichen Platz für Gebäudekomplex Soho, China

**2002** Ai gibt heraus Chinese Artists, Texts and Interviews: Chinese Contemporary Art Awards 1998–2002

**2003** Arbeitet mit Herzog & de Meuron an Modell für Pekings Nationalstadion zusammen, dem »Vogelnest« (Bauprojekt)

Architekturstudio FAKE Design gegründet

Jinhua Ai Qing Kulturpark und Yiwu Flussufer, Jinhua, Provinz Zheijiang, China (Bauprojekt)

»Fragments«, Galerie Urs Meile, Peking-Luzern, Luzern, Schweiz (solo)

**2004** Restaurant »Go Where?«, Peking (Bauprojekt)

»Between Past and Future: New Photography and Video from China«, New York, Seattle, Chicago, North Carolina, Kalifornien, Berlin, London (Sammelausstellung)

9. Biennale der Architektur in Venedig

Caermerklooster, Provinciaal Centrum voor Kunst en Cultur, Gent, Belgien (solo)

**2005** 2. Triennale in Guangzhou

Wohnhof 104 & 105, Peking (Bauprojekt)

Galerie Urs Meile, Peking (Bauprojekt)

»Mahjong: Chinesische Gegenwartskunst aus der Sammlung Sigg«, Kunstmuseum Bern

Oktober: Ai Weiwei schreibt erste Blogs auf sina.com

**2006** »Fragments«, Galerie Urs Meile, Peking (solo)

»Art in Motion«, Shanghai, MoCA

Teilnahme am Weltwirtschaftsforum in Davos

»Territorial: Ai Weiwei und Serge Spitzer«, Museum für Moderne Kunst, Frankfurt am Main

15. Biennale in Sydney

3. Biennale in Busan

**2007** Juni–September: Projekt Fairytale, realisiert auf documenta 12, Kassel, Deutschland

»Ai Weiwei«, Galerie Urs Meile, Luzern (solo)

»Traveling Landscapes«, AedesLand, Berlin, Deutschland (solo)

2. Biennale in Moskau

»The Real Thing: Contemporary Art from China«, Tate Liverpool, Liverpool

Three Shadows Photography Art Center, Peking (Bauprojekt)

17 Studios, Caochangdi, Peking (Bauprojekt)

Museum für neolithische Keramik, Jinhua, Provinz Zhejiang, China (Bauprojekt)

Treehouse of the Waterville, Lijiang Provinz Yunnan, China (Bauprojekt)

**2008** »Ai Weiwei: Illumination«, Mary Boone Gallery, New York (solo)

»Ai Weiwei: Under Construction«, Sherman Contemporary Art Foundation and Campbelltown Arts Center, Sydney (solo)

»Go China! Ai Weiwei«, Groninger Museum, Groningen, Niederlande (solo)

Gallery Hyundai, Seoul (solo)

Albion Gallery (solo)

5. Biennale in Liverpool

11. Biennale für Architektur in Venedig

Erhält Auszeichnung Chinese Contemporary Art Award für Lebenswerk

**2009** »Ai Weiwei: New York Photographs 1983–1993«, Three Shadows, Peking (solo)

»According to What?«, Mori Art Museum, Tokyo (solo)

20. März: Ai Weiwei initiiert bürgerliche Ermittlung zu Erdbebenopfern

28. Mai: Sina-Blog wird zensiert

Juni: veröffentlicht erste Mikroblogs auf Twitter

12. August: wird in einem Hotel in Chengdu überfallen und geschlagen, als er auf dem Prozess von Tan Zuoren aussagen will

13. September: Schädeloperation in Klinik in München zur Beseitigung der Spätfolgen des Überfalls vom 12. August

»So Sorry«, Haus der Kunst, München (solo)

**2010** 5. März: Londoner Museum Tate Modern kündigt an, dass Ai den Turbinensaal als 11. Auftrag der Reihe des Konzerns Unilever mit Sonnenblumenkernen aus Porzellan füllen wird. Die Ausstellung dauert vom 12. Oktober 2010 bis 2. Mai 2011

März–September: »Barely Something«, Museum DKM, Duisburg

Ende Juli: Auf dem Hohen Dachstein in der Steiermark lässt Ai Weiwei einen 4 Tonnen schweren Felsen aus der chinesischen Provinz Sichuan aufstellen, der sich bei dem verheerenden Erdbeben in Sichuan im Mai 2008 gelöst hatte

Juli–Oktober: »Dropping the Urn«, Museum of Contemporary Craft, Portland, Oregon

Oktober–Dezember: Galerie Urs Meile, Luzern

10. August: beim Versuch, den Polizeiüberfall vom August 2009 zu melden, werden Ai und Begleiter von Beamten in Zivil vor dem Polizeipräsidium von Chengdu angegriffen.

**2011** 12. Januar: Ai Weiweis Atelier in Shanghai wird von Behörden abgerissen

3. April: Ai Weiwei wird beim Versuch, aus China auszureisen, verhaftet und an einen unbekannten Aufenthaltsort verschleppt

Mitte April: Die deutsche Kanzlerin Angela Merkel setzt sich persönlich für die Freilassung Ai Weiweis ein.

16. April: Die Unabhängige Hochschule der Künste Berlin ernennt Ai Weiwei zum Gastprofessor

23. April: Berliner Appell für Ai Weiwei. Deutsche Vertreter aus Kunst, Wissenschaft und Wirtschaft fordern die Freilassung Ai Weiweis

Ende April: Kulturstaatsminister Bernd Neumann fordert von der chinesischen Regierung die sofortige Freilassung Ai Weiweis und kritisiert das Verhalten deutscher Museumsdirektoren gegenüber Peking als zu brav und anbiedernd

8. Mai: Die Berliner Akademie der Künste wählt Ai Weiwei zum Mitglied

Mai–Juni: Somerset House, London

Mai–Juli: Circle of Animals/Zodiac Heads, Grand Army Plaza, New York

Mai–August: »Interlacing«, Fotomuseum Winterthur

Juni–August: Ai Weiwei's New York Photos, Asian Society, New York

22. Juni: Ai Weiwei wird gegen Kaution freigelassen, bleibt aber in Hausarrest und darf nicht über die Situation während der Verschleppung reden. Ihn erwartet ein Prozess wegen angeblicher Steuervergehen

29. Juni: Ais Ehefrau Lu Qing legt als gesetzliche Vertreterin von Ais Firma Peking Fake Cultural Development Widerspruch gegen einen Steuernachzahlungsbescheid der Pekinger Behörden über einen Betrag von 1,85 Millionen US-Dollar ein.

Juli–Oktober: »Art/Architecture«, Kunsthaus Bregenz

## Chronologie wichtiger politischer Ereignisse

| | |
|---|---|
| **1911** | Republikanische Regierung in Peking eingesetzt |
| **1912** | Februar: Mit der Abdankung des letzten Manchu-Kaisers endet die Qing-Dynastie |
| **1919** | 4. Mai: Studentendemonstrationen in Peking, Beginn der Bewegung des 4. Mai |
| **1927** | Bürgerkrieg zwischen KMT (Nationalisten) und kommunistischen Parteien |
| **1937** | Zweiter Chinesisch-Japanischer Krieg bricht aus |
| **1942** | Mao Zedongs Gespräche über Kunst und Literatur in Yan'an vereinen Intellektuelle und Künstler unter neuen kommunistischen Direktiven |
| **1949** | 1. Oktober: Gründung der Volksrepublik China |
| **1950** | Volksbefreiungsarmee marschiert in Tibet ein |
| **1956/57** | Hundert-Blumen-Kampagne ermuntert Intellektuelle zur Kritik |
| **1957/58** | Kampagne gegen Rechtsabweichler schaltet kritische Intellektuelle aus |
| **1958** | Großer Sprung nach vorn beginnt |
| **1959** | Zehnter Jahrestag der Gründung der VRC, zehn große Bauprojekte in Peking begonnen |
| | 10. März: Aufstand in Tibet, 14. Dalai Lama flieht nach Indien |
| **1961** | Großer Sprung nach vorn endet, geschätzte 14–36 Millionen Menschen sterben bei Hungersnot |
| **1964** | Erste Atombombentests in China |
| **1966** | Große Proletarische Kulturrevolution beginnt |
| **1968** | Erste Gruppe der Roten Garde wird zur Arbeit und Erziehung aufs Land geschickt |
| **1972** | Nixon stattet China Besuch ab, chinesisch-amerikanische Beziehungen normalisieren sich allmählich |

| | |
|---|---|
| **1976** | 8. Januar: Tod von Ministerpräsident Zhou Enlai |
| | 5. April: Bürger versammeln sich auf dem Tiananmen-Platz zu einem Trauermarsch für Zhou Enlai, die Menge wird in dem sogenannten Tiananmen-Zwischenfall von Milizen aufgelöst |
| | 6. Juli: Tod des Vizevorsitzenden Zhu De |
| | 28. Juli: Erdbeben von Tangshan zerstört die Stadt Tangshan, Provinz Hebei, schätzungsweise 270 000 Menschen kommen ums Leben |
| | 9. September: Tod des Vorsitzenden Mao Zedong |
| | 6. Oktober: Viererbande wird verhaftet; die Kulturrevolution geht zu Ende |
| **1978** | Deng Xiaoping manövriert den von Mao auserwählten Nachfolger Hua Guofeng aus und kommt an die Macht |
| | Dengs Wirtschaftspolitik der »Öffnung und Reform« wird eingeführt |
| | 5. Dezember: Wei Jingsheng hängt die »Fünfte Modernisierung« an die »Mauer der Demokratie« in Peking |
| **1980** | Die Ein-Kind-Politik wird landesweit eingeführt |
| | In Shenzhen, Zhuhai, Shantou, Xiamen und Hainan werden Sonderwirtschaftszonen eingerichtet |
| **1982** | Fünfter Nationaler Volkskongress verabschiedet derzeitige Verfassung |
| **1983** | Erste Kampagne »Hartes Durchgreifen gegen Kriminalität«, bei der auch Regimegegner kriminalisiert werden |
| **1985** | »Kulturfieber« und »85 New Wave« |
| **1989** | 15. April: Tod von Generalsekretär Hu Yaobang |
| | 13. Mai: protestierende Studenten auf dem Tiananmen-Platz beginnen einen Hungerstreik |

20. Mai: in Peking wird das Kriegsrecht ausgerufen, Truppen rücken auf den Tiananmen-Platz vor, werden aber von Zivilisten aufgehalten

3. Juni: Truppen erhalten Befehle, den Tiananmen-Platz um jeden Preis bis 6.00 Uhr zu räumen; am 4. Juni kommt es um 4.00 Uhr zu ersten Gewalttaten

**1990** Blut- und Plasmaspender im ländlichen Hebei werden mit HIV infiziert

Erste Künstler ziehen in das Künstlerdorf Yuanmingyuan in Peking ein

**1992** Deng Xiaopings Inspektionsreise durch den Süden

**1993** Pekings East Village blüht auf

**1994** 8. Dezember: Brand in der Stadt Karamay, Provinz Xinjiang

Arbeit am Drei-Schluchten-Staudamm beginnt

**1996** Bahnhof Peking West vollendet

**1997** 19. Februar: Tod Deng Xiaopings

1. Juli: China erhält Kontrolle über die Souveränität Hongkongs

**2000** Jiang Zemin präsentiert die Theorie des »Dreifachen Vertretens«

Han Han veröffentlicht den Roman Die dritte Tür, der zum meistverkauften Buch in China seit 20 Jahren avanciert

Umsiedlung der Bevölkerung für den Drei-Schluchten-Staudamm beginnt; Schätzungen zufolge müssen 1,3 Millionen Menschen im Laufe von 17 Jahren umgesiedelt werden

**2001** Vergabe der Olympischen Spiele 2008 an China

**2002** Erster SARS-Verdacht in der Provinz Guangdong

Hu Jintao löst Jiang Zemin als Generalsekretär der Kommunistischen Partei Chinas ab

**2003** März: Hu Jintao wird vom Nationalen Volkskongress als Präsidenten bestätigt

20. März: Sun Zhigang stirbt in Polizeigewahrsam; Politik der Internierung und
Rückführung wird neu überdacht

April: Dr. Jiang Yanyong deckt Pekings Vertuschung der Seuche SARS auf

April: Herzog & de Meurons »Vogelnest«-Modell für das Nationalstadion wird offiziell angenommen

**2004** Januar: Magnetschwebebahn Transrapid in Shanghai wird in Betrieb genommen

September: »Aufbau einer harmonischen Gesellschaft« wird unter Hu Jintaos Führung als oberste Direktive der KPC eingeführt

**2005** Die Zahl der Internetnutzer Chinas übersteigt 103 Millionen (über China Internet Network Information Center, CNNIC)

Juni: Gerichtshof in Peking ordnet an, dass das Künstlerdorf Suojiacun abgerissen wird

September: Yahoo! wird angeklagt, Informationen weitergegeben zu haben, die zur Verhaftung des Journalisten Shi Tao führten

**2006** Januar: Google.cn wird in Übereinstimmung mit chinesischen Zensurvorschriften eingerichtet

März: öffentliche Bildungskampagne »Acht Ehren, acht Schanden« wird gestartet

16. April: Zhang Yimou wird zum Regisseur der Eröffnungszeremonie für die Olympischen Spiele 2008 ernannt

10. Mai: Rockmusiker Dou Wei demoliert Redaktionsbüro der Peking News aus Wut über Verletzung der Privatsphäre

1. Juli: Qingzang-Eisenbahnlinie nach Tibet wird eröffnet

16. Juli: Qiu Xinghua tötet zehn Menschen im taoistischen Tempel in der Provinz Shaanxi

November: Golden-Shield-Projekt (auch Große Firewall) wird unter Aufsicht des Ministeriums für öffentliche Sicherheit in Betrieb genommen

**2007** Die Zahl der Internetnutzer Chinas übersteigt 210 Millionen (über China Internet Network Information Center, CNNIC)

12. Oktober: Forstbeamte aus der Provinz Shaanxi veröffentlichen »fotografischen Beweis« für den Südchinesischen Tiger und lösen damit den Tiger-Skandal aus

**2008** 14. März: in Lhasa brechen Proteste tibetischer Bürger aus

1. April: Blockade von Wikipedia, Bloggern und YouTube aufgehoben

Mai: Chinesische Gesundheitsbehörden melden umfassenden Ausbruch des Enterovirus EV71 in der Stadt Fuyang, Provinz Anhui

12. Mai: Erdbeben von Wenchuan in der Provinz Sichuan

28. Juni: in Weng'an, Provinz Guizhou, brechen Krawalle aus

1. Juli: Yang Jia stürmt Polizeipräsidium Zhabei in Shanghai und tötet sechs Beamte (zugleich 87. Jahrestag der Gründung der Kommunistischen Partei Chinas)

16. Juli: erste Meldungen, die Milchpulver von Sanlu mit Nierenerkrankungen bei Kindern in Verbindung bringen

8. August: Eröffnung der Olympischen Spiele

27. August: Yang Jia wird in einem Prozess unter Ausschluss der Öffentlichkeit zum Tode verurteilt

13. September: Der Konzern Sanlu stoppt die Herstellung von Milchpulver

10. Dezember: Die Petition Charta 08 für Menschenrechte und politische Reform in China wird online veröffentlicht

**2009** 9. Februar: CCTV, Nebengebäude zu nicht fertiggestelltem Sitz von CCTV von Koolhaas, wird durch einen Brand zerstört

12. Februar: Li Qiaoming stirbt an den im Gefängnis erlittenen Kopfverletzungen; im Internet und in chinesischen Medien wird aus Protest gegen die offizielle Stellungnahme zum Tod »duo maomao« (Versteck dich, Kätzchen) gespielt

25. Februar: umstrittene Bronzeköpfe einer Ratte und eines Kaninchens aus der Qing-Dynastie werden bei Christie's für 28 Millionen Euro versteigert

24. März: Youtube.com wird in China für unbestimmte Zeit blockiert

4. Juni: 20. Jahrestag des Tiananmen-Massakers, Websites für Blogging und Photosharing werden im Vorfeld blockiert

9. Juni: Software zum Filtern von Inhalten namens »Green Dam Youth Escort« wird vorgestellt

19. Juni: Proteste in Shishou, Provinz Hebei

5. Juli: Proteste in Ürümqi, Provinz Xinjiang; Suche nach Begriff »Ürümqi« wird blockiert und Internetzugang in Xinjiang wird blockiert

1. Oktober: 60. Jahrestag der Gründung der KPC

25. Dezember: Liu Xiaobo wird wegen »Untergrabung der Staatsgewalt« zu elf Jahren Gefängnis verurteilt

28. Dezember: Internetzugang in Xinjiang teilweise wieder möglich; Online-Ausgabe von People's Daily und Xinhuanet.com sind die ersten in Xinjiang zugänglichen Websites

**2010** 10. Januar: Google kündigt an, dass es künftig Suchergebnisse innerhalb Chinas nicht mehr zensieren wird, selbst wenn dies heißt, dass der Anbieter sich aus dem Markt zurückziehen muss

19. Januar: Zahl der Internetnutzer in China erreicht 384 Millionen

21. Januar: Ansprache der US-Außenministerin Hillary Clinton zum freien Internetzugang und zur »Informationsfreiheit« enthält kritische Anspielungen auf China

22. Januar: Chinas Außenministerium weist US-Kritik zurück und erklärt, »sie schade den chinesisch-amerikanischen Beziehungen«

9. Februar: Tan Zuoren wegen subversiver Tätigkeit zu fünf Jahren Gefängnis verurteilt

Oktober: Liu Xiaobo wird der Friedensnobelpreis verliehen

**2011** 1. April: Eröffnung der Ausstellung »Europäische Aufklärung« anlässlich der Neueröffnung des chinesischen Nationalmuseums in Peking unter Teilnahme von Außenminister Guido Westerwelle.

Das chinesische Regierung verweigert dem deutschen Delegationsmitglied Tilman Spengler die Einreise

3. April: Ai Weiwei wird verhaftet, verschleppt und bleibt verschwunden

Mitte April: Bundeskanzlerin Merkel fordert in einer persönlichen Botschaft an Peking seine Freilassung

19. Mai: Der Menschenrechtsbeauftragte der deutschen Bundesregierung Markus Löning (FDP) kritisiert am Ende seines Besuchs in Peking das »repressive Vorgehen« der chinesischen Behörden gegen Ai Weiwei und andere Künstler. Dies belaste aus deutscher Sicht die Beziehungen zu China

20. Mai: Fang Binxing, der Architekt der chinesischen »Great Firewall«, wird an der Universität Wuhan mit Schuhen und Eiern beworfen

22. Juni: Wiederauftauchen Ai Weiweis, der fortan unter Hausarrest steht

27./28. Juni: Der chinesische Ministerpräsident Wen Jiabao kommt zu Gesprächen mit der deutschen Regierung nach Berlin

28. Juni: Bundeskanzerin Merkel fordert ein faires Verfahren gegen Ai Weiwei

# Chinesische Namen

Ai Qing 艾青
Ai Weiwei 艾未未
Cai Mingchao 蔡铭超
Chen Danqing 陈丹青
Cheng Kejie 成克杰
Dou Wei 窦唯
Fan Meizhong 范美忠
Feng Boyi 冯博一
Fu Dezhi 傅得志
Fu Xiaodong 付晓东
GaoYing 高瑛
Han Han 韩寒
HeYunchang (Ar Chang) 何云昌 (阿昌)
Hu Changqing 胡长清
inri 映里
Jiang Haicheng 蒋海澄
Jiang Wen 姜文
JiangYanyong 蒋彦永
Li Qiaoming 李荞明
Liu Xiaobo 刘晓波
Liu Xiaodong 刘小东
Liu Xiaoyuan 刘晓原
Longnan 陇南市
Lu Qing 路青
Ma Jiajue 马加爵
Ma Qingyun 马清运
Nanniwan 南泥湾
Rongrong 荣荣
Shihezi 石河子
Shishou 石首市
Sun Fawu 孙法武
Sun Zhigang 孙f志刚
Suojiacun 索家村

Tie Guaili 铁拐李
Tu Yuangao 涂远高
Wan Chuan 万川县
Wang Xingwei 王兴伟
Weng'an 瓮安县
Xu Jinglei 徐静蕾
Yan Lei 颜磊
Yang Jia 杨佳
Yang Xiaowan 杨小丸
Yu Hong 喻红
Yu Hua 余华
Yu Qiuyu 余秋雨
Yuhuan 玉环县
Zhang Yimou 张艺谋
Zhang Yuan 张元
Zhao Zhao 赵赵
Zhong Nanshan 钟南山
Zhou Jiugeng 周久耕
Zhou Zhenglong 周正龙
Zhu Dake 朱大可
Zuoxiao Zuzhou 左小祖咒

# Register

**Ai Weiwei Beziehungen**



**Allgemeines Register**

**Abbildungen**